权威·前沿·原创

皮书系列为
"十二五""十三五""十四五"时期国家重点出版物出版专项规划项目

BLUE BOOK

智 库 成 果 出 版 与 传 播 平 台

中共中央党校（国家行政学院）国家高端智库皮书

应急管理蓝皮书
BLUE BOOK OF EMERGENCY MANAGEMENT

中国应急管理发展报告
（2024）

ANNUAL REPORT ON EMERGENCY MANAGEMENT IN CHINA
(2024)

主　编／马宝成　张　伟
副主编／王　华　张勇杰

社会科学文献出版社
SOCIAL SCIENCES ACADEMIC PRESS（CHINA）

图书在版编目（CIP）数据

中国应急管理发展报告 . 2024 ／ 马宝成，张伟主编；王华，张勇杰副主编 . -- 北京：社会科学文献出版社，2024. 11. --（应急管理蓝皮书）. -- ISBN 978-7-5228-4595-1

Ⅰ . D63

中国国家版本馆 CIP 数据核字第 2024W13Z09 号

应急管理蓝皮书

中国应急管理发展报告（2024）

主　　编／马宝成　张　伟
副 主 编／王　华　张勇杰

出 版 人／冀祥德
责任编辑／岳梦夏
责任印制／王京美

出　　版／社会科学文献出版社（010）59367126
　　　　　　地址：北京市北三环中路甲 29 号院华龙大厦　邮编：100029
　　　　　　网址：www.ssap.com.cn
发　　行／社会科学文献出版社（010）59367028
印　　装／天津千鹤文化传播有限公司

规　　格／开本：787mm×1092mm　1/16
　　　　　　印张：24.5　字数：367 千字
版　　次／2024 年 11 月第 1 版　2024 年 11 月第 1 次印刷
书　　号／ISBN 978-7-5228-4595-1
定　　价／158.00 元

读者服务电话：4008918866

主要编撰者简介

马宝成 1999 年毕业于北京大学政府管理学院，获法学博士学位。现任中共中央党校（国家行政学院）应急管理研究院（中欧应急管理学院）院长，教授，博士生导师，第十四届全国政协委员，享受国务院政府特殊津贴，中国应急管理学会副会长、中国行政管理学会理事。主要研究领域为政治学理论、公共管理、国家安全与应急管理、地方治理创新、中国农村问题等。主持国家社科基金重大专项 1 项、一般项目 2 项；主持省部级课题 20 余项；出版学术专著 5 部；发表学术论文 200 余篇，多篇被《新华文摘》等全文转载或摘登。主要参与创办了《国家行政学院学报》《行政管理改革》。多次参与国务院委托的放管服政策落实情况第三方评估和国务院大督查；多次参与国务院重要文稿起草工作。

张 伟 2004 年毕业于北京大学政府管理学院，获法学博士学位。现任中共中央党校（国家行政学院）应急管理研究院（中欧应急管理学院）副院长，教授，博士生导师，中国应急管理学会常务理事。主要研究领域为应急管理、政治学理论、公共政策、公共管理等。出版专著 8 部、译著 2 部、合著 10 部，主编"智库研究丛书"，发表论文近 60 篇、内参多篇。承担中央和国家相关部委、全国人大相关部门等多项重要委托研究，主持国家社科基金、国家博士后基金、中共中央党校（国家行政学院）重点研究课题等 13 项。曾挂职原国务院办公厅应急管理办公室，曾在中央编译局从事博士后研究，乔治城大学高级访问学者。

摘　要

　　2023年是全面贯彻党的二十大精神的开局之年，也是中国应急管理体系和能力经受各类挑战，努力以高水平安全服务高质量发展的一年。在党的二十大对新时代新征程推进国家安全体系和能力现代化做出战略部署，对应急管理提出"建立大安全大应急框架""推动公共安全治理模式向事前预防转型""提高防灾减灾救灾和重大突发公共事件处置保障能力"等明确任务要求的背景下，奋力以"新安全格局保障新发展格局"，成为中国应急管理体系和能力现代化进程中的主基调。

　　应急管理是国家治理体系和治理能力的重要组成，承担着防范化解重大风险、及时应对处置各类突发事件的重要职责，担负保护人民群众生命财产安全和维护社会稳定的重要使命。推动中国应急管理体系和能力现代化，是服务保障强国建设、民族复兴伟业的内在要求，是近年来极端自然灾害现象增多、新业态新风险增加、各类风险因素耦合作用增强的客观要求，也是本质安全水平不高、防灾减灾救灾体系不完善、突发事件防范应对合力有待提高、短板弱项亟须补齐的实际需求。为此，健全责任体系、优化指挥机制、完善法治体系、夯实基层基础，强化源头防控、常态防控，加强监测预警与工程治理，构建以国家综合性消防救援队伍为主力、以专业救援队伍为协同、以军队应急力量为突击、以社会力量为辅助的中国特色应急救援力量体系，通过实战演练提高救援队伍的战斗力，等等，构成中国应急管理的2023年度华章。

　　本蓝皮书邀请相关专家学者，依托实证数据和专业分析，从应急管理体

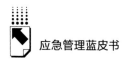

系改革与发展、重要领域安全形势与特征、应急管理体制机制完善、应急法治建设、应急管理能力提升、典型事件等板块，梳理中国应急管理的新进展、新做法、新经验，同时也分析问题找到原因提出建议，并对未来面临的挑战和发展路向，做出前瞻性思考。其使命和价值在于，坚定不移贯彻总体国家安全观，学深悟透习近平总书记关于应急管理的重要论述，在理论与实践的深度结合中，将中国应急管理的 2023 年工作图景全面呈现出来，做出概括和分析，提出建议和展望，为推进国家安全体系与能力现代化提供应急管理方面的咨政支持。

关键词： 应急管理　风险挑战　应急体系　应急能力

目 录 ⤵

I 总报告

II 分报告

Ⅲ 应急管理体制机制法治篇

Ⅳ 应急管理能力篇

Ⅴ 地方创新篇

Ⅵ 典型事件篇

附 录

皮书数据库阅读**使用指南**

总报告

B.1

2023年中国应急管理体系和能力现代化进展

马宝成　任群委[*]

摘　要： 2023年是全面贯彻落实党的二十大精神的开局之年，面对各类灾害事故风险明显增多的严峻挑战，各级应急管理相关部门围绕深入贯彻落实习近平总书记关于应急管理的重要指示精神，始终坚持人民至上、生命至上，以时时放心不下的责任感和紧迫感，扎实做好应急管理各项工作，应急管理工作质效不断提升。2023年，应急管理相关部门始终坚持问题导向、实践导向和目标导向，聚焦我国应急管理体系的短板弱项，持续深化应急管理体系改革，不断完善我国应急管理体制、机制、法治体系和救援力量体系；围绕重点领域与关键环节，突破应急管理能力提升"瓶颈"，推动我国应急管理体系和能力现代化迈上新台阶。2023年，我国有效预防和遏制了各类传染病的发生和蔓延，有力应对了各类自然灾害的严重冲击，全国安全

* 马宝成，博士，中共中央党校（国家行政学院）应急管理研究院（中欧应急管理学院）院长，教授，博士生导师，主要研究方向为政治学理论、公共管理、国家安全与应急管理等；任群委，中国人民公安大学治安学院讲师，主要研究方向为应急管理、基层治理。

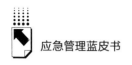
生产形势持续向上向好，平安中国建设向更高水平迈进，应急管理事业取得了历史性进展。

关键词： 应急管理　应急体系　应急能力　现代化

2023 年是全面贯彻落实党的二十大精神的开局之年，也是我国应急管理体系和能力经受住各类挑战而不断发展之年。2023 年，全国应急管理系统围绕贯彻落实习近平总书记关于应急管理的重要指示精神，把防范化解各类风险和排查治理各类隐患摆在更加突出的位置，建立健全应急预警与响应联动机制和直达基层一线的"叫应"机制，强化应急救灾救援科技和装备支撑，持续深化应急管理体系改革，突破应急管理能力提升的"瓶颈"，应急管理事业实现稳步发展，应急管理体系和能力现代化水平不断提升。

一　持续深化应急管理体系改革，进一步完善应急管理体系

2023 年，我国持续深化应急管理体系改革，成立了国家消防救援局，整合设立了国家防灾减灾救灾委员会，进一步完善了统一领导、分级指挥的应急管理体制，同时建立了直达基层的"叫应"机制和国际应急管理合作机制，制修订了诸多应急管理法律法规与标准等，不断发展应急管理专业救援力量和社会应急管理力量，应急管理体制、机制、法治体系和救援力量体系不断健全，应急管理体系现代化水平持续提升。

（一）聚焦短板弱项，不断完善应急管理体制

整合消防救援力量，成立国家消防救援局。为贯彻执行《"十四五"国家应急体系规划》的具体要求，进一步提高应急救援的效率和专业化水平，2023 年 1 月 6 日，应急管理部整合消防救援局和森林消防局成立国家消防

救援局，国家消防救援局的成立是我国深化应急管理体制改革的重大举措，为整合消防救援力量、优化消防资源配置、更好地保护人民生命财产安全提供了重要保障。国家消防救援局是中华人民共和国应急管理部管理的国家局，为副部级，作为国家综合性消防救援队伍的领导指挥机关，负责管理国家综合性消防救援队伍，有助于推动国家综合性消防救援队伍正规化、职业化和专业化发展。① 国家消防救援局作为我国消防救援的统一领导指挥机构，其成立标志着我国在消防救援领域建立了统一领导和分级指挥的体制，是适应我国消防救援形势的主动之举，是我国消防救援事业的重要里程碑。

为统筹防灾减灾救灾工作，设立国家防灾减灾救灾委员会。防灾减灾救灾是一项点多面广的系统性工程，需要协调各方力量、整合各种资源、统筹各项工作，以便实现系统谋划和整体推进。2023 年，我国整合国务院相关部门和军队有关单位，设立国家防灾减灾救灾委员会，在运作机制上，防灾减灾救灾委员会围绕实现跨部门、跨领域的协调与合作，形成防灾减灾救灾工作的合力。国家防灾减灾救灾委员会的主要职责包括制定防灾减灾救灾政策、规划、标准和制度，组织指导灾害风险评估、监测预警、应急响应和灾后恢复重建等工作。国家防灾减灾救灾委员会的设立，将有助于统筹做好全国范围内的防灾减灾救灾工作，从根本上解决影响我国防灾减灾救灾能力提升的全局性、基础性、长远性重大问题，为提高我国防灾减灾救灾能力提供领导、协调、合作等多方位保障，有利于维护好人民群众的生命财产安全。

（二）围绕高效运转，持续健全应急管理机制

持续强化监测预警与应急响应联动，完善直达基层的"叫应"机制。建立健全直达基层的"叫应"机制，是坚持"人民至上、生命至上"的内在要求，也是维护好人民群众生命财产安全的关键所在。2023 年应急管理

---

① 《国家消防救援局职能配置、内设机构和人员编制规定》，中国政府网，https：//www. gov. cn/zhengce/202310/content_6912956. htm。

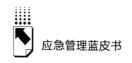

相关部门持续强化短临预报预警，及时开展部门滚动会商研判，不断提升对各类灾害事故的预报预警精准度与时效性，建立健全预警响应联动与临灾预警"叫应"机制，落实各项群测群防举措，跟踪落实"叫应"后转移到位情况，真正实现闭环管理。应急预警响应联动与临灾预警"叫应"机制的建立，有效地提升了对各类灾害事故的提前防范、快速响应和有效应对能力，是践行"人民至上、生命至上"宗旨理念的生动实践。

建立健全"一带一路"自然灾害防治和应急管理国际合作机制。2023年10月18日，习近平总书记在第三届"一带一路"国际合作高峰论坛上宣布，中国将支持高质量共建"一带一路"八项行动①，其中一项为完善"一带一路"国际合作机制，建设减灾等领域的多边合作平台，为自然灾害防治和应急管理国际合作提供了新动能、新指引、新方向。为落实习近平总书记的重要指示精神，2023年11月16日，2023"一带一路"自然灾害防治和应急管理国际合作部长论坛在北京开幕，此次论坛主题为"应急管理：安全第一、预防为主"，论坛期间举行了"一带一路"自然灾害防治和应急管理国际合作机制理事会首次会议，正式宣布成立自然灾害防治和应急管理国际合作机制，31个国际组织和应急管理部门加入合作机制，制定了14项合作举措。各方代表表示赞赏和支持中方建立合作机制，愿通过积极参与共建，加强防灾减灾救灾、安全生产、应急救援领域务实合作，共同提升应急管理能力，共促全球灾害治理发展。②

此外，2023年我国不断建立健全国家应急指挥总部指挥协调运行机制，优化应急响应快速处置机制、区域协同联动机制、队伍力量指挥调度机制、完善源头管控、联防联控、群防群治长效机制，以及救灾物资储备和快速调拨机制与自然灾害风险普查评估常态化机制，推动应急管理各项要素高效协同运转，切实提升应急管理工作质效。

① 《习近平在第三届"一带一路"国际合作高峰论坛开幕式上的主旨演讲（全文）》，中国政府网，https://www.gov.cn/yaowen/liebiao/202310/content_6909882.htm。
② 《2023"一带一路"自然灾害防治和应急管理国际合作部长论坛安全生产分论坛举办》，《光明日报》2023年11月19日。

（三）围绕提升法治化水平，持续健全应急管理法治体系

法治化是现代化的内在要求和重要标志，也是提升应急管理工作规范化和有效化水平的重要抓手。2023 年我国稳步推进突发公共卫生事件领域的相关法律法规、标准等制度建设，全年提请全国人大常委会审议了《中华人民共和国传染病防治法（修订草案）》《中华人民共和国国境卫生检疫法（修订草案）》《中华人民共和国突发事件应对法（草案）》，应急管理法治体系建设稳步推进。为进一步补齐我国公共卫生领域的应急管理法治短板，我国制修订了《突发事件医疗应急工作管理办法（试行）》《产房医院感染预防与控制标准》《医院感染监测标准》《食品安全标准管理办法》等相关文件，为做好公共卫生突发事件预防和处置提供了法治保障。为更好地指导和规范安全生产领域的风险隐患化解工作，2023 年我国制定了《医院电力系统消防安全管理标准》《工贸企业重大事故隐患判定标准》《工贸企业有限空间作业安全规定》（应急管理部令第 13 号）《安全生产严重失信主体名单管理办法》（应急管理部令第 11 号）《关于进一步加强矿山安全生产工作的意见》《煤矿安全生产条例（草案）》《应急管理部关于进一步加强安全生产举报工作的指导意见》等相关文件。① 其中《关于进一步加强矿山安全生产工作的意见》是由中共中央办公厅、国务院办公厅印发，该意见是新中国成立以来第一个经党中央、国务院同意印发的矿山安全生产领域的纲领性文件，充分体现了以习近平同志为核心的党中央对矿山安全生产工作的高度重视，是新体制新机制下做好矿山安全生产工作的基本遵循。

法律的生命在于实施，裁判的价值在于执行，执行是公平正义最后一道防线的最后一个环节。如何实现应急管理法律的有效执行，切实保护好当事人的合法权益，一直以来都是社会广泛关注的热点问题。2023 年 7 月，国务院办公厅印发《关于应急管理综合行政执法有关事项的通知》，要求各地

---

① 《2023，应急管理法治再发力》，《中国应急管理报》2024 年 1 月 4 日。

按照党中央、国务院的决策部署，扎实推进应急管理综合行政执法改革，统筹配置行政执法职能和执法资源，切实解决多头多层重复执法问题，严格规范公正文明执法。应急管理部印发《应急管理综合行政执法事项指导目录（2023 年版）》，主要梳理规范应急管理领域依据法律、行政法规设定的行政处罚和行政强制事项，以及依据部门规章设定的警告、罚款的行政处罚事项共 368 项，包括行政处罚 366 项、行政强制 2 项，明确了应急管理综合行政执法事项名称和实施依据、法定实施主体以及第一责任层级。2023 年 11 月，应急管理部颁布的《应急管理行政裁量权基准暂行规定》（应急管理部令第 12 号）强调，应急管理行政处罚裁量权基准应当坚持过罚相当、宽严相济，避免畸轻畸重、显失公平。应急管理行政处罚裁量权基准应当包括违法行为、法定依据、裁量阶次、适用条件和具体标准等内容。《应急管理行政裁量权基准暂行规定》还明确了应当依法从轻或者减轻行政处罚的五种情形，比如主动消除或者减轻违法行为或者事故危害后果的；明确了应当依法从重处罚的五种情形，比如因同一违法行为受过刑事处罚，或者一年内因同一种违法行为受过行政处罚的。

（四）突出全灾种大应急，持续健全应急救援力量体系

持续加强基层应急管理力量建设。基础不牢，地动山摇。基层处于应急管理的最前线，是引发许多灾害事故风险的所在地，也是应急管理力量最薄弱、基础最脆弱、管理最松懈的环节，是推进应急管理能力现代化的基础。2023 年，我国持续强化基层应急管理队伍建设，持续完善覆盖城乡的消防救援力量体系，优化力量布局，推动消防管理触角向末端延伸，基层应急力量不断充实，应急管理事业根基得以筑牢。与此同时，围绕增强基层人民群众应急意识和安全意识，积极开展"安全生产月""防灾减灾宣传周""消防宣传月"等主题宣传教育活动，常态化开展安全知识科普宣传"五进"活动，广泛调动起、发挥出、保护好广大人民群众参与应急管理的积极性、主动性、创造性，全面营造"人人讲安全、个个会应急"的良好氛围。

不断加强国家综合性消防救援队伍和专业救援队伍建设。2023年1月6日，随着我国组建成立国家消防救援局，各地积极增编组建国家综合消防救援机动队伍。2023年，我国组建了10个跨区域消防救援机动总队和若干支队、大队、中队，机动队伍作为国家急难重大灾害事故救援的攻坚力量，任务安排侧重冬春灭火、夏秋抗汛、全年救灾，季节性跨区域驻防，实行前置备勤。推进专业救援队伍建设。2023年，我国新建15支国家安全生产专业救援队，总数达到113支，新建11支工程抢险专业队伍，有效地提升了我国应急工作的专业化水平。①

加快建设社会应急力量。社会应急力量是我国应急力量体系的重要组成部分，是落实预防为主应急管理理念的重要力量，也是提升应急管理效能的重要基础。为进一步推动社会力量健康发展，统筹建设我国应急力量体系，2023年应急管理部在京召开推进社会应急力量健康发展工作会议，会议在肯定我国社会应急力量规模和救援成效的基础上，提出要从加强统筹规划、强化政策扶持和能力建设等方面来规范社会应急力量发展。围绕提升社会应急力量救援成效，会议提出，要转变社会应急力量思想观念，牢固树立兼容并蓄的发展意识、令行禁止的规矩意识和主动作为的责任意识，统筹做好社会应急力量参与救援救助的协调与管理等工作，鼓励社会应急力量成立基层党组织，发挥党组织在社会应急力量发展和救援过程中的组织优势，同时，要抓好平台管理，加强功能对接、人员保障、数据更新、使用培训等工作，确保灾时能够发挥作用。

二　围绕重点领域与关键环节，进一步提升应急管理能力

2023年，我国聚焦应急管理能力提升的难点与堵点，积极推进自然灾害综合风险普查成果应用落地见效，巩固深化安全生产专项整治三年行动，

① 谢吉东、丰硕：《2023应急管理成绩单新鲜出炉》，《中国应急管理报》2024年1月5日。

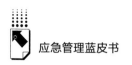

全面深化公安改革，强化应急科技与装备支撑，稳步提升我国自然灾害防治能力、安全生产能力，培育和形成新质公安战斗力，并赋能智慧应急新发展，推动我国应急管理能力现代化水平稳步提升。

（一）推进自然灾害综合风险普查成果应用落地见效，切实提升自然灾害防治能力

2023年是第一次全国自然灾害综合风险普查的收官之年，全国各地围绕提升自然灾害防治能力，针对存在的主要自然灾害类型和突出问题，扎实推进自然灾害综合风险普查成果应用落地见效，涌现了一大批应用示范案例，积累了诸多有益经验。

2023年，上海围绕深化自然灾害综合风险普查成果应用，形成了一系列重要成果。一是绘制自然灾害风险与防灾避险提示地图。在灾害分析、意见收集、实地调查、编写样本、集体讨论的基础上绘制自然灾害风险与防灾避险提示地图，通过发放和张贴自然灾害风险与防灾避险提示地图，帮助基层群众更好地了解其所在地可能发生的自然灾害及其危害性，以及应急救援物资装备和避难场所的位置，为第一时间开展自救互救提供行动指南。二是利用新一代数字技术，建设一个可供多部门共享共用的自然灾害综合监测预警系统。针对超大城市呈现出来的灾害风险特征，围绕提升监测预警效能，上海持续开展自然灾害极端情景下的多灾种灾害链传导和断链减灾课题研究，系统研究城市运行风险和重大自然灾害耦合演化的复合型灾害链条，积极构建超大城市重大自然灾害风险评估模型和多灾种灾害链触发传导的快速诊断模型。与此同时，上海基于历史灾情响应数据库，围绕阻止多灾种灾害链风险扩散的现实需求以及提升跨部门防灾减灾救灾能力的目标，探索建设"点、线、面"相结合的断链减灾模型和方法，确保灾害来临时可以快速评估自然灾害引发多灾种灾害链造成的直接影响与次生衍生影响，准确识别出直接影响和间接波及范围，形成了一键生成风险研判与控制策略的机制。此外，上海在积极把自然灾害综合风险普查成果同城市安全风险评估、韧性城市建设、基层社区防灾减灾能力提升等方面相结合，不断

拓展普查成果应用广度和深度。①

2023 年，贵州省围绕构建自然灾害防治的"三图一案"，积极推动自然灾害综合风险普查成果应用。贵州省在高质量完成自然灾害综合风险评估与区划的基础上，针对受自然灾害威胁人员数量较多、潜在经济损失较大且自然灾害多发频发的重点隐患点，贵州省普查办精准部署、统筹安排，由贵州地矿测绘院结合实地调研情况率先编制自然灾害"现状图""防治图""疏散图"，相关行业部门编制"应急预案"，形成独具贵州特点、地方特色的"三图一案"，为当地群众生命财产安上"防护网"。截至 2023 年 12 月，贵州全省已完成 358 个自然灾害多发易发频发区的"三图一案"工作，临灾应急响应更及时高效。后续，贵州省选定赤水市和贞丰县为县域自然灾害综合风险普查成果应用试点地区，持续推动普查成果应用工作落地落实。②

（二）巩固深化安全生产专项整治三年行动，稳步提升安全生产能力

2023 年是安全生产专项整治三年行动的第三年，为进一步巩固和提升安全生产专项整治成果，我国不断加强安全生产专项整治系统部署，围绕重点领域存在的突出问题开展针对性整治，安全生产能力实现大幅提升。

强化安全生产专项整治系统部署，为安全生产主线整治提供基本遵循。应急管理部从三个方面对安全生产专项整治行动进行了系统部署。第一，巩固提升安全生产整治已有成效。在过去两年专项整治过程中，许多地方因地制宜地开展整治工作、总结相关经验。比如，浙江建立了海上商渔共治与责任追究机制、江苏各级安委办实体化运行、广东出台防范道路交通安全风险18 项措施等。应急管理部要求各地做好经验总结，形成可复制和可推广的长效机制，积极开展推广交流，以点带面提升整体工作效果。第二，深入攻

---

① 《扎实推进自然灾害综合风险普查成果应用落地见效》，《解放日报》2024 年 3 月 26 日。
② 《摸清隐患底数　提升抗灾能力　贵州高质量完成第一次全国自然灾害综合风险普查工作》，贵州省人民政府网站，http://www.guizhou.gov.cn/zwgk/zdlygk/shsyjzdms/yjgl _ 5870476/hzfzgl/202312/t20231207_83318682. html。

坚各类已破题的安全生产问题。针对"百吨王""货车农用车载人""矿山建筑领域违法分包转包"等问题，要深入分析问题原因，吸取和总结相关教训和经验，开展具有针对性和有效性的治理。第三，要重点突破没有破题的安全生产问题。针对矿山违法盗采犯罪、水上交通事故追责、电化学储能电站与分布式光伏发电项目安全风险、高危行业领域劳务派遣用工引发的事故多等重点问题开展积极探索，推动问题解决。

紧盯安全生产重大风险隐患，持续开展攻坚行动。2023年，我国在矿山安全生产治理方面，各级矿山安全监管监察部门通过开展矿山重大事故隐患专项排查整治，查处煤矿重大隐患2269条、非煤矿山重大隐患12000余条，同比分别增加51.3%、203%，着力消除了一批重大隐患、严惩了一批违法行为。① 在危化品安全生产治理方面，2023年各地应急管理部门固化、深化、拓展危险化学品安全风险集中治理工作措施，扎实开展重大事故隐患专项排查整治2023行动，有效应对重大事故反弹和复杂严峻形势的挑战，化工事故总量持续下降，全国安全生产形势保持总体平稳。② 在消防安全隐患治理方面，2023年全国消防救援队伍接报处置的213.8万起各类警情中，城乡火灾扑救87.8万起、森林草原火灾156起、抢险救援44.4万起、社会救助61.6万起，营救和疏散人员39.5万人。2023年国家消防救援局部署开展消防安全重大风险隐患专项排查整治行动，各地共发现风险隐患411万处，督促整改风险隐患397万处，整改率为96.6%。自开展消防安全重大风险隐患专项排查整治行动以来，全国火灾总量和死亡人数同比分别下降15%和7.8%，较大火灾下降30.2%，重大火灾事故下降66.7%，全年未发生特别重大火灾事故。③ 在道路和水上交通安全风险治理方面，2023年交通运输部办公厅印发《公路水运工程施工安全治理能力提升行动方案》，聚焦

---

① 《国新办举行〈关于防范遏制矿山领域重特大生产安全事故的硬措施〉新闻发布会》，国新网，http://www.scio.gov.cn/live/2024/33301/tw/index.html。

② 《应急管理部召开2024年度全国危险化学品安全监管工作视频会》，中国应急管理部网站，http://www.mem.gov.cn/xw/yjglbgzdt/202401/t20240119_475683.shtml。

③ 《国家消防救援局：2023年共接报处置各类警情213万余起》，央广网，http://news.cnr.cn/native/gd/20240104/t20240104_526547546.shtm。

提升工程建设安全监管效能、提升工程安全管理能力、深入推进平安工地建设全覆盖3个方面，部署10项具体任务，不断夯实公路水运工程建设安全生产工作基础，提升工程建设安全治理能力，坚决遏制重特大安全事故发生。① 在燃气安全风险治理方面，2023年，国务院安全生产委员会印发了《全国城镇燃气安全专项整治工作方案》的通知，要求各地树立闭环管理思维，聚焦燃气生产到使用全过程，深入排查整治企业生产、燃气具、燃气输送配送、餐饮企业"问题环境"、燃气安全监管执法5大方面的风险隐患。② 通过对安全生产各领域风险隐患的系统治理，我国安全生产能力稳步提升，安全生产形势总体平稳。

（三）全面深化公安改革，加快培育和形成新质公安战斗力

2023年，全国公安机关始终在全面深化公安改革上聚焦发力。全国公安机关按照公安部提出的"党委领导、部级抓总、省级主责、市县主战、派出所主防"的改革思路，加快推进同警务体制改革相适应、相衔接、相配套的机制制度改革，推动各项公安改革系统集成、高度融合、协同高效，实现了公安工作高质量发展。

坚持系统观念，加快建立健全新型警务模式。2023年，公安部部长王小洪基于公安工作面临的新形势、新挑战和新机遇，创造性地提出"专业+机制+大数据"的新型警务运行模式，为深化公安工作改革指明了前进方向，为加快推进公安工作现代化提供了重要抓手。各级公安机关围绕建立"专业+机制+大数据"的新型警务模式，积极组建新型警务模式改革专班，坚持以服务实战为导向、以整合共享为基础、以业务融合为关键、以赋能基层为重点，加大专业人才培养力度，完善多警种联合作战机制、群防群治机

---

① 《交通运输部办公厅关于印发公路水运工程施工安全治理能力提升行动方案的通知》，中国交通运输部网站，https://xxgk.mot.gov.cn/jigou/aqyzljlglj/202305/t20230531_3837588.html。
② 《国务院安全生产委员会关于印发〈全国城镇燃气安全专项整治工作方案〉的通知》，中国政府网，https://www.gov.cn/lianbo/bumen/202308/content_6897822.htm。

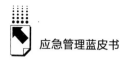

制等，加快推进公安大数据平台建设，深化大数据实践应用，拓展数据实战应用场景，突出数据实战效能提升，突出数据实战机制创新，推动"预防警务""主动警务"等现代化警务理念的落地落实，加快培育和形成新质公安战斗力，护航我国经济高质量发展，实现高水平安全和高质量发展良性互动。

坚持大抓基层、大抓基础，深化基层派出所改革。基层公安工作是推动公安工作现代化的基石和保障，为有效贯彻落实"大抓基层、大抓基础"的公安改革价值导向，持续推动重心下移、警力下沉、保障下倾，2023 年公安部印发了《加强新时代公安派出所工作三年行动计划（2023—2025年）》，强调把基层派出所工作置于战略性基础性地位来抓，紧紧围绕加强基层组织、基础工作、基本能力建设的整体思路，以落实派出所工作标准化建设为牵动，坚持分类指导、实战导向、预防警务、科技支撑，组织实施基层提振、基础提质、基本能力提升三大行动。在强化公安基层基础工作方面，明确提出把加强基层派出所工作置于全面深化公安改革的全局中统筹谋划和一体推进。要强化基层派出所党支部规范化和标准化建设，以全面深化派出所"两队一室"改革和落实"一村（格）一警"为抓手，持续优化基层派出所警力配置，做大做强城乡社区警务团队，提升和落实基层派出所经费、基础设施、装备保障标准，以警力下沉和保障下倾推动警务工作端口前移。在基础提质行动方面，要强化和树牢派出所主防理念，积极探索和实行预防警务和主动警务，完善基层社会治安风险隐患排查化解机制，积极干预和矫治未成年人的不良行为，完善和落实家暴告诫处置制度，积极开展"五防"宣传下基层和进社区活动，持续做好"百万警进千万家"活动，探索建立重复举报警情治理的有效方式方法，有效开展"我为群众办实事"实践活动，办好关系基层群众切身利益的各类民生小案，积极开展执法质量"查改评"活动，建立健全派出所主防考评体系。在提升派出所基本能力方面，把良好作风养成和民警练兵比武作为队伍建设的双抓手，建设派出所思想政治工作生命线工程，完善基层派出所民警培训体系，积极开展派出所民警辅警岗位标兵专业能手选树活动，推动警种部门支援派出所机制有效落实，发挥数字化赋能作用，提升派出所实战水平。①

此外，全国公安机关坚持不懈地推进执法规范化建设，大力推动执法办案管理中心提质增效，推动提升全警法治素养和执法能力，有针对性地整治执法突出问题，不断提升公安工作法治化水平和执法公信力。围绕创新立体化社会治安防控体系，深化数字技术在警务领域的深度应用，不断健全社会治安组织动员机制，建立健全更加注重源头预防、综合治理、多元治理的社会治安治理模式，切实提升社会治安治理水平。

（四）强化应急科技与装备支撑，赋能智慧应急新发展

新时代以人工智能、大数据、算法等为代表的新一代数字技术的快速发展，催生了新一轮的科技革命，同时也为我国突破应急管理事业发展瓶颈提供了有力支撑。2023年，我国围绕深化数字技术在应急管理领域的深度应用，积极开展应急管理科技和装备攻关，赋能智慧应急新发展，为实现应急管理能力现代化提供了技术支撑。

发挥数字技术的优势和作用，推动高危行业安全监管数字化转型。为进一步加快高危行业安全监管数字化转型，2023年应急管理部召开了高危行业安全监管数字化转型工作推进会，要求各单位顺应数字化发展大势，坚持问题导向和目标导向，在准确把握安全生产监管问题的基础上，聚焦加快推进高危行业安全监管模式向事前预防转型，相关责任主体要自觉提高政治站位，坚持问题导向、实践导向和目标导向，做到统筹谋划、精心组织和深化落实，切实提高高危行业安全监管的智能化水平。第一，相关部门要履行好对高危企业的督查和指导责任，不断创新危险作业区域与人员聚集场所的智能化管控方式方法。第二，要持续提升政府安全监管的智能化水平，不断扩大企业监测联网覆盖面，统筹运用多种数字化技术提升对企业违规违法生产行为的监测预警能力。第三，查明和剖析高危行业安全监管症结所在，研究

---

① 《公安部印发〈加强新时代公安派出所工作三年行动计划（2023—2025年）〉》，《派出所工作》2023年第4期。

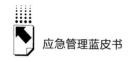
制定安全监管数字化试点方案，蹄疾步稳地推动高危行业安全监管数字化发展。第四，要健全高危行业安全监管数字化转型的制度机制，制定相关刚性政策，明确相关标准要求，强化高危行业安全监管数字化转型的制度规制。此外，要加强基础科研攻关，重点围绕危化品、矿山等行业领域安全风险防范的"卡脖子"问题集中开展科研攻关。

聚焦提升地震防灾减灾能力，完成国家地震烈度速报与预警工程建设。我国是地震多发且地震灾害最严重的国家之一。2023 年，我国持续加大地震预警网建设力度，累计自主攻克了多网融合、多算法多中心综合决策、海量实时数据稳定秒级处理、海量用户亚秒级信息发布等一系列技术难题，顺利建成了全球规模最大的地震预警网，实现了从分钟级地震速报到秒级地震预警的跨越式发展。地震预警网可在破坏性地震发生后，通过应急广播、电视、专用终端、手机等多种渠道发布地震预警信息，可为目标区域用户紧急避险提供数秒至数十秒的预警时间。此外，震后数分钟内通过实测地震烈度，快速研判重灾区分布，为抗震救灾决策部署提供科学依据，有效地提升了我国地震防灾减灾能力。①

此外，2023 年，工业和信息化部、国家发展改革委、科技部、财政部和应急管理部联合印发了《安全应急装备重点领域发展行动计划（2023—2025 年）》的通知，针对我国应急管理重点领域装备存在的各类短板和弱项，从核心技术攻关、产业发展、示范基地建设等方面进行了系统部署，为加快研发与应急管理能力现代化相适应的应急管理装备提供了行动指南。

三　我国应急管理各项事业实现稳步推进

2023 年，我国各类传染病相互叠加产生了巨大防控压力，极端天气诱

---

① 《我国将建成地震烈度速报与预警观测网络　实现重点地区秒级地震预警》，中青在线，http：//news.cyol.com/gb/articles/2023-06-08/content_JQNYmwTZyw.html。

发的复杂灾害链条对人民群众的生命财产安全构成巨大威胁，各类安全生产风险隐患集中显现导致安全生产事故有所反弹。面对严峻的应急管理形势，应急管理系统始终坚持人民至上、生命至上，贯彻落实"两个坚持、三个转变"，持续开展风险隐患排查治理，切实提升应急预警精准性、应急响应及时性、应急救援有效性、应急恢复全面性，有力应对了各类严峻挑战和事故灾难，应急管理事业取得了历史性进展。

（一）坚持预防为主，有效预防和遏制了各类传染病的暴发和蔓延①

2023 年我国始终坚持"人民至上、生命至上"，在传染病防治方面采取了一系列措施，为持续做好各类传染病的预防和治疗工作提供了有力指导，有效地提高了传染病防治水平、维护了广大人民群众的生命安全。

不断提升各类传染病防治能力。2023 年国家卫健委等相关部门制定了《关于印发鼠疫等传染病诊疗方案（2023 年版）的通知》《流行性脑脊髓膜炎诊疗方案（2023 年版）》，针对相关传染病出现的新情况和新问题，持续优化防治方案，有效地遏制了各类传染病的蔓延势头，提升各类传染病防治工作质效。为进一步贯彻落实党中央、国务院的决策部署，提升传染病应急科研攻关工作的协同性，更好地统筹药物、疫苗和医疗器械临床试验，以及研究者发起的干预性临床研究资源，发挥新型举国体制优势，提高临床试验整体效能，国家卫健委等六部门印发了《全国传染病应急临床试验工作方案》。该方案提出，在平时状态下，建设临床试验网络，整合完善临床试验信息，建立各类临床试验资源库，加大临床试验支持力度，以重大传染病为抓手加强临床试验统筹和实战演练，提升临床试验能力，做好应急准备。在应急状态下，多方协同、统筹资源，协调推动临床试验有序高效开展。

此外，国家疾控局印发了 2023 年度疾病预防控制标准项目计划，包括诺如病毒胃肠炎诊断标准、人间鼠疫疫区处理标准及原则、人呼吸道合胞病

---

① 本部分根据国家卫健委网站的统计数据整理。

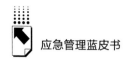

毒感染诊断、艾滋病监测评估规范、人体生物监测技术规范、婴幼儿游泳场所卫生规范、我国重要外来入侵媒介和病原生物名录纳入标准等，涵盖与疾病预防控制工作有关的卫生健康方针和政策共45项。整体来看，2023年中国在传染病防治方面采取了多项措施，通过标准化建设、诊疗方案制定、医防协同融合等多方面的努力，加强了传染病预防控制工作，有效地保障了人民健康。

（二）强化预警与响应联动，有效应对了各类自然灾害的严重冲击①

监测预警是有效应对各类自然灾害的基础性和前提性工作。2023年我国气象部门围绕贯彻落实习近平总书记关于气象工作的重要指示精神，不断加强气象监测基础设施建设、提升科技创新能力，成功发射风云三号气象卫星，实现了对全球中低纬度地区降水三维层析结构监测，并可为全球各地提供当地上午10时的卫星监测数据；建成了新一代气象超算系统，大幅提升了综合算力，总算力超过60PFLOPS。智能算力与超算算力分别增加3.6PFLOPS、52PFLOPS，为我国气象部门自主研发地球系统数值预报模式、气象大模型等关键核心技术提供了算力基础；新增和升级天气雷达150部，进一步提升了冰雹、特大暴雨等强对流天气的监测预警能力；全球智能数字预报产品体系向精细化、三维空间拓展，预报准确率平均提高4.6%；国家预警信息发布中心全年发布预警信息42万条，公众覆盖率达98.8%，公众气象服务满意度达92.4分，气象服务能力持续提升。气象、交通、公安三部门联合开展218条恶劣天气高影响路段的优化提升工作，相关数据显示，路段优化后因恶劣天气引发的交通事故同比下降约50%，综合效益高达43亿元。整体来看，2023年全国气象高质量发展水平较上年提高4.8%（见图1），新一代气象超算、气象卫星、数值预报模式等基础能力实现了大幅提升，进一步增强了气象科技创新活力和灾害监测感知能力，在一定程度上既实现了及时预警、精准预警，也避免了过度

---

① 本部分根据应急管理部和中国气象局网站的统计数据整理。

预警，预警内容、预警区域、预警时间、预警措施建议的精准化水平不断提升。

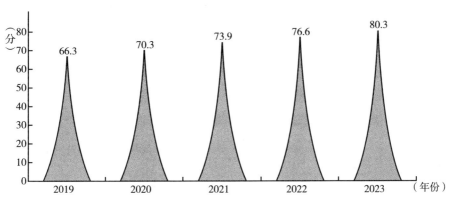

图1　2019～2023年我国气象高质量发展水平得分

在切实提升气象监测预警能力的基础上，我国不断建立健全预警与响应联动机制和"叫应"机制，积极推动应急管理端口前移，提升应急响应和处置能力，切实提高了应急管理工作的质效。面对台风"杜苏芮"强势北上、海河流域发生流域性特大洪水、京津冀和东北部分地区发生极端暴雨洪涝的情况，应急管理相关部门提前向相关省份发出预警，强化会商研判，推动预警与响应联动，圆满完成河北涿州白沟河左堤抢护、北京门头沟受困列车救援等重大应急处置任务；针对各类火灾，应急管理部统筹国家综合性消防救援队伍，成功处置了西藏察隅等森林火灾和内蒙古短时间集中暴发的雷击火，森林草原火灾起数、受害森林面积、因灾伤亡人数实现新中国成立以来历史最低；临夏州积石山县消防救援大队在积石山县6.2级地震发生后半小时内就抵达了救灾现场，并在19日凌晨成功转移营救被困群众9人，最大限度地保障了人民群众的生命财产安全。整体来看，与近5年均值相比，受灾人次、因灾死亡失踪人数和农作物受灾面积分别下降了24.4%、2.8%和37.2%。

（三）深化安全风险排查整治，推动安全生产形势稳中向好

安全生产事关高质量发展和高水平安全，是统筹发展和安全的重要着力

点。围绕贯彻落实"两个坚持、三个转变"的应急管理理念，提升风险排查治理的规范化程度和有效性水平。我国以开展重大事故隐患专项排查整治2023行动为契机，积极推动有关部门制定51项重大事故隐患判定标准和重点检查事项，建立全国重大事故隐患数据库，累计排查重大事故隐患39.4万件。针对一些地区生产安全事故明显反弹的趋势，2023年国务院开展了年度省级政府消防工作与安全生产考核巡查，考核巡查包括突击检查、夜查走访、随机抽查等多种方式，并结合各地区地域实际情况、相关举报问题线索以及2023年前三季度督查暗访发现的问题隐患，对地方党委政府与相关部门的安全生产和消防工作进行抽查核查，召集消防、危险化学品、燃气和建筑等领域的专家，对重点行业领域的部分企业单位进行了明察暗访。此次考核巡查，抽查了41个市级政府，并延伸考核巡查了64个市级政府，明察暗访重点行业领域企业单位多达1624家，发现各类问题隐患共计5732项，其中重大事故隐患多达208项，移交倒查责任问题线索104项，推动了各类安全生产风险隐患的及时化解，有效地遏制了各类安全生产事故的反弹趋势。①

此外，应急管理部积极组织开展化工装置设备带"病"运行安全专项整治行动，强化油气储存、开采和长输管道的安全风险治理。针对一些火灾事故暴露出的安全生产隐患，应急管理部积极开展重点领域消防治理，挂牌督办一批重大火灾隐患单位，并以事故复盘的方式查找安全生产隐患和漏洞，不断提升火灾隐患治理的针对性和精准性。为推动安全生产监管责任的落实，应急管理部会同有关部门围绕燃气安全"一件事"，全链条明确各部门监管职责，开展全国城镇燃气安全专项整治行动，推动交通运输、建筑施工、民航、渔业船舶、水库水电站、特种设备等行业领域强化安全监管，制定和实施电化学储能电站等新领域的安全管理措施，提升安全生产新领域的监管规范化水平。针对重大事故隐患和问题，实施安全生产监管责任追究，

---

① 《国务院安全生产和消防工作考核巡查组已完成对32个省级政府的现场考核巡查》，中国政府网，https：//www.gov.cn/lianbo/bumen/202312/content_6918787.htm。

对存在失职渎职、工作推进不力、整改要求不落实等问题的单位和个人进行了严肃查处,对企业及其负责人实施"一案双罚",不断压实安全生产监管责任。基于自然灾害综合风险普查大数据,组织实施各大流域汛前检查,开展病险水库安全度汛督导,督促地震重点危险区强化防范措施,深入开展森林草原火灾隐患排查整治和查处违规用火行为专项行动,统筹推进应急避难场所建设,推动灾害综合治理。

(四)坚持"打""防"结合,实现平安中国建设向更高水平迈进①

2023年全国公安机关在以习近平同志为核心的党中央的坚强领导下,紧紧围绕学习宣传贯彻党的二十大精神、奋力推进公安工作现代化的主题主线,坚持统筹发展和安全,坚持总体国家安全观,坚持稳中求进的工作总基调,全力做好防风险、保安全、护稳定、促发展的各项工作,以高水平安全保障高质量发展,为全面建设社会主义现代化国家开好局起好步,创造安全稳定的政治社会环境。2023年,全国查处治安案件数与2022年基本持平,刑事案件立案数比2022年下降4.8%,全国社会治安形势持续保持稳定。

坚持"打""防"结合,加大电信网络诈骗治理力度。一方面,始终保持高压严打态势。公安部联合最高人民检察院和最高人民法院等相关部门统筹开展"拔钉"专项行动,共缉捕电信网络诈骗犯罪集团重大头目与骨干成员263名;部署开展"鄂湘鲁豫"区域会战,清理诈骗窝点1800余个,切实提升了规模打击效能;为有效打击涉诈黑灰产链条,公安部组织发起打击简易组网GOIP和涉诈固话语音专线等各类集群战役277起,取得重大战果。另一方面,坚持源头治理,深入推进诈骗防范工作。基于国务院部际联席会议机制,公安部联合相关部门积极开展电信诈骗源头治理工作,通过强化科技支撑、打断资金传输链条、开展反诈骗宣传等举措,不断推进电信诈骗源头治理,建立健全更加严密的防范治理体系,提升打击网络诈骗成效。

---

① 本部分根据公安部的统计数据整理。

公安部积极开展"厦门经验"的推广工作,指导全国各地公安机关完善分级分类预警劝阻机制,创新预防和打击电信诈骗的宣传方式方法,电信诈骗治理取得新进展。截至2023年年底,国家反诈中心向各地下发的资金预警指令累计940万条,拦截电信诈骗短信22.8亿条、电话27.5亿次,处置涉诈域名网址836.4万个,见面劝阻1389万人次,紧急拦截涉案资金3288亿元。中国人民银行持续深化涉诈"资金链"治理,持续完善支付行业常态化治理格局,组织支付与清算机构和商业银行协助公安机关阻断涉案资金转移,及时地挽回了广大人民群众的财产损失。工信部统筹开展"断卡行动2.0"和"不良App安全治理"行动,严格落实实名制,加大虚商卡整治力度,清理整治云服务、语音专线等重点业务,扎实提升全流程及时反制能力。中央网信办围绕App制作开发、域名注册、互联网接入、网络直播等电信诈骗高发重点领域,持续加大涉诈风险治理力度,对问题突出的企业开展及时约谈和曝光,不断营造风清气朗的网络生态环境。同时,不断增强基层群众的防骗意识。聚焦易受骗群体、重点地区和案件高发行业,制定针对性的宣传内容和方式,不断提升反诈宣传工作质效。联合中央宣传部组织开展"全民反诈在行动"集中宣传月活动,开展"五进"反诈宣传活动2万余场次,累计发送各类反诈宣传短信30.7亿条,国家反诈中心官方政务号发布短视频累计9800余条、播放量超过52亿次,形成了全社会反诈的浓厚氛围。

严厉打击经济领域的犯罪。2023年,全国公安机关围绕服务高水平社会主义市场经济体制建设、护航经济高质量发展这一目标,积极开展经济领域犯罪严打工作,扎实推进信用卡套现违法犯罪"十省会战"和地下钱庄犯罪"十大战役"等专项打击行动,严厉打击了各类经济犯罪活动,取得了重大成果。其间,公安机关共破获各类经济犯罪案件8.4万起,挽回经济损失248亿元。此外,公安部门持续推进"国门利剑"联合行动,累计侦办各类走私犯罪案件4950余起,涉案金额高达886.1亿元。

扎实推动公共安全风险隐患的排查化解工作。2023年,全国公安机关锚定公共安全治理体系现代化建设的目标,坚持和发展新时代"枫桥经验",顺利完成第三批"枫桥式公安派出所"的命名工作,年均化解各类矛盾纠纷 600 万起左右。在全国范围内开展社会治安防控体系"示范城市"创建评选活动,全国 59 个城市获评首批"全国社会治安防控体系建设示范城市"。扎实开展"百万警进千万家"活动,访民情、解民忧、化矛盾、防风险,年均走访各类家庭 5200 万户,接受群众求助 1200 万起。深化道路交通事故预防"减量控大"专项工作,连续 51 个月未发生特别重大事故。

分 报 告 ⟫

B.2
国际科技安全形势与政策观察

唐新华　石　彪*

摘　要：　科技安全是国家安全的重要组成部分，围绕科技制高点的激烈博弈将推动大国实力格局加速调整。科技安全中的颠覆性技术竞争、研究安全攻防、科技人才争夺、技术生态重构、供应链安全等问题将大幅度提升"科技意外"的发生概率。在大国科技竞争中，技术位势差具有决定性作用，科技安全合作成为大国构建战略关系的新支柱，基于技术信任与结构性技术权力的国际科技安全合作成为技术联盟的内核，以科技安全为主线的大国战略互动将重塑国际关系。面对国际科技安全竞争新形势，维护科技安全需要兼顾技术主权和技术外交的关系平衡，需要把握技术政治战略竞争的内在逻辑规律与国际科技安全演变趋势，以科技安全为主线重塑国际技术政治关系，以系统性科技安全战略塑造国际科技安全竞争新格局，在开放中实现高水平科技自立自强。

关键词：　科技安全　科技意外　技术生态　科技治理

* 唐新华，清华大学国际关系研究院副研究员，主要研究方向为科技安全、科技外交、技术政治；石彪，中国科学院科技战略咨询研究院研究员，主要研究方向为科技安全、数据安全。

科技安全已成为大国科技竞争的主线，围绕着出口管制、实体清单、投资审查、研究安全、供应链安全、技术标准等环节的技术政治博弈，成为科技安全层出不穷的衍生品。从大国系统性竞争的维度看，科技安全已成为影响国家安全的系统性变量。因此，主要国家都将科技安全置于战略优先项，美国《2022 国家安全战略》认为，技术是国家安全、经济和民主的核心。①科技在国家安全中的系统性效应是影响各国科技安全政策取向的核心因素，而非对称技术位势是驱动各国制定国际科技安全战略的关键变量。在内外两种因素叠加影响下，科技安全在国家安全中的系统性效应加速拓展，面向无尽前沿的新兴科技竞争将触发更多"科技意外"，以科技安全为主线的大国战略互动将重塑国际技术政治关系，科技安全激烈博弈将推动大国实力格局加速调整。当前阶段，科技安全中的颠覆性技术竞争、研究安全攻防、科技人才争夺、技术生态重构、供应链安全等将大幅度提升"科技意外"的发生概率，在此形势下研究中国如何有效应对国际科技安全风险，如何把握技术政治战略竞争的内在逻辑规律与国际科技安全演变趋势，如何在开放中实现科技自立自强等问题将具有重要的现实意义。

一　国际科技安全政策发展趋势及影响

当前，世界主要国家将科技安全置于战略更优先级，科技安全已成为影响国家安全的系统性变量，也在重塑国家安全新格局；科技安全合作也成为大国构建战略关系的新支柱，基于技术信任与技术权力的国际科技安全合作成为技术联盟的内核，技术政治关系将重新定义未来大国关系；科技安全的目标是塑造非对称技术位势差，而技术位势差将直接影响大国综合实力对比，进而决定大国实力格局。

① The White House, *National Security Strategy*, https：//www. whitehouse. gov/wp - content/uploads/2022/10/Biden - Harris - Administrations - National - Security - Strategy - 10. 2022. pdf（October 12, 2022）.

（一）科技安全已成为国家安全的重要组成部分

当前，人类正在经历的新科技革命和产业变革核心驱动因素是多域空间融合创新①，在多域空间融合作用下，科技安全也在多域空间融合中发挥系统性作用，科技安全成为直接支撑军事安全、国土安全、网络安全、经济安全、社会安全、数据安全、生物安全、人工智能安全、太空安全、核安全、生态安全等多领域安全的重要物质技术基础。科技安全在我国的国家安全理论框架中的定位在"总体国家安全观"中进一步明确。随着科技安全的战略性不断提升，人工智能、生物安全、数据安全等从科技安全派生出的行业安全问题不断纳入总体国家安全观的理论框架体系；二十届中央国家安全委员会第一次会议进一步认为，科技对国家安全的支撑保障作用日益突出，已成为影响国家安全的关键要素。② 科技安全是影响国家安全的系统性要素的认识已成为指导国家战略设计的重要理念。党的二十大报告就提出，"坚持创新在我国现代化建设全局中的核心地位"③，"实现高水平科技自立自强"④。2024 年 6 月，习近平总书记强调："把科技命脉和发展主动权牢牢掌握在自己手中"，"以科技创新引领高质量发展、保障高水平安全"。⑤ 党的二十届三中全会提出："构建科技安全风险监测预警和应对体系，加强科技基础条件自主保障"；并"完善涉外国家安全机制"等。⑥ 在总体国家安全观理论体系下，坚持系统观念原则维护科技安全是健全国家安全体系、实现高质量发展和高水平安全良性互动的重要指导原则。

① 唐新华：《技术政治时代的权力与战略》，《国际政治科学》2021 年第 2 期。
② 刘光宇、尹翠娟：《以科技赋能国家安全体系建设》，《科技日报》2024 年 4 月 22 日。
③ 习近平：《高举中国特色社会主义伟大旗帜　为全面建设社会主义现代化国家而团结奋斗——在中国共产党第二十次全国代表大会上的报告》，人民出版社，2022，第 35 页。
④ 习近平：《高举中国特色社会主义伟大旗帜　为全面建设社会主义现代化国家而团结奋斗——在中国共产党第二十次全国代表大会上的报告》，人民出版社，2022，第 24 页。
⑤ 《习近平：在全国科技大会、国家科学技术奖励大会、两院院士大会上的讲话》，中国政府网，https://www.gov.cn/yaowen/liebiao/202406/content_6959120.htm。
⑥ 《中共中央关于进一步全面深化改革　推进中国式现代化的决定》，新华网，http://www.news.cn/politics/20240721/cec09ea2bde840dfb99331c48ab5523a/c.html。

（二）科技安全合作正重塑国际技术政治关系

科技安全的系统性效应决定了国家维护科技安全的路径既需战略自主，也需全方位开展国际科技安全合作。在多域空间融合的大科学时代，维护科技安全需要兼顾技术主权和技术外交的关系平衡，技术主权是科技安全的基础，技术外交是科技安全权力空间的拓展路径。美国的科技安全政策侧重点已从技术主权向技术外交调整，2024 年 5 月，美国国务院发布了《国际网络空间和数字政策战略》①，标志着美国的科技安全战略已从"小院高墙"的封堵策略向"数字团结"体系塑造的战略方向转变。美国国务卿布林肯在阐述美国的技术外交战略时强调，美国的目标不再是"数字主权"，而是"数字团结"②。这是因为强调技术主权将弱化美国与盟友的合作纽带，例如数字主权和数据隐私成为阻碍美国构建跨大西洋伙伴关系的最大障碍③，特别是美欧数据跨境传输经历了《安全港协议》《隐私盾协议》《欧美数据隐私框架协议》三次制度安排，美欧在跨境数据上的多轮博弈反映了双方的根本矛盾。④ 因此，美国民主党政府的策略将是通过降低数据本地化程度、数字服务税和其他技术市场准入壁垒，并大力推进国际科技安全合作，核心战略目标是争夺国际技术权力，特别是结构性技术权力（技术标准、基础设施、技术生态、技术供应链等）。⑤

狭义的科技安全有利于维护"技术主权"和"技术实力"，但"技术实力"不等同于"技术权力"，权力构建以政治关系为基础，要实现从"技术实力"到

① U. S. Department of State, *United States International Cyberspace & Digital Policy Strategy*: *Towards an Innovative, Secure, and Rights-Respecting Digital Future*, https://www.state.gov/united-states-international-cyberspace-and-digital-policy-strategy/（2024 年 5 月 6 日）.

② Antony J. Blinken, *Technology and the Transformation of U. S. Foreign Policy*, https://www.state.gov/technology-and-the-transformation-of-u-s-foreign-policy/（May 6, 2024）.

③ Center for a New American Security: Lighting the Path: Framing a Transatlantic Technology Strategy. https://www.jstor.org/stable/resrep42795（Aug. 1, 2022）.

④ 桂畅旎、任政、熊菲：《美欧跨境数据流动规则演变及启示》，《信息安全与通信保密》2023 年第 11 期。

⑤ 唐新华：《美国技术联盟策略演变与国际战略格局重塑》，《当代世界》2024 年第 5 期。

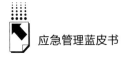
"技术权力"的迁移，需要建立广泛且可持续的技术政治关系，通过技术政治关系占据国际技术市场和价值链。技术政治关系是技术权力载体，只有获得国际技术权力，才能支配国际创新要素和生产要素的流动，才能将技术实力转化为大国技术权力。从具体政策层面看，美国加速推进双边的科技安全合作议程。2024 年 8 月，美国-新加坡举行关键和新兴技术第二次对话；① 美国和印度于2024 年 6 月 17 日举行"关键和新兴技术合作倡议"第二次会议②，美印双方将围绕优先关键和新兴技术领域的突破性成就开展合作；2024 年 4 月美国-欧盟贸易和技术委员会联合声明③，要围绕人工智能（AI）、量子技术和6G 无线通信系统等新兴技术制定道路规则的方法进行强有力的协调；2023 年 6月，美英发布"大西洋宣言"，提出全面提升科技和经济伙伴关系，强化在新兴科技、供应链、关键矿产等领域的合作；④ 2023 年 10 月 26 日，美国和澳大利亚签署了与美国相关的技术保障协议；2023 年 12 月，美韩启动了下一代关键和新兴技术对话推动六个主要战略技术领域的合作；等等。⑤ 因此，科技安全合作也成为大国构建战略关系的新支柱，基于技术信任与结构性技术权力的国际

① U. S. Department of State, *Second U. S. -Singapore Critical and Emerging Technology Dialogue*. https：//www. state. gov/second－u－s－singapore－critical－and－emerging－technology－dialogue/ （August 1, 2024）.

② The White House：Joint Fact Sheet, *The United States and India Continue to Chart an Ambitious Course for the Initiative on Critical and Emerging Technology*, https：//www. whitehouse. gov/ briefing－room/statements－releases/2024/06/17/joint－fact－sheet－the－united－states－and－india－ continue－to－chart－an－ambitious－course－for－the－initiative－on－critical－and－emerging－ technology/ （June 17, 2024）.

③ The White House, *U. S-EU Joint Statement of the Trade and Technology Council*, https：// www. whitehouse. gov/briefing－room/statements－releases/2024/04/05/u－s－eu－joint－statement－ of－the－trade－and－technology－council－3/ （April 05, 2024）.

④ The White House, *The Atlantic Declaration：A Framework for a Twenty-First Century U. S. -UK Economic Partnership*, https：//www. whitehouse. gov/briefing－room/statements－releases/2023/ 06/08/the－atlantic－declaration－a－framework－for－a－twenty－first－century－u－s－uk－economic－ partnership/ （June 08, 2023）.

⑤ The White House, *Joint Fact Sheet：Launching the U. S. -ROK Next Generation Critical and Emerging Technologies Dialogue*, https：//www. whitehouse. gov/briefing－room/statements－ releases/2023/12/08/joint－fact－sheet－launching－the－u－s－rok－next－generation－critical－and－ emerging－technologies－dialogue/ （December 08, 2023）.

科技安全合作成为技术联盟的内核，技术政治关系正在重新定义未来的大国关系。

（三）科技竞争正深刻影响大国实力格局演变

大国科技竞争的逻辑主线是技术能力差距（技术位势差）的较量，技术守成国利用技术封锁、技术制裁等手段试图打压技术追赶国的技术迭代能力，其战略目标是尽可能拉开技术差距，且延续技术领先的优势地位；而技术竞争国在受到技术守成国的技术封锁和制裁后，为保持对现有科技的战略自主能力，将尽可能降低技术能力被拉大的风险，同时布局未来科技竞争高地，既防止技术守成国制造的"科技意外"，也探索在"无尽前沿"科技竞赛中抢先踏足"科技无人区"，战略目标是尽可能缩小与技术守成国的技术差距并实现赶超。因此，技术位势差越大，对技术守成国的科技安全威胁越小，对技术竞争国的科技安全风险越高；当技术位势差缩小，技术守成国的科技安全风险增大，其对技术竞争国的科技制裁和打压也随之升级，在此状态下技术竞争国的科技安全的发展趋势，一是取决于抵抗科技打压的科技自主能力，二是决定于技术政治关系塑造的技术权力，三是取决于非对称的前沿科技布局。在大国科技安全竞争下，技术位势差在竞争中处在缩小与扩大的动态变化中，而对称的技术能力伴随更激烈的大国科技竞争，而非对称技术位势差将加速大国实力对比演变。

在大国科技安全竞争下，技术位势差的扩大将在市场规模、权力结构、创新要素规模等方面影响大国综合实力的变化。首先，技术位势差扩大后技术产业与技术市场规模随之发生变化。由于技术生态的广度和深度决定市场和产业的范围与规模，市场规模带来的资金收益反过来促进更先进的技术创新迭代。由于技术位势差扩大，技术生态的规模将直接受到影响，全球技术生态体系主导权也将发生演变，同时技术生态规模也能够加速技术位势差变化。其次，技术位势差影响结构性技术权力分布的平衡。技术位势差扩大后，决定结构性技术权力的关键技术基础设施和技术供应链体系的分布向非对称状态加速倾斜，结构性技术权力优势的不平衡将直接影响权力结构的平衡。

当前，美国构建多极技术联盟将导致关键供应链体系从"网络化"演变为"层级化"，加剧国家实力对比向"层级化"演变，这种分层结构对供应链中的高技术要素流动构成"硬"约束，使高科技创新仅在同层流动，国家实力消长将加速向层级化演变，导致国际力量对比加速失衡。最后，技术位势差影响全球创新要素流动。技术位势差扩大后，全球创新人才、资本、数据等要素将快速向技术能力位势高的国家流动，关键基础设施、技术生态和技术供应链的变化进一步推动算力、数据和算法等要素的分布。当前，一些西方国家构建的技术联盟的战略目标是争夺新的实力要素，控制创新要素向竞争对手流动。大国综合实力对比因技术位势差变化而发生调整，在此过程中，大国战略关系也随之调整，其中技术政治关系演变最为显著。当前美国的科技安全对外战略就是加速技术政治关系调整，以撬动大国综合实力对比快速演变。

二 保障国家科技安全需要严防"科技意外"

在大国科技安全竞争加剧的态势下，技术位势差处在剧烈的动态变化中，颠覆性技术竞争、科技安全攻防、技术生态重构等将促发更多"科技意外"，需要严密监测并加以防范。

（一）颠覆性技术竞争中的科技意外

当前，新一轮科技革命和产业变革是多域空间融合下的"链式反应"创新，此种科技创新范式下颠覆性技术的突破将更多集中在多域空间融合中，而颠覆性技术同时也在重塑战略空间，数字空间、极地空间、深海空间、近地空间、地月空间等新战略空间正打破原有的生存边界。在数字空间，美国、日本、韩国、英国、芬兰、法国等10国于2024年2月联合发布"6G原则"①，正式建立涵盖6G安全、标准、频谱等全领域的6G国家联盟。

---

① The White House, *Joint Statement Endorsing Principles for 6G: Secure, Open, and Resilient by Design*, https://www.whitehouse.gov/briefing-room/statements-releases/2024/02/26/joint-statement-endorsing-principles-for-6g-secure-open-and-resilient-by-design/. (February 26, 2024).

在极地空间，2024 年 7 月 23 日，美国防部发布《2024 北极战略》，提出要增强北极作战能力，特别是通信、情报、监视和侦察能力。① 在深海空间，美国海军发布《2024 年海军科技战略》②，强调将推动实现技术进步、重视颠覆性技术。在近地空间，美国防计划采办 100 余颗"星盾"卫星，为未来卫星通信架构建设提供支持，并预计将于 2029 年前完成发射和部署工作；在地月空间，美国计划建立"地月空间高速公路巡逻系统"以监测地月空间③，该系统拟于 2025 年投入使用。总体看，在战略空间中布局颠覆性科技是触发大国"科技意外"的最优先领域。为了阻碍竞争对手发展颠覆性科技、降低"科技意外"发生概率，美国等联合盟友国家积极打造颠覆性技术保护联盟。2023 年 8 月，美国与日本、韩国举行戴维营峰会提出，要建立"颠覆性技术保护网络"（Disruptive Technology Protection Network, DTPN），这扩大了三国执法机构之间的信息共享。2024 年 4 月 26 日，美国与日本、韩国正式启动了"颠覆性技术保护网络"④，并计划建立一个盟友网络。美国司法部与商务部还为此专门组建了"颠覆性技术打击力量"（DTSF）。⑤ DTPN 的启动和 DTSF 的运行，标志着美国已在技术联盟框架下全面升级对颠覆性科技的战略封锁遏制。

---

① Department of Defense（DoD），*DoD Announces Publication of 2024 Arctic Strategy*，https：// www. defense. gov/News/Releases/Release/Article/3846206/dod－announces－publication－of－ 2024-arctic-strategy/.（July 22, 2024）.

② https：//www. navy. mil/Press－Office/News－Stories/Article/3736947/secretary－del－toro－ releases-science-and-technology-strategy-offers-path-for-sus/.

③ Space News, *Moon Patrols Could be a Future Reality for Space Force*, https：//spacenews. com/ moon-patrols-could-be-a-future-reality-for-the-u-s-military/.（November 2, 2020）.

④ U. S. Department of Justice, *Readout of Disruptive Technology Protection Network Summit with Japan and the Republic of Korea*, https：//www. justice. gov/opa/pr/readout－disruptive－technology－ protection-network-summit-japan-and-republic-korea.（April 26, 2024）.

⑤ U. S. Department of Commerce, *Justice and Commerce Departments Announce Creation of Disruptive Technology Strike Force*, https：//www. commerce. gov/news/press－releases/2023/02/justice－ and-commerce-departments-announce-creation-disruptive.（17, 2023）.

（二）科技安全攻防对峙中的科技意外

在围绕科技制高点的科技竞争中，在技术位差缩小的情况下，技术守成国将试图增强"科技安全"的防火墙。2021 年 1 月，美国白宫发布《加强美国科技研究机构的安全性和完整性》文件①，要求建立研究安全工作组，建立研究安全计划等。美国拜登政府上台后，继续出台措施强化研究安全，美国白宫科技政策办公室（OSTP）与美国国家科学技术委员会（NSTC）研究安全小组委员会等负责制定了一项"研究安全"的标准化要求。2024 年 7 月 9 日，美国白宫科技政策办公室发布了研究安全计划指导方针②，美国的"研究安全"政策主要涵盖：披露要求、外国人才招聘计划、研究安全培训、信息共享和风险评估等方面。③ 美国在七国集团中增强"研究安全"政策的协同，2023 年 5 月，G7 全球研究生态系统（SIGRE）工作组已经制定了"G7 研究安全和研究诚信的共同价值观和原则"文件和"G7 研究安全和研究诚信的最佳实践"；④ 2024 年在意大利普利亚举行的 G7 峰会上，七国集团称将继续加强研究安全。⑤ 在科技安全不断泛化的趋势下，全球创新生态进一步分裂，国际科研人员交流受阻。全球创新生态系统的割裂和科研人员国际交流的阻断，将进一步加剧信息不对称。因此，科技安全的范畴还将随着大国科技竞争不断拓展，触发大国"科技意外"的风险进一步提升。

① The White House：*Recommended Practices for Strengthening the Security and Integrity of America's Science and Technology Research Enterprise.* Https：//Trumpwhitehouse. Archives. Gov/Wp - Content/Uploads/2021/01/Nstc - Research - Security - Best - Practices - Jan2021. Pdf （January 2021）.

② The White House，*White House Office of Science and Technology Policy Releases Guidelines for Research Security Programs at Covered Institutions*，https：//www. whitehouse. gov/ostp/news - updates/2024/07/09/white - house - office - of - science - and - technology - policy - releases - guidelines-for-research-security-programs-at-covered-institutions/ （July 09, 2024）.

③ Congressional Research Service （CRS），*Research Security Policies：An Overview*，https：// crsreports. congress. gov/product/pdf/IF/IF12589 （February 8, 2024）.

④ 2023 G7 Science and Technology Ministers' Meeting in Sendai，https：//www8. cao. go. jp/cstp/ english/others/2023/g7_2023_en. html. （May 14, 2023）.

⑤ The White House：*G7 Apulia Leaders' Communiqué.* https：//www. whitehouse. gov/briefing - room/statements-releases/2024/06/14/g7-leaders-statement-8/. （June 14, 2024）.

（三）技术生态重构中的科技意外

大国科技竞争加剧全球技术生态向碎片化演变，最终分裂为若干规模不同的技术生态集群，每个技术生态集群的规模与技术市场规模相对应，技术生态集群规模越大，越能吸纳全球创新要素的聚集与流动，更大规模的创新资源汇聚将更易培育颠覆性科技突破并导致"科技意外"出现。当前，美国正调整技术外交政策，并积极构建新的技术生态体系。2024 年 5 月，美国国务卿布林肯在阐述美国技术外交战略第四大支柱时称①，建立有弹性和值得信赖的技术生态系统。美国国务院 2024 年发布的《美国国际网络空间和数字政策战略》中的首个行动领域②，就是要"建立和维护一个开放、包容、安全和有弹性的数字生态系统"。为此，美国国务院将实施全面的政策，在整个数字生态系统中使用适当的外交和国际治国手段。除了通过外交政策，价值观塑造也是美国构建技术生态的重要工具。美国国际开发署在2021 年民主峰会上发起了推进数字民主的倡议，试图在整个技术生命周期中嵌入关于人权和民主的价值观，塑造所谓的"开放、安全和包容性的数字生态系统"。2023 年 3 月，美国国务院在"民主峰会"前夕发布的"推进技术民主"情况报告中提到："现在美国和其他民主国家正在共同努力在第三波数字革命浪潮中塑造一个以韧性、完整性、开放性、信任和安全为特征的技术生态系统。"③ 围绕新技术生态的大国战略博弈已全面展开，技术生态的主导权竞争将成为大国科技竞争新战场，阵营化割裂的技术生态将促发更多的"科技意外"。

---

① U. S. Department of State, *Technology and the Transformation of U. S.* Foreign Policy. https：//www. state. gov/technology-and-the-transformation-of-u-s-foreign-policy/. （May 6, 2024）.

② U. S. Department of State, *United States International Cyberspace & Digital Policy Strategy*, https：//www. state. gov/united-states-international-cyberspace-and-digital-policy-strategy/#action-area-1. （May, 2024）.

③ The White House, *Fact Sheet：Advancing Technology for Democracy*, https：//www. whitehouse. gov/briefing-room/statements-releases/2023/03/29/fact-sheet-advancing-technology-for-democracy-at-home-and-abroad/. （March 29, 2023）.

三 统筹高质量发展和高水平安全的启示与建议

应对国际科技安全竞争新形势，需要把握技术政治战略竞争的内在逻辑规律与国际科技安全演变趋势，以系统性科技安全战略塑造国际科技安全竞争新格局，防范"科技意外"的冲击，以科技安全为主线重塑国际技术政治关系，在开放中实现高水平科技自立自强，促进高质量发展和高水平安全良性互动。

（一）构建针对"科技意外"的风险监测预警体系

当前科技安全的最主要风险来自大国的"科技意外"，ChatGPT、"星链"、AlphaFold 等新兴"科技意外"给国家安全带来系统性战略风险，因此，构建科技安全风险监测预警和应对体系的重点在于监测预警大国"科技意外"并系统评估其带来的战略安全风险。一是监测能够对国家安全和战略格局产生系统性影响的颠覆性技术发展态势。未来，颠覆性技术的出现将更多集中在交叉领域，特别是在多域空间融合中产生。监测预警体系需要超越现有学科领域的空间限制，利用人工智能和超级计算机等辅助手段全方位追踪多领域交叉融合中可能产生的颠覆性技术突破。更为重要的是，评估潜在颠覆性技术对国家安全和国际战略格局的影响是科技安全风险监测预警体系的重点，该体系需更加注重从国家安全与国际政治的视角进行风险评估，并制定应对措施。二是动态评估关键和新兴技术的国际技术位势差。技术位势差在大国科技安全竞争形势下处于缩小与扩大的动态变化之中，建立关键和新兴技术的技术位势差评估指标，动态监测技术位势差的变化，特别是主要国家在相关领域的科技政策出台或调整后对技术位势差的影响，并以此为基础评估其对市场规模、权力结构、创新要素等方面的影响。三是监测大国科技安全国际合作情况，动态评估国际技术政治关系变化。大国科技安全国际合作是实现从"技术实力"向"技术权力"迁移的路径，科技安全监测预警体系需更加注重大国间建立的关键和新兴技术（CET）合作机制；

在动态评估了大国科技安全国际合作的情况后，将有利于更加全面地监测通过国际合作产生的"科技意外"。

（二）在开放合作中实现高水平科技自立自强

美国技术外交的战略目标正在弱化"技术主权"的概念，更加强调通过技术联盟塑造技术权力。鉴于此，中国要实现高水平科技自立自强，需要在更加开放合作的环境中构建全球科技共同体。习近平总书记提出，要"统筹开放和安全，在开放合作中实现自立自强"[①]。一是需要突破基于"技术主权"的"科技安全"范畴，在系统性大国战略竞争中维护基于"技术权力"的广义"科技安全"，才能从根本上实现从被动应对到主动塑造的转变。二是通过开放合作将"技术实力"转化为"技术权力"。一国的"技术实力"只有通过国际技术合作与国际技术市场对接，辐射到其他国家，才能将"技术实力"转化为"技术权力"，其中技术政治关系是技术权力的载体，因此维护科技安全需要更加重视建立广泛的科技合作，构建技术政治关系，形成广泛且可持续的全球技术伙伴关系网。三是通过开放合作降低技术位势差风险。市场规模、权力结构、创新要素规模等是影响技术位势差的环境变量，充分的开放合作是占据市场规模、扩大创新要素规模的必要条件。只有进一步扩大国际技术合作，才能在技术生态体系中占据主导权，并防止出现技术位势差被拉大的风险。因此，高水平科技自立自强需要更加注重在开放中建立国际科技合作伙伴网，打通国际创新要素流动的体制机制障碍。

（三）强化全球技术生态体系重塑中的主导权

技术生态体系影响技术供应链全链条，决定技术市场规模和技术产业体系。美国正在快速扩展联盟伙伴关系，以争夺全球技术生态的主导权，我国需要全方位拓展国际科技合作，强化在全球技术生态体系中的效能发挥。一

---

① 《习近平：在全国科技大会、国家科学技术奖励大会、两院院士大会上的讲话》，中国政府网，https://www.gov.cn/yaowen/liebiao/202406/content_6959120.htm。

是要避免技术意识形态对抗。因此，我国需要在国际技术合作中淡化意识形态对抗，在全球技术生态中倡导去意识形态化、去技术民族主义化，构建更加包容的技术生态体系。二是要建立新的国际技术信任机制。5G 技术生态变革的切入点即所谓的"技术安全"陷阱，要建立可持续的技术生态体系并融入中国的创新要素，亟待建立新的国际技术信任机制，通过双边、多边技术合作备忘录等，消解其他国家受到大国炮制的"技术安全"论的影响。三是积极开展技术标准外交。技术标准主导权直接决定着技术生态系统的控制权，中国应利用区域多边合作平台加速推进技术标准合作框架的建立，达成技术标准合作协议，构建共享机制，在市场基础生态中建立技术标准协同机制，系统布局全球技术标准战略。

（四）引领参与全球科技治理体系变革

习近平总书记强调："拥有强大的科技治理体系和治理能力，形成世界一流的创新生态和科研环境。"① 党的二十届三中全会决定也提出，要"参与引领全球治理体系改革和建设"②。一是在《全球发展倡议》框架下构建包容性的全球科技治理伙伴关系。坚持科技普惠发展，注重与"全球南方"国家的科技治理合作，共同缩小技术鸿沟；促进数字互联互通，推动建立全球清洁能源合作伙伴关系和新工业革命伙伴关系，以科技合作构建与更多发展中国家创新链、价值链、人才链等深度融合的创新合作网络；围绕未来产业和新兴技术标准规则治理，在联合国、金砖国家、上合组织、中非论坛等多边平台上，主动提出并推动有利于发展中国家的科技治理倡议。二是在《全球安全倡议》框架下推动科技安全治理体系建设。根据《全球安全倡议》提出的共同、综合、合作、可持续的安全观，提出"全球科技安全观"，并以此为基础构建"全球科技安全信任机制"，打通技术产业和创新

---

① 《习近平：在全国科技大会、国家科学技术奖励大会、两院院士大会上的讲话》，中国政府网，https：//www.gov.cn/yaowen/liebiao/202406/content_6959120.htm。

② 《中国共产党第二十届中央委员会第三次全体会议公报》，中国政府网，https：//www.gov.cn/yaowen/liebiao/202407/content_6963409.htm？menuid=197。

要素流动的障碍；以联合国多边治理平台为依托，倡导建立联合国监督下的全球科技安全治理监管机制。三是在《全球文明倡议》框架下推进科技文明交流，构建全球科技与文明对话合作网络。通过科技文明搭建东西方文明交流的桥梁，在双边、多边合作中探讨应对新兴技术挑战现代人类文明的方案，开展国家间科技文明史的交流和对话，积极搭建全球科技与文明对话合作的网络平台。

B.3
数字时代金融风险治理

许正中　王晓晓*

摘　要：　防范化解系统性金融风险是推进金融强国建设的基础保障。数字时代的金融发展具有开放性、泛在化以及全域化等新特征，金融风险也突出表现为技术安全风险、信用风险和监管风险，这些风险在数字时代具有了新内涵和新模式，并呈现隐蔽性、常态化和全域化的新特征。针对我国金融风险治理的现状，金融风险主要集中在中小金融机构、地方债务风险高企、房地产下行压力加大所带来的金融风险，以及金融创新带来的金融行业监管规制风险。基于现实判断，本文提出加强风险源头管控、构建自主可控且安全高效的金融基础设施体系、防范开放进程中的外部金融风险冲击，以及加强金融多元化、创新性发展，以有效防范金融风险的发生。

关键词：　金融强国　金融风险　数字金融　金融风险治理

"金融是国家重要的核心竞争力，金融安全是国家安全的重要组成部分，金融制度是经济社会发展中重要的基础性制度。"① 做好风险防控是金融工作的根本性任务。习近平总书记强调指出，防范化解金融风险"事关国家安全、发展全局、人民财产安全，是实现高质量发展必须跨越的重大关口"，要把防止发生系统性金融风险作为金融工作常抓不懈的"永恒主题"

---

* 许正中，中共中央党校（国家行政学院）经济学教研部副主任，教授，博士生导师，主要研究方向为国家战略、政治经济学、财政学、数字经济；王晓晓，山东管理学院经贸学院讲师，主要研究方向为数字经济、数字贸易。
① 《习近平谈治国理政》第 2 卷，外文出版社，2017，第 278 页。

和"根本性任务"。[①]"党的十八大以来，我们反复强调要把防控金融风险放到更加重要的位置，牢牢守住不发生系统性金融风险底线，采取一系列措施加强金融监管，防范和化解金融风险，维护金融安全和稳定，把住了发展大势。随着金融改革不断深化，金融体系、金融市场、金融监管和调控体系日益完善，金融机构实力大大增强，我国已成为重要的世界金融大国。"[②] 防范金融风险是由金融大国到金融强国的关键。2023 年召开的中央金融工作会议分析了当前金融发展的国内外形势，首次提出了"加快建设金融强国"的目标，强调坚定不移走中国特色金融发展之路，统筹发展和安全，牢牢守住不发生系统性金融风险的底线。金融作为现代经济的核心，防范化解系统性金融风险是筑牢经济基础的屏障，是推进金融强国建设的重要保障，唯有筑牢金融安全屏障，稳步推进金融强国建设，才能为实现中国式现代化保驾护航。

一　防范化解系统性金融风险是推进金融强国建设的基础保障

（一）防范化解系统性金融风险是筑牢经济基础的保障

"金融活，经济活；金融稳，经济稳。经济兴，金融兴；经济强，金融强。经济是肌体，金融是血脉，两者共生共荣。"[③] 金融作为现代经济的核心关乎整个经济基本盘的稳定。金融是基于跨期交易的范畴，具有内生的脆弱性和不确定性，且金融业的链条长、风险传染性强、隐蔽性高、危害性大，极易引发系统性风险。

---

① 习近平：《打好决胜全面建成小康社会三大攻坚战》，《人民日报》2018 年 4 月 3 日。
② 《习近平在中共中央政治局第四十次集体学习时强调：金融活经济活金融稳经济稳　做好金融工作维护金融安全》，《人民日报》2017 年 4 月 27 日。
③ 习近平：《论把握新发展阶段、贯彻新发展理念、构建新发展格局》，中央文献出版社，2021，第 308 页。

金融本源是服务实体经济，因此，只有坚持不发生系统性金融风险的底线，才能实现金融与产业的良性互动，为产业经济发展输送源源不断的"血液"，打造强劲的经济"肌体"，筑牢金融强国的经济基础。

（二）防范化解系统性金融风险是培育和壮大金融核心要素的保障

习近平总书记强调："……五要推进金融对外开放，提高开放水平。六要切实加强和改进金融监管，健全监管协调机制，有效防范和化解金融风险，维护国家金融稳定和安全。"① 这就要求要坚持不发生系统性金融风险，提高全球金融管理和防控风险的能力，统筹开放和安全，更好地扩大金融高水平开放。一是随着人民币国际化的深入，中国的跨国资本流动逐渐出现了与过去不同的新特点，需要适时地调整宏观财政政策，并且要高度重视跨国资金的流入与流出，以及政策变化对我国内部金融风险的诱发机理，防止和解决具有严重危害的系统性金融风险。二是保障国外金融机构"引得来、留得住、发展好"，为其提供安全稳定的金融环境，同时，促进本土金融机构不断"走出去"，为提升金融机构的国际竞争力"保驾护航"。三是打造强大的国际金融中心意味着具有高效配置全球资源的能力，只有筑牢防范化解金融风险的根基，才能实现离岸、在岸协同高效运作，不断提升金融中心的能级。四是要在防范系统性金融风险方面持续进行改革，在国际上发挥主导作用，建立健全的金融监督制度。五是要构建一个稳固的金融生态，能够聚集世界各地的优秀人才，形成一个多元化、国际化的金融高地。

（三）防范化解系统性金融风险是铺就中国特色金融之路的基石

中国特色金融强国突出政治性和人民性。货币信用源于国家主权，金融安全也关乎国家主权和政权信用。走中国特色金融之路，要坚持党中央对金融工作的集中统一领导，切实维护币值稳定，牢牢守住不发生系统性金融风险的底线，才能维护好国家经济主权，才能以金融安全推进政治安全；金融

---

① 《十六大以来重要文献选编》（下），中央文献出版社，2008，第954页。

工作只有以人民为中心，不断满足经济社会发展和人民群众日益增长的金融需求，防范化解系统性金融风险，才能守好老百姓的"钱袋子"。

二　数字时代金融业发生颠覆性变革

从历史的长河中观察，每一次科技革命都会带来产业升级与迭代，随之也会产生产业生态的深刻变化。第一次工业革命，蒸汽机的横空出世，使社会化大生产成为可能，促进了第一家现代商业银行——英格兰股份制银行的诞生，金融也作为一个新兴的独立产业出现在世人面前，实现了金融领域的第一次"脱媒"。自此，商业银行得到了迅速发展，成为推动当时工业革命发展的中坚力量。第二次工业革命使人类进入电气时代，流水线规模化生产成为可能。这也带来了铁路等大型基建的投资热潮，出现了介于政府和投资者的投资银行机构。第三次工业革命，互联网的崛起宣告了信息化时代的全面来临，随着全球化和信息技术的不断发展，新技术和新产业不断涌现，需要大量资金来支持这些创新项目的研发和推广。然而，由于这些项目通常具有高风险和高投入的特点，传统的金融机构往往不愿意或无法提供足够的资金支持，相伴相生的是以风险投资为核心的现代创业投资体系。

面对数字技术引爆的完全崭新的数字产业革命，数据要素驱动的智能化生产成为可能。不同于 20 世纪的信息技术，数字技术体系是以人工智能、大数据、区块链等为核心的多维技术群或技术束，催生出了一种全新的生产组织形态和市场主体，即数字平台。在工业文明时代，组织形态演化是以产品生产为中心进行的，企业间的界限相对清晰，产业链以企业分工为基础，呈链条上下游两端延伸的线性形式，实现了产品或服务由生产者提供给最终用户的单向链式流通，企业以生产者和交付者的身份参与单向线性产业链的一环。在数字经济时代，数字网络平台是基本的组织单元，是企业、社会组织、个人等不同主体在价值网络内组成的联合体，各利益相关方由原来的竞争关系演化到竞合共生关系，充分发挥规模经济和网络效应，推动数据等生产要素交互"流动"。

　　人类发展到数字时代，金融市场的运作逻辑与运作模式也随之改变。科技与金融的融合越来越紧密，在金融科技的背景下，数据、算力、算法和平台已经逐渐变成了金融产品与服务的关键因素，大科技金融平台企业、开放银行等新形式也随之出现。

　　一是数字金融网络平台化运营。数据、资金、技术等金融核心要素高效融合交互、相互赋能，既实现金融脱媒又产生金融交合，不断衍生出新型金融产品和服务，形成复杂的市场化分工网络，呈现开放生态化特征①，涌现出供应链金融、开放银行、大科技金融平台以及股权众筹等新金融模式。例如开放银行模式下，"消费者和小企业可以允许第三方服务商访问其支付账户数据以获得新服务"②，由此达成金融业内企业与企业间、企业与消费者间的数据流通和再利用，实现金融业数据价值的最大化。

　　二是区块链技术重塑了货币信用体系。区块链以其泛在化、不可篡改及具备智能合约的独特优势，在货币领域实现了重大突破。在区块链的世界里，合约条款被内嵌到计算机可执行的交易协议中，合约的执行不再依赖于传统的法律体系和国家主权背书，而是直接由代码逻辑来保障。因此，代码不仅是技术的实现手段，更是规则与法律的载体，实现了"合约即程序""代码即法律"的技术信任革命。数字货币的发行、交易、验证等全过程，均遵循由代码编写的智能合约。这一技术飞跃，不仅催生了以区块链为核心的货币革命，更颠覆了传统货币信用担保模式。如今，数字货币的信用不再依赖于国家主权，而是根植于区块链技术内嵌的程序协议之中，实现了货币信用的数字通证化。这场由区块链驱动的货币体系变革，正深刻重塑着全球金融版图。

　　三是金融产品或服务精准化。尤瓦尔·赫拉利在《未来简史》中写道："由于人类已无力处理现代生活中的庞大数据，由算法来接管人类处理数据

---

① 刘少军、赵一洋：《数字金融创新发展与新型金融风险的法律规制》，《金融论坛》2023 年第 6 期。

② FCA, Open Finance: an Opportunity for Financial Services, https://www.fca.org.uk/news/speeches/open-finance-opportunity-financial-services.

就成为必然，数据主义的终极算法将代替人类做出各种决策。"① 在人工智能技术驱动下，数字时代形成了数据驱动、算法实现、以预测为主的新型决策模式。这一模式应用在金融领域，可以利用复杂算法模型进行市场趋势预测，以及融合基于行为金融学的模型，制定不同资产类别的跨市场策略，进行量化投资分析和风控管理。同时，依托对客户需求的精准刻画，为金融需求方提供精细化和有针对性的金融产品和服务。

四是金融服务的普惠性。数字网络平台具有开放、共享、便捷、全球运作等特性，能够降低金融服务的门槛，提高金融服务的可获得性和便利性。通过大数据、云计算、物联网等先进技术的运用，金融机构能够更加全面、深入地了解客户的信用状况，从而实现对中小微企业、中低收入客户等长尾市场的有效覆盖。基于数字网络平台，可以吸纳数量巨大的小微企业、个体工商户等小客户，展现出极大的普惠性和包容性。

三 数字时代金融风险呈现新模式、新特征

（一）数字金融风险的常态化和内在性

金融风险来自对未来的投资。金融就是对资金流动进行调控和信贷行为的一个统称，涉及货币和信用范畴，是一个以风险与信用为核心的产业。信用是指经由借款行为，对现有的各种资源进行跨时分配。因此，信用代表的是未来不确定的价值。马克思认为"信用制度表现为生产过剩和商业过度投机的主要杠杆"②，"信用制度的二重性——信用制度的发展，固然促使资本主义生产更加迅速地向前发展，但同时却又促使资本主义生产方式的内在矛盾更加激化"③。这一针见血地指出了经济金融风险产生的根源。

---

① 〔以色列〕尤瓦尔·赫拉利：《未来简史》，林俊宏译，中信出版社，2017。
② 《马克思恩格斯选集》第 2 卷，人民出版社，1995，第 521 页。
③ 漆琪生：《〈资本论〉大纲》第 3 卷，人民出版社，1988，第 238 页。

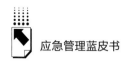

（二）数字时代金融风险的生态化、泛在化

相比于传统金融风险，数字时代的金融风险更为隐蔽，扩散的速度更快，波及的范围更广，对于社会的渗透更强。科技并没有改变传统金融的本质和功能，因此金融领域固有的传统金融风险被完全地继承下来。与此同时，数字时代的金融具有开放生态化、货币体系数字化、金融服务精准化和普惠化等特征，使得金融的技术安全风险、信用风险和监管风险具有新内涵和新模式。

1. 数字时代金融风险的新模式

（1）技术安全风险。随着金融科技的发展，它一方面在很大程度上提升了交易效率，规避了交易信息失真的问题，另一方面也存在技术漏洞、参数失误、算法失灵等问题。[①] 以比特币为例，区块链技术从诞生起就伴随着严重的技术风险。这种技术风险主要由交易节点的脆弱性和底层技术逻辑的不断更迭造成的安全漏洞所引发。此外，随着数字金融的发展，大量个人和企业的数据被收集、存储和处理。如果这些数据没有得到妥善保护，就可能面临泄露、被非法获取或滥用的风险，对个人隐私和企业安全造成威胁，这将会带来网络安全、身份认证、交易确认等一系列安全问题。以人工智能技术为例，人工智能在市场部门的应用中存在诸多风险，这需要监管部门开发更为先进的人工智能技术进行有效管理，正是由于存在这种信息不对称性，人工智能的广泛使用增加了金融体系的系统性风险。人工智能在市场化金融机构中被普遍使用，随着技术的日趋成熟，金融机构中将会不可避免地出现算法和技术的同质性。因为对于任何给定的数据集，人工智能都趋向于给定同一个最优的解决方案。人工智能的这一特性会使得所有市场参与者都倾向于使用同一种策略进行投融资和风险管理。这样的交易手段对于个人投资者或机构来说无疑是理性的，但是当所有市场参与者都这样做时，就会形成

---

① 方意等：《金融科技领域的系统性风险：内生风险视角》，《中央财经大学学报》2020 年第 2 期。

"合成谬误"。

（2）信用风险。信息不对称是引发信用风险的关键因素。英国系统理论家切克兰德认为"信息＝数据＋意义"。虽然大数据等科技手段的引入可以提升资源配置的效率，但由于并不能全面真实地获取与信用相关的数据，所以其没有解决资金在融通过程中的信息不对称问题。在金融科技领域，通常而言，网络平台作为一种新型的金融信息中介，使得交易对手方通过互联网进行非直接接触式交易。在这种模式下，借贷双方往往缺乏甄别对方信用风险的能力，更容易存在逆向选择与道德风险的问题，加剧了交易对手方之间的信息不对称风险。此外，金融科技往往覆盖的是传统金融领域不愿或者不能服务的金融长尾客户群体。这部分客户群体的风险意识较差、风险承担能力较弱，这也进一步加剧了信息不对称风险。

（3）监管风险。随着数字金融的快速发展，金融创新与风险相伴，监管政策可能无法及时跟上市场变化，这可能导致一些数字金融活动处于传统监管体系的空白地带。从监管来看，存在创新的迭代性与响应的滞后性之间的矛盾、网络的连通性与责任的地方性之间的矛盾、交易的涉众性与稳定的压倒性之间的矛盾。[1] 在金融创新过程中应警惕以下风险点。①非法经营引致的数字金融欺诈行为。数字时代欺诈行为呈现产业化、技术化等新特征，并衍生出一系列新型电信网络诈骗、有组织逃废债、不良代理投诉等黑灰产乱象。②在金融创新过程中，经营者的风控措施还不够成熟。③金融监管不到位。由于网络效应的存在，金融科技服务易形成"赢者通吃"的局面，监管的重点在于市场行为而不是市场结构。由于网络化平台和垂直化监管之间存在不对称，在这种情况下，以巴塞尔为中心的传统的金融管理方法与规范已不能满足新形势下金融市场发展的需要。例如金融科技低利润率、轻资产的特点使得微观企业既有不断扩张规模的激励，又有迅速扩张规模的条件，这指向了构成系统重要性机构的关键因素——"大而不

---

[1] 王道平等：《金融科技、宏观审慎监管与我国银行系统性风险》，《财贸经济》2022 年第 4 期。

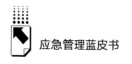

倒"和"联系紧密而不倒"。

2. 数字时代金融风险的新特征

一是隐蔽性。在以长尾为主体的背景下,大量的小客户在其经营范围上将会超出"二八定律"中的核心大客户,所以,对大型技术金融平台的系统重要性的监督需要更加重视其"小而被忽略"的特性以及风险感染的复杂性,因为这些因素更容易产生系统性后果。加密数字货币以及"去中心化金融"(DeFi)基于区块链技术,通过"智能合约"自动执行代码,实现自动化的P2P交易,但由于交易的内生执行性,金融风险传播速度更快、隐蔽性更强。

二是常态化。一方面,金融业是数据密集型产业,金融数据资产定价、交易方式特别是易贬损特点和价值异质性带来数字资本风险点的管理呈现常态化特征;另一方面,底层数字技术快速更新迭代,致使金融风险面对的技术安全风险是不断变化的。

三是全域化。金融基础设施的互联互通,关键金融基础设施一旦发生风险,就会"牵一发而动全身",引起整个金融体系的瘫痪;金融业本身就是一种数据密集的产业,因此,它所存储的金融数据中包含了许多商业秘密和个人隐私,如果发生数据泄露,将会把金融风险转变成一种社会风险,甚至是一个国家所面临的潜在政治风险,导致社会经济秩序受到严重影响。

四 中国现阶段需要防范化解的金融风险点剖析

(一)国内金融市场风险点

一是中小金融机构的经营风险。在数字化的浪潮冲击下,中小银行的传统线下业务受到冲击并面临重整。线下网点的运营成本相对较高,包括租金、人员工资、设备维护等费用,而线上渠道的成本相对较低,因此中小银行在数字化转型过程中需要投入大量资金进行技术升级和人才培养,这进一步压缩了传统线下业务的利润空间。再者,相较大型商业银行、政策性银行和股份制银行,中小银行缺乏良好的企业治理、有效的外部监督和人才竞争机制等，抗风险能力弱。目前，我国大型金融机构总体稳健，这是我国金融安全的基本盘。风险主要集中在中小金融机构。截止到 2024 年 1 月，全国共有中小银行 3912 家，总资产 110 万亿元，占银行业整体总资产的 28%。《中国金融稳定报告（2023）》中指出，2020 年第四季度至 2022 年第四季度，人民银行对央行金融机构评级，其中预警银行风险以村镇银行和农村商业银行为主，合计 295 家次，占比为 71%。新华财经公布的数据显示，2020～2022 年，中国商业银行净利润年均增长 4.9%，而其中城市商业银行净利润年均增速仅 0.6%，农业商业银行净利润为−3.1%。不难看出，银行的利润都被大型银行获取，而城市商业银行与农村商业银行却挣扎在盈利的边界线上。

二是房地产下行压力加大金融风险。由于房地产产业链长、涉及范围广，一旦外部冲击与内部风险叠加，房地产市场极易出现流动性风险，并通过居民和企业的房地产贷款影响金融体系。根据库兹涅茨周期理论，房地产市场从起步到衰退大致经历 20 年的长周期。伴随我国人口出现负增长以及城镇化率增长放缓，房地产结构失衡现象严重，目前我国房地产市场已进入衰退期。如图 1 所示，自 2018 年 12 月房地产开发投资完成额和商品房销售面积增长低迷，特别到 2022 年之后，房地产开发投资完成额和商品房销售面积均出现明显下跌，累计同比均呈现负增长。国家统计局数据显示，如图 2 所示，自 2023 年 3 月至 2024 年 3 月，70 个大中城市新建商品住宅环比价格指数平均呈现明显的下降趋势，且在 2023 年 7 月之后，环比价格指数一直为负，房地产价格只涨不跌的预期发生基本扭转。由此可判断房地产市场正经历从繁荣期到衰退期的过渡过程。根据《2023 年金融机构贷款投向统计报告》，2023 年末，房地产贷款余额为 52.63 万亿元，保持持续增长的势头。① 其中个人住房贷款余额及利率变化导致商业银行利润下降，在一定程度上削弱了银行抵抗风险能力。

---

① 《2023 年金融机构贷款投向统计报告》，中国人民银行网站，http：//www.pbc.gov.cn/goutongjiaoliu/113456/113469/5221508/index.html。

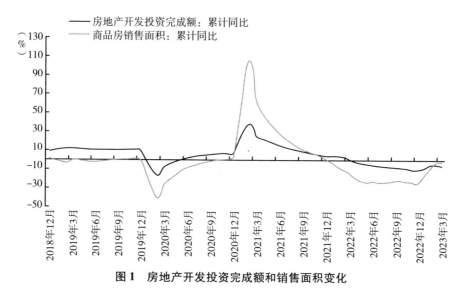

图1　房地产开发投资完成额和销售面积变化

数据来源：国家统计局。

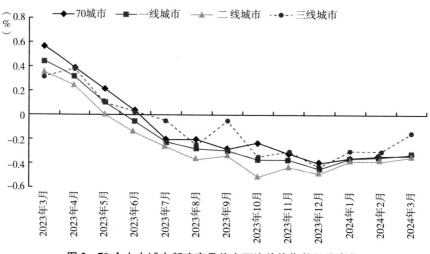

图2　70个大中城市新建商品住宅环比价格指数平均变化

数据来源：国家统计局。

三是地方政府债务风险高。地方政府债务风险逐渐向社会风险与金融风险转移。从传导机制上看，一方面，地方政府债务会通过地方政府的行为向企业、个人以及金融系统传导风险。以土地财政为例，土地财政增加地方政府债务违约风险。土地财政一方面支持地方政府完善基础设施，也可以支撑地方政府发债。一旦出现土地流拍，或者出让土地的价格大幅下降，土地出让金就会减少，地方政府债务违约的风险会大大增加。根据财政部官网发布的数据可知，2012年地方政府性基金收入（本级）为34204亿元，比上年减少4029亿元，下降10.5%，主要是土地出让成交额下降，国有土地使用权出让收入28517亿元，比上年减少4656亿元，下降14%。①

同时，我国地方政府负债也会通过银行的行为传递到整个金融体系。我国部分地区政府通过各种投资基金、PPP项目、政府购买服务以及违规担保等形式，产生了数量庞大的隐性负债，其规模不断扩大导致风险难以控制。地方政府债务规模再上新台阶，区域分化明显。根据财政部数据整理可知，截至2022年末，共有22个省（自治区、直辖市）的债务率超过100%。其中，经济发达地区的地方政府综合财力对其债务余额的覆盖较为充分，债务率位于100%的警戒线下方。而经济实力偏弱地区的地方政府债务余额显著高于综合财力，债务率已突破150%的警戒线上限。

四是企业债务风险高。一方面，由于民营企业在进入金融领域方面存在诸多阻碍，如法规限制、审批繁琐等，一些企业可能通过不正当手段获取金融资源，从而导致金融腐败问题的出现。此外，民营资本参股金融机构后，如果监管不到位，也容易出现监管缺位和内部人控制的问题，这进一步加剧了金融腐败的风险。另一方面，从债务风险的角度来看，这些案件中的企业往往存在过度扩张和债务累积的问题。这种盲目扩张和过度依赖外部融资的模式，使得企业在市场环境变化或融资环境收紧时，很容易陷入债务危机。

五是金融创新带来金融行业监管规制风险。P2P爆雷、平台乱象频发，大型科技金融平台企业存在不当市场竞争行为。金融需要监管，但需要在尊重金融发展规律的基础上实施有效监管，通过制度设计，提高信用和稳定性。

---

① 《2012年财政收支情况》，中华人民共和国财政部网站，http://gks.mof.gov.cn/tongjishuju/201301/t20130122_729462.htm。

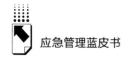

（二）国际金融风险冲击

"在经济全球化深入发展的今天，金融危机外溢性突显，国际金融风险点仍然不少。一些国家的货币政策和财政政策调整形成的风险外溢效应，有可能对我国金融安全形成外部冲击。"[①] 一方面，全球利率面临增高趋势。2022 年全年，全球 38 家央行共计加息 210 次。新兴经济体依然面临资本外流、货币贬值等风险。另一方面，全球物价面临高通胀。截至 2023 年 1 月，全球已有近 30 个经济体的 CPI 同比涨幅在 10% 以上。据国际货币基金组织（IMF）预计，即使到 2024 年，超过 80% 的国家通胀水平仍将高于疫情以前水平。[②]

五 防范化解金融风险的对策建议

数字时代的金融发展具有开放性、泛在化以及全域化等新特征，金融风险也突出表现为技术安全风险、信用风险和监管风险，这些风险在数字时代具有了新内涵和新模式。防范金融风险，关键在于加快金融创新，大力培育金融新业态。要使金融回归本质，为实体经济和技术创新提供支持。以风险为导向，强化风险管理与投、贷、保的互动，在技术研发与运营、外包管理、数据风险控制等方面进行创新。大力发展科技金融，信贷资金从投企业主体，转向投科技创新行为，让企业能够像购买专项保险一样，获得银行的专项信贷支持。

（一）以工程生态的理念构建自主可控、安全高效的金融基础设施体系

习近平总书记明确把"建立健全自主可控安全高效的金融基础设施体

---

① 《习近平关于总体国家安全观论述摘编》，中央文献出版社，2018，第 96 页。
② 《世界经济展望 2023》，国际货币基金组织，https://www.imf.org/en/Publications/WEO/Issues/2023/10/10/world-economic-outlook-2023。

系"① 作为加快构建中国特色现代金融体系的六大内容之一，为我国金融基础设施体系建设提供了根本遵循和行动指南。金融基础设施是整个金融生态的基石，是金融系统健康、有效运转的基础，对于保障整个金融系统的安全性、稳定性和有效性具有基础支撑作用。同时，在解决风险与效率之间的矛盾、控制结算风险、防范和化解各种风险以及潜在的系统性风险等问题上，也具有十分重要的意义。

以"技术—规则—管理—标准"四位一体，打造自主可控安全高效的金融基础设施体系。在技术层面，梳理金融基础设施的"卡脖子"技术，集中技术力量实现突破，保障金融基础设施核心技术的自主可控，同时为加强金融数据保护，保障信息安全和网络安全，要加快区块链等新技术的运用，提高金融技术设施的安全性和运行效率；在规则层面，完善金融基础设施体系相关领域的立法工作，完善金融基础设施的监管框架和顶层设计；在管理层面，不断加强基础设施全面风险管理体系建设；在标准层面，加强与国际标准的对接，通过标准体系化引领全球金融基础设施治理。

（二）加强风险源头管控，科学处置风险点

创新中小金融机构风险处置机制。当前，经济结构调整，宏观经济换挡，新一轮中小金融机构重组的主基调为"收"，重心是回归本源、专注主业、处置风险、提升质量。一方面，完善金融机构公司治理，严防内部人控制和大股东操作，严防利益输送和违法违规关联交易。另一方面，严格中小金融机构准入标准和监管要求，下大力气摸清难点和堵点，加快高风险机构兼并重组，及时处置不良资产，有计划、有步骤地推进改革化解风险。

财政金融协同化解地方政府债务风险。推动体制机制的联动改革，以防范化解地方债务风险，尤其是要发挥金融与财政的协同作用。财政政策相对货币金融政策不仅具有逆周期调节的效果，而且还有结构性调整和改革的功能。

---

① 《习近平关于金融工作论述摘编》，中央文献出版社，2024，第19页。

（三）全面加强金融监管，有效防范化解金融风险

科技进步给金融业态带来巨大变化，如果金融基因发生了变化，风险源、风险特征也会发生变化，此时如果还用过时的监管准则去监管新的金融业态和金融行为，既可能影响金融效率的提升，也难以有效防范金融风险。所以，一定要完善金融监管理念和准则，在尊重金融发展规律的基础上实施有效监管，推动金融监管方法的迭代升级。

"依法将所有金融活动全部纳入监管，全面强化机构监管、行为监管、功能监管、穿透式监管、持续监管，消除监管空白和盲区。"① 金融监管不是行政管制，如果政府部门甚至监管机构强制推行行政性的管控、干预，肯定会伤害金融主体创新的积极性，也很难真正有效防控金融风险。所以，金融监管的关键是在效率与稳定之间找到一个平衡点，提高效率要放开市场，防范风险要加强监管，令这两者得到统一的做法是接受市场的作用，实行市场化而不是行政性的监管。

全方位加强"五大监管"，努力提升监管的前瞻性、准确性、有效性和协同效应。首先，将所有的金融行为都纳入到监管之中，以提高监管与风险预防的系统性与完整性为目的，完善各监管组织与央地监管部门间的全程监管情报交流体系，同时也要加强各监管部门的协作。加强对跨行业、跨市场金融风险的监控，使其充分发挥监督的功能，注重权责一致，完善激励和约束相容的、覆盖范围广的风险处理体系。其次，建立宏观审慎监管与微观审慎监管相结合的模式，以金融科技为支撑运用更加有效的穿透式监管工具，逐步构建具有中国特色的金融监管法治体系。最后，面对风险向金融之外的领域扩散的情况，实现由行业监管向社会治理转化。

进一步提升风险监测、预警、处置的前瞻性和灵活性。针对金融混业经营趋势以及金融创新中不断出现的包装和嵌套，动态且精准的穿透式监管将

---

① 《中央金融工作会议在北京举行》，新华网，http：//www. news. cn/politics/leaders/2023-10/31/c_1129951150. htm。

发挥不可替代的作用，但穿透式监管目前仍然停留在监管工具和手段层面，缺少正式的法律制度安排，相关立法明显滞后，需要通过立法明确规定穿透式监管的内容及程序，确定穿透式监管的基本原则、适用范围、法律程序、实施手段等，使其成为正式的金融监管法律制度，确保其在法律保障下发挥更大作用；新兴的互联网金融、科技金融、数字金融、元宇宙金融等具有开放、分散的特征，牌照监管制度的作用比较有限且成本偏高，需要采用更加灵活的监管制度，加快健全金融创新及非正规金融准入备案制度。

（四）防范开放进程中的外部金融风险冲击

一是出于金融技术的虚拟化、无边界化和高技术含量，加之缺乏相关的法规，以及其他方面的原因，银行的风险控制变得十分困难。从业务操作、技术和有关法律来说，都是存在风险的，这给金融安全防护系统乃至整个国家的经济安全带来了新的威胁。因此，应注重全球化合作，统一标准框架，加强金融科技全球治理和多边合作，将中国金融科技风险治理经验推广至全球，主动引导建立包括监管技术在内的全球金融科学技术和行业标准，以此引领全球金融风险治理。二是面对外部冲击，全球金融的波动，应提高定价能力、风险处置能力，提高面对国际金融变化的韧性。加强对跨境资本流动的审慎监管。要完善跨境资本流动风险预警体系，优化跨境资本流动宏观审慎管理框架，强化对跨境资本流动规模和流向的跟踪监测。同时，考虑到跨境银行信贷、证券投资等资本流入容易发生逆转，进而加剧市场波动，应保持人民币汇率弹性，充分发挥汇率的缓冲器功能。三是积极改善营商环境，引入高质量外商直接投资，为中国经济发展注入活力。

B.4
当前我国应急物资储备管理：
发展现状、问题及建议

高寿峰　张　晶　袁莉莉*

摘　要： 国家储备是国家治理的重要物质基础，在风险挑战的应对过程中发挥着"稳定器"和"压舱石"的作用。近年来，我国不断加快应急物资储备体系建设，取得了重大进展，储备基础不断夯实，中央储备已实现全国覆盖，在保障国家安全、处置重大突发事件和维护经济社会稳定方面做出重要贡献。然而，随着我国发展面临的内外风险复杂度提升，应急物资储备系统防范和化解重大安全风险的任务更加繁重，在此过程中也暴露出应急物资管理主体分散、品种标准更新速度滞后、仓储设施统筹规划不足、信息化整体水平不高等问题。需要不断完善我国应急物资储备体系，在体制机制建设、仓储网络布局、平急转换机制建设、数字技术应用等方面寻找着力点，建立科学、可靠的应急物资储备体系，加快提升应急物资储备的风险应对能力，发挥好"稳定器"的作用。

关键词： 应急管理　储备体系　应急物资　信息化

　　党的十八大以来，以习近平同志为核心的党中央高度重视我国防灾减灾救灾工作，多次就应急物资保障工作提出要求、作出部署。国家储备是国家

---

* 高寿峰，国家粮食和物资储备局储备安全和应急物资保障中心主任，主要研究方向为应急物资储备管理；张晶，国家粮食和物资储备局储备安全和应急物资保障中心应急物资安全保障处处长，主要研究方向为应急物资储备管理；袁莉莉，北京物资学院物流学院讲师，主要研究方向为应急管理。

治理的重要物质基础，要加快健全统一的战略和应急物资储备体系，习近平总书记提出要"优化重要应急物资产能保障和区域布局，健全国家储备体系，完善储备品类、规模、结构，提升储备效能"①。经过长期的建设和发展，我国应急物资储备规模持续扩大、储备品种不断丰富，基本形成了"中央—省—市—县—乡"五级应急物资储备体系，为落实我国储备任务、发挥储备作用奠定了坚实基础。2018年党和国家机构改革以来，中央应急物资储备规模不断扩大，储备总规模较改革前增长2.5倍，国家应急物资储备整体实力和水平大幅提高。② 近年来，自然灾害的时空分布、损失程度和影响深度、广度都出现新的变化，各类灾害的突发性、异常性、难以预见性日显突出。在此情况下，我国应急物资储备存在管理分散、品种标准更新滞后、仓储设施统筹规划不足、信息化整体水平不高等短板弱项。本报告建议建立中央层级的跨部门应急物资储备协调机制，优化储备结构和仓储网络布局，建立与预案修订相结合的平急转换机制，强化数字技术的应用，加快提升应急物资储备应对巨灾风险的能力。

一　应急物资储备管理发展现状

（一）按部门归口管理

在"统一领导、综合协调、分类管理、分级负责、属地管理为主"的应急管理体制下，我国应急物资储备实行在中央政府的统一领导下，分级别、分部门管理的模式。主要表现为：政府发挥主导作用，由各级政府对应急物资分级管理，落实应急物资保障职责，并建立物资管理台账；实行多部门管理，根据专业领域的质量和标准要求，将应急物资归口到专业职能部门储备和管理，各职能部门根据职责划分，对应急物资储备按照灾害产生、发

---

① 《十九大以来重要文献选编》（中），中央文献出版社，2021，第520页。
② 本文相关数据由国家粮食和物资储备局储备安全和应急物资保障中心提供。

展、结束等不同环节实行分阶段管理。其中，生活类救灾物资储备和防汛抗旱物资储备，由应急管理部提出储备需求，国家粮食和物资储备局负责储备管理；交通和城市防汛物资储备，分别由交通运输部、住房和城乡建设部负责储备管理；医药储备，由工业和信息化部、卫生健康委提出储备需求，采取企业代储方式管理。除此之外，水利、农业、林业、卫生、铁路、公安等部门均有一定的专业物资储备职能；民政部门减灾备灾中心具备一定的物资储备能力，并有一定规模的通用物资储备。

（二）储备基础不断夯实

随着国家储备仓库安全综合整治提升三年行动、综合性国家储备基地和中央级救灾物资储备库建设的推进，可用于存储应急物资的库房大幅增加，灾害多发频发地区，如天津、湖南、重庆等地的应急物资储备库容短板得到有效弥补，国家应急物资储备整体能力显著增强。中央应急物资储备规模达到历史最高水平，应对重特大灾害的物质基础更加坚实。目前，中央应急物资包括用于抢险救援类的抢险物料、救生器材、抢险机具、给排水设备、供水器具，以及用于灾民安置类的床具、被服、用具等，储备物资超过 100种，总价值约 37 亿元。自 2018 年机构改革以来，中央应急物资累计调运近百次，调运物资总价值超过 5 亿元，在应对国家重大突发自然灾害工作中发挥了重要的物资保障作用。各省、市、县等地方根据当地经济社会发展水平，结合区域灾害事故特点和应急需求，不断强化应急物资储备。现阶段，北京、山东、辽宁、贵州、福建等省份相继出台应急物资储备管理办法，夯实储备基础，提高物资统一调配和保障能力；四川省现有救灾物资储备数量基本满足 Ⅱ 级应急响应应急物资保障需求；江西省在全省推广应急物资属地政府实物储备、生产企业产能储备、重点企业协议储备相结合的"九江模式"；安徽省储备防汛物资价值共计近 9 亿元，基本满足保障大汛的需要。

（三）中央储备实现全国覆盖

经过长期建设和发展，中央应急物资储备仓库数量不断增加，承储仓库已达百余座，遍布全国 31 个省级行政单元，覆盖主要江河流域防汛抗洪重点地区和绝大部分省会城市。中央应急物资储备设施布局不断优化，功能逐步完善，形成了适应多品类、规格物资储存和调运需要的储备设施网络，为落实储备任务、实现及时快速响应的储备作用奠定了坚实基础。按照《"十四五"国家应急体系规划》要求，当前中央应急物资储备已具备了实现"灾害事故发生后受灾人员基本生活得到有效救助时间缩短至 10 小时以内"目标的仓储设施基础。地方应急物资储备库的建设也在快速推进，各省（自治区、直辖市）、多灾易灾的地市和县（区）不断推进应急物资储备库建设，均设立了本级救灾物资储备库，灾害快速响应能力显著提升。

（四）政府实物储备占主体

我国应急物资实行分级负责、分级储备的制度，中央和地方按照事权划分承担储备职责，中央主要以实物形式储备应对需由国家层面启动应急响应的重特大灾害事故的应急物资，地方根据当地经济社会发展水平，结合区域灾害事故特点和应急需求，在实物储备基础上，开展企业协议代储、产能储备等多种方式的应急物资储备。长期以来，我国应急物资储备的主要模式是政府实物储备，而且是以非市场化实物储备为主。从储备方式看，以实物储备为主能够确保调用具有较高时效性，以尽可能快的速度满足使用需求。从管理模式看，以政府自储为主，即由相关部门建立专门的储备仓库存储物资，或租赁具备相关条件资质的社会仓库代储物资。此外，对于医药等对存储环境要求较高的物资，由政府出资、企业管理。

近年来，随着市场生产和流通能力的快速发展和提升，部分储备主体开始探索通过签订合同或者协议，约定利用市场供应和应急生产能力，建立部分应急物资的协议储备。据了解，当前对于公共卫生类应急物资进行产能储备的较多，如北京市、上海市、广东省等均建立了包含医用防护口罩、医用防护服、呼吸机等在内的共计 10 多个公共卫生品类产能储备的企业清单。对于其他类别的应急物资产能储备，多被纳入本级政府制定的应急物资储备规划之中，已与相关生产企业签订合作协议。

（五）信息化建设水平不断提升

近年来，各级物资储备管理部门按照要求进行储备设施设备的升级改造，通过不断加强软硬件设施设备的投入，提升物资管理水平。目前，部分储备仓库配置了适用于仓库日常管理的信息设备，如仓储管理系统、仓储设备控制系统、移动作业终端、射频识别设备、智能查询一体机等，提高了日常管理效率；在通信安防环节，配置了卫星电话系统、对讲系统、语音播报系统、视频监控系统、库内网络支撑系统等，保证了快速响应调令、有效组织业务操作和储备物资安全。

在指挥调度平台建设方面，目前大部分县级以上城市均建立了应急管理相关的信息整合平台；应急管理部于2020年启动投资建设的应急信息资源管理平台，已初步实现了各级政府、行业管理部门、重点企业的应急资源整合。国家平台与地方信息系统加快衔接，不仅能够汇聚国家、地方和社会仓库的应急物资的信息，还可以整合大型物流企业以及市场主要应急物资生产企业的信息，为应急指挥科学高效调度提供了基本信息和数据基础。

二　应急物资储备管理发展存在的问题

（一）储备物资管理分散，尚未形成统一的资源调配机制

应急物资涉及面广，跨部门、跨领域的应急物资管理主体和承储单位既多且散，难以形成一本"总账"，缺少全口径的总体规划和归口统计。长期以来，各类物资的储备责任按照部门职能进行纵向切割，导致各类储备物资的品种、规模、结构之间协调不足。受限于物资储备管理的条块分割，财政对各类应急物资采取切块管理的方式，缺少系统性支持。机构改革完成时间较短，部门间合作尚处于磨合期，缺乏行之有效的信息化共享机制。

从纵向层级管理来看，中央与地方之间的协同效应低下，地方储备底数不清，各级地方政府之间、部门之间缺乏联动机制。地方应急物资储备在省

级层面也均按照部门归口方式管理，与中央层面大体一致，到市、县层面多为属地政府综合管理。在信息统计制度和共用共享机制尚未建立的情况下，由于管理主体分散，应急物资储备信息采集困难，加之每年地方受灾情况不同，各地储备增加或消耗量变化较大，底数难以摸清。在储备信息共享机制以及信息动态采集和更新机制尚未建立的情况下，中央与地方应急物资储备间的协同效应很难有效发挥。由于各层级政府缺乏联动机制，对各类应急物资储备的种类、数量、结构、布局等缺乏全面、系统、定期的精准评估，容易出现应急物资储备量不足、储备种类不充分，导致无法满足突发事件需求，或者因为应急物资储备量过大、储备种类不匹配，导致政府财政资金积压、物资日常维护成本过高的情况。此外，由于法律仅规定县级及以上人民政府具有应急物资储备的职责，容易造成乡镇储备缺位。

就横向部门管理而言，根据灾种和应急专业领域，应急物资归口到各个部门及其下属单位进行储备和管理。囿于部门归口管理下的应急物资采购、存储、调拨、运输、配送、使用、回收等职能分散，多部门、整合式的应急管理模式尚未健全，各职能部门之间缺乏有效的协调机制，在极端情况下应急物资保障链条运转不畅，物资统一调配乏力，导致无法有效应对巨灾引发的多灾种叠加风险，综合防灾减灾能力明显不足。在应对重大突发事件时，面对多部门、多品种、多环节的复杂状况，各地区、各部门之间缺乏统一的指挥决策机构、信息沟通机制和完善的协调运行机制，使得应急物资出现供给的结构性失衡，导致供需矛盾，应急物资不能充分发挥其综合保障作用，在很大程度上影响了应急响应的速度和精确度。

（二）储备品种标准更新进度滞后，新时代应急需求适应性不强

随着我国社会主要矛盾的变化，人民对美好生活的需要日益迫切，受灾群体的救助需求也发生了转变，他们期盼更可靠的社会保障、更高水平的社会服务和救助条件，对应急物资保障的时效和水平，以及应急救灾物资的品种、质量、款式等提出了更高的要求。随着我国科技水平不断提升，我国应急技术装备研发、应急产品生产制造取得长足发展，尤其在核心技术研发、

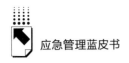

关键产品制造等方面取得明显进步，应急物资品类不断丰富、产品持续迭代升级、规模逐步扩大。例如，集排水、照明、发电等多功能为一体的永磁排水车相较于传统的拖车式抽水泵站，既能丰富应用场景又能提高救援效率；高聚酯复合型防洪挡板相较于玻璃钢式防洪子堤，既收纳便捷又安装快速。

与不断升级的民众应急物资需求和不断提高的应急产业科技水平相比，我国应急物资储备品种更新换代进度相对滞后，尤其是具有应对跨地区、跨流域重特大自然灾害功能的中央应急物资，存在种类不齐全、品种老化、标准落后、高精尖类缺乏等问题，难以满足新时代下重大级别突发事件的保障需求。如部分储备物资配件过多，使用不便；充电照明灯用锂电池需经常保养充电，存放时间较长后极易出现紧急调运时缺电少电的情况。此外，应急装备类物资存在数量不足、性能较差、安装和使用难度大等问题，缺乏应对处置洪涝灾害的专业装备，缺乏高端先进、具备特殊功能的应急物资，不能适应新时期应急保障体系建设需要。

（三）仓储设施统筹规划不足，基础条件改善难度大

在分级别、分部门的应急物资储备管理模式下，容易导致物资储存规划不合理、存放地点分散、重复建设、叠加布局、存储成本高昂等问题，与新时期备灾减灾救灾的要求以及应对未来风险形势的要求尚有距离。

中央应急物资储备设施主要集中在我国中东部地区，在自然灾害多发的西部地区储备力量较为薄弱，尚未建立区域应急储备中心。中央应急物资储备管理主体多样，除中央垂直管理的仓库外，还有委托地方代管的储备库，代管部门包括地方粮食和储备部门、应急管理部门、民政部门、水利部门等。当应急物资需要大规模增储时，若仅利用现有的储备资源承储物资，容易出现储备布局重合和布局空白等问题。部分仓库自20世纪50年代开始建设，年代久远，仓库老旧，部分承储应急物资的仓库为砖木结构，已不具备改造升级条件，在物资动态管理方面与当前市场仓储企业的储备库相比仍有较大差距。地方各级政府储备多为属地政府综合管理，仓储设施分散、储备能力不平衡、统筹规划不足等问题较为突出。经济发达地区储备能力强，欠

发达地区主要依靠中央储备，县级以下储备存在明显不足。此外，尚未打通中央和地方储备网络，储备互补性不强，重复建设问题严重，容易造成储备过剩和不足问题并存，进而在灾害发生后导致物资无法快速组织到位。

当前，我国应急物资储备仓库的功能尚不完善，部分地区已建成的应急物资储备库存在仓库建设规模、条件等不符合应急物资储备库建设国家标准等问题。仓库机械化、信息化、智能化水平不高，机械设备配套不完善，自动化控制系统应用较少。部分地区特别是西北、西南等灾害多发易发地区应急救灾物资储存和调运能力偏弱。受用地紧张等因素制约，部分应急物资储备库存在仓容普遍偏小、位置较偏、交通条件较差等问题，应急物资存放地点布局不合理。由于仓储设施缺乏统筹规划，物资存储过于分散，应急物资在同一地区存储于多个仓库，严重增加设备升级改造投入，给提升储备仓库应急能力、确保应急响应及时高效带来了不利影响。

（四）实物储备应对能力有限，缺少平急转换的政策保障

平急转换强调紧急情况下实物储备能用得上，产能或协议储备能调得动。实物储备的常态性与突发事件的随机性相矛盾，极易造成储备物资平时闲置、急时紧缺。灾害尤其是大灾巨灾带有"黑天鹅"事件性质，具有高度不确定性和不可预见性。而实物储备供给缺乏弹性，储备规模与实际需求不匹配。一方面，部分品种物资长期储存而无用武之地，造成资源浪费；另一方面，在极端情况下未列入储备目录的物资需求量暴增，组织物资生产和采购需要一定时间，增加了短时间内有效控制风险扩散的难度。

政府与社会之间的合作机制缺乏，国有企业、民营企业参与程度有限，企业社会责任储备制度缺位，协议和产能储备的支撑政策不足，导致我国现有的应急物资储备在应对巨灾风险时的效用有限。北京、上海、安徽、陕西等地相继提出要加强生产协议储备、建立应急物资储备动态监管制度，但仅为开展协议储备提供了"行政准备"，表现为支持鼓励居多、具体落实偏少。在建立协议储备的过程中，政府如何决策及企业如何响应决策尚未提出明确的实施路径。由于应急服务类产品经济效益不高，加之缺乏政策扶持，

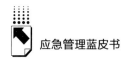

企业容易受到既有结构和制度的制约，开展协议储备的积极性不高，在进入应急物资生产、参与国家储备管理活动时感到无所适从。尤其对于中小企业而言，因缺少严格的内控制度和足够的经济能力，难以承担物资储备、日常管理带来的较高成本，其往往会选择降低原材料成本，导致物资质量下降，甚至是变卖生产线，以致无法按期履约。

（五）信息化整体水平有待提高，缺乏科学高效的应急决策系统

各部门信息共享不充分，各个信息平台"各自为政"，难以实现应急物资信息共建共享。一些部门尚未建立与应急物资相关的信息化管理平台，部分储备仓库缺乏仓储管理信息系统，物资存储以手工录入为主，物资出入库依靠"手工记账""后记后补"，物资调拨仍需通过人工填表来报送信息，应急物资的调度和指挥工作较多通过电话、文件报告等形式上传下达。地方政府信息化建设进程不一，部分地区信息化建设滞后。在一些经济较为落后的地区，尤其是大灾巨灾少有发生的地方，相关人员还普遍抱有应急信息化建设可以缓一缓、等一等的思想。城乡信息化建设水平差距较大，当前大多县级以上城市建有相应的基础设施，而多数乡村地区各方面的设施配置均不健全，难以破解应急物资保障"最后一公里"的难题。

新一代信息技术应用不足，决策支撑能力有待提升。应急物资管理尚未将大数据、人工智能、云计算等信息技术与实际工作有效融合。应急物资的供需信息对接仍面临数据采集、智能研判的技术制约，无法实现全国应急物资的"一盘棋"优化统筹调配和全程实时追踪与溯源。当前，各级政府、各部门的应急物资管理信息系统数据采集仍主要通过人工统计录入，时效性低、颗粒度粗，无法满足应急物资精细化管理和全过程管控要求。平台功能模块不完整，不支持企业利用现代化技术如云计算、工业互联网进行产需对接和订单共享，开展跨地域、跨行业的应急资源精准配置；智能分析能力不高，应急物资管理的流程设计不完善，平台的推广力度不强，由于未形成使用习惯，实战运用能力有待提高。信息技术创新平台缺乏，尚未打通应急物资保障政产学研用一体化信息化建设的合作渠道，技术创新的上、中、下游

及创新环境与最终用户的对接与耦合机制缺失，创新成果基于实战的针对性不强，许多自主研发的小发明创造仅限于内部使用，缺乏推广应用场景与机制，存在"平时很好看，战时不好用"的现象。

三　应急物资储备管理发展的建议

（一）强化"大储备"管理体制

建立跨部门统筹协调机构。重大突发事件应急处置往往需要多部门发挥合力，为加强国家应急物资储备常态化统筹管理和组织调度，建议进一步强化"大储备"管理体制，在中央层级成立跨部门的应急物资储备管理协调机构，专门负责整合调配各类应急资源，对各部门、各级政府应急物资储备管理的政策、法规、标准等进行统筹协调，实现应急物资标准化、规范化管理，进而打通不同部门间、不同层级间的组织机构壁垒和数据壁垒，指导省、市、县开展应急物资储备体系建设。

强化对全局性、战略性及跨区域、跨领域目标任务的统筹协调。加强应急物资标准化管理，建立协调统一的应急物资管理标准体系，推动依据标准开展应急物资管理，形成全链条的计量—标准—检验检测—认证认可整体技术解决方案，支撑应急物资生产、采购、储备、调配、运输、分发等全生命周期的规范化管理。优化应急物资保障的弹性层级抵御与响应机制，通过落实应急物资央地分级储备的责任来优化储备结构布局，支撑应急物资跨区域调运的协同响应，形成抵御和响应重大风险的多层级联动保障合力。健全应急物资保障的跨部门合作机制，明确各部门的工作职责，建立多部门常态服务交互与风险发生时抵御、扩散中响应、消散后适应相结合的弹性融合发展机制，支撑应急物资储备、调运的"平战转换"。

（二）提高应急物资供需匹配能力

合理确定应急物资储备计划，制定物资储备计划时，要在充分调研

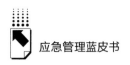

和评估论证的基础上，明确在一定时间需储备的物资品种和数量或以资金形式储备的资金量，确保物资储备量能满足本级灾害救助预案响应规定要求。各应急物资储备主体，要分级落实储备责任，做好应急物资储备规划、品种目录和标准制定、年度购置计划等工作。尤其要鼓励引导多发、易发重大灾害区域全面开展备灾点应急物资前置工作，根据辖区灾害特点和实际需要储备一定品种和数量的应急物资，确保生活保障类物资储备基础扎实。

提升储备与应急需求的匹配度，应从应对自然灾害的现实需求出发，结合人口分布、人口结构、自然地理条件、灾害特点等因素，在灾情风险分析的基础上，根据风险的级别、发生区域、危害范围、持续时间等因素建立各级各类物资的需求预测机制。以应急物资的需求为依据，以平战结合、平急转换为原则，综合考虑各类应急物资的功能特性、重要程度、储备成本和产能恢复周期等因素，科学制定和细化储备品种、规模与结构标准。以有效应对重大事故灾害、满足人民群众日益增长的美好生活需求为目标，在相对统一、便于通用的前提下，丰富应急物资储备品种，分区域、分灾种储备不同类型应急物资，满足不同地区、不同群体的多元化需求，科学确定不同地区的储备品种目录，科学合理规划应急物资储备结构。与应急预案修订相结合，构建科学合理的储备物资需求确定和动态调整机制。面对潜在的应急事件，深入研究应急物资保障需求，适当补齐高技术、特种物资的储备短板，动态扩充应急物资品种与规模。

加强应急物资目录动态管理，建立与社会发展相适应的应急物资品种目录动态更新调整机制，及时将符合条件的重点物资纳入目录，探索将市场波动较大、轮换动用频繁的商品纳入重要商品储备名录。建立国家应急物资储备数据管理制度，加强应急物资需求和数据保障的统筹管理。统筹各部门和系统的应急物资储备情况，包括储备名录与底数，从整体上掌握应急物资储备种类、规模和分布情况，形成一本应急物资储备的"总账"。建立应急物资的分类分级体系，推动出台物资包装标准，针对不同种类的应急物资确立标准化包装和存储标准，解决物资长期储存和紧急调运中包装差异化导致的调运效率低下问题。持续深入开展储备管理政策执行情况评估，完善储备管理措施，将规范要求与实际情况更好匹配。

（三）优化应急仓储网络布局

调整应急物资仓储空间结构布局，改扩建现有的物资储备库，以形成网格化储备布局结构。综合考虑区域灾害特点、自然地理条件、人口分布、生产力布局、交通运输等实际情况，全面分析应急物资需求。

调整优化储备仓储资源，结合国家储备仓库设施设备功能提升要求，进一步优化中央应急物资储备布局，明确储备仓库发展方向，针对性提升储备设施功能。采取新建、改扩建和代储等方式，因地制宜、合理设计应急物资储备库布局。与大型企业深入合作研究，同时密切对接系统内部相关单位，结合增储建库任务实施，合理确定应急救灾物资承储仓库，着力整合储备资源，着力提升能力、完善功能，着力优化储备布局，推动形成安全可靠、功能完备、协同高效、保障有力的应急储备体系。推动地方各级政府结合本地区灾害事故特点，优化所属行政区域内的应急物资储备空间布局，全面健全基础设施网络。

健全应急物流配送网络，遵循就近存储、调运迅速、保障有力的原则，加强应急物资储备库和应急物资储备基础设施建设，综合储备库、专业储备库互为补充，各类应急物资储备库空间分布合理。除建立覆盖全域的政府储备仓库外，还要充分利用社会储备空间。立足政府主导、企业参与，多元互补，更好地发挥中央储备、地方储备、企业储备各自的优势，不断提升城市、乡镇、村落的应急投送能力，完善配送网络，强化协同联动，确保储得好、储得足，关键时刻拿得出、调得快、用得上。

（四）建立平急转换机制

建立政府实物储备和社会储备相结合的多元储备模式。政府要完善多主体协作联动、信息共享和激励保障等机制，吸引不同储备主体参与其中。在实物储备的基础上，结合辖区特点，试点运行不同储备方式，逐步推广协议

储备、依托企业实物代储、生产能力储备等多种方式。

以有效抵御第一波需求冲击为目标，合理设定政府部门实物储备的品种和规模。聚焦易发多发灾害事故的应对，着力储备生产周期长、市场流通量少、常用多用、易存耐储的应急物资，发挥好实物储备的基础保障作用。同时，要根据安全、应急形势及物资生产、流通能力的变化，及时调整实物储备的品种、规模、布局。加强对储备物资的计划、采购、仓储、轮换和动用等环节的管理，充分考虑物资的供应时效、需求强度、市场容量等因素，合理确定实物自储或协议储备等具体储备方式。

着眼应对重特大突发事件和市场供求失衡的长期性，持续推进产能储备建设。明确产能储备标准，根据企业的产能特征、地域分布等制定应急生产预案，建立产能平急转换机制，完善绿色通道政策保障体系。一方面，基于储备物资的保质期、生产周期，以及国内技术水平和原材料可得性等因素，合理确定需要通过应急生产获得的物资品种、供应强度、需求分布等。选取具有市场化程度高、技术发展快、养护成本高、非重大急需、不宜长期储存、使用量大而储备不足、科技含量和价值较高等特点的应急物资实行协议储备，由政府与具备一定生产经营和储备能力的企业签订合同。另一方面，加强应急物资的市场监测，全面调查现有应急物资产能分布情况、扩产和转产情况，分类掌握重要应急物资上下游企业供应链分布，确定产能储备的供应商目录，建立应急物资企业产能能级图。选择具有一定生产能力的国有企业、大型民营企业作为产能储备企业，引导其建立应急物资产能储备机制，通过预留生产线、预储关键原材料、补齐供应链上下游企业能力短板等措施，建立并强化产能储备。

加大社会储备宣传力度，增强应对新型风险储备的意识。在落实中央储备主体任务的基础上，政府部门要打破存在于科层体制中的本位观念，调动多方主体参与国家储备的积极性、能动性，共同分担应急物资储备责任，最大限度地发挥储备机制的作用。同时，加强综合防灾减灾救灾能力建设，正确处理政府、社会与市场的关系，合理运用"有形之手""无形之手""志愿之手"，树立调动一切积极因素参与抢险救灾的理念，加强政府与社会、政府与市场的应急协同规范建设，建立统一指挥和协调联动的现代灾害管理体制，促进形成以政府储备为主导、协议企业储备为辅助、社会各界积极参与的多元储备主体框架。

（五）建立科学高效的应急决策体系

完善数据治理体系，建立健全国家应急信息资源管理制度，加快应急信息共建共享。明确数据共享的范围边界和使用方式，提高系统、数据的兼容性和可扩充性，构建跨地区、跨部门的应急信息数据库和知识库，稳步推进应急信息的数据汇聚和开放，打通不同部门之间、不同层级之间的组织机构壁垒和数据壁垒，推动应急管理专用网、电子政务外网和外部互联网融合试点。加强对应急信息资源和数据保障的统筹管理。以应急管理部为中心，强化跨部门应急信息管理的协调职能，建立全国统一的应急管理信息技术标准，指导中央、省、市、县、乡各级开展应急资源的信息化建设，强化对全局性、战略性及跨区域、跨领域目标任务的统筹协调，实现应急信息共建共享。

统筹加快国家应急信息化建设，激活应急数据要素潜能。建立应急物资储备数据库，通过整合各类基础静态数据信息，构建应急知识体系，推动信息技术与应急储备管理业务的有效融合和深度应用。建立全国统一的应急资源管理平台，实现供需信息精准对接。需求侧实时统计、汇总、发布应急物资需求清单，促进与地方政府官方网络平台、红十字会等相关网络平台数据信息的互联互通。供给侧打造应急资源信息化智慧供应链，实现应急物资、企业产能、救援队伍等应急信息的全景式实时动态更新与态势感知。推动物资采购、仓储管理、运输物流信息一体化，利用数字化技术进行收储、管储、用储，激活数据要素潜能，提升突发事件的数据决策、快速响应与科学应对能力。

加快推进以信息技术支撑决策，创新应急物资保障的"数字孪生"智能场景。建立"互联感知—智能学习—智慧应用"的信息化、数字化架构，强化基于5G、大数据、云计算、人工智能等关键信息技术的应急管理系统

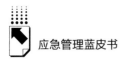

的开发和智能化改造，提升需求预测、资源配置、全局调控等应急决策和处置方案措施的科学性与时效性。加大对关键信息技术的基础研究与场景创新的力度。由应急保障的职能部门主动对接国家战略需求，联合相关部门共同推动国家级项目立项，吸引和汇聚全球卓越科研力量开展关键信息技术的协同研究和集成攻关。

B.5
中国生态安全管理发展报告

林 震 黄蕊蕊*

摘 要： 生态安全是国家安全的重要组成部分，是经济社会持续健康发展的重要保障。生态安全管理是防范和应对生态环境风险的重要举措，是坚持人与自然和谐共生的必然要求，也是美丽中国建设的题中应有之义。本报告分析了当前中国生态安全面临的主要问题，重点分析水资源安全、国土资源安全以及大气和土壤环境安全的现状，并从生态安全管理战略部署、生态安全政策保障、生态安全法治体系、生态安全风险应对管理等方面系统梳理了我国现有生态安全管理的政策措施。本文最后提出应建立协调一致的生态安全管理体制机制促进生态安全治理现代化，进一步完善生态安全法治体系实现生态安全管理法治化，重视生态安全与科技创新相结合实现生态安全管理数字化，树立"一盘棋"思想加强海陆空全方位生态安全风险管理等建议。

关键词： 生态安全 生态安全管理 生态环境风险 应急管理 治理现代化

生态安全作为国家安全的重要组成部分，是推进人与自然和谐共生的现代化和实现可持续发展的必然要求，也是建设生态文明和美丽中国的安全底线。党的十八大以来，党中央高度重视生态安全保护与管理工作。2014 年 1月，中央国家安全委员会第一次会议明确将生态安全纳入国家安全体系之

---

* 林震，北京林业大学生态文明研究院院长、马克思主义学院教授、博士生导师，主要研究方向为习近平生态文明思想、生态文明制度与文化；黄蕊蕊，北京林业大学生态文明研究院研究助理、马克思主义学院博士研究生。

中，这是在准确把握国家安全形势变化新特点、新趋势下作出的重大战略部署。党的十八届五中全会决议提出："坚持绿色发展，有度有序利用自然，构建科学合理的生态安全格局。"① 习近平总书记在 2018 年全国生态环境保护大会上提出要加快建立健全"以生态系统良性循环和环境风险有效防控为重点的生态安全体系"②。在 2023 年全国生态环境保护大会上，习近平总书记再次强调："要守牢美丽中国建设安全底线，贯彻总体国家安全观，积极有效应对各种风险挑战，切实维护生态安全、核与辐射安全等，保障我们赖以生存发展的自然环境和条件不受威胁和破坏。"③ 2024 年 1 月发布的《中共中央　国务院关于全面推进美丽中国建设的意见》提出要进一步健全国家生态安全体系，健全国家生态安全法治体系、战略体系、政策体系、应对管理体系，提升国家生态安全风险研判评估、监测预警、应急应对和处置能力，形成全域联动、立体高效的国家生态安全防护体系，守牢美丽中国建设安全底线。④ 生态安全建设与管理已然成为我国各项事业稳定、快速发展的基本保障。

一　中国生态安全现状分析

生态环境是生态安全的基础与前提，随着中国工业化和城镇化的发展，对自然资源的过度利用使得我国的生态系统退化严重，在我国大力发展生态文明建设的努力下，生态环境状况有所好转，但由于长期积累的人与自然关系矛盾依然突出，生态风险依然突出。当前，我国的生态安全问题在水生态环境、国土资源、大气和土壤环境多个方面比较突出。

---

① 《中国共产党第十八届中央委员会第五次全体会议公报》，《求是》2015 年第 21 期。
② 习近平：《论坚持人与自然和谐共生》，中央文献出版社，2022，第 15 页。
③ 《习近平在全国生态环境保护大会上强调：全面推进美丽中国建设　加快推进人与自然和谐共生的现代化》，《人民日报》2023 年 7 月 19 日。
④ 《中共中央　国务院关于全面推进美丽中国建设的意见》，中国政府网，https://www.gov.cn/gongbao/2024/issue_11126/202401/content_6928805.html。

（一）水生态环境安全问题

随着工业化、城镇化和农业现代化快速发展，加之气候变化的影响，我国水资源短缺严重、水污染问题突出、水生态受损严重，社会经济的可持续发展受到了水资源"量"和"质"的双重制约。

我国水资源严重不足，人均水资源匮乏，供需矛盾突出。我国人均水资源拥有量为2200立方米，是世界人口平均水资源占有量的1/4，我国2/3的城市存在不同程度的缺水问题，其中110座城市严重缺水。到2030年我国需水量接近水资源可开发利用量，加上时空分布不均，缺水问题将更加突出。以人口和农业大省河南省为例，2022年水资源总量249.4亿立方米，仅相当于全国水资源总量的0.92%，全省人均占有量不足全国平均水平的1/5，亩均拥有量不足全国水平的1/4。[①]

水污染问题依然突出。2022年全国城镇生活污水集中收集率仅为70.06%左右[②]，尤其是一些农村地区，生活污水的治理率还不到30%。城乡环境基础设施和管理方面的问题长期累积，尤其是老城区、城中村以及城郊结合部等一些区域，问题更为严重。这些地区的污水收集效能低下，管网混接现象严重，雨污混流的问题也时有发生，导致大量污水处理厂进水污染物浓度偏高，尤其在汛期，污水直排环境的现象普遍存在，城市雨水管网的功能几乎完全丧失，成为各类污染物的"下水道"。污染物在雨水管网中"零存整取"，使得城市的水环境问题雪上加霜，城乡面源污染防治的瓶颈亟待突破。同时受到种植业、养殖业等农业面源污染的影响，汛期特别是6月至8月，往往是一年之中水质最差的时期，其中长江流域、珠江流域、松花江流域和西南诸河的氮磷等污染物浓度上升，成为首要污染物。此外，城市黑臭水体的问题尚未得到有效解决，松花江、黄河和海

---

① 《中国水资源公报2022》，中国水利部网站，http：//www.mwr.gov.cn/sj/tjgb/szygb/202306/P020230630364402776539.pdf。

② 《2022年中国城市建设状况统计公报》，中国住房和城乡建设部网站，https：//www.mohurd.gov.cn/gongkai/fdzdgknr/sjfb/tjxx/tjgb/index.html。

河流域等地仍然存在大量的劣Ⅴ类水体，严重影响了我国的水环境质量。这些问题不仅对居民的生活产生了严重影响，也对我国的生态环境构成了严重威胁。因此，我国在生活污水治理、环境基础设施管理等方面的工作，还有很长的路要走。

水生态损害严重。流域水源涵养区、河湖水域及其生态缓冲带等重要生态空间存在过度开发问题，导致水生态环境受损、水生态系统失衡，出现生态功能严重衰退、生物多样性丧失、面源污染等一系列生态问题。黄河、海河、淮河和辽河等流域水资源开发利用率远超40%的生态警戒线，全国各流域水生生物多样性降低的趋势尚未得到有效遏制，长江上游受威胁鱼类种类较多，白鳍豚已功能性灭绝，江豚面临极危态势；黄河流域水生生物资源量减少，北方铜鱼、黄河雅罗鱼等常见经济鱼类分布范围急剧缩小，甚至成为濒危物种；2023年国控网监测的重点湖库中，有8个为中度富营养化，48个轻度富营养化，太湖、巢湖等湖库总磷污染频频发生。① 水生态环境风险系数高，一些地方高环境风险工业企业近水靠城，其中长江经济带30%具有环境风险的企业离饮用水水源地较近，存在饮水安全隐患；随着危险化学品产量、使用量以及运输量的增加，安全生产、化学品运输等导致的突发环境事件频发。河湖滩涂底泥的重金属累积性风险不容忽视，长江和珠江上中游的重金属矿场采选、冶炼等产业集中地区存在安全隐患，对环境激素、抗生素、微塑料等新污染物的管控能力不足。

（二）国土资源安全问题

国土是生产、生活、生态的空间载体，必须珍惜和保护每一寸国土。根据《全国主体功能区规划》，我国生态类型多样，森林、湿地、草原、荒漠、海洋等生态系统均有分布。但生态脆弱区域面积广大，脆弱因素复杂。中度以上生态脆弱区域占全国陆地国土空间的55%，其中极度脆弱区域占

---

① 《生态环境部公布2023年第四季度和1~12月全国地表水环境质量状况》，中国生态环境部网站，https://www.mee.gov.cn/ywdt/xwfb/202401/t20240125_1064785.shtml。

9.7%，重度脆弱区域占 19.8%，中度脆弱区域占 25.5%。① 党的十八大报告指出："要按照人口资源环境相均衡、经济社会生态效益相统一的原则，控制开发强度，调整空间结构，促进生产空间集约高效、生活空间宜居适度、生态空间山清水秀，给自然留下更多修复空间，给农业留下更多良田，给子孙后代留下天蓝、地绿、水净的美好家园。"② 所谓生态空间是指具有自然属性、以提供生态服务或生态产品为主体功能的国土空间，包括森林、草原、湿地、河流、湖泊、滩涂、岸线、海洋、荒地、荒漠、戈壁、冰川、高山冻原、无居民海岛等。

森林资源在改善生态环境、优化经济结构方面有着极其重要的意义。通过加强森林资源管理，实施科学造林和管护，我国的森林资源有了一定程度的发展，但是我国森林资源总量不足、分布不均、森林火灾频发等问题依然严峻。森林资源总量不足，截至 2022 年，我国森林面积为 2.31 亿公顷，森林覆盖率为 24.02%③，远低于全球 31% 的平均水平；森林资源管理体系落后，森林资源监测管理科技含量较低，不能及时进行专业技术调查和营林生产总结工作，档案建立不够完善，内容不齐全；森林资源恢复进展相对缓慢，主管部门未能及时协调生态保护与经济建设的关系，特别是在气候干燥、不利于植物生长的西北地区。森林火灾预防问题仍然严峻，根据相关统计可以看出（见表1）森林火灾造成人员伤亡及其他经济损失的具体数据，与此同时，部分基层政府的森林防火计划缺乏实用性，消防力量和消防设施不足，发生火灾时没有最佳解决预案，加上有些地区的林区地形复杂，运输不便，甚至无法覆盖通信信号，导致森林防火体系薄弱。

---

① 《国务院关于印发全国主体功能区规划的通知》，中国政府网，http：//www.gov.cn/zhengce/content/2011-06/08/content_1441.htm。

② 《十八大以来重要文献选编》（上），中央文献出版社，2014，第31页。

③ 《2022年中国国土绿化状况公报》，中国政府网，https：//www.gov.cn/xinwen/2023-03/20/content_5747510.htm。

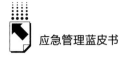
表1 2012~2022年我国森林火灾情况统计

年份 类别	2012	2013	2014	2015	2016	2017	2018	2019	2020	2021	2022
森林火灾次数（次）	3966	3929	3703	2936	2034	3223	2478	2345	1153	616	709
森林火灾受灾面积（万公顷）	1.39	1.37	1.91	3.31	1.82	4.44	2.86	1.35	0.85	1.41	4.69
人员伤亡（人）	21	55	112	26	36	46	39	76	41	28	17
其他损失折款（万元）	10802	6061.63	42513	6371	4136	4624	20445	16220	10078	3324	38845.6

资料来源：EPS数据平台中国宏观经济数据库之资源与环境数据。

草原退化严重。我国是世界草原大国，草原是我国最大的陆地生态系统。根据第三次全国国土调查的数据，我国的草地面积为2.65亿公顷，其中天然牧草地2.13亿公顷，占80.59%；人工牧草地58万公顷，占0.22%；其他草地5077.7万公顷，占19.19%。全国草原综合植被盖度超过50%，人均占有草原面积仅为世界平均水平的一半。① 我国草原面临的最大问题就是大面积退化。所谓草原退化是指草地生态系统在演化过程中，其结构特征和能量流动与物质循环等功能过程的恶化，即草地生态系统的生产与生态功能相悖，造成结构紊乱、功能衰退的现象，既包括"草"的退化，也包括"地"的退化。我国的草原形成于百万年前，利用历史超过4000年，草原农垦的历史也有上千年。但草原大面积退化是从20世纪80年代开始的，到20世纪末最为严重，退化草地一度占到草原总面积的90%左右。经过治理，目前我国仍有70%的可利用天然草原存在不同程度的退化，草原过牧的趋

---

① 《第三次全国国土调查主要数据成果发布》，中国政府网，https://www.gov.cn/xinwen/2021-08/26/content_5633497.htm。

势没有根本改变，乱采滥挖等破坏草原的现象时有发生，荒漠化面积仍在增加，草原生态环境不容乐观。

湖泊数量和湿地面积减少。根据第二次湖泊调查，近 50 年来我国湖泊数量减少了 243 个，面积减少了 9606 平方千米，约占湖泊总面积的 12%；新一轮湿地调查结果表明，近 10 年来全国湿地面积减少了 3.4 万平方千米，减少率达 8.82%，储水量锐减，尤以东北、长江中下游及青藏高原等地区的天然湿地丧失最为严重。[①] 同时，受人类活动干扰，湖泊湿地生态功能持续退化，以太湖湿地为例，太湖湿地不仅存在水生植物的物种多样性减少的发展态势，而且呈现湿地土壤动物种群多样性减少态势。一些物种甚至成为功能性灭绝物种，以江豚为例，曾广泛分布于长江中下游湖泊湿地的江豚数量锐减，现已被纳入《濒危野生动植物种国际贸易公约》附录。

（三）大气和土壤环境安全现状

大气环境现状。近年来，国内空气质量整体上有所改善，重点区域的污染有所减少。根据生态环境部公布的数据，2023 年全国地级及以上城市平均空气质量优良天数占比 85.5%，高于年度目标 0.6 个百分点，较 2019 年同期（82.0%）上升 3.5 个百分点。但是在 2022 年末至 2023 年初出现了一次长达 11 天的重污染天气过程。这次污染事件主要集中在冀鲁豫晋陕 5 省，共有 44 个城市空气质量达到重度污染水平，其中 20 个城市甚至出现了严重污染情况。这次重污染天气的原因主要是经济全面恢复和产能置换新建项目导致大气污染物排放增加，地方盲目上马"两高"项目和企业违法排放问题依然突出。另外，气温升高、不利气象条件以及沙尘天气等因素也为北京及周边地区连续出现的空气污染问题埋下了隐患。这些事实表明我国的空气质量改善成效还不够稳固，大气污染防治任务仍然艰巨。随着大气治理边际递减效应逐步显现，我们需要正视大气复合污染问

---

① 转引自薛滨《我国湖泊与湿地的现状和保护对策》，《科学》2021 年第 3 期。

题的复杂性，并持续推进产业、能源、交通结构调整优化工作来改善大气环境质量。大气污染治理道阻且长，我们必须坚定信心并持续推进大气环境保护工作。

土壤环境现状。《国务院关于2022年度环境状况和环境保护目标完成情况的报告》指出，2022年全国土壤环境风险得到基本管控，土壤污染加重趋势得到初步遏制。"推动实施124个土壤污染源头管控项目，指导132个重点县开展耕地重金属污染成因排查整治，累计将1744块地块纳入建设用地土壤污染风险管控和修复名录。"① 然而，除了有色金属矿区周边的土壤重金属问题外，还存在其他类型的污染。例如，化工厂和工业园区排放的废水中含有大量的有机物和化学物质，严重影响了地下水质量。此外，一些垃圾填埋场未经合理处理就进行填埋，导致产生的渗滤液中含有的高浓度重金属和有害物质直接渗入土壤中。这些环境风险对于地块再开发利用造成了不可忽视的影响。因此，在进行地块再开发利用时需要充分考虑环境风险，并采取相应措施加以解决。

二 中国生态安全管理的政策与措施

（一）生态安全管理战略部署

建立"以生态系统良性循环和环境风险有效防控为重点的生态安全体系"②，这是党和国家对生态安全管理体系建设的整体部署。在此之前，党和国家在深化生态文明制度体制改革的过程中，基于区域资源环境承载能力的考量，实施了一系列重要的区域发展战略。其中包括京津冀协同发展，旨在推动北京、天津、河北三地协同发展，优化资源配置；长江经济带发展则致力于提升长江流域经济水平和生态环境质量；粤港澳大湾区建设旨在打造

---

① 《国务院关于2022年度环境状况和环境保护目标完成情况的报告》，中国人大网，http：//www.npc.gov.cn/npc/c2/c30834/202304/t20230426_429045.html。

② 习近平：《论坚持人与自然和谐共生》，中央文献出版社，2022，第15页。

世界级城市群和全球创新科技中心；而长三角一体化发展则是为了加强上海、江苏、浙江三地间的合作与互补；黄河流域生态保护和高质量发展计划着眼于维护黄河流域生态安全和推动经济社会可持续发展。这些战略都是为了促进各个地区均衡健康的经济增长，并且注重生态环境保护与可持续利用。根据国家生态安全战略格局，突出对国家重大战略的支撑，并统筹考虑生态系统的完整性、地理单元的连续性和经济社会发展的可持续性。在这一基础上，提出了以青藏高原生态屏障区、黄河重点生态区（含黄土高原生态屏障）、长江重点生态区（含川滇生态屏障）、东北森林带、北方防沙带、南方丘陵山地带、海岸带"三区四带"为核心的全国重要生态系统保护和修复重大工程总体布局。同时，针对各个区域的自然生态状况和主要问题，统筹部署了青藏高原生态屏障区等九大工程，这些工程涉及山水林田湖草沙各个生态要素，在保护和修复重大工程中起到关键作用。以"三线一单"制度进一步推进生态环境保护与空间精细化管控，推进国家生态安全治理体系现代化。这些部署与安排初步搭建起了以生态系统良性循环和环境风险有效防控为目标，以国土空间规划、生态安全屏障构筑为主要内容的生态安全管理体系的基本架构。

（二）生态安全政策保障

生态安全政策是维护国家生态安全的一个重要方面，具有两重目的：一是维护生态系统的完整性、稳定性和功能性，确保国家或区域具备保障人类生存发展和经济社会可持续发展的自然基础；二是解决发展面临的资源环境瓶颈、生态承载力不足的问题。[1] 我国已陆续出台了一系列与生态安全相关的制度文件，尤其是党的十八大以来，其中既包括维护生态系统功能、改善环境质量、保障经济社会高质量发展的生态空间管控政策、环境污染防治政策，也包括预防突发环境事件、降低环境风险的防控政策，还包括环境监

---

[1] 程翠云、杜艳春、葛察忠：《完善我国生态安全政策体系的思考》，《环境保护》2019 年第 8 期。

督、绩效考核的评估激励政策。

其中，生态空间用途管制政策不断落地实施。相关规划文件梳理如下（见表2）。

表2 国家层面生态空间用途管制政策文件

时间	政策文件	相关内容
2000年11月	《全国生态环境保护纲要》	明确提出要通过建立生态功能保护区,实施保护措施,防止生态环境的破坏和生态功能的退化
2007年10月	《国家重点生态功能保护区规划纲要》	首次提出生态功能保护区属于限制开发区的理念,应坚持保护优先、限制开发、点状发展的原则,合理引导产业发展、积极发展生态产业和环境友好型产业,保护和恢复生态功能、提高生态系统调节服务能力,强化生态环境监管、维护区域生态安全
2008年8月	《全国生态功能区划》	明确各类生态功能区的保护方向;确定了50个重要生态功能区,重点关注水源涵养、水土保持、防风固沙、生物多样性维护和洪水调蓄功能
2011年10月	《国务院关于加强环境保护重点工作的意见》	明确在重要生态功能区、陆地和海洋生态环境敏感区、脆弱区等区域划定生态红线
2015年9月	《生态文明体制改革总体方案》	要求构建以空间规划为基础、以用途管制为主要手段的国土空间开发保护制度,将用途管制扩大到所有自然生态空间
2017年3月	《自然生态空间用途管制办法(试行)》	明确了农业、城镇、生态主导功能空间的用途转用管理,提出了生态保护红线的用途管控要求,构建了覆盖全部自然生态空间开发保护制度框架
2017年2月	《关于划定并严守生态保护红线的若干意见》	推动生态保护红线的划定工作在全国范围内全面推开
2019年5月	《关于建立国土空间规划体系并监督实施的若干意见》	提出将主体功能区规划、土地利用规划、城乡规划等空间规划融合为统一的国土空间规划,实现"多规合一"
2019年6月	《关于建立以国家公园为主体的自然保护地体系的指导意见》	逐步建成以国家公园为主体、自然保护区为基础、各类自然公园为补充的自然保护地体系
2019年6月	《关于在国土空间规划中统筹划定落实三条控制线的指导意见》	强调绿色发展与底线思维,提出优先保障生态安全、粮食安全、永久基本农田保护红线、城镇开发边界作为不可逾越的红线

续表

时间	政策文件	相关内容
2020 年 1 月	《全国国土空间规划纲要（2021—2035 年)》	明确提出加快推进省级及以下国土空间总体规划和重要区域国土空间规划的编制、审批和实施
2024 年 3 月	《关于加强生态环境分区管控的意见》	要求全面落实主体功能区战略，充分衔接国土空间规划和用途管制，以高水平保护推动高质量发展、创造高品质生活，努力建设人与自然和谐共生的美丽中国

资料来源：笔者整理。

（三）生态安全法治体系建设

党的十八大以来，在习近平生态文明思想的指引下，坚持"用最严格的制度、最严密的法治保护生态环境"[①]，生态文明法治体系建设不断深化完善。我国积极参与推动国际生态安全规范体系完善，倡导缔结相关国际公约，内容涉及气候变化、核安全、生物安全、危险废弃物管理等多个生态安全领域。《环境保护法》对资源利用、环境保护、污染防治作出明确规定。《国家安全法》明确规定国家完善生态环境保护制度体系，强化生态风险的预警和防控。2018 年，十三届全国人大一次会议通过的宪法修正案，将生态文明写入宪法，这为推进生态安全法治体系构建提供了宪法遵循。2020年全国人大常委会修订了《固体废物污染环境防治法》，开宗明义地将"保护和改善生态环境，防治固体废物污染环境，保障公众健康，维护生态安全，推进生态文明建设，促进经济社会可持续发展"作为立法目的。同时随着生态安全格局体系的逐步完善，针对重点流域治理的《长江保护法》《黄河保护法》《青藏高原生态保护法》相继颁布，《国家公园法（草案）》也进入审议阶段（见表3）。由此逐步形成了"国内立法—国际条约"两大板块、"环境资源立法—国家安全立法"两大领域、"宪法—中央立法—区域立法—地方立法"四个层次的法律规范体系。

---

① 习近平：《论坚持人与自然和谐共生》，中央文献出版社，2022，第176页。

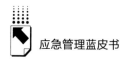

表3 国家层面生态安全管理相关法律文件

时间	法律文件	立法目的及规则条款
2002 年	《中华人民共和国防沙治沙法》（2018 年修订）	第1条 为预防土地沙化,治理沙化土地,维护生态安全,促进经济和社会的可持续发展,制定本法
2007 年	《中华人民共和国突发事件应对法》	第1条 为了预防和减少突发事件的发生,控制、减轻和消除突发事件引起的严重社会危害,规范突发事件应对活动,保护人民生命财产安全,维护国家安全、公共安全、环境安全和社会秩序,制定本法
2015 年	《中华人民共和国国家安全法》	第30条 国家完善生态环境保护制度体系,加大生态建设和环境保护力度,划定生态保护红线,强化生态风险的预警和防控,妥善处置突发环境事件,保障人民赖以生存发展的大气、水、土壤等自然环境和条件不受威胁和破坏,促进人与自然和谐发展
2015 年	《中华人民共和国环境保护法》	第30条 开发利用自然资源,应当合理开发,保护生物多样性,保障生态安全,依法制定有关生态保护和恢复治理方案并予以实施
		第47条第2款 县级以上人民政府应当建立环境污染公共监测预警机制,组织制定预警方案;环境受到污染,可能影响公众健康和环境安全时,依法及时公布预警信息,启动应急措施
2018 年	《中华人民共和国标准化法》	第1条 为了加强标准化工作,提升产品和服务质量,促进科学技术进步,保障人身健康和生命财产安全,维护国家安全、生态环境安全,提高经济社会发展水平,制定本法
		第10条 对保障人身健康和生命财产安全、国家安全、生态环境安全以及满足经济社会管理基本需要的技术要求,应当制定强制性国家标准
2020 年	《中华人民共和国固体废物污染环境防治法》	第1条 为了保护和改善生态环境,防治固体废物污染环境,保障公众健康,维护生态安全,推进生态文明建设,促进经济社会可持续发展,制定本法
2020 年	《中华人民共和国森林法》	第1条 为了践行绿水青山就是金山银山理念,保护、培育和合理利用森林资源,加快国土绿化,保障森林生态安全,建设生态文明,实现人与自然和谐共生,制定本法
2020 年	《中华人民共和国生物安全法》	第1条 为了维护国家安全,防范和应对生物安全风险,保障人民生命健康,保护生物资源和生态环境,促进生物技术健康发展,推动构建人类命运共同体,实现人与自然和谐共生,制定本法

时间	法律文件	立法目的及规则条款
2021 年	《中华人民共和国长江保护法》	第 1 条　为了加强长江流域生态环境保护和修复,促进资源合理高效利用,保障生态安全,实现人与自然和谐共生、中华民族永续发展,制定本法
2022 年	《中华人民共和国湿地保护法》	第 1 条　为了加强湿地保护,维护湿地生态功能及生物多样性,保障生态安全,促进生态文明建设,实现人与自然和谐共生,制定本法
2022 年	《中华人民共和国黄河保护法》	第 1 条　为了加强黄河流域生态环境保护,保障黄河安澜,推进水资源节约集约利用,推动高质量发展,保护传承弘扬黄河文化,实现人与自然和谐共生、中华民族永续发展,制定本法

资料来源：笔者整理。

（四）生态安全风险应对管理

生态安全重在预防,要在管理。自 2005 年松花江重大水污染事件之后,我国开始高度重视突发环境事件风险。2007 年全国人大常委会制定出台的《突发事件应对法》将"环境安全"纳入其中。2011 年,国家"十二五"规划首次提出"防范环境风险",同年《国务院关于加强环境保护重点工作的意见》提出了"建设更加高效的环境风险管理和应急救援体系"的要求。2014 年修订的《环境保护法》明确规定了环境突发事件的风险控制、应急准备、应急处置和事后恢复等工作;年底,国务院办公厅发布了修订后的《国家突发环境事件应急预案》。2015 年,《国家安全法》将"环境安全"提升至国家安全层面,新环保法强调"国家建立、健全环境与健康监测、调查和风险评估制度";2016 年,《"十三五"生态环境保护规划》提出"系统构建事前严防、事中严管、事后处置的全过程、多层级风险防范体系"。2024 年 6 月 28 日,全国人大常委会第十次会议修订通过了《突发事件应对法》,自 2024 年 11 月 1 日起施行。随着相关法律法规的出台,我国对突发环境事件的风险防控、应急准备、应急处理、事后恢复有了明确的规

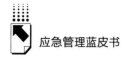
定。相对应以企业、行政区域为单元的突发环境事件风险与应急管理也逐步建立。长期累积性的环境风险依托常规的环境管理制度，在制度、法律、政策方面有了相对完善的管理依据。

三　中国生态安全管理的趋势与前景

党的二十大报告专章对"推进国家安全体系和能力现代化"① 进行全面部署，生态安全作为新时代国家安全的重点领域，生态安全体系建设及治理现代化是生态安全管理的发展趋势与内在要求。党的二十届三中全会再次指出："国家安全是中国式现代化行稳致远的重要基础"②，为此需要进一步完善生态安全保障体系以及重要专项协调指挥体系，在推进中国式现代化新征程中重点加强生态环境治理、保障生态产品提质输出，防范生态风险，加快低碳绿色转型，促进人与自然和谐共生。生态安全管理是一项系统工作，针对现有的长期积累的、复杂且严峻的生态安全形势与现状，今后的工作需要在坚持底线思维、系统思维、保护为先、制度管控的基础上，以长远、开放的眼光，系统统筹，建立具有中国特色的生态安全治理现代化体系，提高治理能力，形成主体上囊括政府部门、企业、社会组织、公众等多方利益主体，内容上涵盖空间规划、污染防治、生态修复、灾害预警、保护区建设等多个方面，综合运用多种手段、海陆空联动的生态安全综合管理网络。同时不断提高生态安全管理的民主化、法治化、规范化水平，以此实现生态安全管理的低成本、高效率。

（一）建立协调一致的生态安全管理体制机制，促进生态安全治理现代化

整体看，我国在生态环境领域已基本实现了治理主体从一元到多元、治

---

① 习近平：《高举中国特色社会主义伟大旗帜　为全面建设社会主义现代化国家而团结奋斗——在中国共产党第二十次全国代表大会上的报告》，人民出版社，2022，第52页。

② 《中国共产党第二十届中央委员会第三次全体会议公报》，中国政府网，https://www.gov. cn/yaowen/liebiao/202407/content_6963409. htm？menuid=197。

理方式从强制手段到命令手段到混合手段、治理重点从要素治理向系统治理的转变。① 但在生态安全领域，管理机制还是嵌置在生态环境的综合领域。在未来，我国应积极推动生态安全综合治理体制的建立，其中包括明确生态安全领域中行政协调权、决策权和执法权的划分，以实现权力的制衡，从而严格规范生态安全管理与治理。首先，要明确生态安全管理具体事项牵头部门，强化生态安全管理部门履职责任，以此充分发挥各级政府机关以及生态环境部门的综合协调能力，优化调整中央与地方的力量配置，形成合力以提高生态安全管理效率。其次，需要进一步明确央地权责，避免或减少职能重复，确保各个部门和层级在生态安全管理中发挥最大作用。此外，还需要根据生态安全治理现代化的要求，建立公众参与机制。生态安全治理体系现代化不仅有赖于中央和地方各级政府的努力，还需要充分发挥社会团体、科研院所、企业和媒体等各界力量的作用。因此，在建立生态安全治理体制框架时，应该将政府部门、非政府组织、社会公众、科研院所、企业及媒体等多方利益相关者纳入其中，并通过合作协调机制实现各方共同参与，协同推进生态安全治理工作。在此过程中，政府应承担起主导责任，通过政策引导和资金支持，推动生态安全治理。非政府组织则应发挥其专业性和灵活性，积极参与到生态安全治理的各项工作中。而社会公众作为生态环境改善的直接受益者，也应积极参与到生态安全治理中来，通过公众监督和参与，形成对政府和社会组织的有效监督和有力支持。总的来说，生态安全综合治理体制的建立，需要各方的共同努力，通过明确权责、提高效率、公众参与等方式，形成一个公平、公正、公开的生态安全治理体系，以实现我国生态环境的可持续发展。

（二）进一步完善生态安全法治体系，实现生态安全管理法治化

生态安全包含"生态"与"安全"两个互相依存的核心要素，目前涉

---

① 王育宝、刘鑫磊、胡芳肖：《绿色低碳发展背景下中国特色社会主义现代化环境治理体系构建研究》，《北京工业大学学报》（社会科学版）2021年第6期。

及自然资源和生态环境保护的法律体系侧重"生态"方面,对"安全"方面尚未有专门的法律回应。对于构建系统的生态安全体系,已有的法律制度还不足以支撑,因此,要进一步明确生态安全管理体系的法理与规范基础。第一,要立足树立人与自然和谐共生、绿水青山就是金山银山、生态兴则文明兴的立法理念,坚持生态优先、节约集约、绿色低碳发展的基本原则,推动重点领域立法规划保护,进一步提升生态安全法律法规的系统化与科学性水平。第二,要加快形成高效的生态安全执法机制。要优化执法方式,不断增强和提升执法人员的执法意识和执法素质。高效统筹生态环境管理制度改革,优化环境执法方式。多措并举引导和促进社会力量参与到环境治理中来,形成多元参与的生态治理体系。第三,要推动形成广泛的生态安全法治监督体系。要认真落实党的二十大报告关于依法治国的新部署,健全监督主体权责一致、监督事项有机衔接、监督结果有效运用的国家监督体系。全面加强生态安全领域的法律监督工作,保障社会公众的生态环境知情权、参与权和监督权,凝聚生态安全法治的最大"公约数",引领形成国家监督自上而下规范、社会监督自下而上推进的"大监督格局"。

(三)重视生态安全与科技创新相结合,实现生态安全管理数字化

生态安全管理科技水平和创新能力在很大程度上影响着国家生态安全治理现代化的水平。实现生态安全治理现代化离不开科技的创新发展,而生态科技的发展需要储备雄厚的生态治理人才以及科技机构的强力支撑。因此,中国生态安全管理应该重视生态安全领域科学技术研究与人才培养,加大生态安全治理关键领域的科技投入,并根据现有的国家生态安全发展战略,整合高校、科研机构等多方力量,创新合作机制。致力于形成立体化的生态环境科技科普传播和教育体系,在全社会营造勇于创新、包容失败的文化氛围,将创新转化为生产力。着力构建覆盖基础研究、应用研究、技术开发和产业化应用全过程的科技创新平台体系,引导更多金融资本更好地服务于生态环境科技创新,逐步形成支持科技创新的多元融资渠道。进一步完善生态科技成果转移转化体系,同步完善技术转移服务体系、环境科技金融体系、

科技成果转化评价体系，最大限度地提高创新积极性，保护创新成果和创新收益，提升环境科技创新整体效率，促进国家生态安全软实力的提升。同时在积极参与全球生态安全治理重大计划时，除了关注生态风险监测和生态修复技术外，还需要积极主动加强新兴技术的应用。此外，通过建立人口、资源、环境、社会经济基础数据库并拓展构建多维数据结构分析体系，引入专家辅助决策端口，形成分级（国家级、省级、地市级）生态安全综合管理信息系统及典型的生态系统示范系统。通过各层面的协调合作，加强一体化管理，实现监测信息共享与公开，并为决策提供科学依据。只有通过不断完善和创新技术手段以及建立健全的生态管理体系，才能更好地保障全球范围内的生态安全。

（四）树立"一盘棋"思想，加强海陆空全方位生态安全风险管理

统筹考虑自然生态各要素，树立山水林田湖草沙是一个生命共同体的理念。这一理念需要我们在保护自然生态的同时，注重生物多样性的保护和恢复，促进不同生物群落之间的平衡与协调。同时也需要加强对土壤和水资源的保护与管理，防止过度开发和污染造成环境破坏。此外，在推动经济社会可持续发展的过程中，还需充分考虑到人类活动对自然环境产生的影响，并采取相应措施来减少负面影响。树立山水林田湖草沙一体化保护和系统治理理念提出了全面而系统化的要求，需要我们从多个方面入手进行有效实施，不断强化源头治理、综合治理、系统治理，着力提高生态系统的自我修复能力和稳定性，守住自然生态安全边界，促进自然生态系统质量整体提升。坚持底线思维，积极做好生态风险防范化解工作，把风险防范贯穿环保工作始终。各地应在准确摸清当地的生态环境与资源底线的基础上，根据自身生态本底和生态系统需求进行指标的适当增减和调整，明确本地区的生态底线。同时以系统思维推动生态底线划定和对接机制建设。要建立各部门参与、协同攻关的交流协调机制，定期就相关数据进行沟通，解决部门严重分割的问题，使之达到协调和统一，提供全面而一致的统计与监测信息，构建共治共享的环境治理模式，做到及时处置突发生态问题。

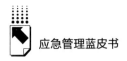

人与自然和谐共生是中国式现代化的生态宏图，其前提就是要处理好人与自然的关系，使得"万物各得其和以生，各得其养以成"①，确保国家有最安全最稳定的生态环境。党的二十届三中全会指出："中国式现代化是人与自然和谐共生的现代化。必须完善生态文明制度体系，协同推进降碳、减污、扩绿、增长，积极应对气候变化，加快完善落实绿水青山就是金山银山理念的体制机制。要完善生态文明基础体制，健全生态环境治理体系，健全绿色低碳发展机制。"② 因此在生态安全领域，我们要不断优化生态安全屏障，不断推进生态安全治理体系和治理能力现代化，稳步推进生态文明建设，提供更多优质的生态产品，满足人民日益增长的优美生态环境需要，努力建成具有中国特色的人与自然和谐共生的生态安全型社会。

① 《习近平谈治国理政》第 2 卷，外文出版社，2017，第 530 页。
② 《中国共产党第二十届中央委员会第三次全体会议公报》，中国政府网，https://www.gov.cn/yaowen/liebiao/202407/content_6963409.htm？menuid=197。

B.6
2023年中国公共卫生应急管理发展报告

张圣捷　王永明*

摘　要： 以习近平同志为核心的党中央始终坚持人民至上、生命至上，提出了一系列改革完善公共卫生体系的新思想、新理论、新论断，疾控事业高质量发展的蓝图已经展开。各地加快推进疾控机构改革，引领疾控事业迈向高质量发展的崭新阶段，致力于推动制定具有里程碑意义的指导性文件。该文件将深刻探索并实践医防协同与融合的创新机制，力求在体系重构上实现突破性进展。当前，各级公共卫生机构正全力构建一套既协同高效又紧密衔接的防控网络，同时打造灵敏度高、精确度高的监测预警系统，确保能够精准捕捉疫情动态。在此基础上，各级公共卫生机构根据疫情形势的实时变化与未来趋势，灵活调整并优化传染病防治策略，确保防控措施的科学性、有效性和针对性。同时不断强化应急响应机制，提升快速响应与高效处置能力，以完善传染病防控和医疗应急长效机制。全国公共卫生应急体系经受住了空前考验，公共卫生事业迈出了新的坚实步伐，重大疫情和突发公共卫生事件防控应对能力不断提升。

关键词： 卫生应急响应　医疗与预防协调　疾病预防

　　近年来，我国在传染病防控领域取得了令人瞩目的成就，公共卫生安全防线得到了前所未有的巩固与加强。面对新发突发传染病的挑战，我国不仅成功赢得了防控战役的决定性胜利，还高效应对了人禽流感、鼠疫、中东呼

---
* 张圣捷，博士，中共中央党校（国家行政学院）应急管理研究院（中欧应急管理学院）讲师，主要研究方向公共卫生应急管理；王永明，博士，中共中央党校（国家行政学院）应急管理研究院（中欧应急管理学院）教授，研究方向应急管理。

吸综合征等疫情，确保了疫情在重大自然灾害后能够迅速平息，实现了"大灾之后无大疫"的防控目标。在重大传染病防控的持久战中，我们针对重点区域艾滋病疫情实施了有效干预，成功遏制了其快速蔓延的趋势，使整体疫情维持在低流行状态；结核病防控亦取得显著成效，发病率自2015年的高位逐年下降至2022年的52/10万，死亡率保持低位；血吸虫病防治工作更是全面告捷，所有流行县均已达到并超越了传播控制标准。①

此外，我国还构建了覆盖全国的环境健康监测网络，为地方病防治提供了坚实的数据支持与科学指导，防治成效持续巩固并提升。尤为值得一提的是，我国已正式通过世界卫生组织的疟疾消除认证，标志着在消除这一古老疾病的征途上迈出了历史性的一步。在疫苗可预防传染病的防控上，我们同样取得了非凡成就。麻疹、乙脑、流脑等疾病的发病率均降至历史最低点，这得益于广泛而有效的疫苗接种策略，以及公众健康意识的显著增强。这一系列成就不仅彰显了我国公共卫生体系的强大韧性与高效能，也为全球传染病防控贡献了中国智慧与中国方案。

国家疾病预防控制局的成立为我国公共卫生应急管理体系的健全与优化提供了坚实的体制基础。2021年5月，国家疾病预防控制局正式挂牌，2022年1月，《中共中央办公厅　国务院办公厅关于调整国家卫生健康委员会职能配置、内设机构和人员编制的通知》（以下简称《通知》② ）与《国家疾病预防控制局职能配置、内设机构和人员编制规定》（以下简称《三定方案》③ ）同日发布。依据《三定方案》，国家疾病预防控制局是国家卫生健康委员会管理的国家局，为副部级。

由国家卫健委的内设司局升级为副部级机构，其主要职责转变包括

---

① 《国新办举行〈关于推动疾病预防控制事业高质量发展的指导意见〉国务院政策例行吹风会（图文实录）》，国家疾病预防控制局网站，https：//www.ndcpa.gov.cn/jbkzzx/c100009/common/content/content_ 1740289315891499008.html。

② 《中共中央办公厅　国务院办公厅关于调整国家卫生健康委员会职能配置、内设机构和人员编制的通知》，中国政府网，https：//www.gov.cn/zhengce/202310/content_6908731.htm。

③ 《国家疾病预防控制局职能配置、内设机构和人员编制规定》，中国政府网，https：//www.gov.cn/zhengce/2022-02/16/content_5674041.htm。

"强化对各级疾病预防控制机构的业务领导和工作协同，建立健全疾病预防控制工作体系和网络，为维护人民健康提供有力保障。坚持将预防关口前移，健全多渠道监测预警机制，建立智慧化预警多点触发机制，推动公共卫生服务与医疗服务高效协同、无缝衔接，完善公共卫生重大风险评估、研判、决策机制，提高评估监测敏感性和准确性。优化资源配置，完善运行机制，坚持依法防控，落实早发现、早报告、早隔离、早治疗要求，推动构建常态化管理和应急管理动态衔接的基层治理机制，强化科研支撑体系，健全决策咨询体系，实现动态防控、科学防控、精准防控。"①

2023年12月，国务院办公厅发布《关于推动疾病预防控制事业高质量发展的指导意见》（以下简称《指导意见》），《指导意见》是新时代推动疾控体系现代化建设的重要纲领性文件，描绘了疾控事业发展的蓝图和愿景，对构建强大的公共卫生体系、推动实现健康中国的宏伟目标，具有重要意义。按照"整体谋划、系统重塑、全面提升"的总要求，《指导意见》提出5方面22条措施，其具体关系如图1所示。

第一部分总体要求中提出了发展目标——"到2030年，完善多部门、跨地区、军地联防联控机制，建成以疾控机构和各类专科疾病防治机构为骨干、医疗机构为依托、基层医疗卫生机构为网底，军民融合、防治结合、全社会协同的疾控体系，健全集中统一高效的传染病疫情监测预警和应急指挥体系，形成体制健全、机制顺畅、权责清晰、功能完善、运行高效、协同联动、保障有力的工作局面"。

为了达成上述目标，务必提升六项核心能力，具体包括四项专业能力——公共卫生干预能力、监测预警和检验检测能力、应急处置能力、传染病救治能力，和两项保障能力——行政执法能力和宣传教育能力。

系统重塑疾控体系是提升上述核心能力的体制机制保障。疾控体系的重塑具体包括做强两个主体并推进其良性互动、健全完善一个联防联控机制。两个

---

① 《机构职责》，国家疾病预防控制局网站，https://www.ndcpa.gov.cn/jbkzzx/c100001/common/list.html。

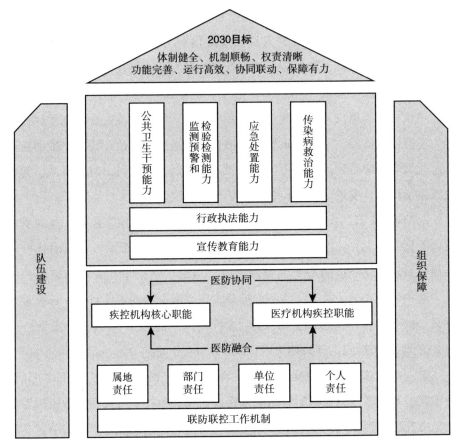

图1 《关于推动疾病预防控制事业高质量发展的指导意见》图解

主体是指疾控机构和医疗机构,《指导意见》针对中国疾控中心、省级疾控中心、边境省份疾控中心、市县疾控中心的发展分门别类提出了建设要求①,同时

---

① 做强中国疾控中心,重点强化疾病预防控制、卫生应急、科学研究、教育培训、全球公共卫生合作等职能。做优省级疾控中心,重点强化省域传染病疫情和突发公共卫生事件应急处置、实验室检验检测、应用性技术研究、公共卫生信息统筹管理和大数据分析利用、对外合作交流等职能。边境省份疾控中心强化跨境传染病防控合作。做好市、县级疾控中心重新组建工作,稳妥有序推进与同级卫生监督机构整合,强化疫情防控和卫生健康行政执法职能,确保疾控和卫生监督工作全覆盖、无死角。优化完善疾控机构职能设置,规范面向社会提供的公共卫生技术服务。中国疾控中心和省级疾控中心加挂预防医学科学院牌子,强化科研支撑和技术保障能力。推动国家、区域和省域公共卫生中心建设,发挥辐射支援与示范带动作用。

对强化医疗机构的疾控职能提出了明确要求，在此基础上"全面推进医疗机构和专业公共卫生机构深度协作，建立人才流动、交叉培训、服务融合、信息共享等机制"，实现医防协同与医防融合。《指导意见》明确提出健全完善联防联控工作机制，落实疾控工作的四方（属地、部门、单位与个人）责任。

无论是核心能力建设还是疾控体系重塑，都需要加强人才队伍保障，《指导意见》从"加强人才培养""优化人员配备""完善人才使用与评价体系""健全人员激励机制"四个方面提出了明确要求。此外，《指导意见》还提出了加强组织保障的具体要求。

《指导意见》提出的顶层设计框架，为分析我国公共卫生应急管理发展提供了一个基本遵循，下面即从体系重塑、能力建设和队伍建设、组织保证及其他等方面阐述该事业的发展情况。

一　国家疾控体系重塑进展

（一）疾控机构建设与发展

国家疾病预防控制局和中国疾控中心是疾控体系中行政机构和技术机构的领头雁。依据《三定方案》，国家疾病预防控制局体系架构如图2所示。

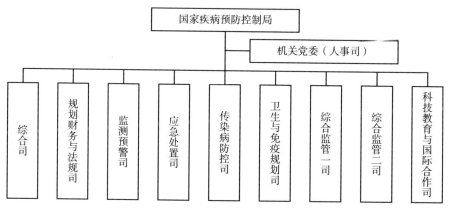

图2　国家疾病预防控制局体系架构

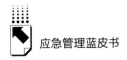

分析图 2 发现，国家疾病预防控制局的内设机构设计与《指导意见》提出的六项核心能力高度契合。国家疾病预防控制局机关行政编制 170 名。设局长 1 名、副局长 4 名，正副司长职数 32 名（含机关党委专职副书记 1 名、机关纪委领导职数 1 名）。

根据《中央编办关于中国疾病预防控制中心等单位划转国家疾控局管理的批复》（中编办复字〔2022〕89 号），中国疾病预防控制中心由国家卫生健康委划转国家疾控局管理，为国家疾控局直属事业单位。值得注意的是，中国疾控中心的主任与党委书记两名主要负责同志均出任国家疾控局副局长，由此来实现疾控行政机构与技术机构的密切关联与相互支撑。

《指导意见》提出，中国疾控中心和省级疾控中心加挂预防医学科学院牌子，强化科研支撑和技术保障能力，这必将有利于进一步激发疾控领域的科技创新活力。下一步，将从"完善体系、建设平台、提升能力、强化攻关"4 个方面，全面加强疾病预防控制科研攻关工作，推进疾控科研支撑体系高质量发展。

近年来，中央与地方政府在提升疾病预防控制工作稳定性方面，持续深化投入机制的构建与优化。"十四五"规划实施以来，国家发改委主动作为，精准施策，对中央预算内投资结构进行了全面而细致的调整，累计专项划拨资金高达 131 亿元，旨在全方位、多层次地助力国家、省级、市级及县级四级疾控体系的建立健全与升级发展。步入 2023 年，中央财政更是展现出前所未有的支持力度，通过高效、灵活的转移支付手段，直接向各级疾控部门拨付了高达 176.87 亿元的专项经费。① 这笔资金被精准地配置于重大传染病防控、地方病根除等关键领域，不仅彰显了国家对公共卫生安全的高度重视，也为有效应对突发公共卫生事件、保障人民生命健康构筑了坚实的防线。

（二）《医疗机构传染病防控责任清单》出台

2023 年 10 月，国家疾控局、国家卫生健康委、国家中医药局发布《医

---

① 《我国疾控事业发展迈上新台阶》，中国政府网，https://www.gov.cn/xinwen/jdzc/202312/content_ 6922954.htm。

疗机构传染病防控责任清单》（以下简称《责任清单》），《责任清单》是为贯彻落实党中央、国务院关于改革完善疾病预防控制体系的决策部署，以及中共中央办公厅、国务院办公厅《关于进一步完善医疗卫生服务体系的意见》的有关要求，进一步强化医疗机构公共卫生职责，推动医疗机构落实传染病预防控制责任，依据《中华人民共和国传染病防治法》《中华人民共和国疫苗管理法》《突发公共卫生事件应急条例》等制定的清单。具体包括 7 部分 33 条内容，参见表 1 所示。

表 1 《医疗机构传染病防控责任清单》

内容	清单条目
一、传染病防控组织管理要求	1. 工作机制；2. 工作考核；3. 科室设置和人员配备；4. 信息共享；5. 应急管理
二、传染病监测与信息报告管理	6. 首诊负责；7. 报卡资料管理；8. 报告要求；9. 报告质量；10. 哨点监测；11. 预警反馈
三、传染病流调与疫情控制	12. 流调和处置；13. 疫情控制(机构内)；14. 不明传染病会商
四、传染病救治防控	15. 预检分诊；16. 发热门诊管理；17. 患者救治；18. 患者转诊；19. 心理健康；20. 重点传染病防控；21. 母婴传播阻断；22. 死因登记
五、预防接种	23. 疫苗预防接种；24. 资料管理；25. 医学建议；26. 新生儿疫苗接种；27. 接种异常反应报告
六、传染病防控能力提升	28. 传染病防治培训；29. 公卫技能培训；30. 机构间人员交流协作；31. 传染病防治研究
七、其他	32. 基本公共卫生服务；33. 其他传染病防控工作

《责任清单》一方面围绕四项业务能力（监测预警、应急处置、传染病救治、公共卫生干预）对医疗机构提出了明确要求，另外，还就医防协同和医防融合作了明确要求，例如对监测、报告、流调和控制等环节与疾控部门的协同提出了明确要求；而在能力提升部分，则提出要通过"加强临床医师公共卫生技能培训""医疗机构应当配合疾病预防控制部门加强与疾病预防控制机构人员沟通交流"实现医、防两个关键主体的融合。

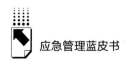

（三）医防协同、医防融合机制建设

创新医防协同、医防融合机制，是公共卫生应急管理的一个重大课题，目前国家卫健委与国家疾控局从多个方面促进协同与融合。

1. 深化协同监测机制

强化疾控机构与医疗机构在传染病监测预警领域的紧密合作，通过优化信息交换流程，实现医疗机构信息系统与疾控系统间传染病数据的无缝对接，显著提升疫情的早期识别与预警能力，为快速响应奠定坚实基础。

2. 优化协同研判体系

为提升疫情应对的科学性和精准度，加强疾控与医疗机构在疫情趋势分析上的协作，深化对疾病特性及传播模式的认知，提升综合研判水平，确保疫情形势判断既科学又准确，并及时向公众传递权威信息，维护社会稳定。

3. 提升协同处置效率

在流行病学调查、传染源追踪及风险人群管理等关键环节，构建疾控与医疗机构的高效协同模式，确保快速响应、精准施策，有效遏制疫情扩散势头，保护人民健康安全。

4. 压实责任监督机制

在全国范围内启动了疾控监督员制度的试点，覆盖9省份49地市，部署了包括861名专职与3484名兼职在内的监督员队伍，深入1200余家医疗机构，实施内外并重的监督，同时加强传染病医疗机构的规范化管理，推动医防深度融合，形成防控合力。

5. 加大人才培养力度

建立公共卫生与临床医疗领域人才交叉培训机制，强化双方专业技能的互补学习，促进人员流动与融合。此外，积极探索公共卫生医师处方权实践，推动相关政策法规的完善，为公共卫生与临床医疗服务的深度融合培养更多复合型人才。

二 疾控核心能力建设进展①

（一）监测预警能力

监测预警机制是构筑重大传染病风险防线的前沿哨所。我国已经建立了一个覆盖全国的法定传染病和突发公共卫生事件网络直报系统，该系统与全国超过8.4万家医疗卫生机构实现了无缝连接，形成了一个高度整合且反应迅速的监测网络。为了应对新型传染病挑战，我国开发了一套包含多个子系统的综合监测框架，其中包括哨点医院监测、病毒基因序列追踪以及城市污水中的病原体检测等十项具体机制。此外，还启动了针对急性呼吸道疾病多病原体监测的试点项目，并为此设计了四类不同的风险预警等级。通过对收集到的数据进行科学严谨的分析，确保能够及时准确地发布预警信息，从而为防控决策提供强有力的支持。这套全面而高效的监测体系极大地提升了我国对于各类传染性疾病早期发现、快速响应的能力，为保障公众健康安全构筑了一道坚实的防线。

（二）应急处置能力

应急预案是提升应急处置能力的重要抓手，构建分级分类、高效实用的传染病疫情应急预案体系，规范传染病疫情应急预案管理工作，国家疾控局会同国家卫生健康委组织制定了《传染病疫情应急预案管理办法》。

《传染病疫情应急预案管理办法》分为总则，分类和内容，预案编制，审核、备案和发布，培训演练和宣传，评估和修订，保障措施，附则8部分共35条，如表2所示。

---

① 国新办举行《关于推动疾病预防控制事业高质量发展的指导意见》国务院政策例行吹风会（图文实录）。

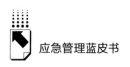
表 2　《传染病疫情应急预案管理办法》主要内容

内容	清单条目
一、总则	法律依据、传染病疫情应急预案定义、工作原则、适用范围
二、分类和内容	规定县级以上疾病预防控制部门应制定传染病疫情应急预案,各省份可结合本地实际面临的重要传染病风险编制应急预案,规定国家、省级、市县级不同层面传染病疫情应急预案应当各有侧重(国家层面预案体现政策性和指导性;省级预案体现指导性、实用性和可操作性;市县层面预案注重可操作性)
三、预案编制	在传染病疫情应急预案的编制过程中,规定了组建工作组、进行研究准备、征求各方意见以及联合制定预案的具体步骤。要求各地在编制应急预案时必须紧密结合当地的实际情况,在起草和准备阶段深入进行风险评估、应急资源调查以及案例分析,并加强传染病疫情的情景构建工作
四、审核、备案和发布	建立预案备案制度,针对不同主体所制定的预案提出了相应的备案要求。此外,除非有特殊规定或确实需要保密的情况外,预案应及时向公众公开发布。为了提高预案的可及性和管理效率,还强调了加强预案数据库建设和信息化建设的重要性
五、培训演练和宣传	要求各级疾病预防控制部门将应急预案培训作为日常培训的重要内容;规定了至少每 3 年进行一次预案应急演练,并开展演练评估;要求采取多种形式开展预案宣传教育
六、评估和修订	加强预案的动态管理,对预案的评估和修订工作进行了规定,要求县级以上疾病预防控制部门应急预案原则上每 3 年评估一次,明确了需要开展预案修订的情形
七、保障措施	明确预案管理专人负责,所需经费纳入常规工作预算统筹安排;要求各级疾控部门对传染病疫情应急预案的管理工作加强指导和监督;对未制定预案或者未按照预案采取预防控制措施的单位和人员,应当督促其整改

（三）传染病救治能力

近年来,国家卫生健康委员会致力于重大疫情救治能力的全面增强,不断推动传染病救治效能实现飞跃式提升。

首先,医疗救治体系的"平急转换"机制日益成熟。通过迅速扩容医疗资源、强化跨区域协同与资源配置优化,成功构建起日常医疗与重大疫情应急救治之间的无缝转换桥梁。基层医疗与二级以上医院发热门诊的广泛覆盖，确保了超过98%的医疗服务点能够迅速响应疫情挑战。

其次，分级诊疗体系得到持续优化与深化。依托城乡医疗服务三级网络和医联体模式，形成了覆盖广泛、层次分明、流程顺畅的分级救治网络，实现了患者分类收治与高效转诊的无缝对接。城乡医院对口支援机制的完善，以及双向转诊渠道的畅通，进一步促进了医疗资源的均衡分配。在农村地区，县域医共体与远程医疗技术的有效融合，更是为基层患者带来了高质量的医疗服务。此外，互联网诊疗服务的普及，极大地方便了群众就医，满足了群众多样化的健康需求。

最后，医疗救治体系的标准化与同质化建设取得了显著成效。"十四五"期间，中央财政大力支持感染性疾病相关专业的国家临床重点专科建设，累计投入资金达8500万元，惠及全国22个重点项目。同时，针对鼠疫、霍乱等法定传染病，制定并实施了标准化的诊疗方案，持续加强对医务人员的专业培训，提升其技能，确保了传染病诊疗的规范性与同质化。

三 医疗应急体系和能力建设进展

依据《通知》，国家卫生健康委员会将相关职责划入国家疾病预防控制局之后，"国家卫生健康委员会负责医疗应急工作，组织指导传染病以外的其他突发公共卫生事件预防控制和各类突发公共事件医疗卫生救援"（具体由国家卫健委新成立的医疗应急司承担）。

《"健康中国2030"规划纲要》明确提出到2030年要建立起覆盖全国、较为完善的紧急医学救援体系，突发事件卫生应急处置能力和紧急医学救援能力达到发达国家水平。近年来，我国医疗应急体系经历了全面而深刻的构建与强化，各环节应急处置能力显著提升，医疗应急基地、专业队伍及物资储备建设取得长足进展，初步构建起符合中国国情的医疗应急管理体系。

首先指挥管理体系持续优化升级。进一步厘清了各级政府及相关部门、单位、个人的责任边界，形成了权责清晰、协同高效的应急指挥网络。卫生健康部门发挥核心协调作用，联动多部门并整合军地资源，构建了全方位、

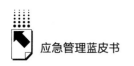
多层次的医疗应急联动机制。应急预案体系不断完善，确保了各类突发事件应对的迅速响应与高效执行，形成了纵向到底、横向到边的立体工作体系。

其次我国在医疗应急能力的建设上取得了显著进步，实现了质的飞跃。这一成就主要体现在两个方面：首先是医疗应急救治基地的战略布局得到了优化与加强。通过国家卫生健康委员会与国家发展改革委之间的密切合作，全国各省、自治区和直辖市根据实际情况制定了科学合理的规划，并积极推进国家紧急医学救援基地以及重大传染病防治基地的建设工作。这些措施极大地提升了面对大规模伤病员时定点救治及处置的能力。

最后是医疗应急队伍的专业化水平和体系构建能力得到了极大提升。在财政部与国家卫生健康委员会的共同支持下，组建了40支国家级医疗应急队伍，加上各地自建的省、市、县级共计超过6500支地方性医疗应急团队，它们共同构成了我国应对突发事件时强有力的"钢铁长城"。这些队伍不仅覆盖了紧急医学救援、突发中毒事件处理、核辐射医疗应急等多个关键领域，而且装备先进、行动迅速、具备全面的自我保障能力，成为确保人民生命安全和维护社会稳定的重要力量。

四　中国公共卫生应急管理能力建设展望

我国公共卫生应急管理体系建设已经逐步成形，但是距离"体制健全、机制顺畅、权责清晰、功能完善、运行高效、协同联动、保障有力"的目标仍有不小的差距，需要进一步以《指导意见》为遵循，从体制机制改革和能力建设等层面推动我国公共卫生应急管理体系的健全与优化。

第一，以《指导意见》的宣贯落实为契机，加快推动国家区域公共卫生中心建设等项目落地实施；加快推进地方疾控机构改革任务落地见效。建议开展复盘，围绕多阶段、多场景思考疾控部门与卫健部门的协同机制，进一步理顺两类关键主体之间的业务流线，基于制度化建设促进医防协同。

第二，未来仍需重视传染病监测预警方法体系的研究。应继续注重传染病监测预警方法的开发与积累，加强预警算法研究，注重提高预警模型的分析能力和数据整合能力，应用新技术、新方法提高预警系统灵敏度，在传染病发生发展的不同阶段和不同的暴发场景中应用不同的监测预警策略，构建基于多阶段、多场景的传染病监测预警多样化方法体系，并与我国基层治理模式相衔接，推动我国传染病监测预警和快速干预能力的提升。

第三，优化艾滋病、结核病、病毒性肝炎、重点寄生虫病、地方病等重大疾病防控策略，持续巩固防控成效。我国传染病疫情总体形势平稳，在重大传染病防控方面取得了显著成效，必须通过提高疾病防控工作的法治化、制度化、标准化、规范化水平，构筑严密的公共卫生防控网。

第四，不断提升免疫规划工作质量，加强信息化建设。深入实施环境健康公共卫生干预措施，进一步做好学校卫生工作，健全完善防控工作机制。建立健全免疫规划工作责任制，明确各级免疫规划机构的职责和任务。简化疫苗接种程序，提高服务效率。同时，提高疫苗接种覆盖率，加强流动人口和边远地区儿童的疫苗接种工作。

第五，不断加强疾控法治、科技、人才支撑保障，建强宣传教育阵地，用好考核评价"指挥棒"，加强国际合作交流。我国将继续推进疫情防控国际合作，推动构建人类卫生健康共同体。传染病防控国际交流是应对全球公共卫生挑战的重要手段，通过加强国际合作，各国可以共同应对传染病的威胁，确保全球公共卫生安全。

B.7
2023年国家安全生产应急救援队伍抢险救援和建设发展情况[*]

国家安全生产应急救援中心[**]

摘　要： 2023年，国家安全生产应急救援队伍共参加生产安全事故和自然灾害抢险救援1568次，抢救遇险被困人员1859人，在事故救援中发挥了不可替代的骨干作用，在自然灾害抢险救援中也发挥了重要作用。同时积极开展安全技术服务，助力企业防范化解安全风险。新建矿山、危化、油气等领域15支国家专业队，队伍总数达113支，队伍结构更加完善、布局更加合理。坚持实战牵引、战斗力标准，强化实训实练，及时开展救援评估和复盘总结，不断提升队伍整体职业素养和能力。立足救援需求、坚持系统观念，加强法规标准建设，强化科技装备支撑与资金投入保障，为救援工作提供坚实支撑。坚持党的领导、加强党的建设，深入开展学习贯彻习近平新时代中国特色社会主义思想主题教育，为救援工作提供坚强政治保证。下一步，国家专业队将坚持以习近平新时代中国特色社会主义思想为指导，深入贯彻落实党中央、国务院决策部署和应急管理部党委工作要求，在国家安全生产应急救援中心带领下，努力为维护人民群众生命财产安全和社会稳定做出新贡献。

关键词： 应急救援中心　国家专业队　应急救援　队伍建设

---

* 本文数据由国家安全生产应急救援中心提供。

** 国家安全生产应急救援中心（含矿山救援中心）是2005年经中编办批准成立，由国务院安委会办公室领导，应急管理部管理的事业单位。主要负责国家安全生产应急救援力量建设具体工作，拟订相关专项规划、业务标准、管理制度并推动落实；统一协调指挥国家安全生产应急救援队伍参与事故灾害救援；协调调用生产安全事故应急救援资源；组织指导国家安全生产应急救援队伍培训演练；推动国家安全生产应急救援队伍规范化建设。

2023 年是全面贯彻落实党的二十大精神的开局之年，也是安全生产应急救援战线奋发有为、国家安全生产应急救援队伍（以下简称国家专业队）建设提质增效的一年。国家安全生产应急救援中心（以下简称应急救援中心）和国家专业队把学习贯彻党的二十大精神作为首要政治任务，坚决贯彻落实习近平总书记重要指示精神，认真落实应急管理部党委部署要求，坚持政治建队、改革建队、科技建队、人才建队、依规建队，大力加强应急救援队伍建设，为保持全国安全生产形势总体平稳、保护人民群众生命财产安全贡献了安全生产应急救援力量。

一　抢险救援和安全防范成效明显

国家专业队加强值班备勤，强化实训演练，积极主动开展安全技术服务，时刻保持应急状态，全力做好事故灾害抢险救援工作。全年共参加生产安全事故和自然灾害抢险救援 1568 次、17702 人次，抢救遇险被困人员 1859 人，转移安置受灾群众 3114 人。应急救援中心直接调度 39 支国家专业队出动 62 队次、1423 人次参与 36 起事故灾害救援。

（一）聚焦专业救援，在生产安全事故救援中发挥骨干作用

国家专业队作为生产安全事故救援的尖刀和拳头力量，在事故救援中发挥了不可替代的作用。全年共参加事故救援 1487 次、15692 人次。一是强化应急备战和快速响应。严格落实领导 24 小时带班备勤、全时段双人双岗值守制度，开展国家专业队每周集中视频点名，督促指导国家专业队加强值班备勤和应急准备，国家专业队每日有 7000 多名指战员在岗值班备勤。完善应急处置措施，分行业领域研究完善国家专业队应急预案。二是落实"全周期、一体化"管理机制，确保救援高效开展。内蒙古阿拉善盟新井煤业有限公司露天煤矿"2·22"坍塌事故救援中，矿山救援国能宁煤队、靖远队、国能神东队承担现场搜救任务。应急救援勘测队不间断开展边坡监测预警。应急救援新兴际华队为救援队伍提供住宿、用餐、会议等保障，实

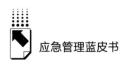

现国家专业队抢险救援、监测预警、后勤保障一体化，为持续开展救援提供了有效保障；同期与国家综合性消防救援队伍初步探索了联指联勤联动机制。三是国投装备发挥关键作用。在云南临沧双江县"4·11"隧道塌方事故救援中，隧道救援昆明队历时 19 小时，精准操作大口径水平钻机施工钻入坍塌体 20.8 米，成功打通生命通道，7 名被困人员全部获救生还。在山东淄博齐鲁石化公司"12·23"火灾事故救援中，危化救援天津石化队利用远程供水系统连续奋战 9 天 10 夜，成功保障了火区 28 小时救援及后续处置的冷却用水。四是跨区域出动支援更加有力。在西藏拉萨市巨龙矿区"5·14"吊笼坠落事故救援中，矿山救援青海队会同隧道救援西藏队，从到达海拔 5194 米的事故救援现场后，就一直顶着高原反应，冒着风雪严寒，奋战在救援一线，成功找到 6 名遇难人员并升井。在山东省菏泽市旭阳化工"9·14"双氧水生产装置火灾事故救援中，危化救援中原油田队跨区增援，会同现场其他救援力量采取外围控制、强攻近战的作战方案，科学高效扑灭明火。五是专家助力作用更加明显。在山西兰花集团莒山煤矿有限公司"1·27"水害事故救援中，矿山救援大地特勘队和河南排水队各派出 1 名专家赴现场提供技术支持；在北京门头沟区饮马鞍隧道"3·14"坍塌事故和江西吉安新干县新衡矿业有限公司"3·16"冒顶片帮事故救援中，隧道救援重庆队、太原队和矿山救援华锡队的专家通过视频提供救援指导；在宁夏银川富洋烧烤店"6·21"燃气爆炸事故和山西吕梁永聚煤矿"11·16"火灾事故救援中，应急医学救援队派出医疗专家指导伤员救治；在山东淄博齐鲁石化公司"12·23"火灾事故救援中，危化救援中化舟山队专家参与现场指挥部会商研判，危化救援技术指导中心提供信息保障和技术支持。

（二）拓展救援领域，在自然灾害抢险救援中更有作为

国家专业队积极履行国家常备应急骨干力量的职责使命，在自然灾害抢险救援中的作用和成效日益彰显。全年共参与自然灾害救援 81 次、2010 人次。一是安全有序高效完成抢险排涝任务。在防范应对台风"杜苏芮"的

过程中，危化救援中原油田队，管道救援廊坊队，应急救援新兴际华队，矿山救援开滦队、大地特勘队5支国家专业队171人赶赴河北涿州排涝抢险，连续奋战8天，累计排水115万 m³；矿山救援沈阳队、红透山队、朝阳队，管道救援沈阳队4支国家专业队107人赴吉林榆树排涝抢险，连续奋战14天，累计排水117万 m³。为尽快恢复群众正常生产生活发挥了积极作用，中央电视台等主流媒体持续进行跟踪报道，并得到了社会的广泛关注。二是全力投入抗震救灾。甘肃临夏州积石山县6.2级地震发生后，矿山救援靖远队、青海队，危化救援兰州石化队，管道救援乌鲁木齐队，隧道救援昆明队213人携带1200余台（套）救援装备，连续奋战11个昼夜，在甘肃和青海4个乡镇20余个村社开展受灾群众搜寻搜救、转移安置、物资转运、帐篷板房搭建、排危除险和受灾群众物资转移等抢险救援工作，为打赢抗震救灾攻坚战贡献力量。三是积极参加地质灾害救援。在四川省乐山市金口河区"6·4"山体垮塌和重庆市彭水县与贵州省铜仁市沿河土家族自治县交界处"6·29"地质滑坡救援中，矿山救援川煤队、重庆队，隧道救援重庆队，应急救援勘测队共计67人，携带边坡雷达等装备赶赴现场参加救援；在四川凉山州金阳县"8·21"山洪救援中，水上救援重庆长航队派出3名水下救援人员利用水下高清摄像机全力搜寻遇险人员。四是主动防范应对低温雨雪冰冻灾害。国家专业队主动对接驻地周边学校、医院、养老院、福利院等重点场所，积极组织开展扫雪除冰、应急供电等服务保障工作。矿山救援国能神东队，危化救援国能鄂尔多斯队、武汉石化队、连云港队、国能宁煤队及时处置路滑导致的危化品槽罐车侧翻泄漏事故。矿山救援汾西队派出应急发电车为大面积停电的山西运城垣曲县提供应急供电保障达98小时；矿山救援开滦队派出排水、起吊装备等参加河北唐山冻裂水管抢修，保障城市生活供水。

（三）规范安全技术服务，助力企业防范化解安全风险

面对生产安全事故风险明显上升的严峻挑战，国家专业队充分发挥专业优势，积极开展安全技术服务，提高企业安全风险防范水平，全年累计为企

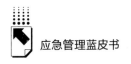

业开展预防性安全检查、重大危险源靠前防范和其他安全技术服务等 10 万余次。一是强化风险防范。应急救援中心加强重点时段风险防范动态指导，及时发出安全风险防范提示 13 次，组织召开中秋国庆和亚运会期间安全防范以及低温雨雪冰冻灾害应对准备工作视频调度会，指导国家专业队做好事故灾害防范和应急准备工作。二是深化安全技术服务。编制矿山安全技术服务指南和危化、隧道、油气管道预防性安全检查指南，矿山救援队伍强化密闭启封、瓦斯排放、巷道贯通、自救器使用等安全技术服务；危化救援队伍强化动火作业、加装盲板、污水抽吸作业、有限空间作业、气防监护等安全技术服务；隧道救援队伍强化吊装作业、火灾防控、施工安全隐患排查等安全技术服务；油气救援队伍强化管道现场巡检踏勘、井控安全检查、管道安全专项培训等安全技术服务。安全生产月期间，国家专业队共开展互动体验、示范宣教、"五进"等活动 3070 场，进行预防性安全检查和安全应急服务 3560 场，累计超 16 万人次参与。三是参与完成重大赛事安保任务。在杭州亚运会期间，浙江省及周边区域的危化救援中化舟山队、镇海炼化队、扬子石化队、连云港队、安庆石化队、泉州石化队、古雷队 7 支队伍全力做好安全风险防范工作。危化救援镇海炼化队在象山县前置驻勤，负责亚帆中心赛场的安全保障；危化救援中化舟山队开展科普安全宣讲、应急技能实操演示，为亚运火炬传递现场提供安全保障。四是拓展有限空间作业服务。修订《有限空间作业安全与应急救援指导手册》，矿山救援大同队、六枝队、国能宁煤队、川煤队、新疆队、铜川队和危化救援中原油田队、普光队、安庆石化队、云南石化队、石家庄炼化队、川维队 12 支国家专业队参加应急救援中心组织开展的有限空间作业安全技术服务试点，共为 115 家企业开展 261 次有限空间安全技术服务，协助整改隐患 166 项，修订完善事故处置方案 26 个，开展现场演练和桌面推演 254 次，有限空间作业和救援培训 282 次，有效防范化解风险，保障作业安全。同时，应急救援中心积极派员参与应急管理部重点工作，派出 33 人次参与重大隐患专项整治督导检查、明察暗访和安全生产考核巡查等专项工作；2 次参加国务院安委会办公室约谈地方政府主要负责人会议，提出专业意见。

二 救援力量体系建设取得新进展

针对应急救援力量体系不平衡不充分的矛盾和经济社会发展的实际需要，全局性谋划、整体性推进国家专业队建设。2023年，开展隧道、危险化学品、油气管道等领域国家专业队发展规划研究，首次以财政部、应急管理部名义联合确定国家专业队，新建矿山排水、矿山钻探、危险化学品、海上油气和油气田井控等15支国家专业队，队伍结构更加完善、布局更加优化。

截至2023年底，国家安全生产应急救援队伍达到113支，总人数达到2.5万人左右。一是国家矿山应急救援队49支，其中华东地区7支，东北地区7支，华北地区9支，华中地区7支，华南地区1支，西南地区8支、西北地区10支。二是国家危险化学品应急救援队41支，其中华东区域12支，东北区域6支，华北区域5支，华中区域3支，华南区域4支，西南区域5支，西北区域6支。三是国家隧道应急救援队伍6支，其中华北区域1支，西南区域5支。四是国家油气应急救援队10支，其中包括6支油气管道应急救援队伍，2支油气田井控应急救援队伍，2支海上油气应急救援队伍。五是专业支撑保障等其他队伍7支，包括专业支撑保障队伍5支，水上应急救援队伍2支。

2023年国家安全生产应急救援队伍地区分布见表1。

表1　2023年国家安全生产应急救援队伍地区分布

单位：支

序号	行政区划	分计	矿山	危化	隧道	油气	专业支撑、保障等
1	北京	6	1	1			4
2	天津	2		1		1	
3	河北	4	2	1		1	
4	山西	5	3	1	1		

续表

序号	行政区划	分计	矿山	危化	隧道	油气	专业支撑、保障等
5	内蒙古	5	4	1			
6	辽宁	6	3	2		1	
7	吉林	3	2	1			
8	黑龙江	5	2	3			
9	上海	1		1			
10	江苏	5	1	2		1	1
11	浙江	2		2			
12	安徽	3	2	1			
13	福建	3	1	2			
14	江西	2	1	1			
15	山东	6	2	3			1
16	河南	4	3	1			
17	湖北	3	2	1			
18	湖南	3	2	1			
19	广东	4		3		1	
20	广西	1	1				
21	海南	2		1		1	
22	重庆	4	1	1	1		1
23	四川	6	2	2	1	1	
24	贵州	6	4	1	1		
25	云南	4	1	1	1	1	
26	西藏	1			1		
27	陕西	3	1	2			
28	甘肃	3	2	1			
29	青海	2	1	1			
30	宁夏	2	1	1			
31	新疆(兵团)	7	4	1		2	
合计		113	49	41	6	10	7

三　应急救援能力不断提高

坚持实战牵引、战斗力标准，持续开展实训实练，加快补齐短板弱项，不断提升国家专业队整体职业素养和能力。国家专业队全年共开展了常态化技术训练、战术训练和应急演练20.9万次。

（一）成功举办全国救援技术竞赛

应急管理部组建以来，在一年之内首次举办了第三届全国危险化学品安全生产应急救援技术竞赛和第十二届全国矿山救援技术竞赛两场大赛，充分展现和提升了队伍实战能力，展示了国家队水平、专业队素质。矿山救援淮南队、山东能源队和隧道救援重庆队等27支国家矿山、隧道救援队，作为有关省份代表队参加第十二届全国矿山救援技术竞赛；危化救援大庆油田队、国能宁煤队和燕山石化队等29支国家危化救援队作为有关省份和中央企业代表队参加第三届全国危险化学品安全生产应急救援技术竞赛，实现了体能、技能、智能共同提升，在应急救援领域产生了广泛影响。

（二）深入开展专项应急演练训练

矿山救援队伍围绕矿山顶板、透水、煤与瓦斯突出、井下火灾、煤尘爆炸等典型事故开展应急演练和井下高温浓烟条件下的体能、器械操作等战术训练1.8万余次；危化救援队伍围绕危化品泄漏、装置火灾、罐区火灾、槽车泄漏等典型事故开展紧急拉动演练和战术训练3.5万余次；隧道救援队伍围绕隧道坍塌、火灾等典型事故开展小导坑救援实操实训和野外拉动训练1400余次；油气救援队伍围绕油气长输管道泄漏、油气井井喷失控、溢流等典型事故开展应急演练和战术训练5000余次。开展国家矿山（隧道）应急救援队指挥员培复训与考核11期3000余人次。国家专业队全年开展基础训练213万人次，战术训练69万人次，应急演练13万人次。

（三）积极参加综合性协同演练

管道救援昆明队，隧道救援昆明队、贵阳队，矿山救援东源队、重庆队，危化救援普光队，应急救援新兴际华队、勘测队8支队伍共514人参加"应急使命·2023"高山峡谷地区地震灾害空地一体化联合救援演习，牵头负责坍塌隧道救援和油气管道泄漏处置 2 个科目演习，协同完成损毁道路抢通、地面力量突入灾区、"孤岛"救援、堰塞湖险情处置和空地协同营救灭火等 5 个科目的演习。危化救援普光队参加"一带一路"国家联合应急演练，专业、高效、高质量完成了工作区域优先级评估、建筑结构评估、幸存者搜索与救援等任务，并与其他救援队伍开展了搜救技术研讨交流；应急救援勘测队和危化救援普光队在联合演练前展示了边坡雷达、破拆工具、便携式雷达生命探测仪、现场安全监测预警系统等先进救援装备，此次演练是国家专业队首次参加的国际联合演练，增进了队伍与其他国内外救援队伍之间的沟通交流和互学互鉴。

（四）救援评估发挥实效作用

应急救援中心牵头完成内蒙古阿拉善盟煤矿坍塌、北京长峰医院火灾、宁夏银川烧烤店燃气爆炸 3 起重特大事故应急救援评估，首次明确救援评估组八项职责，推动救援评估在重特大事故调查和救援能力提升中发挥实效作用。

（五）复盘总结推动"打一仗、进一步"

采用救援经过还原、技战术总结、专家点评等方式，组织开展典型事故灾害救援复盘总结。编写《用使命托举生命——矿山（隧道）事故应急救援典型案例》，出版宣贯《典型危险化学品应急处置指导手册》，开展矿山井下冒顶事故生命保障救援通道快速安全构建技术体系研究和矿山救援队伍提升矿井排水救援能力研究。制修订国家专业队自然灾害救援应急能力建设等工作方案，不断强化自然灾害应对处置能力。

四　应急救援基础保障更加坚实

立足救援需求、坚持系统观念，统筹各方面的力量资源，不断夯实应急救援基础保障。

（一）推动《国务院安委会办公室关于进一步加强国家安全生产应急救援队伍建设的指导意见》落地见效

在2023年国家专业队建设工作视频会议上，有关部门作出专题部署，制定了任务分工方案，通过宣贯解读、实地调研、考核巡查等方式督促地方、依托单位（企业）落实《国务院安委会办公室关于进一步加强国家安全生产应急救援队伍建设的指导意见》（以下简称《指导意见》）要求。省级应急管理厅（局）、中央和省属重点企业积极落实三方共建共管共用机制及相应责任，北京、山东、辽宁、贵州等地出台队伍建设管理办法及补助资金实施细则等政策文件，宁夏、上海、福建等地协调解决队伍建设用地问题，并加大资金支持力度，重庆、新疆等地大力改革创新，加强区域专业救援力量整合，中石油、中石化、中海油、中兵集团、中铁工、中国交建、国家管网、新兴际华、山东能源等企业大力投入支持队伍建设。

（二）推进法规标准建设

参与《突发事件应对管理法》等法规制修订。制定发布行业标准《生产安全事故应急救援评估规范》并完成国家标准立项，修订发布国家标准《危险化学品单位应急救援物资配备要求》，统筹推进安全生产应急救援8项现行标准和21项标准计划优化评估。修订出台《应急救援中心法规标准制修订工作管理办法》《国家安全生产应急救援队内务管理规范》，编制印发《国家矿山钻探应急救援队建设暂行标准》《国家矿山排水应急救援队建设暂行标准》，强化安全生产应急救援法治保障。落实《矿山救护队标准化定级管理办法》，指导开展矿山救护队标准化建设考核工作。认真组织修订《矿山救援规程》，进一步加强和规范矿山救援工作。

（三）强化科技装备支撑

通过组织召开国家专业队"五小"科技创新主题活动，持续激发国家专业队科技创新意识，43支国家专业队申报134项科技成果，其中，17支

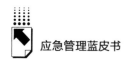

队伍的 20 项科技成果被评为"重点推广应用成果"，25 支队伍的 62 项科技成果被评为"创新成果"。组织开展安全生产应急救援急需技术装备揭榜攻关，调动社会科研力量参与应急救援技术装备研发工作，积极动员揭榜单位与有关国家专业队"结对子"，4 支国家专业队结合实战经验参与快速排水、快速构建救生通道、小型激光切割等方向的攻关项目研发。本次揭榜攻关共计投入研发资金近 1.5 亿元，形成 58 个型号规格的 30 种技术装备成果，获得专利授权 16 件（另有 50 件已受理申请），破解了永磁变频潜水电机、复杂地层多级跟管钻进成孔、光纤激光高功率连续单模输出等制约高效救援的技术难点 16 个，15 个项目实现整机制造全国产化。"高效钻孔救援技术及装备"项目成功申报国家重点研发计划。全国危化和矿山救援技术竞赛闭幕式上对重点推广应用成果的国家专业队进行表彰，国家专业队的科技工作热情得到持续激发，有效推动科技强队。完成 7 台定向钻机专业化托管，提升国家专业队矿山钻探救援能力。开展国投救援装备清查和绩效评估。升级改造安全生产应急救援信息系统，建设值班备巡、装备台账、国家专业队信息管理等功能模块，逐步充实应急救援资源信息，不断强化应急救援队伍信息化管理能力，提升事故灾害应急救援信息化支撑能力。

（四）强化资金投入保障

开展《安全生产预防和应急救援能力建设补助资金管理办法》等相关政策解读，组织指导国家专业队做好 2023 年度补助资金申报，研究提出应急演练能力建设补助资金定额标准，积极争取中央财政下达安全生产补助资金预算（安全生产应急救援力量建设支出）47.85 亿元，支持国家专业队装备配备、应急演练能力建设及重特大事故灾害救援补助，确保补助资金扎实落地。

五 党的建设坚强有力

国家专业队始终坚持党的领导、加强党的建设，为安全生产应急救援工作提供坚强政治保证。

（一）深入开展学习贯彻习近平新时代中国特色社会主义思想主题教育

全程抓实理论学习、调查研究、推动发展、检视整改、教育整顿等重点措施的落实，在深入实地调研的基础上，研究起草《国家专业队建设情况调研报告》。中央指导组对国家专业队建设的体制机制给予充分肯定，认为"做了一个重大探索，值得总结经验，借鉴推广"。

（二）党的领导进一步加强

持续推广国家专业队依托单位上级党组织负责同志兼任队伍党组织领导或行政领导的有效做法，已有 36 支队伍由依托单位上级党组织负责同志担任第一政委，其中矿山救援大地特勘队由依托单位中国煤炭地质总局的党委书记担任第一政委，有力加强了队伍政治建设，推动了党建与救援业务深度融合。

（三）临时党组织充分发挥战斗堡垒作用

救援一线临时党组织工作机制不断健全完善。在"应急使命·2023"高山峡谷地区地震灾害空地一体化联合救援演习以及河北涿州、吉林榆树等地的排涝抢险中，国家专业队成立了临时党组织，开展了重温誓词、主题党日、微党课、战前动员等系列活动，充分发挥了基层党组织的战斗堡垒作用和党员的先锋模范作用，高效完成抢险救援和专项任务，让党旗高高飘扬在抢险救援一线。

（四）应急救援文化氛围日益浓厚

在救援一线和重大任务现场涌现出一批优秀应急救援干部和救援指战员，从安全生产应急救援战线推选出王庆银同志获评"最美应急管理工作者，"央视、《人民日报》等主流媒体和重点新闻网站广泛报道。应急救援中心和国家专业队 4 个集体、37 人次获得应急管理部表彰奖励，央视、新

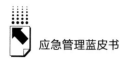

华社、《中国应急管理报》等中央和地方主流媒体多次宣传报道国家专业队参加事故灾害抢险救援成效，推广应急救援工作的经验做法，使得"爱党报国、敬业奉献、团结奋斗、向上向善"的安全生产应急救援文化愈发浓厚。

六　下一步工作思路和重点

2024 年是新中国成立 75 周年，也是实现"十四五"规划目标任务的关键一年，做好 2024 年的工作责任重大、任务艰巨。总体要求是：坚持以习近平新时代中国特色社会主义思想为指导，全面贯彻党的二十大精神和习近平总书记关于应急管理的重要论述，深入贯彻落实党中央、国务院决策部署和部党委工作要求，以加强国家安全生产应急救援队伍建设为导向，以推进《指导意见》落实为主线，坚持"五个建队"目标要求，聚焦抢险救援主责主业，更好发挥国家专业队"四个作用"，不断提升国家专业队规范化、标准化水平，固本强基推动安全生产应急救援事业高质量发展，为维护人民群众生命财产安全和社会稳定做出新贡献。认真贯彻落实全国安全生产电视电话会议、全国应急管理工作会议精神，重点做好以下工作：一是坚决扛起抢险救援主责主业；二是积极助力安全风险防范化解；三是稳步推进专业救援力量建设；四是高效安全使用中央财政补助资金；五是持续夯实科技信息化支撑；六是实战化开展培训演练比武竞赛；七是着力提升国家专业队规范化标准化水平；八是培养锻造高素质专业化安全生产应急救援干部队伍；九是大力营造安全生产应急救援文化氛围。

应急管理体制机制法治篇

B.8
2023年我国应急避难场所管理
体制机制标准建设进展

李湖生*

摘　要： 我国自然灾害易发多发，党和政府高度重视防灾减灾救灾工作。应急避难场所是用于避险避难人员临时安置的，具有一定生活服务保障功能的安全场所。应急避难场所管理是应急管理工作的重要组成部分，在重大灾害事故防范准备、抢险救援、灾民安置过程中，发挥着转移避险、安置受灾群众、稳定社会的重要作用。本文简要介绍我国应急避难场所的建设发展过程及现状，应急避难场所建设管理相关的法规政策标准，以及2023年我国相关部门和地方在完善应急避难场所管理体制机制、组织开展标准规范研制及避难场所建设和使用等方面所取得的成效；简要分析当前应急避难场所建设发展中存在的一些问题，并提出若干对策建议。

关键词： 应急避难场所　灾民安置　应急管理

＊ 李湖生，博士，中国安全生产科学研究院教授级高工，主要研究方向为安全生产与应急管理。

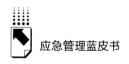

一 我国应急避难场所建设发展概述

（一）我国应急避难场所建设发展过程

我国开始大规模建设具有一定避险避难功能的场所，是 20 世纪 60 年代起出于备战防空目的修建的防空洞等人防工程设施。这些设施修建年代不一、质量参差不齐，只有极少数配置了应急避难生活设施，用于在空袭发生时的临时掩蔽躲藏，难以满足较长时间避险避难的生活需要。

20 世纪 80 年代，随着地震等灾害事件的不断发生，以灾害避险避难为目的的应急避难场所建设开始受到重视。我国应急避难场所的建设主要借鉴了日本的经验。日本政府在 1923 年关东大地震发生后，着手推动将城市公园绿地建设成为防灾公园（室外型应急避难场所），1995 年阪神地震后又推动将学校建设为室内型应急避难场所；之后，日本充分利用中小学教室、操场以及城市公园、体育场馆等，建设了众多应急避难场所，并在街道旁设置统一、易识别的"避难场所指示标志"，引导公众在灾后迅速、准确地到达应急避难场所。

1982 年我国各地开始编制城市抗震防灾规划，首次提出要建设避震疏散设施；1997 年制定颁布的《防震减灾法》规定"地震灾区的县级以上地方人民政府应当组织民政和其他有关部门和单位，迅速设置避难场所和救济物资供应点，提供救济物品，妥善安排灾民生活，做好灾民的转移和安置工作"。2003 年，在中国地震局、北京市地震局的共同努力下，我国第一个规范化建设的地震应急避难场所在北京市朝阳区元大都城垣遗址公园建成，成为开展地震应急避难场所建设的示范工程；2004 年 3 月北京市率先出台《地震应急避难场所标志》地方标准。2004 年 9 月，《国务院关于加强防震减灾工作的通知》指出"要结合城市广场、绿地、公园等建设，规划设置必需的应急疏散通道和避险场所，配置必要的避险救生设施"；2004 年 12 月，中国地震局印发《关于推进地震应急避难场所建设的意见》，提出了应急避难场所规划原则、建设要求、管理要求和近期建设任务，开始在全国范围内全面推动地震应急避难场所的建设。2006 年发布实施的《"十一五"期间国家突发事件应急体系建设规划》明确要求："省会城市和百万人口以上城市按照有关规划和标准，加快应急避难场所建设工作"；同年发布实施的《国家防震减灾规划（2006—2020 年）》提出："在省会和百万人口以上城市将应急避难场所和紧急疏散通道、避震公园等内容纳入城市总体规划，拓展城市广场、绿地、公园、学校和体育场馆等公共场所的应急避难功能，设置必要的避险救生设施"。

2007~2017 年，全国地方各级政府陆续出台有关推进应急避难场所建设的指导意见和管理办法，有力推动了应急避难场所建设和管理。特别是在 2008 年汶川特大地震、2009 年玉树地震和 2011 年日本大地震后，我国各级政府及其部门对避难场所建设工作有了新的认识。2008 年中国地震局制定《地震应急避难场所、场址及配套设施》国家标准，首次对地震应急避难场所进行了分类，并对场址选择及设施配置提出具体要求；2015 年住房和城乡建设部制定《防灾避难场所设计规范》国家标准；各地也根据实际需要陆续制定了 30 多项避难场所建设标准和规范。与此同时，各地相关部门积极组织编制应急避难场所建设专项规划，依托城乡现有公共建筑、广场、公园、绿地等，开展各类应急避难场所建设，避难场所的数量、可容纳人数不断提升，设施条件得到改善。

2018 年党和国家机构改革中，国务院批准的应急管理部"三定"方案明确规定，应急管理部承担"推动应急避难设施建设"的职责，具体由地震地质灾害救援司负责。自机构改革职能调整以来，应急管理部门主要开展了一系列工作[①]：一是组织开展了应急避难场所调研评估，提出了我国应急避难场所建设管理和标准评估，以及体系建设初步研究成果和措施建议；二

---

① 陈思宇：《认真研究谋划 不断推进应急避难场所工作高质量发展——应急管理部地震和地质灾害救援司有关负责人就应急避难场所工作答记者问》，《中国减灾》2022 年第 3 期。

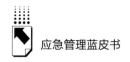
是推动将全国应急避难场所底数情况调查纳入国务院第一次全国自然灾害综合风险普查，将应急避难场所相关规划要求和城乡应急避难场所建设工程等内容，纳入了"十四五"国家应急体系建设和国家综合防灾减灾规划；三是组织制定梳理和制定修订应急避难场所规划、建设、管理相关国家标准、行业标准，完善标准体系；四是组织开发建设并于2021年上线应用了"全国应急避难场所综合信息管理服务系统"，实现了对应急避难场所信息的登记录入、统一汇聚、动态更新；五是会同发展改革、教育、财政等12部门于2023年7月联合印发了《关于加强应急避难场所建设的指导意见》，对新时期加强应急避难场所建设的总体要求、具体任务、保障措施和相关部门主要职责分工等作出了全面部署。

（二）应急避难场所现有数量、规模情况

根据对"全国应急避难场所综合信息管理服务系统"所纳入避难场所的初步查询统计，截至2024年2月底，全国已建成各级各类避难场所14.67万个，可容纳人数约8.2亿人。从依托的建设场所来看，广场类、学校类最多，分别为4.4万个、3.6万个，占总数的30.1%、24.4%；其次是公园绿地、人防设施、体育场馆、文化旅游设施和其他。从可容纳人数来看，可容纳2000人以下的占74%，2000～9999人的占18%，10000～24999人的占5%，25000人及以上的占3%。从避难时长来看，紧急避险场所（1天以内）占40%，短期避难场所（2～14天）占28.7%，长期避难场所（15天以上）占7.2%，未明确时长的占24.1%。从空间类型上来看，室内型占33%，室外型占40%，室内室外兼有型占27%。从避难种类来看，自然灾害占96.7%（其中地震占23.9%、综合类占63.0%、其他自然灾害占9.8%），事故灾难占0.4%，其他突发事件占2.9%。从地域分布来看，华北、东北、华东、华中、华南、西南和西北各地区分别占5.1%、9.4%、36.3%、7.6%、18.1%、13.5%和10.0%，呈现出华东、华南、西南地区多，华北、东北、华中、西北地区少的特点。

二 我国应急避难场所建设相关法规政策标准分析

（一）应急避难场所建设相关法律法规

在我国现行法律中，共有 3 部法律和 7 部行政法规涉及应急避难场所相关内容，如表 1 所示。

表 1　应急避难场所建设相关法律法规

序号	法律法规名称	颁布(修订)年份	颁布主体	类别	相关内容
1	中华人民共和国突发事件应对法	2007（2024）	全国人大	法律	应急避难场所规划、建设、使用
2	中华人民共和国防震减灾法	1997（2008）	全国人大	法律	地震应急避难场所规划、建设、使用
3	中华人民共和国人民防空法	1996（2009）	全国人大	法律	人民防空工程规划、建设、使用
4	气象灾害防御条例	2010（2017）	国务院	行政法规	避难场所建设、设置、人员转移安置
5	破坏性地震应急条例	1995（2011）	国务院	行政法规	避难场所设置、灾民转移安置
6	地质灾害防治条例	2003	国务院	行政法规	避难场所建设、设置、人员转移安置
7	森林防火条例	1988（2008）	国务院	行政法规	避难场所设置、人员转移安置
8	草原防火条例	1993（2008）	国务院	行政法规	避难场所设置、人员转移安置
9	自然灾害救助条例	2010	国务院	行政法规	避难场所建设、设置、人员转移安置
10	汶川地震灾后恢复重建条例	2008	国务院	行政法规	可将学校操场和经安全鉴定的体育场馆等作为临时避难场所

资料来源：作者收集整理。

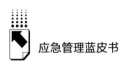

法律法规对各级政府及其部门规划、建设、维护和使用应急避难场所作出了相关规定。

（1）《防震减灾法》（2008 年修订）。第四十一条规定："城乡规划应当根据地震应急避难的需要，合理确定应急疏散通道和应急避难场所，统筹安排地震应急避难所必需的交通、供水、供电、排污等基础设施建设"，第五十条规定："启用应急避难场所或者设置临时避难场所，设置救济物资供应点，提供救济物品、简易住所和临时住所，及时转移和安置受灾群众，确保饮用水消毒和水质安全，积极开展卫生防疫，妥善安排受灾群众生活"。

（2）《突发事件应对法》（2024 年修订）。第三十条规定："国土空间规划等规划应当符合预防、处置突发事件的需要，统筹安排突发事件应对工作所必需的设备和基础设施建设，合理确定应急避难、封闭隔离、紧急医疗救治等场所"，第三十一条规定："国务院应急管理部门会同卫生健康、自然资源、住房城乡建设等部门统筹、指导全国应急避难场所的建设和管理工作，建立健全应急避难场所标准体系。县级以上地方人民政府负责本行政区域内应急避难场所的规划、建设和管理工作"，第六十七条（二）规定："调集应急救援所需物资、设备、工具，准备应急设施和应急避难、封闭隔离、紧急医疗救治等场所，并确保其处于良好状态、随时可以投入正常使用"，第七十三条（三）规定："立即抢修被损坏的交通、通信、供水、排水、供电、供气、供热、医疗卫生、广播电视、气象等公共设施，向受到危害的人员提供避难场所和生活必需品，实施医疗救护和卫生防疫以及其他保障措施"。

（3）《气象灾害防御条例》。第十八条规定："大风（沙尘暴）、龙卷风多发区域的地方各级人民政府、有关部门应当加强防护林和紧急避难场所等建设，并定期组织开展建（构）筑物防风避险的监督检查。台风多发区域的地方各级人民政府、有关部门应当加强海塘、堤防、避风港、防护林、避风锚地、紧急避难场所等建设，并根据台风情况做好人员转移等准备工作。"

（4）《破坏性地震应急条例》。第二十九条规定："民政部门应当迅速设置避难场所和救济物资供应点，提供救济物品等，保障灾民的基本生活，做好灾民的转移和安置工作。其他部门应当支持、配合民政部门妥善安置灾民。"

（5）《地质灾害防治条例》。第三十一条规定："民政、卫生、食品药品监督管理、商务、公安部门，应当及时设置避难场所和救济物资供应点，妥善安排灾民生活，做好医疗救护、卫生防疫、药品供应、社会治安工作；气象主管机构应当做好气象服务保障工作；通信、航空、铁路、交通部门应当保证地质灾害应急的通信畅通和救灾物资、设备、药物、食品的运送。"

（6）《森林防火条例》。第三十七条规定："民政部门应当及时设置避难场所和救灾物资供应点，紧急转移并妥善安置灾民，开展受灾群众救助工作。"

（7）《草原防火条例》。第三十条规定："民政部门应当及时设置避难场所和救济物资供应点，开展受灾群众救助工作。"

（8）《自然灾害救助条例》。第十一条规定："县级以上地方人民政府应当根据当地居民人口数量和分布等情况，利用公园、广场、体育场馆等公共设施，统筹规划设立应急避难场所，并设置明显标志"，第十三条规定："开放应急避难场所，疏散、转移易受自然灾害危害的人员和财产，情况紧急时，实行有组织的避险转移"。

（9）《汶川地震灾后恢复重建条例》。第九条规定："地震灾区的各级人民政府根据实际条件，因地制宜，为灾区群众安排临时住所。临时住所可以采用帐篷、篷布房，有条件的也可以采用简易住房、活动板房。安排临时住所确实存在困难的，可以将学校操场和经安全鉴定的体育场馆等作为临时避难场所。"

（二）应急避难场所建设相关政策文件

通过检索相关政府网站信息，梳理出可公开查询到的国家和省级人民政府及相关部门发布的涉及应急避难场所建设和管理的相关政策文件，如表2所示。

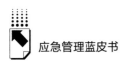
表2 国家和省级政府层面涉及应急避难场所建设和管理的政策文件

序号	文件名称	发布年份	发布主体	适用范围
1	《国务院关于加强防震减灾工作的通知》	2004	国务院	全国
2	《关于推进地震应急避难场所建设的意见》	2004	中国地震局	全国
3	《国务院关于全面加强应急管理工作的意见》	2006	国务院	全国
4	《关于加强基层应急管理工作的意见》	2007	国务院办公厅	全国
5	《关于推进防灾减灾救灾体制机制改革的意见》	2016	中共中央、国务院	全国
6	《关于切实做好防灾避险和受灾群众转移安置工作的紧急通知》	2016	国务院办公厅	全国
7	《关于推进城市安全发展的意见》	2018	中共中央办公厅、国务院办公厅	全国
8	《乡村建设行动实施方案》	2022	中共中央办公厅、国务院办公厅	全国
9	《关于加强应急避难场所建设的意见》	2023	应急管理部等12部门	全国
10	《应急避难场所专项规划编制指南》	2023	应急管理部、自然资源部	全国
11	《应急避难场所评估指南(试行)》	2023	应急管理部办公厅	全国
12	陕西省《关于加快推进应急避难场所规划和建设的意见》	2008	陕西省人民政府	陕西省
13	山西省《关于切实推进应急避难场所建设的意见》	2009	山西省人民政府	山西省
14	四川省《关于汶川地震灾后恢复重建防灾减灾专项规划避难场所建设的指导意见》	2009	四川省民政厅、发展改革委等5部门	四川省
15	《重庆市应急避难场所规划编制导则(试行)》	2009	重庆市应急办、规划局	重庆市
16	上海市《关于推进本市应急避难场所建设的意见》	2010	上海市人民政府办公厅转发市民防办意见	上海市
17	江苏省《关于推进地震应急避难场所建设指导意见的通知》	2010	江苏省政府办公厅转发省住房和城乡建设厅等部门	江苏省
18	浙江省《关于进一步推进应急避灾疏散场所建设的意见》	2010	浙江省民防局、民政厅	浙江省

续表

序号	文件名称	发布年份	发布主体	适用范围
19	福建省《关于自然灾害避灾点建设的实施意见》	2010	福建省人民政府	福建省
20	《甘肃省应急避难场所功能与项目建设基本要求》	2010	甘肃省民政厅	甘肃省
21	浙江省《关于加强避灾安置场所规范化建设实施的意见》	2013	浙江省人民政府办公厅	浙江省
22	重庆市《关于加强受灾人员集中安置点规范化建设的意见》	2013	重庆市民政局、应急办、财政局、公安局、卫生局	重庆市
23	《广东省应急避护场所建设规划纲要（2013—2020年）》	2013	广东省人民政府办公厅	广东省
24	辽宁省《关于加强自然灾害应急避难场所建设的指导意见》	2014	辽宁省减灾委员会	辽宁省
25	浙江省《关于共同推进校园避灾安置场所建设的意见》	2014	浙江省民政厅、教育厅	浙江
26	贵州省《关于推进自然灾害应急避难场所的指导意见》	2014	贵州省减灾委员会	贵州
27	《四川省受灾群众集中安置区规范化管理指导意见》	2014	四川省减灾委员会	四川
28	云南省《关于加强应急避难场所建设和管理工作的意见》	2014	云南省人民政府办公厅	云南
29	《贵州省自然灾害防范与救助管理办法》	2015	贵州省人民政府	贵州
30	山东省《关于加快城市人口疏散设施融合式发展的意见》	2015	山东省人防办、应急办、民政厅、地震局	山东
31	福建省《关于进一步加强自然灾害避灾点建设管理的通知》	2019	福建省应急管理厅	福建
32	河北省《关于加强应急避难场所建设的意见》	2020	河北省人民政府办公厅	河北
33	浙江省《关于加快推进避灾安置场所规范化建设的通知》	2020	浙江省应急管理厅	浙江
34	浙江省《关于加强避灾安置场所可视化建设的通知》	2020	浙江省应急管理厅	浙江

续表

序号	文件名称	发布年份	发布主体	适用范围
35	上海市《关于进一步推进本市应急避难场所建设的实施方案》	2021	上海市民防办公室、应急管理局	上海
36	江西省《关于做好受灾群众集中安置点规范化建设的指导意见》	2021	江西省应急管理厅、财政厅	江西
37	湖南省《关于受灾地区临时集中安置点规范化建设的指导意见》	2021	湖南省应急管理厅、财政厅、公安厅、卫生健康委、市场监督管理局	湖南
38	四川省《关于妥善做好受灾群众紧急转移安置工作的指导意见》	2021	四川省减灾委员会办公室	四川
39	《安徽省受灾群众集中安置管理服务工作规范》	2022	安徽省应急管理厅联合13部门	安徽
40	《甘肃省受灾群众集中安置管理服务规范》	2022	甘肃省减灾委办公室	甘肃
41	重庆市《关于加强受灾人员集中安置点规范化建设的意见》	2022	重庆市应急管理局等11部门	重庆
42	北京市《关于加强全市应急避难场所管理工作的通知》	2022	北京市突发事件应急委员会	北京
43	河南省《关于积极推进体育场所应急避难功能建设的通知》	2022	河南省应急管理厅、省体育局	河南
44	福建省《关于进一步加强应急避难场所建设的通知》	2023	福建省人民政府办公厅	福建
45	宁夏回族自治区《关于加强应急避难建设的实施意见》	2023	宁夏回族自治区应急管理厅、水利厅等14部门	宁夏
46	重庆市《关于加强全市应急避难场所建设的实施意见》	2023	重庆市应急管理局等15部门	重庆
47	《山东省地震应急避难场所管理办法》	2014	山东省人民政府	山东
48	《重庆市应急避难场所管理办法（试行）》	2016	重庆市人民政府办公厅	重庆
49	《天津市应急避难场所管理办法》	2022	天津市应急管理局	天津
50	《河北省应急避难场所管理办法》	2022	河北省人民政府	河北

序号	文件名称	发布年份	发布主体	适用范围
51	《甘肃省地震应急避难场所管理办法》	2022	甘肃省地震局、应急管理厅、住房和城乡建设厅、自然资源厅	甘肃
52	《湖北省应急避难场所管理办法》（征求意见稿）	2023	湖北省应急管理厅	湖北

资料来源：作者通过相关政府网站资料收集整理，可能有遗漏。

根据表 2 的资料统计分析，2004～2023 年国家与省级层面发布的相关政策文件共有 52 份，其中 2020～2023 年发布的共有 23 份，占发文总数的 44.2%，反映出近年来国家与地方对应急避难场所工作的高度重视。国家层面的政策文件主要是对地方加强各类避难场所规划、建设、管理，受灾群众疏散避险、转移安置等提出要求。省级层面发布的相关政策文件共有 41 份，内容主要包括两大类：一是推进各类应急避难场所（包括避灾点、集中安置点）规划建设的指导意见，明确应急避难场所建设的指导思想、基本原则、建设任务、建设方法和部门职责分工，以及选址要求、分类标准、功能设置及基本设施配套要求等；二是应急避难场所管理办法，主要是明确应急避难场所规划、建设、维护、使用相关部门的职责分工，规范避难场所的规划建设、管理维护、紧急启用、事后恢复及其监督管理等要求；发文时间主要集中在 2008～2010、2012～2015、2019～2023 这三个时间段。省级层面政策文件的发布通常是对国家相关政策文件的贯彻落实及部署实施，反映出应急避难场所建设自上而下推动发展的鲜明特征。

（三）应急避难场所建设相关标准规范

通过检索相关政府网站和标准网站信息，梳理出可公开查询到的与应急避难场所相关的国家、行业和地方标准，如表 3 所示。

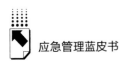
表3　应急避难场所相关标准规范

序号	标准名称	标准号	年份	类别	主编部门	适用范围
1	城市抗震防灾规划标准	GB 50413-2007	2007	国标	建设部	全国
2	地震应急避难场所场址及配套设施	GB 21734-2008	2008	国标	中国地震局	全国
3	防灾避难场所设计规范	GB 51143-2015（2021年局部修订）	2015	国标	住房和城乡建设部	全国
4	城镇应急避难场所通用技术要求	GB/T 35624-2017	2017	国标	全国公共安全基础标准化技术委员会	全国
5	重大毒气泄漏事故公众避难室通用技术要求	GB/T 35621-2017	2017	国标	全国公共安全基础标准化技术委员会	全国
6	地震应急避难场所运行管理指南	GB/T 33744-2017	2017	国标	中国地震局	全国
7	应急避难场所术语	GB/T 44012-2024	2024	国标	应急管理部地震和地质灾害救援司	全国
8	应急避难场所分级及分类	GB/T44013-2024	2024	国标	应急管理部地震和地质灾害救援司	全国
9	应急避难场所标志	GB/T 44014-2024	2024	国标	应急管理部地震和地质灾害救援司	全国
10	应急期受灾人员集中安置点基本要求	MZ/T 040-2013	2013	行标	民政部	全国
11	自然灾害避灾点管理规范	MZ/T 052-2014	2014	行标	民政部	全国
12	城市社区应急避难场所建设标准	建标 180-2017	2017	行标	民政部、住房城乡建设部、国家发展改革委	全国
13	城市绿地防灾避险设计导则	建办城〔2018〕1号	2018	行标	住房城乡建设部	全国
14	应急避难场所设施设备及物资配置	YJ/T 26-2024	2024	行标	应急管理部地震和地质灾害救援司	全国
15	地震应急避难场所标志	DB11/224-2004	2004	地标	北京市地震局	北京
16	应急避难场所标志	DB12/330-2007	2007	地标	天津市突发公共事件应急委员会	天津
17	地震应急避难场所标志	DB37/1006-2008	2008	地标	山东省地震局	山东
18	应急避难场所建设标准	DBJ04 277-2009	2009	地标	山西省建设厅	山西

续表

序号	标准名称	标准号	年份	类别	主编部门	适用范围
19	地震应急避难场所场址及配套设施要求	DB34/T 1072-2009	2009	地标	安徽省地震局	安徽
20	重庆市应急避难场所标志	DB50/T 335-2009	2009	地标	重庆市市政管理委员会	重庆
21	应急避难场所标志	DB61/T 463-2009	2009	地标	陕西省应急管理办公室	陕西
22	人民防空工程兼作地震应急避难场所技术标准	DB13(J)-T 111-2010（2017年修订）	2010	地标	河北省人防办、地震局	河北
23	公园绿地应急避难功能设计规范	DB11/T 794-2011	2011	地标	北京市园林绿化局	北京
24	地震应急避难场所标志	DB13/T 1378-2011	2011	地标	河北省唐山市质量技术监督局	河北
25	应急避难场所标志设置规范和要求	DB31/528-2011	2011	地标	上海市民防办公室	上海
26	城市应急避难场所建设技术标准	DGJ32/J 122-2011	2011	地标	江苏省住房和城乡建设厅	江苏
27	地震应急避难场所运行管理规范	DB11/T 1044-2013	2013	地标	北京市地震局	北京
28	自然灾害避灾点应急管理规范	DB35/T 1393-2013	2013	地标	福建省宁德市民政局	福建
29	人防工程兼作地震应急避难场所设计要求	DB42/T 984-2014	2014	地标	湖北省质量技术监督局、中建三局集团有限公司	湖北
30	应急避难场所设计规范	DG/TJ 08-2188-2015	2015	地标	上海市住房和城乡建设管理委员会	上海
31	地震应急避难场所要求	DB35/T 1488-2015	2015	地标	福建省地震局	福建
32	应急避难场所场址及配套设施	DB61/T 984-2015	2015	地标	陕西省应急管理办公室	陕西
33	地震应急避难场所分类与编码	DB37/T 2838-2016	2016	地标	山东省地震局	山东

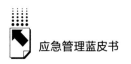

序号	标准名称	标准号	年份	类别	主编部门	适用范围
34	生产安全事故应急避难场所分级管理规范	DB11/T 1480-2017	2017	地标	北京市安全生产监督管理局	北京
35	村镇应急避难场所规划标准	DB13（J）/T 227-2017	2017	地标	河北省住房和城乡建设厅	河北省
36	城市应急避难场所规划设计标准	DBJ/T 13 273-2017	2017	地标	福建省住房和城乡建设厅	福建
37	地震应急避难场所场址及配套设施要求	DB45/T 1623-2017	2017	地标	广西地震局	广西
38	地震应急避难场所运行管理规范	DB45/T 1624-2017	2017	地标	广西地震局	广西
39	避灾安置场所内救灾物资储备和管理规范	DB33/T 2158-2018（被 DB33/T 2158-2021 替代）	2018	地标	浙江省民政厅	浙江
40	避灾安置场所建设与管理规范	DB33/T 2159-2018（被 DB33/T 2158-2021 替代）	2018	地标	浙江省民政厅	浙江
41	地震应急避难场所评定	DB37/T 3384-2018	2018	地标	山东省地震局	山东
42	应急避难场所标志	DB43/T 1483-2018	2018	地标	湖南省地震局	湖南省
43	应急避难场所建设技术标准	XJJ 102-2018	2018	地标	新疆住房和城乡建设厅	新疆
44	应急避难场所建设规范	DB41/T 1754-2019	2019	地标	河南省地震局	河南
45	生产安全事故应急避难场所分级管理规范	DB43/T 1779-2020	2020	地标	湖南省应急管理厅	湖南
46	应急避难场所建设要求	DB12/T 1031-2021	2021	地标	天津市应急管理局、地震局	天津
47	避灾安置场所建设与管理规范	DB33/T 2158-2021	2021	地标	浙江省应急管理厅	浙江
48	城市应急避难场所建设标准	DB37/T 5178-2021	2021	地标	山东省住房和城乡建设厅	山东
49	应急避难场所标志标牌	DB41/T 2108-2021	2021	地标	河南省地震局	河南
50	应急避难场所运维规范	DB41/T 2109-2021	2021	地标	河南省地震局	河南
51	应急避难场所分级和分类	DB11/T 2141-2023	2023	地标	北京市应急管理局	北京

续表

序号	标准名称	标准号	年份	类别	主编部门	适用范围
52	应急避难场所场址及配套设施	DB11/T 2142-2023	2023	地标	北京市应急管理局	北京
53	应急避难场所评估导则	DB11/T 2143-2023	2023	地标	北京市应急管理局	北京

资料来源：作者通过相关政府网站资料收集整理，可能有遗漏。

根据表3的资料统计分析，2004~2023年国家与省级层面发布的相关标准规范共有53份（包括2023年已通过相关标委会审核进入出版环节的3个国家标准、1个行业标准），其中国家标准9份、行业标准5份、地方标准39份，分别占17%、9%和74%。这些标准对应急避难场所的定位、功能、选址与布局、配套设施、标志和运行管理等起到了重要指导作用。

国家标准涉及抗震防灾规划、防灾避难场所设计、城镇应急避难场所通用技术要求、地震应急避难场所场址及配套设施、地震应急避难场所运行管理等方面，2023年新制定的国家标准涉及应急避难场所术语、分级及分类和标志。

行业标准主要涉及自然灾害避灾点管理、应急期受灾人员集中安置、城市社区应急避难场所建设、城市绿地防灾避险设计、应急避难场所设施设备及物资配置等。

省级地方标准主要是根据地方实际需要对国家标准、行业标准进行细化和补充，基本涵盖应急避难场所规划、设计、场址及配套设施、标志、运行管理、评估（定）等方面；其中标志与评估（定）是地方标准先行，国家标准是在总结与吸纳地方标准经验的基础上提出的。

三 2023年我国应急避难场所体制机制建设成效分析

（一）应急避难场所管理体制建设成效

应急避难场所管理体制主要是指各级政府及其部门在应急避难场所规

划、建设、管护和使用等方面的职责分工、组织制度和组织形式；机制则主要是体现应急避难场所管理体制如何具体运作的模式和规范等。体制的建立完善主要体现在国家法律法规和各级政府及其部门所制定发布的相关政策文件之中。

现行国家法律法规和政策文件明确，应急避难场所的规划、建设由县级以上地方人民政府负责，具体涉及发展改革、应急管理、国土资源、住房城乡建设、规划、民政、人防、教育、体育、园林、地震及其他防灾减灾相关部门；灾害发生前后负责避难场所的启用、设置和管理的相关部门包括民政、财政、应急、卫生、食品药品监督管理、商务、公安、消防等部门，以及提供支撑保障的通信、电力、航空、铁路、交通等部门。除了少数地方发文明确了相关部门的具体职责外，应急避难场所建设管理相关工作总体上存在缺乏统筹协调、部门职责不清、监督管理不力等问题。

2024年新修订的《突发事件应对法》明确规定："国务院应急管理部门会同卫生健康、自然资源、住房城乡建设等部门统筹、指导全国应急避难场所的建设和管理工作，建立健全应急避难场所标准体系。县级以上地方人民政府负责本行政区域内应急避难场所的规划、建设和管理工作。"2023年应急管理部等12部门联合发布的《关于加强应急避难场所建设的指导意见》，具体明确了应急管理、发展改革、教育、财政、自然资源、住房城乡建设、水利（水务）、文化和旅游、卫生健康、市场监管、体育、疾控、人防、地震等应急避难场所工作相关部门的主要职责分工。各级党委、政府加强组织领导和提供保障，应急管理部门加强统筹协调指导和监督，其他相关部门强化协同配合、分工负责，合力推进应急避难场所规划、建设和管理工作的体制正逐步形成。

在地方层面，北京市突发事件应急委员会于2022年印发《关于加强全市应急避难场所管理工作的通知》，细化了市政府各委办局、各区政府及有关单位在应急避难场所管理中的具体工作职责，结合"一刻钟便民生活圈"，统筹推进应急避难场所选址和建设；天津市应急管理局于2022年印发《天津市应急避难场所管理办法》，明确了避难场所建设管理相关各方职责，应急管理部门组织制定应急避难场所规划和标准体系，推动应急避难场所建设工作，会同有关部门监督检查应急避难场所日常维护与管理工作。2023年，福建省人民政府办公厅印发《关于进一步加强应急避难场所建设的通知》，宁夏回族自治区应急管理厅等14部门印发《关于加强应急避难建设的实施意见》，重庆市应急管理局等15部门印发《关于加强全市应急避难场所建设的实施意见》，都进一步明确了应急避难场所建设的组织协调、职责分工和监督检查等要求。

（二）应急避难场所管理机制建设成效

在国家层面，应急管理部通过联合其他相关部门制定印发《关于加强应急避难场所建设的指导意见》等文件，加强了与相关部门间的工作联系和沟通，完善了协同工作机制。应急管理部地震和地质灾害救援司组建避难场所工作组和专家组并制定工作方案，完善了相关工作机制，统筹组织开展避难场所体系构建、政策规划、标准规范等顶层设计，研究制定了全国避难场所标准体系框架和体系表，统筹推进研制适应新发展的"全灾种、大应急"统一的避难场所系列标准；建立完善中央和地方应急避难场所建设工作交流机制，组织召开全国应急避难场所建设管理工作研讨和培训会，研讨交流应急避难场所规划、设计、建设、管理、维护和使用等方面的经验做法、问题及建议和发展措施；组织开展工作调研、经验交流、参观考察、专家指导等活动，推动开展应急避难场所标准化改造试点，并于2023年组织开展了《临时应急避难场所设置管理办法》《全国应急避难场所标准化改造行动方案》的研究起草工作。

在地方层面，许多省份制定发布了应急避难场所管理办法，进一步明确了应急避难场所工作相关部门的职责和协同工作机制。党委领导、政府主导、部门分工负责，应急管理部门统筹协调指导和监督、其他相关部门强化协同配合，合力推进应急避难场所各项工作的机制逐步得到完善。

（三）应急避难场所标准建设成效

2023年，应急管理部地震和地质灾害救援司组织开展了《应急避难场

所　术语》《应急避难场所　分级及分类》《应急避难场所　标志》3 项国家标准和《应急避难场所设施设备及物资配置》行业标准的研制工作，均完成了标准起草、征求意见、标准技术委员会审查、有关行政主管部门审批等流程，分别于 2024 年 4 月和 2 月发布实施；并组织编制发布了《应急避难场所专项规划编制指南》《应急避难场所评估指南（试行）》2 项规范性文件。这 3 项国标、1 项行标、2 项规范性文件都属于应急避难场所标准体系中的基础性标准和规范，对于规范相关术语、分级与分类、标志、设施设备及物资配置、专项规划编制和评估认定等工作将起到重要作用。

2023 年应急管理部地震和地质灾害救援司还组织开展了《应急避难场所通用技术要求》《城镇应急避难场所通用技术规范》《乡村应急避难场所通用技术规范》《应急避难场所管护使用规范》等国家标准的制定或修订立项工作，并获得批准立项；各项标准的起草工作组正抓紧开展标准研制起草和征求意见等工作。

在地方层面，2023 年北京市制定发布了《应急避难场所　分级和分类》《应急避难场所　场址及配套设施》《应急避难场所　评估导则》3 项地方标准，其他省份也在抓紧制定或修订相关地方标准。

随着一系列国家、行业和地方标准的制定或修订，以往应急避难场所标准管理部门分散、缺乏统筹协调、术语混乱、内容不全或交叉重复、分级分类和指标要求不统一、修订不及时等问题将逐步得到解决，地方应急避难场所规划布局难、设计施工难、管理维护难的状况将得到有效改变。

（四）应急避难场所建设和使用成效

在各级政府印发的"十四五"应急体系、综合防灾减灾等专项规划中，都将应急避难场所建设作为主要任务和重点工程之一，部分地方还编制了应急避难场所建设专项规划，对应急避难场所建设的支持力度不断加大。根据对《全国应急避难场所综合信息管理服务系统》中避难场所相关信息的初步统计，2023 年全国共新增各级各类应急避难场所 2.27 万个，由年初的 12.4 万余个增加至年底的 14.6 万个，反映出近年来各级政府加快推进应急避难场所建设的成效正日益显现。根据有关省市应急避难场所研讨交流资料，例如，福建省"十三五"期间省级财政累计投入5000万元支持1000个自然灾害避灾点提升示范建设；"十四五"期间再选取1000个避难场所，省级财政每个给予5万元补助，专项用于提升避难场所管护水平。天津市从2019年着手推动避难场所建设工作，全市避难场所数量由2018年底的84处增长到2023年底的2644处。重庆市针对应急避难场所城乡分布不平衡、农村山区存在大量"盲区"的问题，2023年印发了《关于加快启动应急避险安置点建设工作的通知》，在全市41个区县8124个行政村共指定避险安置点13056个，每个行政村至少1个、平均1.6个，实现了"一村一点"全覆盖的首期目标。北京市应急管理局组织编制了《北京市应急避难场所规划（2022—2035年）》，提出了"建立城乡布局合理、资源统筹共享、功能设施完备、平急（疫/战）综合利用、管理运维规范，与首都功能定位相适应的应急避难场所体系；至2035年人均应急避难场所面积达到2.1平方米"的规划目标，明确了各级各类避难场所的规划布局和建设要求。

随着各级各类应急避难场所建设的不断推进，避难场所在灾前疏散避险、灾中灾后转移安置受灾群众方面发挥了很好的作用，搜集整理的2023年部分典型案例如下。

2023年7月底8月初，北京市西南部山区遭受特大强降雨，在房山区政府的统筹协调下，教育部门紧急开放45所学校作为受灾严重乡镇（街道）紧急转移安置点，准备教室、宿舍等安置场所，配备物资，为附近受灾居民提供防汛临时安置，总共接收安置避险群众3500余人。

2023年7月底，海河流域发生特大洪水，天津市紧急启用2处蓄滞洪区、近10万群众被转移安置，其中3945人由政府通过启用避难场所和征用宾馆酒店、学校宿舍等方式进行集中安置，其余群众均通过投亲靠友方式自行安置。

2023年7月底8月初第5号台风"杜苏芮"导致河南鹤壁、新乡等地发生特大暴雨灾害，共转移群众27583人，其中鹤壁市启用避难场所集中安

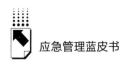

置 752 人、分散安置 19728 人，新乡市启用避难场所集中安置 727 人、分散安置 6376 人。

2023 年夏秋季福建省在防御"杜苏芮""苏拉""海葵"台风期间，紧急转移受灾人员 33.01 万人次，提前开放避难场所 1.4 万个次，实际投入使用 4200 余个，安置受灾群众达 3.5 万人次。

浙江省在 2023 年台风"杜苏芮""卡努"的防范应对中，累计开放避难场所 1.3 万余个次，集中安置 5.2 万余人次，并确保每个避难场所至少有 1 名干部在岗管理。

2023 年 12 月 18 日 23 时 59 分，甘肃省临夏州积石山县发生 6.2 级地震，共造成甘肃、青海两省 77.2 万人不同程度受灾，转移安置群众 13 万人。积石山县大河家镇、石塬镇、刘集乡、柳沟乡等重灾乡镇通过启用常设性避难场所或临时设置避难场所，共设置群众集中安置点 247 处，紧急调运帐篷、被褥、棉衣、火炉、煤炭、食品、饮用水、药品等物资，满足受灾群众临时安置需求；并同步启动 177 处固定性过渡安置点建设，共搭建 15812 间活动板房，实现了通暖、通厕、通水、通电、通信等"五通"，并设立了警务室、医务室、物资发放点，确保受灾群众有热饭、有被褥、有保暖衣物、有干净水、有安全保障、有医疗服务。

四 结论与建议

近年来，我国各级政府制定发布了一系列关于应急避难场所的政策文件、标准规范、专项规划等，有力推动了应急避难场所建设的发展。2023 年，国家层面制定发布了新的指导意见、多个基础性的国家与行业标准，各地也大力推进应急避难场所建设，应急避难场所建设的体制机制不断完善、保障能力日益提升。

现有应急避难场所总数虽然可观，但仍然存在不少问题：一是各地发展不平衡，部分地区发展较快，但一些地区发展滞后；二是大多数避难场所缺少统一规划，布局不尽合理，特别是容易受灾的农村地区普遍缺少必要的避难场所；三是部分避难场所保障条件差，有的仅仅是挂了个牌，缺少必要的功能设施和物资配置；四是维护管理不到位，"重建轻管"问题较为严重，由于管护人员、资金无法落实，应急避难场所难以得到正常维护；五是部分避难场所选址不合理，自身容易受到灾害的破坏和影响。由于这些问题的存在，灾害发生后往往出现避难场所无法满足受灾群众避险和安置需要的情况，不得不临时择地设置临时避险点和安置点。

针对存在的问题提出以下几点对策建议。一是要依据现有国家、行业标准及《应急避难场所评估指南（试行）》等规范要求，对现有应急避难场所组织开展全面评估，对于评估合格的纳入规范化管理，对于"基本合格"和部分"不合格"但确实需要的组织实施标准化改造，对于"不合格"且难以整改的要撤销场所设置或取消其避难功能。二是要加快推进应急避难场所专项规划的编制和实施，根据《应急避难场所专项规划编制指南》等标准规范要求，结合国土空间规划、综合防灾专项规划、应急体系规划等的编制实施，加快推动应急避难场所的科学合理规划、高标准建设，形成与中国式现代化相适应的全国应急避难场所体系。三是强化应急避难场所的规范化管理，积极探索应急避难场所管理、维护和使用的长效机制，进一步明晰应急避难场所相关部门和单位的管理、维护和使用职责，建立健全责任体系、监督管理机制和投入保障机制。四是建立健全应急避难场所管理制度和应急预案，加强人员培训和演练，做到制度健全、管理规范、责任明确、运转高效，确保在关键时候能快速启用，切实发挥保护人民群众生命安全和身体健康的作用。

B.9
2023年我国应急管理法治建设研究报告

钟雯彬 *

摘　要： 　2023年，我国坚持党对应急管理法治建设的领导，进一步健全法治工作机制，完善应急管理法律体系，提升依法行政水平，全面履行服务保障职责，执法改革进一步深化，普法工作取得新成效。但与中国式现代化建设的推进要求相比，仍存在一些差距与不足。需要围绕应急管理法治建设的重点、堵点、难点，坚持理念引领、高位推动、制度支撑、持续发力，以更大力度、更实举措为应急管理体系与能力现代化提供坚实法治保障。

关键词： 　应急管理　法治建设　行政水平

　　法治是推进应急管理事业现代化进程推进的最好方式。2023年是全面贯彻党的二十大精神的开局之年，也是多重困难挑战交织叠加的一年。在面临来自外部环境与自身发展的诸多挑战与难题的同时，应急管理领域长期积累的深层次矛盾加速显现，很多新情况新问题接踵而至，部分地区还遭受洪涝、台风、地震等严重自然灾害的冲击。我国坚持以习近平新时代中国特色社会主义思想为指导，深入学习贯彻习近平法治思想、习近平总书记关于应急管理工作的重要论述，扎实落实党的二十大关于全面依法治国的重大决策部署以及《全面深化法治领域改革纲要（2023—2027

---

* 钟雯彬，中共中央党校（国家行政学院）应急管理研究院（中欧应急管理学院）专职副书记，主要研究方向为应急法治。

年）》、法治建设"一规划两纲要"①，坚持依法应急，推进应急管理法治化、规范化工作取得积极进展。

一 2023年应急管理法治建设回顾

2023年，应急管理部、公安部、国家卫生健康委员会、生态环境部、自然资源部、国家信访局等与应急管理工作密切相关的国家部门以及地方各级党委、政府始终坚持党对应急管理法治建设的领导，围绕法治政府建设的总体部署和中心工作，进一步健全法治工作机制，完善应急管理法律体系，高标准提升依法行政水平，全面履行服务保障职责，执法改革进一步深化，普法工作取得新成效，为应急管理事业的长远发展提供了有力保证。与此同时，各地区、各有关部门深化了对用法治手段构建新安全格局的规律性认识，积累了重大风险防范化解的法治经验，公共安全治理效能得到明显提升。

（一）加大统筹力度，坚持把党的领导贯穿应急法治建设全过程、各方面

1. 坚持党的领导，确保应急管理法治建设的根本方向

2023年，各地区、各有关部门将学习宣传贯彻落实党的二十大精神作为法治建设的首要政治任务，牢固树立法治思维，切实提升运用法治方式解决复杂问题的能力和水平，为加快应急法治建设奠定坚实的思想基础。始终坚持和加强党对应急管理法治建设的领导，坚决贯彻落实党中央全面依法治国的决策部署，强力推进政治建设和业务工作深度融合，确保法治建设的正确方向。

2. 健全完善应急管理法治建设工作推进机制

强化党委法治建设议事协调机构的牵头抓总、督促落实作用，认真履行

---

① "一规划两纲要"指《法治中国建设规划（2020—2025年）》（2021年1月发布）、《法治社会建设实施纲要（2020—2025年）》（2020年12月发布）、《法治政府建设实施纲要（2021—2025年）》（2021年8月发布）。

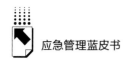
党政主要负责人作为推进法治建设第一责任人的职责，把法治建设摆在应急管理工作的重要位置，定期听取有关工作情况汇报，研究解决推进法治建设工作中的困难和问题；定期对重点任务进行调度督办，确保认真抓好落实。应急管理部主要负责同志多次主持召开部党委会议、部务会议和专题会议，研究部署应急管理法治建设工作，审议有关法律、行政法规草案送审稿、规章草案等，将法治政府建设与应急管理改革发展同谋划、同部署、同落实，在法治轨道上推进应急管理体系和能力现代化。

（二）紧扣高质量发展立法需求，加快应急管理法律法规供给

2023 年，应急管理立法工作统筹推进得力，稳中求进，多部法律的立法和修订进程加快，应急管理法律体系得到进一步完善。

1. 齐心协力，推动应急管理基础性法律等一揽子修立法计划取得重大进展

重大灾难事件催生应急管理立法是我国应急管理法治建设的一个特点。2020 年 4 月 17 日，全国人大常委会确定了"强化公共卫生法治保障立法修法工作计划"，提出完善公共卫生领域相关法律，修改国境卫生检疫法、传染病防治法、突发事件应对法等计划[1]，推动了应急管理领域的新一轮密集立法、修法活动。此后，根据习近平总书记在 2020 年 6 月 2 日专家学者座谈会上的重要讲话精神[2]，有关部门又单独启动了《突发公共卫生事件应对法》的起草工作。

2023 年，在立法机关和有关部门的共同努力下，应急管理基础法综合法修订取得重大进展。《中华人民共和国突发事件应对管理法（草案）》（以下简称"草案"）历经三年多时间修改审议，于 2023 年 12 月 25 日提请全国人大常委会会议二次审议。草案修订的主要目的是落实习近平总书记关于应急

---

① 《十三届全国人大常委会强化公共卫生法治保障 立法修法工作计划》，中国人大网，http：//www.npc.gov.cn/npc/c2/c30834/202004/t20200429_ 305725.html。

② 《习近平主持召开专家学者座谈会并发表重要讲话》，中国政府网，http：//www.gov.cn/xinwen/2020-06/02/content_5516848.htm。

管理体制改革的重要指示要求，针对近年来在突发事件应对管理工作中遇到的新情况新问题，融入了党新的理论成果和执政理念，总结和吸收近年来应对突发事件的经验，力争为应对突发事件提供完备坚实的法律基础。草案修订的主要内容是进一步理顺突发事件应对管理工作体制机制、畅通信息报送和发布渠道、完善应急保障制度、加强能力建设、保障社会各主体合法权益等。

《中华人民共和国传染病防治法》的修订工作也得到切实推进。2023年10月，《中华人民共和国传染病防治法（修订草案）》首次提交十四届全国人大常委会第六次会议审议。该修订草案主要围绕"怎么做到精准防控？""怎么应对新发突发不明原因的疾病"等难点问题，注重补齐短板、堵住漏洞、强化弱项，并将行之有效的做法经验上升为法律制度，以保障公众生命安全和身体健康，防范和化解公共卫生风险。修订草案更加重视体制机制建设，把党的领导、联防联控、群防群控的防治原则，在法律中予以明确；更加强调尊重科学规律，支持和鼓励开展传染病防治的科学研究，倡导利用现代科学技术手段加强疫情防控；改进了预警报告制度，增加了处置、救治、保障等条款，细化了相关法律责任。

此外，事关疫后一揽子修立法计划的其他几部法律推进也有重大突破。《突发公共卫生事件应对法（草案）》于2023年5月报请国务院审议。《国境卫生检疫法（修订草案）》也于2023年11月国务院常务会议审议并原则通过。

2. 围绕完善大安全、大应急法律体系，加快推动制定修改一批重要法律法规

完善国家安全立法。一是制定粮食安全保障法，对耕地保护利用和粮食生产、储备、流通、加工、应急等各环节作出系统规定，全方位夯实粮食安全法治根基。粮食安全是国家安全的重要基础，粮食储备也是应对重大自然灾害等突发事件的重要保障。习近平总书记指出："只有把牢粮食安全主动权，才能把稳强国复兴主动权。"[1] 为保障粮食有效供给，确保国家粮食安

---

[1] 《习近平关于国家粮食安全论述摘编》，中央文献出版社，2023，第20页。

全，提高防范和抵御粮食安全风险能力，2023年6月26日，《中华人民共和国粮食安全保障法（草案）》首次提请全国人大常委会会议审议，同年10月，全国人大常委会对该法草案进行了第二次审议。二是修订《反间谍法》，将防范化解风险的关口前移，丰富反渗透、反颠覆、反窃密斗争的法律手段。三是修订《保守国家秘密法》，健全保密管理制度，强化监管措施。

完善公共安全立法。在灾害防治方面，积极推动危险化学品安全法、国家消防救援人员法的制定工作，推进自然灾害防治法、矿山安全法、防震减灾法、应急救援队伍管理法的起草工作。推进森林草原防灭火条例的制定工作。2023年12月18日国务院常务会议审议通过了《煤矿安全生产条例（草案）》。在社会安全方面，初次审议治安管理处罚法修订草案，将妨碍公共交通工具驾驶、高空抛物、违法出售或提供公民个人信息等行为纳入处罚范围。推动出台刑法修正案（十二）、无人驾驶航空器飞行管理暂行条例等立法。持续推进人民警察法、道路交通安全法、看守所法等立法项目的制修订进程。

2023年，全国人大听取审议了国务院关于确保国家粮食安全工作情况报告并开展专题询问，以推动实施国家粮食安全战略，确保中国人民的饭碗牢牢端在自己手中。检查特种设备安全法、安全生产法的实施情况，预防和减少安全事故，维护人民群众的生命和财产安全。

在地方立法层面，围绕新修订的《安全生产法》这一安全生产领域的根本大法，为适应新形势、新要求，凸显地方特色，各地加强地方立法建设，进一步解决安全生产工作中的现实问题。2023年，山西、内蒙古、江苏、浙江、江西、河南、湖北、广东、四川、陕西、甘肃、新疆12个省份最新修订、修改的安全生产条例正式颁布施行，将各地安全生产管理的成熟做法固化提炼为法规条文，在规范化、精细化上着力，进一步提升地方性法规的可操作性。

3. 突出重点、急用先行，加快完善应急管理部门规章体系，加快重点领域标准制修订

2023年，为防止和减少各类灾害事故，有效保障人民群众的生命和财

产安全，促进经济社会高质量发展，相关部门回应实践需求，完成多项部门重点规章项目和标准制定。

2023年，应急管理部公布了《工贸企业重大事故隐患判定标准》《安全生产严重失信主体名单管理办法》《应急管理行政裁量权基准暂行规定》《工贸企业有限空间作业安全规定》4部规章。密切跟踪事故灾难暴露出的短板，加快重点领域和关键环节标准供给，及时发布了烟花爆竹重大危险源辨识等28项行业标准，报请国家标准化管理委员会发布15项国家标准。加快制定矿山、危化品等传统行业领域新风险防范、新业态新领域消防安全、安全生产专业队伍建设、社会应急力量建设等一批标准规范。

国家卫生健康委制修订了《食品安全标准管理办法》《卫生健康统计工作管理办法》等3部部门规章。围绕卫生健康重点工作，发布《医院感染监测标准》《医院电力系统消防安全管理标准》等75项卫生健康标准。新增《婴幼儿配方食品良好生产规范》等85项食品安全国家标准，切实维护人民群众食品安全和营养健康。

4. 高位推进，系统谋划，持续健全应急管理领域重点法律制度

2023年，为全面加强新形势下森林草原防灭火、矿山安全、粮食安全等工作，中共中央办公厅、国务院办公厅持续出台重要意见，为在新体制新机制下做好相关安全工作提供了基本遵循。

在森林草原防灭火方面，2023年4月，中共中央办公厅、国务院办公厅印发了《关于全面加强新形势下森林草原防灭火工作的意见》。这是新中国成立以来首个由党中央、国务院审定印发的关于森林草原防灭火工作的纲领性文件，是新形势下做好森林草原防灭火工作的基本遵循，具有里程碑意义，对进一步提升我国森林草原火灾综合防控能力、有效防范化解重大森林草原火灾风险、全力维护人民群众生命财产安全和国家生态安全具有十分重要的作用。

在矿山安全方面，2023年9月，中共中央办公厅、国务院办公厅印发的《关于进一步加强矿山安全生产工作的意见》是新中国成立以来第一个经党中央、国务院同意印发的矿山安全生产领域纲领性文件，充分体现对矿

山安全生产工作的高度重视，具有重大意义。

在严守资源安全底线方面，中办、国办印发省级党委和政府落实耕地保护和粮食安全责任制考核办法、关于加强耕地保护提升耕地质量完善占补平衡的意见，修订矿业权出让收益征收办法等。

在社会安全方面，公安部联合最高人民法院、最高人民检察院等单位，出台了依法惩治网络暴力、醉酒危险驾驶、性侵害未成年人、盗采海砂等方面违法犯罪的指导意见，制定了药品和自然资源领域行政执法与刑事司法衔接等文件。

（三）深入推进政府职能转变，扎实提高应急管理依法行政效能

2023年，围绕构建新发展格局、推动高质量发展等国家重大战略，国务院狠抓安全生产和应急管理，开展重大事故隐患专项排查整治；加强社会治安综合治理，推进平安中国建设。各部门全面提升依法履职能力，更好地发挥职能作用，部门之间的职能职责基本清晰，源头管控机制逐步建立和完善，事中事后监管的精准度和力度逐步提升，末梢治理呈现多元化特点，应急管理执法营商环境得到优化，防范化解重大风险的能力总体提升。

1. 推进重点领域改革，为健全完善应急管理体制机制注入法治动能

2023年，根据党中央决策部署，推进重点领域改革，完成国防动员体制改革，推进疾病预防控制体系改革，整合设立国家防灾减灾救灾委员会，进一步加强灾害应对各方面全过程统筹协调。建立国家应急指挥总部指挥协调运行机制，指导进一步完善应急指挥部体系。

应急管理部修订了自然灾害救助专项预案，制定印发基层应急预案编制参考；落细落实预警和应急响应联动、直达基层责任人的"叫应"机制，分片区建立健全森林草原火灾联防联控机制；印发紧急通知部署汛期山洪与地质灾害防范应对工作，筑牢防范应对体系；会同财政部、国家粮食和物资储备局印发《中央应急抢险救灾物资储备管理暂行办法》，细化中央救灾物资储备管理各环节的工作要求；建成国家应急资源管理平台，中央救灾物资储备库实现了31个省份全覆盖。

2. 发挥法治引领作用，持续优化营商环境，服务高质量发展

2023年，国务院印发《关于进一步规范和监督罚款设定与实施的指导意见》《关于取消和调整一批罚款事项的决定》等文件，首次对行政法规、规章中的罚款设定与实施作出规范，积极营造稳定公平透明、可预期的法治化营商环境，切实减轻经营主体负担。根据国务院文件精神，应急管理领域"放管服"改革纵深推进，持续优化营商环境。

应急管理部、国家卫生健康委等持续推进简政放权，颁布并实行《应急管理部权责清单》《卫生健康领域行政许可事项清单》等，积极拓展服务事项"掌上即办"，开发"应急宝"App，为社会公众和企业提供监管事项查询服务，在全国推广"高效办成一件事"等典型经验。公安部不断优化"公安一网通办"App和小程序等移动端办事体验。在交通管理领域，围绕群众安全出行全过程，分批次推出"10+5+8"项改革措施，惠及群众1000多万人次。①

3. 加大重点领域执法力度，依法防范化解重大安全风险

2023年，为深刻汲取事故教训，切实保障人民群众生命财产安全，国务院安委会部署开展多项重点工作。2023年4月，国务院安委会印发《全国重大事故隐患专项排查整治2023行动总体方案》，部署各地区、各有关部门和单位全面排查整改重大事故隐患。2023年8月，国务院安委会组织开展全国城镇燃气安全专项整治。2023年11月，国务院启动省级政府安全生产和消防工作考核巡查，对2023年度安全生产和消防工作开展考核巡查。此次考核巡查是党的二十大后首次组织实施，也是首次与地方党政领导班子和领导干部高质量发展政绩考核衔接，对于推动各方面更好地统筹发展和安全具有重要意义。

2023年，应急管理部在全国开展重大事故隐患专项排查整治行动，突出重点行业领域重大隐患、事故多发地区、企业主要责任人、基层末梢，

---

① 相关数据来源：《公安部2023年度推进法治政府建设工作情况》，中国公安部，https://app. mps. gov. cn/gdnps/pc/content. jsp？id＝9508272。

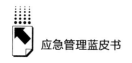

加大"四不两直"明察暗访力度，倒逼责任落实。开展化工装置设备带"病"运行安全专项整治，强化油气储存、开采和长输管道安全风险治理。开展重点领域消防治理，挂牌督办一批重大火灾隐患单位。会同有关部门围绕燃气安全"一件事"全链条明确各部门监管职责，开展全国城镇燃气安全专项整治。依法调查及时处理了内蒙古阿拉善露天煤矿坍塌、北京长峰医院火灾、宁夏银川烧烤店燃气爆炸、山西吕梁永聚煤矿火灾等重特大事故。①

公安部深入打击电信网络诈骗犯罪，破获案件43.7万起，推动缅北相关地方执法部门向我方移交犯罪嫌疑人4.1万名。依托"净网2023"专项行动，侦办各类网络谣言类案件，查处网络暴力违法犯罪案件。持续开展"昆仑2023"专项行动，破获食品药品安全犯罪案件1.9万起，抓获犯罪嫌疑人2.8万名。②

（四）维护群众权益，健全矛盾纠纷行政预防化解体系

有效发挥行政复议主渠道作用。2023年，全国人大常委会通过新修订的《行政复议法》。司法部举办首届全国行政审判行政复议工作同堂培训，对全国2.5万名行政复议人员开展线上全员培训。各地也纷纷开展学习宣传贯彻新《行政复议法》系列活动，启动有关行政复议和应诉管理办法的修订工作，认真履行复议应诉职责，一大批行政争议得到实质性化解。

持续推进信访工作法治化。落实《信访工作条例》，加强配套机制建设，及时发现和化解信访矛盾纠纷。公安部修订《公安机关信访工作规定》，推广使用信访法治化工作指南和"路线图"，部署开展全国公安机关信访问题源头治理三年攻坚行动，推动依法及时就地解决信访问题。

坚持和发展新时代"枫桥经验"，推动矛盾纠纷有效化解。基层的和谐

---

① 《应急管理部2023年法治政府建设年度报告》，中国应急管理部网站，https：//www.mem. gov. cn/gk/zfxxgkpt/fdzdgknr/202403/t20240327_482750. shtml。
② 《公安部2023年度推进法治政府建设工作情况》，中国公安部网站，https：//app. mps. gov. cn/gdnps/pc/content. jsp？id=9508272。

稳定是社会发展的基石。2023年10月，中共中央办公厅、国务院办公厅印发《关于坚持和发展新时代"枫桥经验"提升社会矛盾纠纷预防化解能力的意见》，明确相关要求，进行全面部署。各地区、各部门加强研究部署，积极开展示范创建活动，评选首批59个"全国社会治安防控体系建设示范城市"，推动化解矛盾风险。

（五）持续推进严格规范公正文明执法，确保权力运行更加规范

2023年，国务院《政府工作报告》提出实施提升行政执法质量三年行动计划，要求各地区、各部门自觉依法接受监督，努力使执法工作公正规范、符合实际、贴近群众。应急管理、卫生健康、公安、生态环保、自然资源等部门落实有关规定，从以下几个方面提升应急管理相关执法质量。

1. 不断加强依法决策

落实重大行政依法决策程序。自觉执行《重大行政决策程序暂行条例》，严格落实"三重一大"事项集体讨论决策机制，坚持合法性审核和集体讨论决定，依法依规加强对行政权力的监督制约，强化法制审核刚性约束，提高应急管理决策科学化、民主化、法治化水平。严格规范性文件合法性审核，强化源头把控。

2. 深入推进政务公开

健全完善制度机制，不断加大政务公开和监督力度，主动公开发布重要政策文件，加强宣传解读。2023年，应急管理部通过应急管理部政府网站发布信息10994条，发布全国自然灾害风险形势12期、全国自然灾害情况12期，发布解读信息446条，办结政府信息公开申请137件，处理网民留言6467条，依法保障人民群众合理信息需求。①

3. 加强执法规范化建设

应急管理部印发《应急管理综合行政执法事项指导目录（2023年

---

① 《应急管理部2023年法治政府建设年度报告》，中国应急管理部网站，https://www.mem.gov.cn/gk/zfxxgkpt/fdzdgknr/202403/t20240327_482750.shtml。

版）》，出台《应急管理行政裁量权基准暂行规定》《生产安全事故罚款处罚规定》，修订《煤矿安全监管监察行政处罚自由裁量基准》，进一步规范应急管理综合执法有关依据、行政裁量权基准制定和管理工作，着力提升精准执法工作质量和效果。印发《矿山安全监管监察执法监督实施办法》《非煤矿山安全监察手册》，强化矿山领域执法规范化建设。推动各级应急管理部门建立健全执法评议考核制度，开展案卷评查和执法评议考核，并强化考核结果运用。

公安部持续推动执法办案管理中心提质增效，全力打造一站式办案的总基地、监督管理的"大中枢"、全程保障的大本营。组织开展执法办案管理中心网上巡查，发布行业标准《执法办案管理场所信息应用技术要求》。

4. 创新行政执法方式

探索联合执法新模式。应急管理部组织安全生产监管执法队伍和国家综合性消防救援队伍开展联合执法，持续推动落实应急管理综合行政执法技术检查员和社会监督员工作规定，着力解决执法力量薄弱、专业化程度低等问题。很多地区在保持执法力度不减的情况下，利用信用制度建设，为合法合规的企业争取了更多的政策红利，优化了营商环境。

探索用数字治理赋能应急法治建设。一些地区和部门加快推进信息化建设，深入推进"互联网+执法"系统建设，不断健全科技保障体系，推进应急法治建设。应急管理部印发《高危行业安全监管数字化转型实施方案》，推动安全监管向数字化、智能化方向发展。在完成全国重大危险源危化品企业和正常生产建设矿井监测联网全覆盖的基础上，进一步扩展感知网络的覆盖范围。

（六）夯实法治基础，应急管理法治保障坚实有力

1. 持续增强各级领导干部意识，不断加强执法主体能力建设

各地区、各有关部门以"八五"普法为总体规划，加强部署安排，细化落实措施，统筹抓好广大党员、干部法治系统学习和教育培训，应急管理领域各级党员干部的法治思维、法治能力得到进一步提升。司法部起草

《关于建立领导干部应知应会党内法规和国家法律清单制度的意见》，出版《领导干部应知应会党内法规和国家法律汇编》。应急管理部配合全国人大常委会开展安全生产法执法检查；配合中央组织部开展市县党政正职应急管理专题培训，会同中共中央党校和相关部门分别组织开展危化品和燃气领域落实安全生产主体责任培训；把法治教育纳入应急管理干部教育培训重点内容，组织举办6期执法资格培训班和47个安全执法网络培训班，推动干部提高法治素养。公安部专题部署加强执法能力建设。召开全国公安机关法治公安建设推进会，推动提升民警运用法治思维和法治方式解决问题的能力和水平。深化执法教育训练。健全完善常态化练兵机制，有力提升全警应对复杂情况的能力和水平。印发《公安机关人民警察执法资格等级考试大纲（2023年版）》，组织全国14.8万名民警参加高级执法资格考试，充分发挥"以考促学、以学促知、以知促行"作用。[1]

2. 深入推进法治宣传教育，积极增强公众的安全防范意识和法律意识

加大普法力度，增强法治意识。应急管理法治宣传教育工作的针对性、实效性进一步提升。应急管理部联合司法部等部门共同举办主题为"夯实应急法治基础，青春飞扬技能报国"的第四届应急管理普法知识竞赛活动，网络总点击量达13亿人次。举办第四届应急管理普法作品征集展播活动。围绕"人人讲安全、个个会应急"的主题，一体推进实施"安全生产月""消防宣传月""防灾减灾宣传周"等主题宣教活动，常态化开展安全知识科普宣传"五进"活动。[2] 开发执法企业端、执法问答"小安老师"和法规知识图谱。国家卫健委顺利完成卫生健康系统"八五"普法中期评估，以依法执业、合同合规管理、法治培训为抓手，大力推进医疗机构法治建设，构筑风险防范屏障。通过多年持续普法，公众对法律法规的知晓度、法治精神的认同度和法治实践的参与度显著提高，办事依法、遇事找法、解决

---

① 《公安部2023年度推进法治政府建设工作情况》，中国公安部网站，https：//app. mps. gov. cn/gdnps/pc/content. jsp？id=9508272。

② 《应急管理部2023年法治政府建设年度报告》，中国应急管理部网站，https：//www. mem. gov. cn/gk/zfxxgkpt/fdzdgknr/202403/t20240327_482750. shtml。

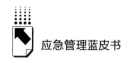
问题用法、化解矛盾靠法的法治环境显著改善。同时，各地及时发掘和公布典型案例，进一步发挥典型案例教育引导和警示威慑作用，切实推进各类安全主体责任的落实。

二　面临的困难与挑战

2023年，应急法治建设工作取得了一定成效，法治政府建设水平稳步提升，推进方式日渐精细化，数字化赋能政府依法履职初见成效，基层依法行政能力薄弱的问题开始有所缓解。但与中国式现代化建设的推进要求相比，还存在一些问题、差距与不足。

（一）应急管理法治建设关键环节仍需加强

在风险防范与应急处突形势日益严峻的当下，应急管理法治在认识和观念层面依然面临挑战。一是应急管理法治理念需要进一步强化。一些地方和部门在落实安全发展理念方面仍有差距，依法行政意识有待增强，安全责任制需要进一步严格落实，"安全压力逐级递减，安全责任落实不下去"的问题比较突出。二是应急管理法治推进的动力有待加强。作为法治建设"关键少数"的各级领导干部，履行推进法治建设第一责任人职责的意识有待增强，在带头尊崇法治、敬畏法律、了解法律、掌握法律方面还需进一步努力；在主动运用法治思维和法治方式化解风险、维护稳定、应对处置突发事件的能力方面，迫切需要下大力气提高。三是全面依法推进应急管理体系与能力现代化建设的体制机制尚未完全理顺，立法、执法、司法、守法、普法各个环节的统筹协调和督促落实工作机制有待健全完善，工作规范化运行水平有待提升。

（二）应急管理法律法规总体供给依然不足

与我国应急管理事业长足发展所需的法治保障相比，目前应急管理总体上立法数量还不足，体系化系统性还不够。自2019年开始，为顺应国家应急管理机构作出的重大调整，加快建立新的法律制度，中央提出了新的立法、修法计划。2020年，我国应急管理领域法治保障短板充分暴露，立法机关及时开展大灾后修法，启动新一轮应急管理密集立法修法工作，加快了公共卫生、应急管理领域及相关领域的立法修法进程。此次疫后修法涉及应急管理的立法覆盖广、数量多、要求高，其中，《生物安全法》立法、《安全生产法》修改等顺利通过，并颁布实施。但是应急管理基本法《突发事件应对管理法》以及相关的几部重要法，包括《传染病防治法》《自然灾害防治法》《危险化学品安全法》《突发公共卫生事件应对法》等的立法修法进展比较缓慢。一些实践中急用的法律制度构建比较滞后，重点领域、新兴领域存在应急管理法律制度薄弱点和空白区，尤其是一些新业态、新模式监管服务的法律制度供给还存在不足。

（三）行政执法质量和效能仍需提升

执法质量与效能是法治建设的难点也是关键。目前应急管理领域行政执法体制改革、全面推行行政执法"三项制度"以及重点领域执法等工作的推进力度还不够，还存在管理体制不够顺畅、职责边界不够清晰、执法运行机制不够科学协调、管理方式较为简单、服务意识不强、执法行为粗放、行政执法与刑事司法衔接不畅等问题。比较突出的问题主要表现在以下几点。一是应急管理部门的综合协调、行业综合监管和专业部门的监管职能、监管模式与监管质效亟须优化。二是法律实施协作机制有待进一步完善。现代产业体系分工细化多元，安全监管需要统筹协调，高度协同。一些新行业、新领域、新业态的安全标准、运营规范尚未建立健全，监管"盲区"依然存在，部门监管合力、源头管控机制尚未有效形成。三是应急领域"放管服"改革有待进一步深化，权责清单需调整优化，"减证便民"行动需持续推进，营商环境需进一步优化。四是执法手段需要进一步创新和完善，依法应急效能仍需进一步提升，法律实施效果还需要进一步增强。需要进一步提升应急管理依法治理效能，减少和避免"运动式"专项整治、"保姆式"重复检查、"选择性"任性执法。

（四）执法队伍建设与依法行政能力有待进一步加强和提升

依法应急的基层基础尚不稳固，执法规范化水平与高质量发展的要求还存在较大差距。一是主体责任意识有待增强。一些部门、地方对构建新安全格局以保障新发展格局的理念理解贯彻不够深入，平衡执法与服务的意识不强，法治思维不能完全适应新形势新任务的要求，依法应急促进高质量发展的动能不足。二是一些地区法治工作力量配备不足，依法行政能力相对薄弱。各地监管队伍人员数量结构普遍呈"倒金字塔形"，基层执法力量严重不足。有的地方全省乡镇（街道）应急管理机构共有专职人员 1199 人、兼职人员 1706 人、编外聘用人员 246 人。① 有的地方将安全生产行政执法权下放至乡镇（街道），但存在乡镇（街道）承接不力，"放而不管""一放了之"的问题。三是依法防范与化解重大风险的能力不足，有关部门及一些领导干部运用法治思维与法治手段解决影响公共安全的重大隐患与重大问题的能力有待提升。四是行政执法协调监督工作体系尚未真正形成合力。一些部门、地区的重大行政决策程序亟须规范，行政复议体制改革推进力度需进一步加大，行政执法规范化水平有待提升。

（五）科技赋能法治还需进一步发力

近年来，推动安全监管数字化转型虽初见成效，但整体而言，突发事件防范与应对的信息化建设水平依然不高。从企业方面看，部分中小企业信息化建设速度缓慢，存在认知不足、投入不够的问题。从政府方面看，一些基层执法力量在运用现代信息化手段创新监管模式方面做得不够，亟待运用"双随机、一公开"执法新模式来提高执法质效。此外，各行业领域安全监管信息系统各自为战，存在信息共享难、技术不兼容、运营维护弱等问题，缺乏数据互联互通、共建共享的顶层设计和规划，在打通数

---

① 《全国人民代表大会常务委员会执法检查组关于检查〈中华人民共和国安全生产法〉实施情况的报告》，中国人大网，http：//www.npc.gov.cn/zgrdw/npc/xinwen/2016 - 12/21/content_2004346.htm。

据壁垒方面存在较大阻碍，容易造成重复建设和资源浪费。此外，由于规范数字政务运行的法律框架尚未实现同步演进，还有诸多制度空白，存在安全隐患。

（六）普法宣传方式方法需要提质升级

全民应急法治意识需要进一步增强。一是有法不依、执法不严现象仍较普遍，法治宣传有待加强。社会公众安全意识薄弱、安全知识欠缺，领导干部、安全专业人员、一线员工等重点人群对安全的认识与现实需要相比还有较大差距，实现依法应急治理还有很长的路要走。2023年全国人大常委会执法检查组在抽查《中华人民共和国安全生产法》实施情况时发现，小微企业安全管理水平整体相对较低，多存在制度不健全、员工不稳定、教育培训和劳动保护不到位等痛点难点。2022年1月至2023年5月，在全国法院审结的一审危害生产安全犯罪刑事案件中，危险作业罪2128件，数量最多，占总数的48.67%。[①] 二是普法宣传工作的实效性有待提升，应急管理知法学法懂法普法的方式需要创新，"谁执法谁普法"的普法责任制落实还不够到位，精准度还不高，形式主义突出，法治宣传教育方式仍较陈旧，普法的趣味性、互动性有待进一步提升。三是法治文化氛围还不够浓厚，对法治权威敬畏不够。

三　2024年应急管理法治建设展望

2024年是应急管理事业改革创新、固本强基、提质强能的重要一年。应急管理法治建设要紧紧围绕推进法治中国建设部署要求，认真贯彻落实党中央、国务院的各项决策部署，要在准确提炼总结2023年度法治工作成就的基础上，精准把握我国应急管理法治建设的概况与态势，围绕应急管理法

---

① 《全国人民代表大会常务委员会执法检查组关于检查〈中华人民共和国安全生产法〉实施情况的报告》，中国人大网，http：//www.npc.gov.cn/zgrdw/npc/xinwen/2016 - 12/21/content_2004346.htm。

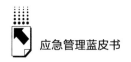
治建设的重点、堵点、难点，坚持理念引领、高位推动、制度支撑、持续发力，以更大力度、更实举措为应急管理体系与能力现代化提供坚实法治保障。

（一）加强系统思维，着力完善应急管理法治建设中的薄弱环节

应急管理法治建设是个系统工程，离不开好的理念引领、好的政策支撑、好的执行保证、好的考评校验等方面的有机结合。要围绕依法应急工作中的弱项和短板持续发力，久久为功推进应急管理法治建设工作。

要切实加强党对应急管理法治建设工作的领导，要充分发挥各级党委在推进应急管理法治建设中的领导核心作用，对标法治政府建设目标任务，统筹推进应急管理领域法治建设各项工作。要进一步深化认识，提高政治站位，把应急管理法治摆到更加突出位置。

（二）以高质量立法与制度建设推进法治建设进程，完善应急管理法律法规体系

要稳中求进推动应急管理立法工作，提升立法的系统性、整体性、协同性、时效性，以高质量立法构建更加科学完备、统一权威的应急管理法律法规体系。加快相关立法进程，推进应急管理基本法、综合法的修订以及一批重要法律法规的制定修订工作。

根据十四届全国人大常委会立法规划，2024年，全国人大将在修订突发事件应对法，制定危险化学品安全法、突发公共卫生事件应对法、社会救助法、法治宣传教育法，修改国防教育法、网络安全法、传染病防治法、国境卫生检疫法、治安管理处罚法等方面重点发力。2024年，新修订的突发事件应对法（草案）即将提交全国人大三审。作为突发事件应对的基础性、综合性法律，该法审议通过后，需要加大宣传普法力度，促进各方主体知法、懂法、守法、执法。要以此为契机，统筹立改废，启动并加快有关法规规章制度的起草、修订工作，补充完善配套制度。

在自然灾害方面，进一步推进自然灾害防治法、防震减灾法的制定工

作；在事故灾难方面，推进矿山安全法、森林草原防灭火条例的制定工作。在应急力量建设方面，继续推进国家消防救援人员法制定工作，加快应急救援队伍管理法起草。在公共卫生方面，结合国家疾控体系改革，进一步健全公共卫生体系，继续推动传染病防治法修订出台，推动突发公共卫生事件应对法的立法进程，并做好与新修订的突发事件应对法在制度上的衔接与落地。在社会安全方面，要推动人民警察法、治安管理处罚法、道路交通安全法等的立法修订进程。在地方立法方面，积极推进地方应急管理立法，进一步发挥地方立法的实施性、补充性、探索性功能。

（三）以高质量执法推进高效能治理

面对新形势新要求，应急执法作为维护公共安全、减少突发事件危害的主要手段，要从践行习近平总书记"人民至上、生命至上"[1] 指示要求的高度出发，在顶层设计和实践操作层面进行优化和改革，兼顾安全与营商、执法与服务，以发挥最大效能，保障高质量发展和群众安居乐业。

要加强工作统筹和推进，持续深化应急执法改革。进一步深化应急管理综合行政执法改革，持续跟进执法改革措施落实。坚持运用法治思维和法治方式推动应急管理各项工作，落实"放管服"要求，加强和规范事中事后监管，严格落实分类分级执法制度。

要创新监管方式，深入推动应急执法工作提质增效。激发数据在应急法治建设中的新潜能，充分运用信息化技术手段，提升应急执法监管的精准化、智能化水平；提高数据共享治理能力，建立健全协同监管工作机制，用数据支持决策管理与法律实施。坚持严格执法与指导服务相结合，将服企惠企助企融入监督检查，对高危行业以及基础条件差、管理水平低的企业，推行"指导式"检查、"说理式"执法，提供安全咨询和整改指导。

（四）着力提升执法能力素质

推动资源向基层一线倾斜，加强安全监管队伍的建设和保障。探索建立

---

[1] 《习近平谈治国理政》第 4 卷，外文出版社，2022，第 54 页。

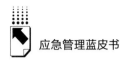
包容审慎的容错纠错、尽职免责机制，突出正向激励引导，以稳定人员队伍。发挥好统筹协调职责，用好基层应急站、综合执法队伍"两支力量"，破解基层监管难题，织密基层安全监管网络。

提高执法人员综合素质。铸牢以人民为中心的执法理念，提高群众工作能力，正确处理监管和服务的关系。加强多层次、多形式、系统化的教育培训，建立岗前培训、定期轮训和执法岗位资格证管理制度，持续深化执法资格等级考试制度。针对不同岗位制定标准化操作规程，实现"教科书式"执法，提升全体执法人员的法治素养、执法能力及执法水平。

（五）提升培育法治建设内生动力，提高应急普法质效

法律的实施在于人，各级领导干部是推进法律落地实施的关键。要坚持运用法治思维和法治方式应对突发事件，"越是工作重要、事情紧急越要坚持依法行政，严格依法实施应急举措"①。要进一步探索开展体验式法治实践、营造法治政府文化氛围等方法，以提升法治建设的内生动力。

要创新应急法治宣传教育方式。利用新媒体和大数据技术，持续推进安全宣传"五进"工作，不断提升全体公民应急法治意识和素养。围绕应急管理中的突出问题，提高应急普法的针对性和精细化程度，加大普法力度。积极营造全社会关注、全民参与的良好氛围，鼓励各类安全科普宣教和体验基地免费向社会公众开放。积极培育应急法治文化，综合运用应急法律知识普及、理念传播、实践体验、文化熏陶等方式，引导公民共同参与应急法治建设全过程，增强全社会的守法意识。要注重公民应急法治习惯的实践养成，培育社会公众遵守法律、依法办事的意识，推动树牢安全发展理念，理性平和地协商解决矛盾纠纷，不断提升公众的风险防范、安全应急意识和自救互救能力，营造浓厚的安全氛围。

---

① 《中共中央　国务院印发〈法治政府建设实施纲要（2021—2025年）〉》，中国政府网，https://www.gov.cn/gongbao/content/2021/content_5633446.htm。

B.10
2023年全国应急演练实践的发展与分析

唐彦东　李雪峰　刘秉政　樊志华　张东旭*

摘　要：　应急演练是提升应急响应能力、判断应急预案有效性的最佳方法之一。通过从宏观角度分析全国应急演练的总体情况，重点分析了4个国家级应急演练案例和5个地方应急演练案例，得出以下结论：2023年我国应急演练实践在应急演练频次、方式、科目、评估机制等方面取得了显著进展，国家级应急演练在科技赋能、装备助力和国际合作等方面卓有成效，地方应急演练在场景设置、组织方式、效果评估上凸显地域特色，有效推进了应急响应的效率和水平提升。但同时也暴露出难以匹配真实灾害情景、跨部门协同能力欠缺等不足。针对这些问题提出相应的政策建议，包括提升演练内容的真实性和复杂性、完善演练评估和反馈机制等。

关键词：　应急演练　演练评价　应急管理制度

应急演练是重要的国家应急管理制度，也是重要的应急能力建设制度。应急演练是各级人民政府及其部门、企事业单位、社会团体等组织相关单位及个人，依据有关应急预案，模拟应对突发事件的活动。[1] 近年来，我国应

---

* 唐彦东，防灾科技学院应急管理学院院长，博士，教授，主要研究方向为应急管理、灾害风险管理、灾害经济学等；李雪峰，博士，中共中央党校（国家行政学院）应急管理研究院（中欧应急管理学院）教授，主要研究方向为应急管理、公共安全；刘秉政，硕士，主要研究方向为应急技术与管理；樊志华，硕士，咸亨国际应急科技研究院（北京）有限公司总经理；张东旭，学士，五级救援员，咸亨国际应急科技研究院（北京）有限公司研发人员。
[1] 《突发事件应急演练指南》（国务院应急办函〔2009〕62号）。

急演练实践快速发展，不仅促进了各地区、各行业对应急预案的了解和掌握，还显著提高了对突发事件的反应能力，推动了跨部门、跨区域的协同配合。

一 2023年全国应急演练总体概述

2023年，全国各地及应急管理相关部门坚持常态应急与非常态应急相结合，着眼于提升对突发事件的快速响应能力和应急处置能力，围绕自然灾害、事故灾难、社会安全事件和公共卫生事件等开展了上百万场应急演练。这些演练活动遍及全国各省（自治区、直辖市），广泛覆盖了城乡社区、重点行业和重点单位，演练方式多种多样，演练手段日益先进，演练效果越来越好。总体上，全国应急演练实践取得显著进展，主要体现在以下几个方面。

（一）应急演练频次显著提升

2023年，全国应急演练在规模和频次上显著扩大和提升。这既有疫情之后包括演练在内的各项工作恢复常态的反弹因素，也有各级政府、相关部门和有关单位对演练更为重视的因素。全年仅由国家有关方面组织开展的国家级、准国家级应急演练就超过10次。

（二）应急演练方式不断创新

在演练方式上，全国各地区积极探索创新，采用了多种形式的应急演练方法。除了传统的实战演练外，指挥部模拟演练、网络攻防演练、桌面演练等也得到了广泛应用，一些机构在传统桌面演练基础上，探索出了卡牌式桌面推演方法、网络安全攻防应急演练等。多种多样的演练方式有效降低了演练成本，提高了演练效率。同时，随着科技的不断发展，虚拟现实、情景构建等先进技术的应用也为应急演练提供了更为有效的技术保障。

（三）应急演练科目日趋完备

在演练科目上，全国应急演练实践呈现逐步覆盖全环节全过程的大应急趋势。各级政府和相关部门、企业紧密结合实际，针对自然灾害、事故灾难、公共卫生事件、社会安全事件等多个事件领域，设计了多种各具特色的演练科目，如低温雨雪演练中的无人机敲冰和直流电融冰、防汛演练中的无人船扫描水域状况等。这些科目不仅涵盖灾害发生、救援处置、善后恢复等全过程，还涉及跨部门、跨领域的协同配合和资源共享，有效提升了应急处置体系的适应性和完备性。

（四）应急演练评估机制不断优化

在演练评估方面，各地越来越注重科学客观的演练评估工作。有关部门建立了演练评估机制，对演练过程进行全面、细致的分析和总结。有的引入第三方评估机构和专业人士参与演练评估。通过全面收集演练数据、系统分析演练效果、及时反馈演练问题推动了应急预案和应急管理体系的优化。

二 国家级应急演练概况及典型案例

国家级应急演练，作为顶级应急管理能力建设活动，是检验和提升我国应急管理体系实战能力、完善应急协调机制的重要途径。

（一）国家级应急演练概况

2023年国家级应急演练在规模与实效上均创新高，彰显出我国应对多元灾害情境的综合应急能力达到新的高度。从演练内容上看，广泛涵盖了各类突发事件的应急演练，包括"应急使命·2023"：高山峡谷地区地震救援演习，2023年特种设备安全事故联合应急演练、国家海上溢油应急专项演练、"一带一路"国家应急救援联合演练、国家中医应急医疗队2023年度京津冀联合应急演练、2023年度全国公路交通军地联合应急演练等。从区域分布来看，国家级应急演练多数选在灾害高风险区域，比如举行"应急使命·2023"：高山峡谷地区地震救援演习的丽江市紧邻滇西地震带，举行国家海上溢油应急专项演练的天津市则东临渤海。

上述国家级应急演练呈现如下特征。

1. 多种灾害情景模拟与应对

2023年，国家级应急演练涵盖了地震、海上溢油、核事故等多种灾害类型；各种演练都精心设计，力求贴近真实灾害情境，开展复合型灾害情景模拟。如"应急使命·2023"：高山峡谷地区地震救援演习涵盖了43个演习科目。演练使参与者在模拟环境中能够真实感受灾害威胁，从而检验和提升了我国应对多元化灾害的综合能力。

2. 检验跨部门协作与应急合力

演练中要求军队、政府机构、企业和社会组织等多方力量紧密配合，形成合力。如在"应急使命·2023"：高山峡谷地区地震救援演习中，武警第二机动总队和云南省公路局共同为损毁路段铺设硬质路面，抢通生命之桥；社会应急力量和森林消防总队组成前突小队，开展地面侦察。通过跨界协作实现了资源共享、信息互通和协同行动，有效检验了应急响应的效率和效果。

3. 科技处置手段发挥重要作用

在演练中，无人机、模拟仿真系统等先进技术和装备得到广泛应用，如翼龙-1E无人机实时回传"受灾地区"现场画面、AG600M灭火机汲水投水灭火等。通过科技应用，更逼真地模拟了灾害应对场景，更快速地构建了应急交通通信网络，更科学地评估了救援效果。这些应用不仅提高了演练效率，也提供了检验应急新技术应用的机会。

4. 国际合作得到了加强

2023年开展的部分演练活动邀请了外国救援队伍参与。通过在应急演练中的交流与合作，各国同行交流了应急理念和技术，加强了救援队伍现场的协调配合，也提升了我国应急救援领域的国际影响力。

（二）典型案例

1. "应急使命·2023"：高山峡谷地区地震救援演习

"应急使命·2023"高山峡谷地区地震救援演习，由国务院抗震救灾指挥部办公室、应急管理部及云南省人民政府联合策划，并于2023年5月16

日在云南省丽江市、大理州、昭通市等地举行。① 此次演习的核心目的是检验并提升我国在高山峡谷复杂地形中应对地震灾害的空地一体化联合救援效能。

演习场景设定在丽江市玉龙县白沙镇凌晨发生 7.6 级强烈地震，震中位于高山峡谷地带，演练模拟了房屋倒塌、人员伤亡、道路阻断、电力中断、供水困难、通信失效等灾害场景，并伴随山体滑坡、堰塞湖形成、油气管线泄漏、森林火灾等次生灾害。这一设定充分考虑了地震灾害的复杂性和高风险性，为演练提供了真实且富有挑战性的场景，全面检验了我国的应急响应和救援能力。

演习中，国家综合性消防救援队伍、解放军和武警部队，以及安全生产、医疗、电力、通信、铁路、公安、交通、地震、环保、气象等多专业应急力量和社会应急力量 4300 人共同参与。

在演习过程中，空地协作与尖端科技扮演了举足轻重的角色。空地联合救援成为重要亮点。通过空中侦察与地面救援力量的协同，高效完成了空地灾情侦察、空地应急投送和空地联合搜救等任务。无人机、红外热成像等高科技手段被广泛应用于灾情侦察和被困人员定位。同时，各类工程机械、电子科技、无人智能等高性能、高科技救援装备大显身手，实现了搭建应急通信网络、水域状况实时监测等关键任务，有效打破了"信息孤岛"，提升了整体救援效能。

此次演习不仅检验了我国应急管理体系的实战能力，也展示了科技在提高演练实效性方面的关键作用。演习达到了提高应急指挥效能和救援合力的预期效果，展示了在高风险地震区域应对复杂灾害情境的综合应急能力。

2. "一带一路"国家应急救援联合演练

2023 年 10 月 10 至 12 日，由应急管理部主办、中国地震搜救中心承办

---

① 参见《国务院抗震救灾指挥部办公室、应急管理部、云南省政府召开"应急使命·2023"演习总结会议》，中国应急管理部网站，https：//www. mem. gov. cn/xw/bndt/202306/t20230609_453142. shtml。

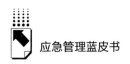

的"一带一路"国家应急救援联合演练在北京国家地震紧急救援训练基地举行。① 此次演练会聚了来自印度尼西亚、马来西亚等 10 个国家的救援队伍以及地区和相关国际组织、驻华使馆的 100 余名代表,共同探讨与应对地震灾害的挑战。

本次演练以模拟地震灾害为背景,采取全英文桌面推演的方式。演练聚焦于工作区域优先级确定、建筑结构评估及幸存者搜救等核心任务,全面考验各国救援队伍在复杂灾情下的快速响应与高效处置能力,展现了国际救援合作的重要价值。

在演练期间,各国救援队伍不仅积极参与搜救演练行动,还开展了深入的技术研讨交流。通过分享各自在救援工作中的独特技能,各国救援队伍增进了相互了解,为今后的国际合作奠定了坚实基础。此次演练通过实地操作和理论学习相结合的方式,促进了国际救援队伍间的合作与协调。演练的成功举办为各国提供了如何更有效地协调和组织资源和人力的宝贵经验,对于推动国际应急救援事业的发展具有重要意义。

此外,演练期间还特别设置了装备展示环节。国家安全生产应急救援勘测队和国家危险化学品应急救援普光队等队伍展示了边坡雷达、破拆工具、便携式雷达生命探测仪、现场安全监测预警系统等先进救援装备。这些现代化应急技术装备的展示,展现了我国应急能力的坚实基础,也为"一带一路"共建国家的应急救援能力建设提供了有益的思路。

3.中核集团2023年核应急演练

2023 年 12 月 22 日,中核集团组织了一场全面核应急演练,旨在检验和提升核应急管理体系的实战能力。演练模拟了核电站遭遇台风与极端天气下的综合应急场景,着眼于检验核设施运营单位与核应急救援队伍应急预案的适用性、应急组织协调性、应急设施设备可用性及应急响应行动规范性。集团公司总经理及多个关键部门负责人、中国核电、中核原子能院等多家下

---

① 参见《"一带一路"国家应急救援联合演练在京举行》,应急管理部网站,https://www.mem.gov.cn/xw/bndt/202310/t20231012_465460.shtml。

属单位及专业应急力量参加演练。

演练综合运用集约化、信息化及数字化技术，通过模拟仿真、数据分析等手段，使演练更加贴近实战，有效检验了应急指挥效能和救援合力。

演练的成功举办展现了中核集团在核应急管理体系方面的实战效能，展现了其在核应急管理上的专业性与前沿性。[①]

4. 2023年国家海上溢油应急专项演练

2023年，天津南港水域成功举办海上溢油应急演练，标志着我国海上应急救援领域取得重大突破。[②] 此次演练不仅是渤海海域规模最大的应急演练，更是国家层面政府与企业首次开展的重大联合行动。其旨在加强跨界协作，提升环渤海地区海上应急救援能力，推动海上搜救及溢油应急处理能力的提升。

演练模拟了一艘7万吨级油船在进港过程中因舵机失灵与出港货船相撞，导致货船船员落水和油船油舱破损的情景。南港海上搜救分中心迅速响应，调派直升机实施落水人员救援，并严密监测溢油泄漏及扩散态势。天津市海上搜救中心实时分析现场形势，及时启动重大污染事故应急响应，各方海上应急救援力量齐心协力进行溢油应急处置。

本次演练规模宏大，涵盖险情核实与信息报告、国家重大海上溢油应急响应启动、事故船舶控制、溢油监视监测、溢油围控清除、岸滩溢油清除、LNG船舶应急撤离及海空联合搜救等多个关键环节。参演人员包括政府、企业、社会等各方力量共计500余人，并配备了31艘船艇、2架直升机及2架无人机。

此次演练凸显三大特点：一是参与力量广泛，形成强大合力；二是演练科目针对性强，贴近实战需求；三是技术装备先进，提升应急处理效率。演练不仅是对我国海上溢油应急体系实战能力的一次全面检验，其成果将对未来海上应急救援工作产生深远影响。

---

① 参见《中核集团举行2023年核应急演习》，中国核工业集团网站，https：//www. cnnc. com. cn/cnnc/xwzx65/ttyw01/1391040/index. html。

② 参见《国家海上溢油应急专项演练在津举办》，天津市人民政府网站，https：//www. tj. gov. cn/sy/tjxw/202309/t20230907_6399006. html。

三 地方应急演练创新及典型案例

地方应急演练是指由省、市、县各级地方政府层面组织实施的演练。在国家级应急演练的引领和各方努力下，地方应急演练也在不断探索与创新。这些地方性的实践，不仅是对国家级应急演练的补充和完善，更是根据地方特点和需求进行的针对性提升。地方应急演练在组织架构、演练内容、技术应用等方面都展现出独特的创新之处，为提升地方应急响应能力发挥了重要作用。

（一）地方应急演练创新概况

2023年，不少地方、企业和社区积极响应政策号召，紧密结合地方实际情况和灾害特点创新性地开展了一系列针对性应急演练。地方应急演练的创新体现如下特点。

1. 结合实际强化实战能力

一些地方应急演练紧密结合地方实际情况和灾害特点，显著提升了演练的针对性和实效性。例如广东省开展防洪调度与工程抢险应急演练、湖南省开展低温雨雪冰冻灾害应急演练、贵州省开展森林防火安全演练等特色化演练内容，为应对各类突发事件提供了实战经验，有效强化了地方应急管理体系的实战能力。

2. 多方参与创新联动方式

地方应急演练广泛吸纳地方政府、相关部门、企业、社区及公众等多方力量参与，形成了强大的应急联动机制，如北京市蓝天救援队多次参加街道社区应急演练。这种多方协作模式不仅提升了演练的实效性，也为实际应急行动中的跨部门、跨领域合作奠定了坚实基础。

3. 技术创新拓宽组织形式

地方应急演练积极探索演练技术创新，采用卡牌推演等新技术手段丰富了演练方式，提高了演练的趣味性和效果。如2023年郑州市惠济区防汛卡牌应急演练、2023年海南电网有限责任公司三亚供电局防风防汛卡牌应急演练、2023年国网常熟市供电公司防汛及停电桌面推演、2023年国网石家庄供电公司大面积停电主题演练培训等不仅为地方应急管理带来了新思路和新方向，也推动了应急演练的现代化和智能化发展。

（二）典型案例

1. 湖南省低温雨雪冰冻灾害应急演练

2023年10月25日，湖南省成功举行全省范围的低温雨雪冰冻灾害应急演练。此次演练在长沙市设立主场，并设有岳阳、郴州、娄底、湘西等分场，旨在提升地方应急管理能力，检验应急响应机制的有效性。[①]

演练中，模拟了湖南省历史上遭遇的特大低温雨雪冰冻灾害场景，全省范围内交通运输、生活物资供应、水电气及通信网络设备设施等遭受严重影响。本次演练全面应对交通事故、船舶事故、供水管道爆裂等多点紧急状况，细致实施应急响应措施。同时，演练还模拟了重要物资运输受阻、部分区域停水停电、生活物资供应困难以及旅客滞留等复杂情况，以检验地方应急管理体系的应对能力。

演练深度覆盖了监测预警、会商研判及响应启动等多个核心环节，并精心设计了24个科目，重点演练了扫雪除冰、事故处置、无人机救援及临时安置等关键任务。通过实战模拟，有效检验了地方应急管理体系的响应速度与处置能力。

此次演练广泛动员应急力量，驻湘军队、武警部队、消防救援等1300余名人员参与，配备1000余台（套）专业救援装备，展示了强大的应急响应能力和较高的协同作战水平。

2. 广东省防洪调度与工程抢险应急演练

2023年5月22日，广东省水利厅成功举办了防洪调度与工程抢险应急演练。演练以北江特大洪水为模拟背景，通过上下联动、远程指挥的方式，全面

---

① 参见《真！燃！2023年湖南省低温雨雪冰冻灾害应急演练成功举行》，湖南省应急管理厅网站，http://yjt.hunan.gov.cn/yjt/xxgk/gzdt/sjdt/202310/t20231026_31720043.html。

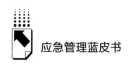

检验了防洪调度与工程抢险的应急响应机制。演练聚焦于会商研判、响应行动、防洪调度、工程抢险四个关键环节，全面展现了广东省的防汛抗洪应急能力。①

演练中，近 200 名抢险队员迅速响应，物资调配科学高效。借助无人船搭载扫描系统和无人机高空航测等先进技术手段，实现了水下和水上围堤岸线的快速测量查险，提升了险情排查的准确性和效率，演练还紧急调运了大型液压打桩机、新型决口封堵器材、快速装配式围井等各类物资，充分展示了广东省在防汛抗洪物资储备和调配方面的实力。

演练得到了水利部、珠江水利委员会、省农业农村厅、省应急管理厅、省气象局等多个政府部门的参与和支持，吸引了省建工集团、省能源集团、广东粤海集团等企业的积极参与。

3. 2023 年台州市统计局网络安全应急演练

在信息技术日新月异的当下，网络安全已成为企业稳健运营的基石。为增强网络与信息系统的安全防护能力，保障数据安全和业务连续性，台州市统计局于 2023 年 6 月 30 日组织了一场网络安全应急演练。

该局成立了演练领导小组，负责全面指导演练方案的编制、审核和实施。

演练模拟了多种复杂的网络安全事件，包括断网、网络攻击、钓鱼木马远控和内网终端中毒等情景。通过应对这些模拟事件，技术人员的应急响应能力得到了有效提升，网络安全设备的性能和稳定性也同时得到了检验。

演练结束后，领导小组对演练过程进行了全面、细致的总结评估。他们梳理了演练中暴露的问题，提出了针对性的整改措施，形成了详尽的应急演练报告。

通过实战模拟，优化了应急操作流程，增强了技术人员的实战经验。这些成果为台州市统计局在保障数据安全、维护业务连续性方面提供了坚实支撑。

4. 郑州市惠济区防汛卡牌应急演练

2023 年 5 月，郑州市惠济区组织了防汛卡牌应急演练，旨在针对政府

---

① 参见《广东省 2023 年防洪调度与工程抢险演练成功举行》，广东省人民政府网站，http://www.gd.gov.cn/zwgk/zdlyxxgkzl/zhsgjy/content/post_ 4185893. html。

应急指挥层和管理层进行实战模拟。此次演练通过模拟极端天气条件下的防汛场景，有效检验并显著提升了惠济区的防汛应急处置能力。[①]

演练设定了复杂多变的灾情背景，模拟了郑州市遭受短历时集中持续性暴雨袭击，导致城市内涝、隧道淹水、人员被困以及基础设施严重受损等灾害。面对模拟的江河水库水位迅速上涨和黄河堤坝出现的险情，惠济区防汛抗旱指挥部在演练中迅速响应，启动专项预案，协调多部门、多层级的应急力量参与抢险救援。

本次演练创新性地融入了卡牌推演的方式，将桌面棋牌、卡牌游戏的互动性和趣味性引入应急演练之中，使演练过程更加生动、有趣，同时也增强了参与者的应急意识和处置能力。通过卡牌交互，模拟灾害情景，让领导干部掌握应急预案中所规定的职责和程序，领导干部可进入任一场景，按不同岗位角色，利用卡牌上的决策信息与资源，进行训练，提升应急决策与指挥能力。基于卡牌推演，满足区县及基层社区应急管理人员在应急预案、一张图、应急演练等方面的培训工作需求。

5. 海南电网三亚供电局防风防汛卡牌应急演练

2023年7月，海南电网有限责任公司三亚供电局组织了防风防汛卡牌应急演练活动。该演练基于无脚本演练工具平台，采用桌面推演与实战演练相结合的方式，涵盖了监测预警、启动响应、应急处置、响应结束四个阶段。活动将综合预案、专项预案及现场处置预案的处置措施、应急资源、联动信息等文字内容，制作成轻量化、结构化、可视化的数字卡牌。

演练设计设置了配电线路倒杆断线、小区配电房进水、三亚市委办公楼等重要用户停电等现场处置科目，重点展现台风事件发生前后，预警准备、响应措施、电网抢修恢复、重要用户供电保障、信息报告和发布等各项应急处置的开展情况。演练检验了三亚供电局在防汛抗灾、应急响应、队伍装备、综合保障等多方面的能力建设情况，加深了能源企业对应急预案"四

---

① 参见《惠济区开展2023年防汛综合应急演练》，郑州市应急管理局网站，https://yjj. zhengzhou. gov. cn/xsqkx/7399443. jhtml。

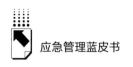

梁八柱"的认识，进一步厘清职责、理顺流程、畅通机制。基于卡牌推演，演练满足了电力企业应急培训、应急演练分组研讨等工作需求。

四　问题与建议

2023年，我国应急演练工作取得了长足的进步，但与此同时仍存在明显的不足，需要加以完善。

（一）存在问题

1. 对突发事件的复杂性估计不足

虽然当前的应急演练已经涵盖了地震、核事故、洪涝等多种灾害类型，包括各种常见自然灾害与事故灾难，但演练场景与真实复杂多变的突发事件环境相比，仍存在一定的差距。部分演练场景过于简单化，未能充分模拟灾害发生时的多种不确定因素和连锁反应。这导致应急演练与真实的复杂灾害情景匹配度不足，影响了演练的实战性和有效性，难以真正检验和提升应急响应能力。

2. 指挥人员应急演练不足

当前的应急演练中，救援队伍的演练较为普遍，但指挥人员的演练相对较少。特别是在临场情况的指挥处置、综合会商研判等关键科目上的演练占比较低，按照既定脚本进行的演练较多，而脱离脚本、进行实导实演的演练较少。这导致演练对灾害事故规律的探究作用有限，使得有关指挥人员对极端复杂环境的预估不足，临机处置的经验不足，这将在一定程度上影响未来指挥系统的实战效能。

3. 一些演练走形式现象突出

企业和社区作为应急响应的重要基层力量，其参与度直接影响到应急演练的效果。然而，目前一些企业和社区对应急演练的重视不够，参与积极性不高，限制了演练的覆盖面和深度。突出的问题是，一些地方、社区和社会组织在应急演练中过于注重"演"的形式，而忽略了"练"的实质。演练的组织单位往往过于重视迎合上级或追求视觉效果，导致演练与实际应急响应需求脱节。

4. 跨部门协同能力欠缺

虽然不少演练有多部门和多支救援力量参与，但在实际演练过程中，部门间的信息沟通、资源共享和协同作战能力仍显不足。这主要表现为信息共享不及时、组织协调不顺畅、资源跨界调配效率不高等方面，这些因素影响了模拟应急响应的整体效能。这可能导致在真实灾害发生时，各部门之间难以形成有效的合力。

5. 总结与反馈机制不完善

对应急演练的评估与反馈是实现以演练促体系能力建设的关键环节。目前应急演练结束后，对演练效果的总结、评估及反馈机制尚不健全。不少演练由于缺乏有效的评估而难以系统总结分析存在的问题和不足，应急管理体系难以得到及时有效的改进，从而降低了演练的综合效能。

（二）政策建议

针对当前应急演练中存在的不足，为了优化和完善应急演练机制，确保演练对提高应对突发事件能力起到推动作用，提出如下具体的政策建议。

1. 提高演练场景的真实性和复杂性

针对演练场景与真实情境匹配度不足的问题，应加强对实际灾害或突发事件特点和规律的研究，设计更加真实、复杂的演练场景。特别要注重模拟多灾种叠加、多场景耦合等复杂情况，以提高演练的实战性和挑战性。具体而言，要优化演练设计流程，也可引入专业顾问，即邀请灾害管理、应急响应等领域的专家参与演练设计。

2. 加强面向指挥人员的应急演练

针对指挥人员应急演练不足的问题，要增加指挥部演练。应加大对指挥人员应急演练的投入，制定专门的指挥人员演练计划，提高其参与度和参演质量。在演练中，通过增加临场情况的指挥处置、提升综合会商研判等关键科目的演练比重，减少按既定脚本进行的演练，鼓励更多实导实演的指挥部

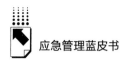

演练。

3. 提升基层应急演练的实战化水平

首先应加强对企业和社区应急演练的引导和监督，提升其对应急演练的重视程度和参与积极性。在此基础上，通过鼓励地方、社区和民间开展更多实质性的应急演练，减少走形式、表演式的演练，确保演练与实际应急响应需求紧密结合。

4. 强化跨部门、跨层级演练协同

针对跨部门协同能力欠缺的问题，应建立健全跨部门、跨层级的应急演练协作机制。明确各部门的职责和协作方式，加强信息共享和指挥协调，比如通过设立定期的跨部门、跨层级联席会议，分享应急演练的经验教训，讨论改进方案，加强沟通与合作；提升联合演练频次，组织多部门、多层级参与的联合演练，进行实际操作，从而提升部门间的沟通与协作能力。

5. 完善应急演练评估与反馈机制

针对总结与反馈机制不完善的问题，应建立科学、全面的应急演练评估体系，对演练过程进行全面、客观的评估。通过评估，及时发现问题和不足，并提出改进措施和建议。要建立健全演练评估后的反馈机制，将评估结果及时反馈给相关部门和人员，推动改进措施得到有效落实。此外，要加强演练结果的跟踪，督促整改工作，确保演练成果能够真正转化为实战能力。

2023年中国特大和超大城市韧性建设研究[*]

董泽宇[**]

摘　要： 　特大和超大城市是人口、信息和资源等要素高度集中的区域，具有高度复杂性、风险脆弱性和不确定性等突出特征。截至2022年底，我国共拥有10座超大城市和9座特大城市。党的二十大报告强调要加快转变超大特大城市发展方式，实施城市更新行动，打造宜居、韧性、智慧城市。近年来我国中央政府和特大超大城市属地政府加强规划部署，加快推进特大和超大城市韧性建设，在现代治理模式、城市运行平台、风险监测预警、应急预案体系、隐患排查治理、基层应急能力建设等方面取得了明显成效，提升了城市韧性水平。目前特大和超大城市韧性建设在体制机制等方面仍存在一些问题，难以有效防范应对极端天气事件和重特大安全事故等带来的风险挑战，需要进一步完善城市韧性顶层设计，健全特大和超大城市应急管理的体制机制。

关键词： 　特大城市　超大城市　城市韧性　智慧城市

　　特大城市和超大城市是城镇化发展的产物和跨越多重边界的巨型复杂系统。处于我国社会经济体系中心地位的特大和超大城市是人口、信息和资源

---

* 本文为国家社科基金一般项目"基于抗逆力视角的特大和超大城市公共安全治理研究"（18BGL230）的研究成果。
** 董泽宇，博士，中共中央党校（国家行政学院）应急管理研究院（中欧应急管理学院）教授，主要研究方向为应急管理、风险治理、城市韧性和危机沟通等。

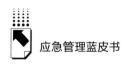

等要素高度集中的区域，不同类型的风险交织叠加，具有高度复杂性、风险脆弱性和不确定性等突出特征。党的二十大报告指出："加快转变超大特大城市发展方式，实施城市更新行动，加强城市基础设施建设，打造宜居、韧性、智慧城市。"① 面对复杂严峻的城市公共安全形势，要坚持关口前移、预防为主，加强特大和超大城市韧性建设，提升城市风险治理与韧性水平。

一 我国特大和超大城市的发展现状与面临的风险挑战

（一）特大和超大城市的发展现状

改革开放以来，尤其是党的十八大以来，我国新型城镇化取得重大历史性成就，我国常住人口城镇化率从 1978 年的 17.92% 提升到 2023 年的 66.16%。②2019～2023 年末，我国常住人口城镇化率见图 1。中心城市辐射带动作用持续增强，城市群日益成为承载人口和经济的主要空间形式。2022 年我国 21 个超大特大城市的 GDP 总量为 38.66 万亿元，约占全国经济总量的 31.95%。③

20 世纪 70 年代联合国统计局首次将超大城市定义为"门槛为 1000 万人口的城市集聚区"。④ 而根据 2014 年国务院颁布的以城区常住人口为统计口径标准，我国明确城区常住人口 1000 万以上为超大城市，500 万～1000 万为特大城市。具体来说，2014 年 10 月国务院印发的《关于调整城市规模划分标准的通知》将我国城市划分为五类七档，其中超大城市是城区常住人口 1000 万以上的城市，特大城市是城区常住人口 500 万以上 1000 万以下的城市。

---

① 习近平：《高举中国特色社会主义伟大旗帜　为全面建设社会主义现代化国家而团结奋斗——在中国共产党第二十次全国代表大会上的报告》，人民出版社，2022，第 32 页。

② 《中华人民共和国 2023 年国民经济和社会发展统计公报》，国家统计局网站，https：//www.stats.gov.cn/sj/zxfb/202402/t20240228_1947915.html。

③ 臧梦雅：《城市扩张规模不等于"摊大饼"》，《经济日报》2023 年 12 月 5 日。

④ 转引自陶希东《超大城市社会跨界治理：基本维度、基础条件与政策保障》，《理论与现代化》2023 年第 2 期。

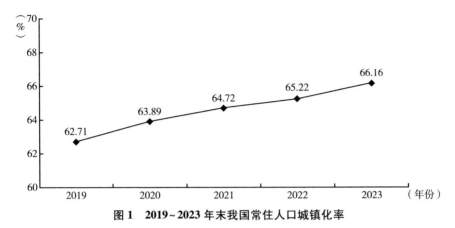

图1　2019~2023年末我国常住人口城镇化率

资料来源：2023年10月住建部官网发布的《2022年城市建设统计年鉴》。

2023年10月住建部官网发布的《2022年城市建设统计年鉴》的数据显示，目前我国城区人口超1000万的城市已达10座，分别是上海、北京、深圳、重庆、广州、成都、天津、东莞、武汉和杭州，城区人口在500万~1000万的城市有西安、郑州、南京、济南、合肥、沈阳、青岛、长沙和苏州，共9座（见表1），2022年我国十座超大城市的人口与城镇化率情况见表2。

表1　2022年我国特大和超大城市数量统计

城市类别	人口规模	城市数量				
		直辖市	省会城市	计划单列市	地级市	总计
超大城市	1000万以上	4	4	1	1	10
特大城市	500万~1000万		7	1	1	9
总　计		4	11	2	2	19

表2　2022年我国十座超大城市人口与城镇化率

城市	常住人口	城区人口	城镇化率（%）	城市类型
上海市	2487.09	1987.31	89.30	直辖市
北京市	2189.31	1775.17	87.50	直辖市
深圳市	1749.44	1743.83	99.70	计划单列市
重庆市	3205.42	1634.4	69.50	直辖市
广州市	1867.66	1487.84	86.20	省会城市

续表

城市	常住人口	城区人口	城镇化率(%)	城市类型
成都市	2093.78	1334.03	78.80	省会城市
天津市	1386.6	1093.31	84.70	直辖市
武汉市	1373.9	1084.64	84.56	省会城市
东莞市	1043.7	1012.44	92.25	地级市
杭州市	1237.6	1002.1	84.00	省会城市

资料来源：2023年10月住建部官网发布的《2022年城市建设统计年鉴》。

（二）特大和超大城市面临的安全风险挑战

近年来，我国特大和超大城市各类突发事件易发频发，严重威胁人民生命安全和身体健康，对社会经济发展造成严重影响。洪涝、雾霾等自然灾害易发多发，道路交通、危化品等事故灾难频发，部分建筑、生命线工程、地下管网等基础设施隐患逐步显现，输入型突发急性传染病风险不断增加，暴恐活动、环境群体性事件、涉外安全等社会安全方面新的挑战不断出现。值得一提的是，由于风险的不确定性和城市密集人群的高脆弱性，特大和超大城市难以从根本上遏制小概率的重特大突发事件。近年来我国先后发生2012年北京市"7·21"特大暴雨、2014年上海"12·31"外滩拥挤踩踏事件、2015年天津港"8·12"火灾爆炸事故、2015年深圳"12·20"渣土收纳场滑坡事故、2021年郑州"7·20"特大暴雨、2023年北京"4·18"长峰医院火灾、2023年海河"23·7"流域性特大洪水（京津冀地区）等一系列重特大突发事件，严重威胁人民群众的生命与财产安全。

"我国是世界上自然灾害最为严重的国家之一，灾害种类多，分布地域广，发生频率高，造成损失重。"[1] 在所有自然灾害中，我国发生最频繁的是洪涝、干旱、地震、台风和滑坡泥石流这5种类型的灾害，其所造成的损失占到损失总量的80%~90%。庞大的人口规模、复杂的社会环境和脆弱的

---

[1] 《十七大以来重要文献选编》（上），中央文献出版社，2009，第505页。

城市系统使得特大和超大城市的安全风险凸显，一旦发生重特大突发事件，将对城市运行基本秩序造成严重影响。2023 年 7 月 29 日 20 时至 8 月 2 日 7 时，受台风"杜苏芮"残余环流与副热带高压、台风"卡努"水汽输送、地形综合作用等影响，京津冀地区遭遇史上罕见的特大暴雨灾害，北京地区有仪器测量记录 140 年以来的最大降雨量出现在昌平区王家园水库，突破历史极值，降雨量达到 744.8 毫米。2023 年 9 月 7 日至 8 日，深圳市出现自 1952 年有气象记录以来的最强降水过程，突破 7 项历史极值，造成 220 个地下空间进水，22 万余人紧急转移。

同中小城市相比，特大和超大城市的风险与突发事件在类型、结构、孕育、演化等方面有较大的差异，具有更大的风险性、复杂性与耦合性。"目前，我国超大城市（城区常住人口一千万人以上）和特大城市（城区常住人口五百万人以上）人口密度总体偏高，北京、上海主城区密度都在每平方公里二万人以上，东京和纽约只有一万三千人左右。"[1] 尽管相对于中小城市来说，特大和超大城市的公共安全管理水平较高，但是公共安全治理仍存在许多不足，如对社会力量重视不够、重心偏应急处置、风险治理不足、职能机构分散、上下贯通不顺畅、预案缺乏针对性、科技创新能力不足、公众缺乏应急知识与自救技能等。2019 年剑桥大学风险研究中心的研究报告显示，通过对全球 279 个城市的风险指数进行排名，全球最具风险的 10 个城市中有 8 个为超大城市。[2]

二 中央政府实施特大和超大城市韧性建设的战略部署

近年来党中央、国务院高度重视特大和超大城市的韧性建设，超前作出了一系列加强城市韧性治理的战略决策与规划部署。

---

① 《习近平关于城市工作论述摘编》，中央文献出版社，2023，第 63 页。

② Cambridge Centre for Risk Studies, *Global Risk Index 2020 Executive Summary*, University of Cambridge, https：//www.jbs.cam.ac.uk/wp－content/uploads/2021/11/crs－cambridge－global-risk-index-2020.pdf, 2019, p. 3.

（一）加强超大特大城市韧性建设决策部署与战略规划

习近平总书记指出："要树立'全周期管理'意识，努力探索超大城市现代化治理新路子。"① 2020年4月10日，习近平总书记在中央财经委员会第七次会议上强调"要坚持以人民为中心的发展思想，坚持从社会全面进步和人的全面发展出发，在生态文明思想和总体国家安全观指导下制定城市发展规划，打造宜居城市、韧性城市、智能城市，建立高质量的城市生态系统和安全系统"②，标志着我国韧性城市建设正式从学术研讨层面上升为国家战略。2020年8月在中共中央、国务院对《首都功能核心区控制性详细规划（街区层面）（2018年—2035年）》的文件批复中首次提到"韧性城市"，要求建设韧性城市，为应对突发公共卫生事件预留空间，加强城市通风廊道建设。2020年10月党的十九届五中全会审议通过《中共中央关于制定国民经济和社会发展第十四个五年规划和二○三五年远景目标的建议》。该文件是历史上第一次在国家规划层面上提出建设"韧性城市"，要求加强特大城市风险治理，增强城市防洪排涝能力。

2021年3月第十三届全国人大四次会议表决通过《中华人民共和国国民经济和社会发展第十四个五年规划和2035年远景目标纲要》，明确要求把韧性城市纳入国家规划建设体系，并以"韧性城市"建设为目标，建设城市防洪和排涝体系。2022年6月21日国务院印发《国家新型城镇化规划（2021—2035年）》（国函〔2022〕52号），明确提出要统筹发展和安全，推动城市健康宜居安全发展，推进城市治理体系和治理能力现代化，加强超大特大城市治理中的风险防控，加快转变城市发展方式，建设宜居、韧性、创新、智慧、绿色、人文城市，增强能源安全保障能力，结合实际加大粮油肉菜等生活必需品和疫情防控、抗灾救灾应急物资及生产供应配送等相关设施保障投入。

---

① 《习近平关于城市工作论述摘编》，中央文献出版社，2023，第159页。
② 《习近平关于城市工作论述摘编》，中央文献出版社，2023，第91页．

2023年4月28日，中共中央政治局会议首次提出要在超大特大城市推进城中村改造和"平急两用"公共基础设施建设。按照这一决策部署，7月14日国务院常务会议审议通过《关于在超大特大城市积极稳步推进城中村改造的指导意见》，明确要求在超大特大城市实施城中村改造，推进"平急两用"公共基础设施建设，将该基建项目作为统筹发展和安全、推动城市高质量发展的重要举措。12月举行的中央经济工作会议进一步要求加快推进保障性住房建设、"平急两用"公共基础设施建设和城中村改造三大工程，实施城市更新行动，打造宜居、韧性、智慧城市。

（二）坚持安全发展理念，深入开展超大特大城市韧性建设

2020年5月工业和信息化部办公厅发布《关于深入推进移动物联网全面发展的通知》，提出要推进移动物联网应用发展，通过治理智能化手段，提升城市治理现代化水平，增强和提升城市韧性及应对突发事件能力。2020年6月住建部制定出台《2020年城市体检工作方案》，天津、上海、武汉等36个城市被列为样本城市，并把"安全韧性"列为城市体检重点考核指标。随后各样本城市陆续颁布城市更新条例和管理办法，对城市开展体检评估活动，提升城市的安全韧性水平。

2021年9月住建部与江西省政府联合印发《建立城市体检评估机制推进城市高质量发展示范省建设实施方案》，成为城市更新工作的部省合作典范。2021年9月国务院安委会办公室印发《城市安全风险综合监测预警平台建设指南（试行）》（安委办函〔2021〕45号）。2021年合肥市在"十四五"规划中提出要建设韧性城市。2021年成都市组织推进"智慧韧性安全城市建设工程"，着重提升城市安全感知和应急保障能力、基础设施服务品质以及智能安全管理水平。

2023年7月住建部印发《关于扎实有序推进城市更新工作的通知》，强调要把安全发展理念贯穿城市更新工作各领域和全过程，以城市体检为前提推进城市更新工作。2023年11月住建部印发《关于全面开展城市体检工作的指导意见》，强调要把城市体检作为重要抓手，打造宜居、韧性、智慧城

市。2023年8月生态环境部、财政部、住房和城乡建设部、国家疾控局等8部门联合印发《关于深化气候适应型城市建设试点的通知》，在前期工作基础上进一步深化气候适应型城市建设试点工作，加强极端天气气候事件风险监测预警和应急管理，提高城市适应气候变化的能力。2023年10月国务院安委会办公室、应急管理部在深圳召开国家安全发展示范城市创建工作现场推进会，提出要加快推进城市安全治理体系现代化，强化城市安全源头管控和全周期管理，探索走出一条具有新时代特征的中国特色城市安全发展之路。

（三）加强超大特大城市重点领域的安全管理工作

在郑州"7·20"特大暴雨灾害发生后不久，2021年7月25日国家发改委印发《关于加强城市重要基础设施安全防护工作的紧急通知》，要求抓紧完善落实城市应急响应机制，坚持"宁可十防九空，不可失防万一"原则，按照最严酷的极端天气情况完善应急预案。2023年4月住建部和国家发改委联合印发《关于做好2023年城市排水防涝工作的通知》，提出要全面提升城市内涝防治能力，保障城市基础设施生命线工程正常运行。2023年6月住建部和应急管理部联合印发《关于加强城市排水防涝应急管理工作的通知》，要求各地进一步完善排水防涝应急机制，做好城市排水防涝应急管理工作，保障城市安全度汛。2023年8月国务院安全生产委员会印发《全国城镇燃气安全专项整治工作方案》，提出要全面排查整治城镇燃气全链条风险隐患，加快建立城镇燃气安全长效机制。2023年8月住房和城乡建设部印发《全国城镇燃气安全专项整治燃气管理部门专项方案》，要求各地加快推进城市生命线安全工程建设，统筹城市燃气管道等老化更新改造工作，及时发现和消除安全隐患。2023年8月住建部办公厅、国家发改委办公厅联合印发《关于扎实推进城市燃气管道等老化更新改造工作的通知》，要求加快推进城市燃气管道等老化更新改造，全面提升燃气等市政基础设施本质安全水平，推进韧性城市建设。

三 地方政府推动特大和超大城市韧性建设的主要进展

在党中央、国务院的统一部署下，2023年我国特大和超大城市属地政府积极推动特大和超大城市韧性建设，取得了一系列重要进展。

（一）加强顶层设计，健全超大特大城市现代化治理新模式

体制和法治建设是超大和特大城市韧性建设的核心要素。作为全国首个城市治理风险清单管理试点城市，近3年来重庆市积极探索超大山水城市治理现代化的新路子，先后成立以市长为组长、60多个城市管理领域部门和单位为成员的城市综合管理领导小组，以及市、区县两级安全生产委员会城市运行安全办公室，整合住建、交通、应急等多部门力量，显著提升了城市运行管理效能和风险防控水平。2023年10月广东省住建厅、省发改委联合发布《"十四五"广东省城市基础设施建设实施方案》，提出到2025年显著提升城市基础设施运行效率、防风险能力，以期有效缓解超大特大城市的"城市病"。2023年6月广州市应急管理局制定全国首个"五进"地方标准《安全宣传"五进"工作规范》，明确安全宣传工作进企业、进农村、进社区、进学校、进家庭的工作内容。2023年9月深圳市人大常委会审议通过《深圳经济特区自然灾害防治条例》，创新性制定自然灾害地方性法规，强调要建立市、区、街道自然灾害防治工作体系，实行统一指挥、分级负责、属地管理为主的管理体制。深圳建立以市应急管理监测预警指挥中心为中枢、11个区级中心为基础、N个行业分中心负责各自行业领域的"1+11+N"应急指挥调度体系。为提升和优化自然灾害防治格局，深圳建立健全以行政首长负责制为核心、分级分部门负责的三防责任体系，健全责任人管理机制，分解压实三防责任，将全市4.1万名三防责任人细分为6大类44小类，并依托"深圳应急一键通"App进行可视化管理、推送灾害信息、发布行动指令。2023年海河"23·7"流域性特大洪水发生后，8月6日北京宣布全面启动恢复重建工作，将其与韧

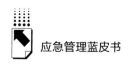

性城市建设结合起来,确立了"一年基本恢复、三年全面提升、长远可持续发展"的灾后重建总体思路。[①]

(二)系统整合数据资源,推动数字化与智慧化城市运行平台建设

2023年11月北京城市安全源数据服务平台正式上线,打造城市安全"智慧树",涵盖政府管理、城市路桥、城市住建、应急救援等15个领域85项应用,可用于位移态势感知、形变监测、短临降水预警等领域,助推北京韧性城市建设,提升城市精细化管理水平,降低洪涝、火灾、建筑物坍塌、燃气泄漏等自然灾害和事故灾难的影响。这是国内首个以北斗应用为主的城市安全数据要素典型应用,由超过200座源数据站构成,每个站点均包含卫星导航、温湿度风速风向等气象传感器、雷达卫星角反射器及烈度计等多种观测与采集设备,形成全球首创的、面向城市服务的高密度北斗地基星链站网。上海浦东区依托城市大脑"一网统管",运用物联感知、人工智能、数字城市孪生等技术赋能城市安全。浦东区以"全方位感知、全时段预警、全流程闭环、全体系监管、全区域可视"为目标,围绕"城市生命线、公共安全、安全生产、自然灾害"四个维度和"能监测、会预警、快处置"三个功能目标,以构建"线上集成、线下协同"的城市安全风险综合监测预警体系为核心,建立健全全覆盖组织管理、全链条平台应用、全要素制度保障、全时段即时发布、全过程处置规范、全融合技术标准六大体系。2023年10月重庆发布《数字化城市运行和治理中心建设方案(征求意见稿)》,提出要加快推进三级数字化城市运行和治理中心建设。

(三)坚持预防为主,加强超大特大城市风险监测治理

2023年杭州市的"城市地下隐患智防系统"接入全市1120平方公里三维地质数据,收集4000余个已知病害体、3000余处深基坑施工等风险要素

---

① 陈雪柠、王天淇、李苑滢:《韧性北京,如何让城市耐住考验?》,《北京晚报》2023年9月19日。

信息。该系统使用红、黄、绿三种颜色标识高、中、低风险，系统汇集与动态监控道路、基坑、地铁、地下管线等12类路面塌陷因子数据，第一时间消除风险因素。① 经过两年左右的探索实践，2023年重庆建立清单式的城市治理风险管理新模式，即"一张图表呈现，一个平台通览，一套机制保障"。在编制风险清单的基础上构建数据库，编制"红橙黄蓝"四色风险等级空间分布图和防灾减灾救灾能力区划图，涵盖城市基础设施等7大领域123项安全风险类型，例如试点的沙坪坝区安全隐患处置时间从原来的3~5个工作日缩短至2个工作日。② 作为全国首批城市安全风险综合监测预警平台建设试点城市之一，青岛市在2023年通过建设城市安全风险综合监测预警试点项目，接入了各类智能感知设备16675台，加强了对主城区城市生命线工程安全及公共安全领域的风险监测，能够实时监测感知燃气、供排水、热力、桥梁、消防等方面的风险隐患，实现了全域动态监测预警。③

（四）完善应急预案体系，健全预警叫应与应急处置机制

2023年4月天津市防指印发《天津市强降雨应急处置工作机制》，健全防范应对强降雨处置工作的九项重点程序，包括会商研判、信息发布、视频调度、布防预置、检查抽查、抢险救援、情况报送、舆情应对、复盘评估。2023年5月，天津安委办印发《关于印发关于进一步加强生产安全事故应急预案管理工作的实施意见的通知》，要求提升生产安全事故应急预案的规范性、针对性、实效性。2023年4月东莞市三防指挥部印发《东莞市强降雨灾害预警"叫应"工作机制（试行）》，要求指挥部各成员单位研究制定各自领域的强降雨灾害预警"叫应"工作机制，缩短预警响应和应急响应周期。为推进沈阳市北部区域与周边城市应急救援一体化合作，建立协调联

---

① 严向军、黎晴：《动态监测 科学布防——记城市道路地下隐患综合治理的"杭州模式"》，《中国建设报》2023年10月11日。

② 郭晓静、崔曜：《一张图表呈现 一个平台通览 一套机制保障 开篇破题 重庆试点城市治理风险清单管理》，《重庆日报》2023年8月11日。

③ 梁超：《实现城市安全"一网感知" 青岛构建城市安全风险综合监测预警体系，城市建成区安全全景画像初步形成》，《青岛日报》2023年12月21日。

动机制，提高跨区域协同应对突发事件能力，2023 年 8 月，辽宁省、吉林省和内蒙古自治区七县（市、旗）的应急管理部门共同签署了《沈阳市北部区域跨省域应急响应圈一体化合作框架协议》，明确七县（市、旗）要建立联席会议机制，加强信息情报互通共享，优化整合应急资源，协同应对突发事件，并开展应急救援培训合作交流。

（五）坚持问题导向，加强重点行业领域风险隐患排查整治

2023 年 10 月，北京市安全生产委员会、北京市防火安全委员会联合印发《关于加强重点领域重大安全生产风险防范若干措施》，重点建立健全风险隐患集中排查治理机制。针对超大型城市发展中安全风险高、隐患多、容易发生群死群伤事故的危险化学品、建筑施工、城镇燃气、轨道交通运营、高风险火灾场所等 10 个重点行业领域，明确要求市级行业主管部门针对本行业所属全部重点领域的高风险企事业单位，采取企事业单位自查、区级交叉检查、市级抽查的方式，每半年组织一次风险隐患集中排查治理活动。北京市组织开展安全生产和火灾隐患大排查大整治行动，研究出台"十项硬措施"，并编制了 191 个业态隐患排查标准。截至 2023 年末，通过"企安安"信息系统建立单位台账 49 万家，自查隐患整改率达到了 99.99%。2023 年 9 月，成都市安全生产委员会印发《成都市城镇燃气安全专项整治工作实施方案》，旨在进一步加强城镇燃气安全风险隐患排查整治，健全燃气风险分级管控、隐患排查治理、联合监管执法三重预防机制，并计划到 2025 年底前基本建立城镇燃气安全管理长效机制。

（六）强化指挥协调与应急演练，保障重大活动顺利举办

为保障 2023 年 9 月至 10 月第 19 届亚运会在杭州顺利举行，浙江省统筹应急、经信、建设、通信管理、气象等部门按照"1+8+N"架构实体化运行保障协调专班，在杭州全市开展"逐园、逐楼、逐企、逐户"的细致排查，分阶段建立底数、隐患、责任"三张清单"，合力筑牢"大亚运、大浙江、大安全"体系。浙江省应急管理厅梳理主要指标、重点任务、问题

销号 3 张清单，建立工作例会、清单管理、闭环督导 3 大机制，基于"防汛防台在线"开发亚运保障指挥平台，初步建成横向覆盖 14 个省级成员单位，纵向贯穿省市县和 56 个场馆的一体化指挥系统，强化实战实效和指挥协调，在全省 56 个场馆、6 个亚运（分）村落实了应急队伍 607 支共 5915 人，开展应急演练 137 次。为跨区域保障 2023 年 7 月至 8 月第 31 届世界大学生夏季运动会在成都顺利举行，7 月重庆市森林草原防灭火指挥部办公室印发《关于做好成都大运会期间森林草原防灭火工作的通知》，要求做好森林草原防灭火工作。

（七）加强基层应急能力建设，积极培育社会应急力量

2023 年 7 月浙江省杭州市防汛抗旱指挥部制订《乡镇、村社短临极端天气灾害防范应对双十条工作举措（试行）》，以"不死人、少伤人"为目标，旨在解决基层短临极端天气灾害防范应对的难点痛点问题，形成以气象预警为先导的"乡镇统筹、村自为战、充分授权、一线决策"作战模式。为进一步提高基层防汛抢险救灾能力，不断提升洪涝和台风灾害防范应对工作水平。2023 年 1 月青岛市防汛抗旱指挥部办公室制定出台《加强基层防汛能力建设打造"双十示范工程"工作方案》，在全市开展基层防汛能力提升行动，打造 10 个示范镇（街道）、10 个示范村（社区）"双十示范工程"，以点带面、典型引领，全力保障人民群众生命财产安全。为提升基层综合减灾能力，2023 年 9 月长沙市减灾委员会办公室、长沙市应急管理局印发《长沙市综合减灾示范社区（村）创建工作方案》，该方案按照自愿申请、逐级申报、严格验收、动态管理的原则，规范市级综合减灾示范社区（村）的创建工作。2023 年 6 月济南市应急管理局印发《济南市关于进一步加强社会应急力量健康发展的实施方案》，计划用三年左右的时间，基本建成市、县两级培育的社会应急力量管理体系。

（八）加强应急避难场所规划与建设，提升公众灾害避险能力

2023 年 6 月广州市应急管理局印发《广州市应急避护场所管理办法》，

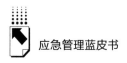
将应急避护场所划分为中心应急避护场所、固定应急避护场所、紧急应急避护场所等类型，各类应急避护场所的管理遵循政府主导、分级负责、属地管理、行业指导、平灾结合的原则。2023年7月深圳市在全国率先发布实施《深圳市应急疏散救援空间规划（2021—2035年）》，构建"5+1"分级分类应急疏散救援空间体系，整合避难场所、应急救援、医疗急救、应急物资、预留用地和应急交通等公共设施和大量公共空间资源，能够满足全市大约228万人的中长期避难需求。2022年深圳市发布《台风暴雨室内应急避难场所运行管理指南》，在腾讯地图上标注各类应急避难场所的具体信息，公众可以按照地图，自行前往附近避难场所避险。2023年深圳市有效防御应对超强台风"苏拉"等5个台风、"9·7"极端特大暴雨等29场暴雨，妥善处置187处地质灾害险情。在超强台风"苏拉"登陆前一天，即9月1日深圳首次在全市范围内实行"五停"（停工、停业、停市、停运、停学）措施。

四 相关启示与政策建议

经过这几年的快速发展，我国特大和超大城市的韧性建设工作已经取得长足进步，但仍然存在综合应急指挥平台不够完善、城市运行大数据系统缺乏整合、风险监测预警能力不足、公众应急避险知识普及不够等问题，在极端天气事件和重特大安全事故面前缺乏充分的应急准备，需要进一步完善城市韧性顶层设计，健全特大和超大城市的安全应急体制机制，提升城市韧性水平。

（一）坚持整合原则，完善城市应急管理体制

防范化解重大风险是各级党委政府的政治职责，要坚持总体国家安全观，坚持党对应急管理工作的绝对领导，进一步理顺特大和超大城市的应急管理体制机制。按照统一指挥、分级负责、专业处置的原则，统筹各类突发事件的应急处置工作，推动形成各部门协调联动的大安全、大应急格局。依

托城市大数据平台，建立突发事件指挥中心，融合各行业部门的信息数据，积极推进资源整合和信息共享，开展联合应急值守，实行统一指挥调度，及时妥善应对各类突发事件。

（二）完善风险治理，加强风险隐患排查与监测

加强风险监测网络和平台建设，提升风险隐患评估和突发事件应急监测的科技含量，建立全方位、实时动态的监测体系，以全面监测各类突发事件与重点安全隐患。加强风险隐患排查整治，提高其科学性和精准度，对重大事故隐患和重点行业领域实施常态化专项治理。风险监测涉及多个行业领域，要加强各类突发事件监测系统建设，建立健全跨部门、跨区域的风险监测工作机制。完善风险识别、分析与评价机制，科学划分各类隐患风险等级，聚焦重点行业领域、重大风险隐患和重要目标设施，集中开展风险排查与治理，提升高脆弱人群和关键基础设施的防御能力。

（三）健全责任体系，完善预警发布与叫应机制

预警信息发布是贯彻应急管理预防为主、防救结合和关口前移等原则的重要体现和关键措施，其目的是"最大限度地防止突发事件变成灾难"。在新的应急管理形势下，要创新与完善预警管理制度，加强预警信息发布系统建设，为提高全社会公共安全水平提供坚实保障。要充分运用大数据、人工智能、云计算等新技术手段，提高靶向预警、分区预警、短临预警的及时性与准确度。要健全预警叫应和应急响应的责任机制，落实地方政府的预警属地责任、党政领导干部的预警领导责任以及涉事机构人员的预警主体责任，使基层和一线在预警响应和现场应对处置方面发挥更大的作用。

（四）坚持科技赋能，加强应急体系智慧化建设

智慧化浪潮正在逐步解构、重构传统应急管理的模式、技术和机制，其中智慧预警在应急管理信息化建设中举足轻重。要以网格化为基础，以信息化为支撑，整合智慧城市、雪亮工程、平安城市建设等资源，强化安全信息

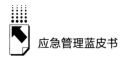

共享、互联互通，创新监管方式，将安全监管触角延伸到基层最末端、"最后一厘米"，推动特大和超大城市应急管理体系和能力现代化。同时，要完善全过程的大数据运行闭环管理机制，加强城市公共安全风险数据交流与共享，优化跨部门、跨层级、跨行业的远程会商流程，推动各部门在同一张灾情地图上标绘、分析并决策，以提升应急指挥与协调联动的有效性。

（五）加强平急转换，增强应急演练的实战性

坚持"过程即目的"的演练理念，将演练准备过程视为检验应急演练成效的重要标准。在演练规划阶段，委托方与执行方应充分沟通演练需求，酌情确定具有针对性的演练主题与目标。要深入分析国内外典型突发事件案例，提炼归纳突发事件的内生演化规律，结合本地区本行业的重大风险，构建符合当地实际的风险情景，精准刻画灾害初始场景、发生条件、预警过程及破坏路径等演练场景。坚持底线思维和极限思维，按照相关应急预案要求，赋予风险情景具体参数指标，详细制定演练方案与演练脚本。同时，应积极开展"双盲"应急演练，探索整建制指挥部演练，以提升应急演练的实战化水平。

应急管理能力篇

B.12

2023年社会应急力量年度述评*

李 明　田万方**

摘　要：　社会应急力量，作为国家综合性消防救援队伍与专业应急救援力量的有力补充，以其特有的灵活性和主动性，在应急救援领域发挥着重要的辅助作用。2023年，社会应急力量通过参与培训、演练及实际救援行动，充分展现了其在救援能力、参与程度、协同配合和国际合作方面的表现。本文通过对2023年我国社会应急力量建设概况、发展情况的梳理，总结社会应急力量建设经验和启示，剖析社会应急力量存在的问题与不足。在此基础上，对社会应急力量的未来发展进行展望，以期为我国灾害救援能力的提升提供有益参考。

关键词：　社会应急力量　应急救援队伍建设　应急管理现代化

---

* 基金项目：国家社科基金项目"改革开放四十年重大制度变迁的问题导向与改革方案文本的关系研究"（18BZZ074）。

** 李明，中共中央党校（国家行政学院）应急管理研究院（中欧应急管理学院）教授、博士生导师，重大风险理论创新工程首席专家，主要研究方向为应急管理；田万方，中国气象局气象干部培训学院工程师，主要研究方向为应急管理。

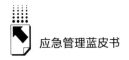

在当今社会快速发展的背景下，各种突发事件层出不穷，应急救援需求日益迫切。2023年，面对复杂多变的灾害形势，我国的社会应急力量展现出了极强的凝聚力和战斗力，为维护社会的稳定、保障人民的生命财产安全做出了巨大贡献。社会应急力量，作为国家综合性消防救援队伍和专业应急救援力量的辅助力量，其服务性特点尤为突出。本文旨在回顾并总结2023年社会应急力量的建设和发展情况，深入剖析存在的问题与挑战，同时展望未来的发展趋势，以期为我国社会救援应急管理体系和能力的现代化提供有价值的参考。

一　社会应急力量建设概况

（一）总体规模与基本构成

社会应急力量，作为国家综合性消防救援队伍、专业应急力量的有力补充，被纳入了国家应急救援力量体系。近年来，社会应急力量的参与数量和质量均实现了显著增长和提升，这一事实得到了各类相关社会调查的充分验证。根据《中国志愿服务发展报告（2017）》的数据，截至2017年6月，全国志愿服务信息系统注册的志愿者人数为4242万名，其中仅有6.32%的志愿者参与过抢险救援的应急志愿服务。然而，根据《中国志愿服务发展报告（2021~2022）》的数据，被访者最近一年参与抢险救援志愿服务的比例已飞速提升至12.28%，同时有19.05%的被访者表示愿意参与应急志愿服务。应急管理部也从2019年开始，陆续开展了全国社会应急力量基本情况的调查摸底工作。根据《"十四五"应急救援力量建设规划》，在民政等部门注册登记的社会应急力量1700余支计4万余人。据不完全统计，2018~2020年，全国社会应急力量累计参与救援约30万人次，参与应急志愿服务约180万人次。[①] 2020~2022年，国务院开展了全国自然灾害综合风

---

① 《应急部关于印发〈"十四五"应急救援力量建设规划〉的通知》，《中华人民共和国国务院公报》2022年第25期。

险普查工作，普查结果显示，全国社会救援力量现有 5180 余支，从 2019～2023 年的 4 年时间里，全国社会应急力量规模增长了约 3 倍。整体来看，我国防灾减灾工作在政府主导下，各类社会应急力量逐渐开始发挥重要作用，特别是在提升区县单元减灾能力方面。①

在社会应急力量的构成上，根据《"十四五"应急救援力量建设规划》，社会应急力量是指从事防灾减灾救援工作的社会组织和应急志愿者，以及相关群团组织和企事业单位指导管理的、从事防灾减灾救援等活动的组织。根据社会应急力量的组织化程度，可以将其分为组织化的社会应急力量和非组织化的社会应急力量两大类。在社会应急力量中，民间救援队和救援基金会是最具代表性的组织化力量。其中，公羊会、蓝天救援队和绿舟救援队等组织是民间救援队的杰出代表，它们在应急救援工作中发挥着重要作用。以公羊会为例，自成立以来，公羊会累计参加全球重大救援任务 287 次，其中，执行海外救援任务 16 次，累计救援生命 7898 人。仅 2022 年全年，公羊会执行国内外救援任务 27 次，救助 1150 人次。② 同时，壹基金、中国红十字基金会、南都公益基金会、腾讯公益慈善基金会和安利公益基金会等救援基金会在救援领域享有广泛的知名度，它们通过筹款和资助项目等方式，为受灾地区提供及时的援助和支持。此外，企事业单位中的应急救援力量也起到了举足轻重的作用。以滴滴公益救援队为例，其成立可追溯至 2021 年滴滴公司向中国红十字基金会捐赠 1 亿元。此后，滴滴公司继续深化此项目，与民间专业救援队携手合作，致力于培养网约车司机掌握急救技能，并鼓励他们积极参与社会志愿服务。目前，已在深圳、太原和北京建立三支志愿支队。2022 年，这三支队伍共开展 93 场专业救援培训，累计培训时长 22444 小时，完成 364 人次的志愿服务，总时长 11916 小时。这些组织化社会应急力量的存在，为应急救援提供了有力的保障和支持。此外，非组织化的社会应急力量主要是指个体化的应急志

---

① 马宝成主编《中国应急管理发展报告（2023）》，社会科学文献出版社，2023，第 52、63 页。

② 根据 2023 年 6 月 30 日浙江省杭州市公羊会座谈资料整理而成。

愿者，是具备应急救援资质且已登记成为应急救援志愿者的个体。近年来，应急志愿者的范围和规模也在逐渐扩大。这些主体就是社会应急力量的基本组成。

（二）政策法规与标准体系建设

制度的完善对于社会应急力量参与救援工作至关重要。通过制度的规范和引导，社会应急力量可以更好地进行组织和管理，提高救援工作的整体效率。[①] 为了确保救援应急工作的有效实施，在社会应急力量方面，建立完善的监督机制、激励机制、问责机制和补偿机制成为当前我国应急管理制度优化创新的重要任务。[②] 近年来，我国出台了一系列制度来扶持和培育社会应急力量，也重点对社会应急力量参与救援工作做出进一步部署。为了保障施救者的合法权益，我国《民法典》第一百八十四条明确规定："因自愿实施紧急救助行为造成受助人损害的，救助人不承担民事责任。"此规定被社会广泛称为"好人法"，其特点在于突出了救助行为的紧急性，这在过去的法律体系中并不多见。此外，国务院各部门也出台了一系列政策文件以支持、引导和规范社会应急力量参与救援的具体工作。2015 年 10 月 8 日，民政部发布了《关于支持引导社会力量参与救灾工作的指导意见》，该意见着重强调了加强组织领导、完善服务措施以及做好宣传引导等方面的工作，以确保社会应急力量在救援行动中能够发挥最大作用。2020 年 6 月 24 日，应急管理部办公厅印发《关于进一步引导社会应急力量参与防汛抗旱工作的通知》，要求各级应急管理部门全面掌握情况，畅通信息渠道，引导社会力量有序参与救援，并加强安全工作。2022 年 6 月 30 日，应急管理部印发《"十四五"应急救援力量建设规划》，明确制定出台加强社会应急力量建设的意见，完善社会应急力量现场协调机制，深入推进社会应急力量参与重特大灾害抢险救援行动的现场协调机制建设，完善统筹指导、任务调派

---

① 石奎：《社会组织参与救援应急的作用研究》，《人民论坛》2011 年第 26 期。
② 陶鹏、薛澜：《论我国政府与社会组织应急管理合作伙伴关系的建构》，《国家行政学院学报》2013 年第 3 期。

和服务保障等措施，支持地方应急管理部门与本地社会应急力量建立协调联动机制。2020 年 7 月 20 日，民政部社会组织管理局印发了《关于引导动员社会组织积极参与防汛救灾工作的通知》，提出提高政治站位，强化责任担当，加强宣传总结等工作要求。2022 年 11 月 3 日，应急管理部联合中央文明办、民政部、共青团中央出台《关于进一步推进社会应急力量健康发展的意见》，提出包括加强政策扶持在内的 8 项主要任务。

上述政策为社会应急力量的发展提供了较为宏观的方向性指导，此外，应急管理部也探索推出了一些针对社会应急力量的运作机制，如社会应急力量专属保险机制、社会应急力量现场协调机制、社会力量车辆跨省抢险救援公路通行服务保障机制等。此外，还出台了规范性文件，发布《社会应急力量建设基础规范》，该规范作为应急管理部成立以来在减灾救援与综合性应急管理领域发布的首套标准，为规范社会应急力量建设、引导开展救援行动提供了规范指导，有利于推动构建较为完善的社会应急力量能力评价体系。

二 2023年社会应急力量发展情况

在现有力量规模和制度建设的基础上，社会应急力量的发展也日新月异。在历次救援的磨炼中，社会应急力量的专业救援能力得到了显著提升，标志着我国应急管理体系的专业化水平迈上了新台阶。另外，救援参与范围明显扩大，社会参与度不断提升，显示出社会各界对于公共安全的高度重视和积极参与。同时，协同作战能力也得到了明显增强，社会应急力量之间及其与其他救援力量的协作更加紧密，为应对突发事件提供了有力保障。此外，国际合作也进一步加强，我国社会应急力量积极参与跨国救援行动，并不断深化与其他国家在应急管理领域的交流与合作，为构建人类命运共同体贡献了中国力量。

（一）专业救援能力显著提升

社会应急力量在提升专业救援能力方面，主要表现在装备更新、科技应

用及人员专业素质的提升上。装备更新的步伐，直接反映了社会应急力量救援能力的持续提升。社会应急力量紧密结合灾害救援的实际需求，不断对救援装备进行更新迭代，旨在提高救援队伍的作战效能和专业化水平。以2023年河北省涿州市发生的暴雨洪灾为例，在面对城区众多地下车库被淹的紧急状况时，社会应急力量迅速发现既有救援装备在应对当地特殊环境时存在局限性。因此，众多救援队伍积极行动，研发并采购新型救援装备，以适应地下车库这一特定作业环境。例如，来自佛山市的菠萝救援队，根据前线灾情的深入分析，有针对性地采购了北方地区稀缺的排洪、排涝装备，特别是那些能够在地下车库内作业的排涝设备，这些设备在灾后恢复阶段发挥了极其重要的作用。

互联网企业充分发挥其科技优势，通过数字化平台和AI工具等多种手段，积极参与并推动应急响应能力的不断提升。针对救援过程中常出现的信息沟通不畅问题，腾讯SSV部门构建应急开放平台，并在多个场景下进行了社会应急的试点工作。在郑州市的社区试点项目中，腾讯通过信息化手段，成功实现了应急开放平台与120急救中心的联动，有效支撑了社会力量在官方调度下的救援协助工作，显著提升了院前急救的响应效率。在社会急救领域，腾讯通过投资鱼跃医疗的子公司，直接参与到了急救器械的研发和生产过程中。在技术层面，腾讯的AI技术团队与医疗设备制造商紧密合作，共同研发出了针对自动体外除颤器（AED）的模拟前端芯片，该模拟前端能够精准监测患者的心脏状态，进而提升除颤的效果和准确性。腾讯还积极参与社会急救系统的建设和完善，通过捐赠AED设备以及提供资金支持等方式，为社会急救体系的发展贡献力量。同时，腾讯积极探索使用无人机等现代化科技手段，以期能够进一步提升和扩大急救的效率和覆盖面，凭借其强大的数字化能力，为AED的布设和管理提供了新的解决方案。通过微信等社交平台，用户能够轻松获取急救设备的位置信息，从而极大地提升了急救服务的便捷性和效率。

社会应急力量救援专业能力的提升，不仅体现在救援装备、科技手段的专业化，更在于人员的专业化。2023年，社会应急力量积极参与了多项培训项目，其中，由中国红十字会总会、应急管理部、中国红十字基金会等单位联合举办的社会应急力量骨干培训项目，以及由应急管理部主办的全国骨干社会应急力量培训班尤为突出。这些培训项目旨在培养一批具备技术专长、管理能力和坚定人道主义信念的社会应急救援骨干人才。具体而言，社会应急力量骨干培训项目在 2023 年成功举办了 10 期培训班，覆盖了 27 个省份，共计培训了 500 余名社会应急救援队伍的骨干成员。这些学员在华北、东北地区发生的重大洪涝灾害中积极发挥作用，50 多位参训学员及其所在的救援队伍投身救援一线，协助当地红十字会开展救援赈灾活动，充分展现了培训项目的实际成效。全国骨干社会应急力量培训班于 2023 年 10 月 30 日至 11 月 3 日在河南濮阳的国家危险化学品应急救援基地举办。培训汇聚了来自全国 137 支社会应急力量的 150 余名骨干成员，内容涵盖山地救援、水域救援、建筑物倒塌救援等实战技能，以及救援理论知识与现场救援协调等。[①] 此外，还包括灾害心理疏导应对和应急医疗急救等课程，以提升学员在实际救援工作中的综合能力。在课程设置上，培训班注重实战实用和能力提升，技能实操主要围绕建筑物倒塌搜救、山地搜救、水上搜救三个领域展开。为确保培训效果，培训班采用理论与实践相结合的方式进行教学。除了上述的主要培训活动外，社会应急力量还参与了其他一些应急培训活动。例如，各级应急管理部门协调推动社会应急力量与综合性消防救援队伍、专业救援队伍共享应急救援基地等训练资源，建立常态化培训演练、共训共练机制，定期组织社会应急力量开展队伍联训、应急演练、技能竞赛。这些培训活动旨在提升社会应急力量的专业技能和应对能力，使其能够在突发事件发生时，快速、有效地开展救援工作，保护人民群众的生命财产安全。

（二）参与范围和方式明显扩大和提升

2023 年，社会应急力量的构成日趋多元化，涵盖了更广的人群，其中

---

① 《第十期社会应急力量骨干培训班顺利结业》，中国红十字协会网站，https://www.crcf. org.cn/article/23704。

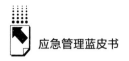

包括应急志愿者、基金会，同时亦不乏具备专业领域知识的专家学者。他们在应急救援行动中展现出了较高的参与度和较强的责任感，通过多样化的参与方式，显著提升了社会应急力量在救援行动中的影响力。

应急志愿者始终是社会应急力量中救援的主力。在抗击"杜苏芮"台风的过程中，仅台风登陆地泉州市，就有6万余名志愿者参与了救援工作。[①] 他们来自社区、军队、高校等社会各界，协助专业救援队伍完成了群众疏散、道路清理、物资运输等关键任务，为救援工作做出了突出贡献。在甘肃省临夏州积石山县发生地震后，当地退役军人事务局动员了20支退役军人志愿服务队、230名退役军人参与救援。[②] 此外，还有一些青年志愿者参与了救援活动，这些志愿者在地震灾区开展了包括抢救伤员、搭建帐篷、搬运物资、分发救援物资等一系列抗震救灾工作。

基金会的参与同样不可忽视，且参与形式更加丰富。在台风"杜苏芮"救援中，基金会主要开展了以下四项工作。一是发起捐赠倡议和募捐活动。多家基金会向社会公开倡议捐赠驰援灾区，例如，中国乡村发展基金会、壹基金等在台风来袭后立即启动了应急响应，并发起筹款倡议。北京市慈善协会、河北省慈善总会等也相继发出了救援专项募捐倡议。此外，中华慈善总会也发出了动员社会力量开展抗洪救援捐赠活动的倡议书。二是开展物资捐赠和运送。河北爱华慈善基金会联合爱心企业和车队前往受灾地区，捐赠了急需的生活用品和消杀物资，如消毒液、藿香正气水、维生素B6片、胃肠药、酒精免洗洗手液、手电筒、蚊香片、花露水、汽水、矿泉水、方便面和被褥等，用于保障受灾地区居民的基本生活需求和卫生健康。三是进行资金募集助力灾后重建。据统计，台风"杜苏芮"过后，社会捐赠总额超过11亿元，[③] 其中相当部分资金将用于灾后重建，显示了社会各界对于灾后重建

① 《泉州市各级志愿服务组织积极投身防抗台风"杜苏芮"一线》，泉州文明网，http：// qz. wenming. cn/wmzj/202307/t20230731_ 8194250. shtm。

② 《甘肃：大灾面前彰显担当——记积石山地震灾区的退役军人志愿服务队》，中华人民共和国退役军人事务部官网 http：//www. mva. gov. cn/xinwen/dfdt/202312/t20231229_ 248405. html。

③ 《台风"杜苏芮"响应捐赠超11亿元　灾后重建比例将提升》，公益时报，http：//www. gongyishibao. com/html/cishanjuanzeng/2023/08/24680. html。

的重视和支持。四是进行企业合作和多方联动。基金会与企业合作，共同为慈善事业奉献爱心，为援助灾区贡献力量。例如，壹基金启动了"净水24小时"应急救援机制，联合可口可乐中国系统，确保受灾地区能够获得紧急的饮用水供应。例如，中粮可口可乐北京厂紧急调配了10万余瓶饮用水，其中6万瓶在灾害发生的第一时间送达门头沟区，并陆续分发给受灾群众。这种公私合作模式有助于集中资源，提高救援效率。①

此外，专家在应急准备和救援工作中也发挥着举足轻重的作用。以甘肃临夏州积石山地震为例，甘肃省迅速调派了108名地质勘查专家深入灾区，致力于地质灾害隐患的细致排查，以确保救援行动既安全又高效。同时，以医学等领域专家为核心的红十字会应急救护培训师团队，在增强全民应急意识方面扮演着日益重要的角色。他们积极推广应急知识，普及自救互救技能，显著提高了公众的应急响应和救助能力。以2023年为例，红十字会深入社区和学校，广泛开展了心肺复苏（CPR）和AED的实用培训，并为通过理论和实操考核的学员颁发了专业的"心肺复苏培训证书"。这种专业而系统的培训不仅为公众提供了科学的自救互救方法，更为他们参与紧急救援提供了便捷的通道，使他们真正具备了专业的生命救助能力。

（三）协同作战能力明显增强

协同作战能力对于社会应急力量而言具有不可或缺的重要性。在2023年，社会应急力量积极投入持续的训练，通过实践和演练，提升了社会应急力量内部、社会应急力量和其他救援力量之间的协同水平，增强了自身面对各类紧急情况时的高效应对与有序处置能力。

社会应急力量现场协调机制在海河"23·7"流域性特大洪水的救援中得到了实践。河北省应急管理厅在涿州发生汛情后，立即启动了河北省社会应急力量参与重特大灾害抢险救援行动现场协调机制，这一机制不仅包括了

---

① 《壹基金响应京津冀暴雨洪涝灾害，10余支救援队伍联合行动》，澎湃新闻，https：//www.thepaper.cn/newsDetail_ forward_ 24088032。

专业的消防救援队伍，还涵盖了大量的民间救援力量，如蓝天救援队、公羊救援队等。这些救援力量在政府的有序引导下，针对救援任务发布执行、救援物资供应保障等环节进行了有效的组织协调，从而提升了整体的救援效率。通过这一机制，社会应急力量被纳入政府的应急管理体系，与政府部门并肩作战，共同应对各种挑战。

演练也是增强社会应急力量协同作战能力的重要途径。2023 年，社会应急力量参与了"应急使命·2023"高山峡谷地区地震灾害联合救援演习。该演习模拟云南省丽江市玉龙县白沙镇发生 7.6 级地震，地震造成大量人员伤亡、房屋倒塌，震区道路、电力、供水、通信中断，发生山体滑坡、堰塞湖油气管线断裂泄漏、森林火灾等次生灾害，相邻省份部分地区房屋设施一定程度损坏。演习在丽江设主演习场，在大理、昭通设 2 个分演习场，共投入专业应急力量和社会应急力量 4300 人，直升机 11 架、大型无人机 3 架，动用部分铁路、航空、公路运力资源、指挥车辆和救援装备器材。演习旨在统筹推进各类应急力量的实战运用，发挥好应急管理部门的综合协调职能，聚合消防、军队、专业和社会等应急力量形成整体救援威力。在这一过程中，社会应急力量在打通"信息孤岛"方面做了很多工作。在公路桥梁抢通现场，中国安能利用铺路机在通往"震区"的损毁地段铺设临时活动路面，同时快速架设了目前国内单体跨度最长的 51 米应急机械化桥，以保障各种轮式和履带式装备通过损毁路段。云南省信息通信行业派出 40 人组成的抢修队，携带应急通信设施徒步挺进"灾区"，采用"应急车+基站+机载融合通信中继"的应急通信新模式，在"信息孤岛"区域，迅速开通应急基站，形成大面积网络覆盖，保障"灾区"群众通信需求。

为应对高发频发的灾害类型，部分省份也积极组织并开展了区域性的社会应急力量演练活动。在"5·12"第十五个全国防灾减灾日到来之前，四川省成功地举办了 2023 年大震巨灾综合实战演练。此次演练活动会聚了来自不同领域的社会救援队伍和志愿者组织，共计 14 支队伍，参与人数超过 100 人。演练重点涵盖了社会应急力量的现场协调、受灾群众的转移安置、救援物资的搬运、城市废墟救援、水域山地救援以及航空救援等多项任务。值得一提的是，演练还创新性地采用了类大本营模式，实现了社会应急力量全过程的集中统一保障，这一设置不仅提升了社会应急力量的综合应对能力，也为未来社会应急力量同其他救援力量协同作战提供了宝贵的经验和参考。

（四）国际合作更加密切

随着全球化的推进，灾害的影响愈发超越国界，成为国际社会共同面临的挑战。灾害往往导致大量的人员伤亡和财产损失，需要国际社会共同努力，提供人道主义援助以减轻其影响。在 2023 年，我国的社会应急力量以积极的态度和较高的能力，深度参与国际救援行动，为全球救援事业做出了重大贡献。特别是在 2023 年 2 月 6 日土耳其发生的严重地震灾害中，中国社会应急力量迅速响应，积极参与了救援工作。

据统计，共有 17 支救援队伍，包括蓝天救援队、公羊救援队、北京应急救援协会、绿舟救援队、成都授渔公益、深圳公益救援队等，共计 441 人参与了此次国际救援行动。这些救援队伍均具备丰富的救援经验和专业的救援技能，他们携带了生命探测仪、破拆装备、搜索装备等必要的救援设备，为救援工作提供了有力的保障。在土耳其灾区，中国的救援队伍积极开展救援行动。其中，蓝天救援队的规模最为庞大，来自全国 23 个省份的 103 支蓝天救援队伍共计 290 人，在土耳其的马拉蒂亚、阿德亚曼、卡赫拉曼马拉什等地开展了广泛的救援工作。他们累计搜索了 380 幢建筑物，覆盖面积约 18 万平方米，并与其他救援队伍紧密合作，成功搜救出 8 名幸存者，找到了 137 名遇难者的遗体。[①]

在救援过程中，一些参与救援的土耳其翻译深受感动，他们希望能在当地播下关于蓝天救援队救援行动和友谊的"种子"。为此，在伊斯坦布尔休整的 2 天时间里，蓝天救援队积极与当地一所大学合作，举行了蓝天救援队土耳其分队成立的仪式。这一举措不仅为土耳其当地的救援工作注入了新的

---

① 《"中国救援"在土耳其灾区：19 支队伍 500 多人驰援 播撒人道主义"种子"》，中国新闻网，http://m.cyol.com/gb/articles/2023-02/17/content_ X5o7Ozip2z.html。

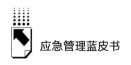
活力，也进一步推动了中土两国在救援领域的交流与合作。这充分展示了我国社会应急力量在国际救援中的重要作用，也彰显了我国对全球救援事业的坚定承诺。

三 社会应急力量建设经验与启示

通过实践观察，可以发现，社会应急力量在突发事件应对过程中具有明显优势。这些优势不仅体现在快速响应、高效协调等方面，更表现在其独特的灵活性和创新性上。社会应急力量能够迅速调动各方资源，形成有效的合力。同时，它们还能够根据实际情况，灵活调整应对策略。这些优势使得社会应急力量在应对突发事件中发挥着不可替代的作用。为了不断提升我国社会应急力量的建设水平，梳理和总结相关经验显得至关重要。这些经验不仅有助于我们深入理解社会应急力量的运作机制，更为未来的建设提供了宝贵的启示和参考。

（一）完善社会应急力量工作机制

社会应急力量工作机制的完善是应对突发事件、构建高效有序协同应急管理体系的基石。2023 年，我国在这一领域取得了显著进展，具体包括社会应急力量现场协调机制、专属保险机制、功勋荣誉表彰制度的完善，以及《慈善法》中关于应急情况的新规定。

针对社会应急力量协调问题，我国进一步完善了现场协调机制。该机制是政府主导、社会应急力量和公众广泛参与的高度灵活机制，贯穿救援全过程、覆盖全场景。通过"应急使命·2023"演习和涿州救援实践，该机制有效维护了现场救援秩序，减少了无序现象。同时，为提高社会应急力量救援队员的安全保障水平，应急管理部设立了专属保险机制。这一机制通过保险手段，降低救援队员在执行任务时面临的风险和损失。2023 年，全国多地已推出相关保险产品，如石家庄市应急管理局与中国平安财产保险股份有限公司河北分公司的合作，为社会应急力量成员提供了全面保障。在荣誉认定方面，也取得了显著进步。例如，在海河"23·7"流域性特大洪水中，北京房山蓝天救援队两位牺牲的志愿者被中共北京市委追授为烈士，这一决定开了民间救援队员获得烈士称号的先河，社会应急力量可以在一定程度上享受与职业救援人员同等的功勋荣誉表彰制度。此外，《慈善法》还新增了应急慈善专章，规范了突发事件中的慈善活动，明确了各级政府与社会力量的对接和协调机制。

（二）确立辅助性和服务性地位

搞清定位，对于社会应急力量的未来发展具有重要的指向性价值。根据《"十四五"应急救援力量建设规划》，社会应急力量的定位是国家综合性消防救援队伍和专业应急救援力量的辅助力量，突出其服务性。在灾害救援中，社会应急力量是重要的补充。特别是面临大型灾害时，官方救援力量可能难以覆盖所有需要帮助的区域。这时，社会应急力量可以作为补充，进入官方救援力量难以到达或者尚未到达的地方，提供必要的援助。

2023年，社会应急力量的辅助性地位得到了进一步凸显。在这一年里，我国遭遇了多次严重的自然灾害，如洪涝、地震等。在这些灾害中，社会应急力量发挥了巨大的作用。他们迅速响应，深入灾区，为受灾群众提供食物、水、医疗等救援物资。同时，社会应急力量还协助官方救援力量进行搜救、安置等工作，社会应急力量在灾害救援中具有独特的优势，他们往往更加熟悉当地环境，能够更快地找到救援的切入点和突破口。同时，由于社会应急力量的成员是出于自愿参与救援行动，通常具有较强的内在驱动力和使命感，在救援过程中具有较强的韧性。在救援的内容上，除了直接的救援行动，社会应急力量还可以提供后勤支持，比如食物、饮水和临时住所，以及心理援助，帮助受灾人群恢复正常生活。通过这些方式，社会应急力量的参与有助于提高救援效率，减轻灾害损失，并且在一定程度上缓解了官方救援力量的压力。

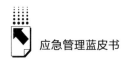

（三）加强专业化与技术化建设

专业化建设对社会应急力量的稳固发展具有基石作用。2023年，政府和社会应急力量均致力于深化专业化和技术化建设，以提升其专业能力。经过持续努力，已取得了显著的成效，进一步稳固了社会应急力量的地位。

在政府层面，政策制定者已经意识到提升社会应急力量专业能力的重要性，并投入大量资源用于培训、装备和体系建设。例如，通过购买服务的方式提供应急救援培训和进行资质认定，旨在提升其专业救援技能，从源头上降低社会应急力量的损伤风险。同时，政府还提出加强智慧应急能力建设，通过构建综合监测预警体系，利用无人机、卫星电话、大数据和人工智能等先进技术，以提升应急能力建设的科技水平。在社会应急力量内部，各组织和团体积极响应政府号召，自觉加强内部培训和团队建设。他们不仅在专业技能方面有所提升，还在心理素质、团队协作等方面进行了全面的强化。此外，为了更好地服务社会，许多社会应急力量还主动与社区、学校、企业等建立联系，普及应急知识，增强公众的应急意识和自救互救能力。这些努力共同促进了社会应急力量的稳固发展。

（四）增强吸纳能力和造血功能

社会应急力量参与救援需要付出极大的人、财、物成本，但我国《志愿服务条例》规定"不得以志愿服务名义进行营利性活动"。面对这一问题，2023年，社会应急力量开始积极探索自救之道，致力于创新公益模式，以实现自我的可持续性发展。其中，吸纳能力和造血功能成为两个重要的突破口。

在吸纳能力方面，在对资源的吸纳上，有的队伍凭借良好的救援声誉，同很多企业或明星群体建立了联系，在突发事件发生后，第一时间实现了资源的对接。在对人的吸纳上，社会应急力量的持续发展高度依赖于志愿者个体的力量。为了更有效地吸引并留住志愿者，社会应急力量采取了一系列策略。有的队伍构建了明确的职业发展路径，为志愿者提供了清晰的晋升渠道，使得志愿者能够在参与救援工作的同时，在队伍内部实现个人发展，提升个人价值感。在造血功能方面，部分社会应急力量队伍已经启动"以商养善"的模式，通过商业运作来支持公益事业的持续发展。例如，一些队伍会利用自身的资源和技能开设相关的培训课程或提供咨询服务，从而获取一定的收入。这些收入不仅可以用于支持日常的救援工作，还可以用于队伍的建设和发展。同时，一些队伍还建立起了上下循环可持续的生态供应链。它们与爱心企业建立长期稳定的合作关系，通过企业的支持和帮助来实现自我造血和可持续发展。这种模式的成功实践，使得中小型队伍能够逐步减少对外部支持的依赖，增强自身的独立性和自主性。

四　社会应急力量存在的问题与不足

在肯定我国社会应急力量所取得的成绩的同时，我们也必须清醒地认识到其存在的不足。针对社会应急力量的制度、结构、行动、功能等方面进行深入剖析，不难发现我国在应急力量布局与结构、响应速度与效率、人才与技术储备，以及运行机制保障等方面仍存在诸多亟待改进之处。

（一）社会应急力量结构尚待优化

根据《"十四五"应急救援力量建设规划》，当前我国应急救援能力存在一定不足。分灾种来看，现有的专业救援能力，如抗洪抢险、地方森林（草原）灭火、地震和地质灾害救援等，还不能满足复杂灾害救援的需求。分救援力量来看，社会应急力量和基层应急救援力量还处于起步阶段，新型救援力量如航空救援、工程抢险、勘测保障等数量不足，全社会参与应急救援的局面还没有完全形成。此外，力量布局也不够均衡，在自然灾害易发多发、经济欠发达的地区，特别是在某些省份，专业应急救援力量、社会应急力量和基层应急救援力量的建设亟待加强。

灾害管理往往受到焦点事件的驱动，一旦某类灾害事件频发，相似领域

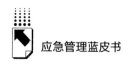

的社会组织和志愿者便会迅速聚集。例如，近年来暴雨洪涝灾害频发，不少地区成立了大量的水域救援队伍。然而，从长期趋势来看，部分地区暴雨洪涝灾害的实际发生频率并不高，因此在这些地区成立大量的水域救援队伍可能并非必要。在社会应急力量队伍的布局上，缺少基于本省实际情况的统筹引导和系统谋划，社会应急力量的布局欠缺合理性，救援行动的针对性和有效性没能得到保证。当前，社会应急力量的参与热情高涨，但更应注重明确方向，避免盲目跟风，以保障救援工作的有序和高效开展。

（二）应急响应速度和效率有待提升

在救援工作中，应急响应的迅速与高效至关重要。在这一关键环节上，社会应急力量在抵达灾害现场的速度上可能占据一定优势。然而，与整建制管理的救援力量相比，社会应急力量在救援效率方面可能存在一定的不足。

首先，社会应急力量的平均专业水平有待提高。社会应急力量往往是由志愿者或非专业人士组成的，他们在专业知识和技能培训上可能相对不足。同时，技能培训需要巨大的经费投入，广泛的社会应急力量群体并不都具备这样的条件，这就导致社会应急力量的质量参差不齐，在面对复杂的救援情况时，无法保证迅速、准确地做出判断和采取行动。其次，社会应急力量在协调和沟通方面可能存在一定的困难。由于缺乏统一的管理和指挥体系，不同的社会应急力量之间可能存在信息不畅、协作不力等问题。这可能导致救援行动的混乱和延误，降低救援效率。此外，社会应急力量在资源获取和分配方面也可能面临一定的挑战。由于缺乏稳定的资金来源和物资储备，社会应急力量在灾害现场可能面临资源短缺的问题。社会应急力量中的救援队伍量大庞杂，当前，我国尚未完全掌握社会应急力量的基本情况，尚未摸清救援力量和救援资源底数，导致难以进行有效的指挥调度，难以形成救援合力。

（三）应急救援人才与技术储备不足

目前，社会上涌现出越来越多的个体愿意投身于应急志愿服务，为社会的应急管理体系不断注入新的活力。然而，由于救援技能培训不足，在实际执行应急救援任务时，我们仍面临着人才储备不足和技术支持不够的挑战。这主要表现在专业救援人员的数量不足和质量不高上，以及先进救援技术的研发滞后和应用不广等方面。这些问题限制了我们在应对突发事件时的效率和效果。

第一，现代化指挥人才和实战经验丰富的救援人员的短缺，成为制约社会应急力量发展的一个重要因素。在突发事件发生时，一个优秀的指挥官或领队往往能够迅速做出正确的决策，从而最大限度地减少灾害损失。然而，现实情况是，这样的人才在社会应急力量中并不多见。造成这一问题的原因有很多。首先，与发达国家相比，我们在应急管理领域的专业教育和培训起步较晚，导致人才储备不足。其次，由于对社会应急工作的重视不够，许多有潜力的人才往往选择其他行业，进一步加剧了人才短缺的问题。此外，一些社会应急力量在队伍建设、人员技能培训和激励机制方面也存在不足，使得队伍人员流失严重。

第二，社会应急力量在救援装备领域存在明显的短板，主要体现为装备智能化、轻型化、模块化程度不足，且关键技术装备的研发亟待突破。这一问题的产生源于多方面因素。首先，社会应急力量的资金来源相对有限，购置先进装备需要大量的资金投入，而由于社会应急组织具有非营利性质，经费筹措成为一大难题。其次，社会应急力量在装备研发方面的技术与人才储备尚显不足，难以独立开展高水平的装备研发工作。此外，当前市场上应急装备种类繁多，但针对特定救援场景的专业化、智能化装备相对较少，这在一定程度上限制了社会应急力量在救援装备选择上的灵活性和针对性。

（四）社会应急力量运行机制有待丰富

面对社会应急力量参与救援过程中的诸多问题，还有许多环节和运行机制有待进一步完善。首先，政策法规体系尚未形成。尽管国家已经出台了一系列相关法律法规，但针对应急救援力量建设的专门性、系统性政策法规仍然缺失。这导致在应急救援力量在组织、培训、装备、演练等方面

缺乏明确的指导和规范，难以形成统一的标准和高效的运行机制。其次，政府投入、考核评估、救援补偿、奖惩激励等方面的制度有待健全。目前，政府在应急救援力量建设方面的投入相对较少，缺乏长期稳定的经费保障机制。同时，对于社会应急力量的考核评估机制也尚未建立，无法对救援力量的实际表现进行客观评价。此外，救援补偿和奖惩激励机制的缺失也使得救援人员在面对危险时难以得到充分保障和激励，影响了救援效果的发挥。

而针对现已存在的社会应急力量协调机制而言，当前机制仍存在一定的不足，这在一定程度上影响了其应对突发事件的效率和效果。尽管我们已经建立了一些应急救援的制度和流程，但在实际操作中，这些制度和流程的效果却并不理想。这主要有以下三方面的原因，第一，我国社会应急力量协调机制在制度文本与实际执行之间尚存在磨合不足的问题。这一问题使得社会应急力量现场协调机制在灾害发生的初期难以迅速启动，进而可能导致后续工作受到延误。此外，即便相关文件已经明确了相关部门的职责范围，但现实中往往存在职责交叉、重叠或者模糊的情况，导致在应对突发事件时，容易出现各部门之间推诿扯皮、互相掣肘的现象，严重影响了应急响应的效率和效果。第二，社会应急力量内部以及各部门之间的信息沟通不畅。在突发事件发生时，信息的及时传递和共享至关重要，但由于各部门力量使用了不同的信息系统，有可能存在信息壁垒，导致关键信息无法及时传递，从而影响了应急响应的速度和准确性。近年来，以卓明灾害信息服务中心和基金会救灾协调会等为代表的枢纽型组织在应急救援中发挥着越来越重要的作用，但信息总量的指数级增长也对此类协调机构提出了较大的挑战，亟须更为强有力的力量和技术介入。第三，资源分配不均也是影响社会应急力量协调机制的一个重要因素。在应急救援中，救援资源的快速调配和合理分配对于控制事态、减少损失至关重要。然而，由于各部门力量之间存在一定的利益冲突或者管理不当，往往导致资源无法得到合理分配和有效利用，甚至出现资源浪费的现象。这不仅影响了应急响应的效果，也损害了公众对社会应急力量的信任。

五 2024年社会应急力量建设展望与建议

（一）坚持党委领导和政府主导

在社会应急力量参与救援过程中强调坚持党委领导和政府主导，是确保救援方向正确的关键。根据 2024 年的中国共产党党内统计公报，截至 2023 年 12 月 31 日，我国共有社会组织基层党组织 18.3 万个。[①] 这一占比还较低，需要进一步提升，以此确保在党的领导下，社会应急力量行动方向与国家的整体利益保持一致，避免因为决策失误或行动不当而带来更大损失。

我国的社会应急力量作为一支具备专业救援知识和技能的力量，为了保证其在突发事件发生时能够迅速响应，为受灾地区提供及时、有效的救援支援，必须被统合到党的领导之下，以确保其行动的一致性和高效性，从而避免可能引发的国家安全和稳定风险。通过加强党的领导，也能够增强社会应急力量和其他救援力量的配合，建立起统一、高效的指挥体系，实现各力量之间的信息共享、资源调配和行动协同，从而提高整体救援效率。当前，社会应急力量的党建工作已经引起了多方重视，党和国家机构改革也采取了措施加强社会组织的党建引领。具体来看，原先，社会组织党建领域的工作由中央组织部在基层党建范畴内进行统筹指导。经过改革，组建了中共中央社会工作部，作为党中央的职能部门独立设置，并从中央和国家机关工委、国务院国资委党委划转了原先由这些部门负责的全国性行业协会商会的党的建设职责。然而这一机制目前仅在中央完成了设置，地方层面的社工委较少承担志愿服务统筹协调的工作职责，然而社会应急力量通常是地域性的，地方层面需要进一步加大改革力度，尽快使改革到位。

[①] 《中国共产党党内统计公报》，共产党员网，https://www.12371.cn/2024/06/30/ARTI1719715269079269.shtml。

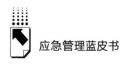

（二）注重顶层设计与统筹规划

政府要加强对社会应急力量发展的宏观规划和政策支持，清晰界定社会应急力量的角色，明确其重要性，并制定相应的法律法规和政策措施，为社会应急力量的发展提供坚实的制度基础。这包括政府和社会应急力量两个方面的工作。

一方面，在非应急状态下对社会应急力量的有效管理，是确保在应急状态下社会应急力量能够有序且高效地参与救援工作的关键前提。因此，政府需要在日常管理中对社会应急力量进行统一的规划和布局，优化社会应急力量的队伍结构，以应对不同类型的突发事件。同时，为确保社会应急力量在应急状态下有序和高效地参与救援，还需建立健全的社会应急力量保障机制，包括为志愿者提供必要的安全、医疗和生活保障，以满足志愿者在救援过程中的基本需求。另一方面，对于社会应急力量的管理，应建立完善的内部管理制度，明确志愿者的职责、权利和义务，规范志愿者的招募、培训、考核和激励等各个环节。在突发事件发生时，社会应急力量需要迅速反应，高效有序地参与救援工作。为此，社会应急力量应预先制定完备的应急预案，进行有针对性的培训和演练，以提高自身的应急能力和自我保护意识。此外，社会应急力量还应构建完善的志愿者调度和指挥体系，确保救援现场的有序管理和高效协作。同时，及时跟踪和评估志愿者的参与情况，总结经验和教训，持续优化管理制度和应急预案。政府要充分发挥统筹作用，制定具体可行的操作方案，以推进建设工作，不能放任其野蛮生长。当前，我国正就《社会应急力量分类分级测评实施办法（征求意见稿）》公开征求意见，除文本合理性外，还需确保测评过程的客观中立、合法合规。这将为实现细化社会应急力量管理提供基础遵循。

目前，我国已陆续颁布了《关于支持引导社会力量参与救灾工作的指导意见》《关于进一步推进社会应急力量健康发展的意见》《社会应急力量建设基础规范》等相关法规文件，旨在推动社会应急力量的规范化和标准化发展，实现了社会应急力量相关制度的初步构建。然而，目前仍需进一步优化和完善，以实现制度的深入和持续发展。关于社会应急力量现场协调机制的建设，虽然已有具体方案的提出，但对于各地实际落地情况及地区间差异的监督与评估尚显不足。此外，现有的社会应急力量激励政策多以方向性指导为主，导致各地激励力度存在较大差异，进而影响了社会应急力量的整体能力和水平。因此，有必要进一步细化激励措施，制定更加具体和可行的政策，以提供必要的装备和资金支持，确保社会应急力量得以持续维护和发展。同时，通过政策引导和支持，促进越来越多的社会应急力量达到参与应急救援的标准，从而不断完善和充实我国的社会应急力量体系。

（三）提升社会应急力量专业性

在当前复杂多变的社会环境下，为了应对各类突发事件，强化社会应急力量的建设与培训工作显得尤为重要。这不仅需要社会应急力量在技能锤炼、心理调适以及实战模拟等方面付出巨大的努力，更需要政府、企业和社会各方的积极参与和配合。

针对这一问题，政府应加大对应急队伍的财政支持，在社会应急力量采购先进救援设备方面提供必要的支持，以提高救援效率。同时，政府还应引导企业和社会组织参与应急装备的研发与生产，推动技术创新和产业升级，形成更为完善的应急产业链。这样一来，不仅能提升我国在全球应急装备领域的竞争力，还能为应对各类突发事件提供更为坚实的保障。

除了政府层面的支持，社会应急力量也应加强技术与人才储备，提高自主研发能力。为了实现这一目标，可以考虑与高校、科研机构等建立紧密的合作关系。通过与这些机构的合作，共同开展应急装备的研发工作，促进科技成果的转化和应用。这种合作模式不仅能提升社会应急力量的技术水平，还能为高校和科研机构提供丰富的实践机会，实现资源共享和互利共赢。在技能锤炼方面，社会应急力量需要定期开展实战模拟演练，提高志愿者们在面对危机时的应对能力。通过模拟演练，发现存在的问题和不足，及时进行改进和调整。同时，实战模拟还能帮助志愿者们熟悉各种救援场景，提高他们在实战中的心理素质和应对能力。心理调适同样不可忽视。在面对突发事

件时，志愿者们可能会面临巨大的心理压力。因此，需要加强面向志愿者的心理辅导和调适工作，帮助他们保持良好的心态和情绪。通过专业的心理辅导和团队建设活动，增强社会应急力量的凝聚力和战斗力，确保其在面对危机时能够迅速且精准地采取行动。

（四）建构救援全过程协调渠道

在推动建立大安全大应急框架的过程中，应该高度重视并深入研究社会应急力量在应急救援全过程中的关键作用和潜在影响。社会应急力量在应急救援的不同阶段，扮演着不同的角色，有必要针对不同阶段，搭建覆盖救援全过程的协调渠道，理顺内部关系，以确保其在关键时刻能够发挥出应有的作用。

在预防准备阶段，社会应急力量主要扮演功能的辅助者的角色，提供培训、技术咨询以及协助制定防护标准。在监测预警阶段，同样作为功能的辅助者，帮助政府进行风险监测和预警。在处置与救援阶段，社会应急力量则作为补充参与者，提供专业服务、资源，并共同参与生命救援工作。在恢复与重建阶段，社会应急力量继续作为补充参与者，关爱特殊群体，提供心理服务支持。就与政府的关系而言，在预防准备和监测预警阶段，社会应急力量与政府之间基于志愿机制下的平等协作关系，主要表现为志愿服务提供与接受的关系。然而，在处置与救援阶段，社会应急力量与政府之间除了协作关系外，还存在决策的制定与执行关系。社会应急力量在社会组织的带领下，服从政府的统筹协调安排。在恢复与重建阶段，社会应急力量与政府之间则表现为全面参与条件下的辅助落实关系。

因此，在下一步，首先应该更加强调社会应急力量的创新性发展，在充分考虑财政能力的前提下，地方政府应加快制定和出台一系列补贴政策、税收优惠等措施，并综合运用经营许可、公共资源配置、政府采购等手段，以吸引更多市场和社会主体参与社会应急救援服务的创新和供给。同时，强化其权益保障与发展责任约束，多管齐下营造社会应急力量参与救援的高质量发展的优良环境，为社会应急力量提供更为丰富的资源和支持。其次，政府可以建立有效的奖励机制，对社会应急力量在救援中的表现进行评估和奖励，例如颁发荣誉证书、提供税收减免等。此外，政府还可以通过与社会应急力量的合作，共同开展救援项目，并在协同过程中，及时向参与救援的社会应急力量公开救援相关信息，减少信息的不对称。由此，提高社会应急力量参与救援的积极性和效果，形成正向循环。

B.13
2023年应急组织间信息共享能力述评

王双燕[*]

摘　要： 应急组织间的信息共享能力直接决定了应急组织间的协同效能和突发事件的应对水平。北京"4·18"长峰医院火灾、"23·7"华北强降雨等突发事件发生后，提高应急组织间的信息共享能力得到了更多的关注和重视。本文聚焦应急组织间的信息共享能力，对我国应急组织间目前所形成的信息共享现状、存在的瓶颈和问题进行了具体的分析。研究发现：应急机制启动前后应急组织间的信息共享机制不完全相同，应急组织间信息共享能力与突发事件下的组织形态息息相关。同时，目前我国应急组织间的信息共享能力受科层制影响较大，在边缘组织协同水平的提升以及组织间知觉统一的完善上还有待进一步加强。为此，本文从应急机制启动前、应急机制启动后、应急培训与演练三个维度提出信息共享能力的优化建议，有针对性地解决应急机制启动前科层组织层级对信息报送效率的影响、应急机制启动后边缘组织协同不足以及组织间认知共享不足的问题。

关键词： 应急组织　信息共享　突发事件　应急能力

　　信息是突发事件应急响应过程中的基础共性要素，开展决策部署、任务实施、组织协同、舆情管控、维护社会秩序稳定等都脱离不了信息的传播与共享。尤其在面对大型灾害时，往往需要政府机构、企事业单位、社会组织、志愿团体等多元主体共同参与。多元主体间的信息共享能力就决定了多

---

　　* 王双燕，博士，中共中央党校（国家行政学院）应急管理研究院（中欧应急管理学院）讲师，主要研究方向为应急管理。

元主体协同的效能。同时，应急组织间的信息共享能力也与应急组织间的组织形态和组织关系紧密相连，组织形态的结构直接决定了组织间信息共享的效率。因此，多年来我国一直在持续探索效率高、见效好、合作强的应急指挥体系，一方面有利于提升多元主体间的信息共享能力，另一方面有利于保障高效准确的应急决策。2023年在经历了"4·18"长峰医院火灾、"23·7"华北强降雨等突发事件后，人们更加意识到应急处置机制和信息共享能力的重要性，期望通过多种案例复盘再摸清应急处置及信息共享过程，强化面对不同突发事件的信息共享、决策研判、响应联动能力。北京据此展开了面向消防、急救、轨道交通、道路交通、燃气等多个维度的调查研究，力求梳理当前北京应急处置机制中存在的突出问题，以期有针对性地进行改进。亦有相关领域的研究学者围绕应急组织形态、科层组织架构的转化、跨界危机、组织间的协同机制等多个维度，探究提升应急组织间信息共享能力及应急处置能力的有效路径。

一　我国突发事件下应急组织间的信息共享现状

（一）常态下应急组织形态及信息共享过程

首先，我国行政体制具有科层组织的特点，即具有严格的层级和等级制度，分工和职责划分明确，不同等级具有不同的行政权威。[①] 科层组织架构非常适合运用规模较小的管理团队管理规模巨大的复杂对象，可显著提升行政管理的效率。但其弊端也同样明显，在科层组织的层级和等级制度限制下，组织形态不具备灵活性和韧性，以至于科层组织呈现两种最为典型的特征，即"差序责任制"和"直接上级负责制"。[②] 可想而知，顶层组织承担

---

① 姚金伟：《克服现代治理困境中"信息不对称性"难题的路径选择——兼论有效应对疫情防控阻击战中的信息不对称性》，《公共管理与政策评论》2020年第6期。

② 陈科霖：《应急管理中缘何出现"信息悖论"现象？——基于中国国家治理视角的考察》，《北京科技大学学报》（社会科学版）2020年第2期。

决策部署的职能，而下级组织对管理对象的接触面积最大，直接获取管理相关的信息。信息经由顶层组织与下级组织间的多个代理组织层层自下而上进行传递，传递链条过长首先可能会导致信息失真、传播效率低下。其次，下级组织只对直接上级组织负责导致信息在自下而上传递过程中容易出现瞒报、漏报、不报等现象，这会降低顶层组织基于信息决策的准确性。当顶层组织自上而下要求加快信息上报速度时，在经过多个层级层层加码后，也会导致下级组织压力过大，不同层级代理组织对信息的筛选能力减弱[①]，包含过高杂音的信息也不利于有效决策。可见，科层组织内的信息共享过程仍旧存在很多非理性因素，科层组织架构的合理性和稳定性显然难以满足突发事件下各组织对信息快速共享、准确共享的需求。因此，根据我国的预案和应急机制，一旦确认突发事件的基本情况，应急机制启动，指挥中心发挥作用，那么应急组织形态会在原有科层组织架构基础上发生改变，新的信息共享机制也相应出现。

此外，从常态化下信息报送源头和目标来看，三大接警中心、城市生命线和网络舆情的监测预警体系等是获取风险信息的主要渠道。初始信息获取后经科层组织架构自下而上传递，以省级层面为例，信息最终会分别报送到省委总值班室、省委办公厅信息综合室、省政府总值班室和省应急管理厅；省委办公厅信息综合室、省政府总值班室分别负责向中办、国办报告，省应急管理厅向应急管理部报告。可见，信息报送源头分散，不存在靠近源头的统一信息汇集节点，不可避免地容易导致信息在自下而上传递时受不同条块影响产生信息传递的条块分割现象；信息报送目标较多，存在下级组织对上级组织依次汇报现象，增加了下级组织信息报送压力，同时也影响报送效率。

（二）非常态下应急组织形态及信息共享过程

非常态化下的组织形态呈现扁平化和多中心化的特点，其中中心组织为

---

① 邓大才：《反向避责：上位转嫁与逐层移责——以地方政府改革创新过程为分析对象》，《理论探讨》2020年第2期。

发挥统筹协调作用的综合指挥中心，位于应急管理部门，承担专业处置部门信息的汇总、决策部署等工作，成了一个信息枢纽节点。在空间上，综合指挥中心位于后方，靠近灾害现场还有一个现场指挥部，负责统筹协调现场管理和应急任务的跟踪实施，前后方指挥部之间具有直接联系，可以说，现场指挥部是后方指挥中心为与现场建立联系专门设定的一个站点，可为后方指挥中心直接提供现场的相关处置信息和灾情信息。同时，各专项指挥中心又分别承担专项处置任务，如急救中心、消防指挥中心、道路交通指挥中心等分别承担院前急救、消防力量派遣和任务处置、交通管制等应急任务，它们各自又成为处置任务的枢纽节点，与相关配合组织协同开展灾害应对。已有多个相关研究表明，我国应急组织形态呈现任务驱动下的"中心—边缘"结构特征，当某项任务完成后，新的任务驱动下不同组织间又会建立联系形成新的"中心—边缘"结构。① 也就是说，在非常态下的应急组织架构中，既存在固定的结构，如前后方指挥部、各专项指挥中心，也存在多变的结构，如任务驱动下组织形态的变化。前者能够强化对各应急组织的统筹和把握，后者能够适应突发事件不确定性的各种变化，根据变化的任务作出相应的调整。

依靠扁平化、多中心化的组织形态，中心组织成为信息汇集、任务协调的枢纽，各边缘组织承接中心组织传达的各项信息，并承担向中心组织汇报任务实施进展的职责。各中心组织之间也会建立联系形成信息共享，即"中心—边缘"组织结构是按照任务层层分解的模式形成的一种多中心化层级结构，每个层级的中心组织都是信息汇集的节点，信息共享主要发生在中心组织与边缘组织之间。目前在非常态下所形成的这种"中心—边缘"结构以及信息共享模式，已经能够初步解决多元主体参与及复杂任务实施的难题。但信息共享能力不仅受到组织形态的影响，也受到组织边界、数据异构、认知共享等多个维度的影响，想要真正实现有效的信息共享，还有很大的探索空间。

---

① 郭雪松、赵慧增、石佳：《基于时间动态网络的应急响应组织协调机制研究》，《上海行政学院学报》2018年第6期；康伟：《基于SNA的突发事件网络舆情关键节点识别——以"7·23动车事故"为例》，《公共管理学报》2012年第3期。

二　应急组织间信息共享存在的瓶颈和问题

多次突发事件应对中都暴露出应急响应过程中存在信息共享问题，例如在 2023 年北京"4·18"长峰医院火灾的调查报告中明确指出，此次火灾应急响应过程中属地政府及相关部门信息报告不规范、部门之间信息不通畅，存在报告滞后、迟缓等现象。[①] 我们仍需要不断通过案例学习，规范应急组织间的信息共享机制，挖掘影响组织间信息共享水平的各项要素，有针对性地提升组织间的信息共享能力。作者结合相关研究总结出目前我国应急组织间的信息共享方面仍旧存在的一些瓶颈和问题。

（一）科层制对常态下组织间的信息共享具有一定负面影响

前文对于常态下应急组织间信息共享过程的叙述，体现出科层制对信息共享过程确实存在一些负面影响，如信息报送层级过多导致信息共享效率较低，层级中存在的"差序责任制"和"直接上级负责制"容易导致应急组织间的信息不均衡、不对称等。同时，科层制下的组织边界明显，职责分工细致，消防、公安、卫健等部门具有不同的信息报送渠道，以至于信息从基层到达各接警中心的过程存在明显的条块分割现象，这意味着很多现场的信息无法在靠近现场的层面得到汇集，反而需要到达后方后再统一汇集、处理、研判，这个过程无疑降低了信息共享效率，容易错失风险处置先机。条块分割现象在从常态到非常态转换过程中以及非常态下也存在。例如笔者在参与2023 年海淀区西昌林场"3·7"森林火灾应对的调研中了解到，消防单兵从现场回传的视频信息在区级指挥中心是无法看到的，而是直接到达 119 指挥中心（市级），这并不利于更靠近现场的综合指挥部快速基于现场信息进行研判和决策。除此之外，从最终信息报送的目标主体来看，存在依次一对多报送

---

① 《国务院事故调查组相关负责人就北京长峰医院重大火灾事故调查工作答记者问》，《人民日报》2023 年 10 月 26 日。

的情况，虽然报送信息一致，但不同目标主体对报送信息的要求不同，依次报送增加了下级组织的信息共享负担，对于不充分的信息还需不断地通过沟通补充和完善，对于参与现场处置的下级组织而言，容易分散下级组织开展突发事件应对的精力。目前有一些地方已经在考虑和探索省委总值班室、办公厅信息综合室、省政府总值班室"三合一"报送的模式，以提升组织间信息共享的效率。

（二）科层组织的影响在非常态下的信息共享中依然存在

基于科层组织转变而成的"中心—边缘"组织结构虽然较原有的科层制具有了一定的韧性和灵活性，但各应急组织依然会受到常态下科层制运行逻辑的影响，在突发事件应急响应过程中保留科层制运行下滋生的组织边界和等级制度，从而导致信息共享过程中各组织会因为数据异构、组织壁垒、专业不同产生信息共享障碍。尤其在突发事件责任制度的约束下，各组织倾向于"能少共享少共享，能不共享不共享"，数据异构问题无法在准备阶段得到解决，情况紧急想"绕过程序"进行"特事特办"的事情无法在制度环境中实现，更多情况下"事急从权"靠的是个人关系网络。有相关研究发现，组织中的个体会为了更好地达成目标利用个人关系网络。[①] 个人关系网络显然是一个很好的补充手段，但当前突发事件应对更多强调依法依规和透明化，在制度环境中灵活实现信息共享才是未来突发事件应急处置机制优化的主要方向。

另一种跨越组织壁垒实现快速信息共享的方式就是依靠核心组织的行政权威。通常情况下突发事件后方指挥中心的指挥长会配备行政级别较高的领导，以实现对各组织的统筹协调，这充分发挥了行政权威在突发事件下的领导力和号召力，形成了一种"科层借势"的组织模式，也正因此，非常态下的中心组织才能稳居核心的位置把控全局。但"科层借势"的作用显然是有限的，作为中心组织相对于边缘组织而言更远离现场，边缘组织间的信

---

① Barker J. R. "Tightening the Iron Cage: Concertive Control in Self," *Managing Teams. Administrative Science Quarterly*, Vol. 38, 1993 (3).

息共享如果总是需要中心组织来协调，就会降低边缘组织开展应急任务的效率，甚至于后方协调会与前方处置进度不完全匹配，出现决策滞后的现象。同时，"科层借势"也无法完全解决各组织间专业壁垒和认知共享的问题。也就是说，所谓行动中的"默契"靠的是组织间互相知觉的统一性①，这并不是行政权威下的强制性可以带来的。

（三）任务分解层级下信息传播过程仍然存在多个代理组织

前文已经提到，当前突发事件下组织形态的"多中心"是基于任务驱动和任务分解形成的，任务分解具有层级，那么组织形态中的"多中心"同样具有层级，只不过与原本科层组织不同的是，每个层级都存在一个"中心—边缘"的扁平化结构。在这种组织形态下，最核心的组织想要获取各项任务的实施情况，依然需要靠近现场的层级自下而上传递、汇总、再传递，当然，这种层级数量要比科层组织的层级少很多，在每个层级中心组织的统筹下，信息层层传递的速度也快很多。但不可否认的是，在任务分解层级下的信息传播过程中，最核心的组织与现场情况之间仍然存在多个代理组织承担信息的汇集、传递功能，那就必然会存在逐层信息传递中可能存在的问题，例如信息失真，信息不全等。这并不是认为多个代理组织参与信息传播过程就一定不利于信息共享，而是如果多个代理组织未形成统一的、标准的信息汇集和共享机制，就会出于组织间的运行模式差异、数据结构差异、利益诉求差异等原因调整信息共享内容，影响核心组织对全局信息的获取。也就是说，每个层级的"中心—边缘"结构在信息共享的内容、机制上应该相似，相似的数据结构一方面能够给上一层级组织节省数据处理的时间，一方面又能够让核心组织直观地了解到当前阶段可以获得的相关信息有哪些，有哪些信息尚不能获得。有序和相似的信息共享方式能够降低组织间运行差异的影响。如何来规范化任务分解下不同层级的信息共享机制，还需进行更深入的研究和探索。

---

① 〔美〕珍妮弗·M.乔治、加雷恩·R.琼斯：《组织行为学》，清华大学出版社，2011。

（四）核心组织统筹力较强，但边缘组织间的协同性不足

任务驱动和任务分解下形成的这种"中心—边缘"结构非常适合不同参与主体来集中开展某项任务，但正如前文所强调的，中心组织只能发挥统筹和协调的作用，边缘组织间的协同还需要通过加强边缘组织之间的沟通来实现。当然，当任务分解得足够具体或者是参与主体数量减少时，中心组织与边缘组织之间所承担的功能边界就不明显了，各参与组织间会形成类似于"小团队"的模式开展任务，这种模式中各组织间的沟通是两两相连的，是较为顺畅的，但一旦涉及不同"小团体"由同一个中心组织统筹协调时，就可能出现"小团体"之间的沟通不足问题，一方面由于他们各自承担的任务不同，另一方面由于专业不同容易产生沟通障碍。

沟通在这种承担不同任务的"小团体"之间是十分有必要的，尤其是在突发事件应急响应过程中多种应急任务同步实施和相互交叉耦合的条件下，应急任务的实施会共同分享时间、空间以及各类保障资源，如果协同不足，就可能产生冲突。例如，交通管制后可能存在通信保障队伍无法进入的情况；公众预警后可能会导致交通道路短期内急剧拥堵的情况；等等。对于任务间这种冲突的协调，中心组织往往是在冲突发生后进行协调，是相对滞后的，如果在任务实施前或实施进行时，承担不同任务的"小团体"可以保持沟通，那么各任务就会在相互协同中保持有序性，减少冲突的发生。

当然，只是边缘组织间一对一地协同，只能解决局部可能出现的任务耦合和协同问题，边缘组织所能获知的信息依然只是局部的、片面的，但从系统角度来看，任务间的耦合是全局性的，某个边缘组织的行为可能会在系统非线性作用的影响下产生涟漪反应。因此，边缘组织可获知的局部信息与其行为可能会产生的全局影响是不匹配的。在目前的组织结构和运行机制下，中心组织弥补了边缘组织信息不足的问题，有利于发挥全局协调的功能，但正如前文所提到的，中心组织协调功能的作用范围和效能是有限的，如果想进一步提升组织间的协同性，还需从提升边缘组织的信息共享能力入手。

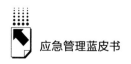

（五）应急组织间信息的被动传递多于主动共享

在组织间的信息共享中还存在一个问题，即信息是主动共享还是被动传递，前者是在需求出现前的信息共享，后者是在需求出现后的信息共享，在面对突发事件的不确定性时，不可避免地存在信息的被动传递，但如果大多数信息共享都属于信息的被动传递，而非主动共享，那就有可能导致行动和决策滞后。从目前"中心—边缘"的组织结构特征来看，应急组织间的信息被动传递多于主动共享，边缘组织存在需求时，需向中心组织发出请求后，由中心组织协调其他组织提供相应的信息支持。边缘组织间沟通不足以及边缘组织—中心组织—边缘组织间的"迂回传播"即表明该结构中的信息更多是被动传递的。也就是说，如果相关部门没有提出信息需求，其他部门无法对口提供信息，支持总是比需求滞后的，而需求源于已经发现的问题，这与突发事件下将风险扼杀在摇篮里、预防风险扩大等"主动应对"的思想并不完全相符，支持的滞后也会降低突发事件应对的效率。此外，在这种运作模式下，当同时加持组织边界和各组织处置职责模糊的影响时，容易导致各组织"不愿""不想""不方便"提供信息，主动进行信息共享的意愿变弱，从而导致组织间的协同效率变低。

另外，在目前应急组织间的信息共享过程中，中心组织显然在协调和信息支持上发挥核心作用。但这种组织结构同样具有高脆弱性，即一旦中心组织受到攻击，整个组织网络和运作机制就有可能面临崩溃。因此，提高组织结构的鲁棒性也需要各组织提升主动共享能力，建立横向间的信息共享渠道，降低组织边界和壁垒的影响。

综上分析，当前突发事件应对所形成的"中心—边缘"组织结构并不完全满足突发事件应对的需求，有相关学者表示目标引导型的组织结构（固定的层级结构）和偶得型的组织结构（随意连接的结构）相互搭配，能够提升组织生命力。① 也正如前文所分析的，光有中心组织发挥作用，推动

---

① 闫章荟：《灾害应对中组织网络的适应性发展策略研究》，《四川大学学报》（哲学社会科学版）2013年第1期。

信息共享显然是不够的，还需提升边缘组织间的信息共享水平，这种靠近现场和组织边缘的信息共享应是动态的、适应态势变化的，这样整个应急组织才能具有统一且明确的目标，同时又具备灵活性和韧性。

三 应急组织间信息共享的优化路径

针对上述分析的相关问题，本文主要围绕应急机制启动前、应急机制启动后、应急培训与演练三个维度，提出优化应急组织间信息共享的部分建议。

（一）应急机制启动前：减少信息报送层级、建立靠近现场的信息汇集节点

对于风险信息应该设立直报系统或渠道，跨越科层层级，提高信息报送效率。同时，为了提高靠近现场的信息处理能力，应该在靠近现场的层级选择信息汇集节点，或者确保直报系统或渠道内的信息各个层级的组织都可以快速共享，减少不同层级组织间以及靠近现场和远离现场组织间的信息不对称。这种模式在公共卫生领域和地震灾害领域已经有所应用，可以有所借鉴。例如公共卫生的直报系统和地震灾害预警平台，都能够实现层级跨越以快速共享风险信息。不同的是，公共卫生直报系统比地震灾害预警平台更为封闭。地震灾害初期预警可以快速投放到各个组织和个体，实现快速、高效的精准预警。

（二）应急机制启动后：中心统筹与边缘协同并进，建立标准化信息共享机制

应急机制启动后为强化各组织间的信息共享和协调，需要充分发挥中心组织的统筹协调作用，同时，为强化各组织应对突发事件不确定性风险的能力，需要增强边缘组织之间的横向沟通与协同。同时为了增强边缘组织对全局信息的掌握，还可以为边缘组织间的信息共享建立统一的平台，如近年来

突发事件应对中出现的"救命文档",就可以帮助边缘组织快速掌握全局信息。此外,为了减少信息理解偏差以及不同组织主观意识对信息共享的影响,应该为各组织间的信息共享机制构建标准化模式,包括标准化的信息管理团队和岗位、信息共享格式等,以确保各组织清晰掌握其他组织内信息的处理逻辑,知悉所获得信息的处理流程和形成方案,方便及时发现需要完善和补充的信息,并能与其他组织进行更为快速有效的对接。

（三）应急培训与演练：强化组织间应急演练,提升组织间知觉统一性

组织体系之所以会产生复杂的组织行为,是因为构成组织体系的各个组织具有自主能动性,不同组织针对同一种信息会有不同的认知和理解。在突发事件应对中,只有不同组织对同一种信息具有相同的理解才能够实现有序和高效的协同,这依赖于常态下组织间"默契"的培养。有针对性地开展应急培训与演练可以提升组织间的知觉统一性,强化组织间的认知共享能力,及时发现组织间协同和信息共享过程中存在的问题,评估标准化信息共享机制的有效性,为提升突发事件下组织间的信息共享能力提供可行性路径。

B.14
在复杂舆论环境中把握舆论主导权
——2023 年突发热点事件舆论引导能力评析

王　华*

摘　要： 从主体、客体和议题三个维度来看，2023 年的舆论环境表现出一定程度的复杂性、敏感性和脆弱性。与此相适应，地方党委政府在重大突发事件中"化被动为主动"的舆论引导能力同步提升。若要进一步提高舆论引导的质量和效果、把握主动权和主导权，还需在四个方面持续努力：一是建构良好的传播秩序；二是增强舆情研判能力；三是严格价值立场把关；四是善用媒体做好侧翼回应。

关键词： 舆论环境　舆论主导权　舆论引导能力

评估 2023 年突发事件舆论引导能力，需要对舆论环境做出分析，这是因为疫情结束后舆论环境发生了一些变化。在一定程度上，舆论环境的复杂性和活跃性进一步提升，社会预期的积极性和不确定性同步显现，这些构成了舆论场的底色，当突发舆情出现时，就会产生"调色效应"。与此同时，2023 年的案例表明，一些地方党委政府在重大突发事件中"化被动为主动"的舆论引导能力进一步提升，但也有个别情况表现出与合理期待之间存在差距。总体来看，仍需在建构良好传播秩序的基础之上，关注研判能力、价值立场和回应方式三个方面的问题并做出改进。

---

* 王华，博士，中共中央党校（国家行政学院）应急管理研究院（中欧应急管理学院）副教授，主要研究方向为舆论引导、应急管理。

一 舆论场的复杂性：主体、客体与议题

概括中国的舆论场，"复杂性"是一个普遍使用的词语。它抽象度极高，虽难以细致刻画舆论场的繁杂多样，却无可替代地能包含舆论场的丰富多变。解构 2023 年中国舆论场的复杂性，可以从主体、客体和议题三个方面入手。

一是中低收入群体成为网络舆论场碎片化声音表达主体的态势进一步增强，参与数量更多，舆论质量有待提高。这部分群体基于所处社会位置、所见社会场景，以及传统观念文化的浸润，在突发事件或热点事件中进行围观评判表达，尤其是针对城市管理、基层治理、民生民情、德风风尚等领域涉负面新闻议题，传播行为更加活跃，对于热点的转发、留言、跟评、吐槽、造梗，乃至评论区的互动交流等更显著、更集中。有些表达，辛辣幽默、精辟独到；而另外相当一部分表达，则流于表面，盲目跟风跟评，视角和观点较为单一，重复度较高，有深刻见解和说服力的不多。

以 2023 年 11 月的热点舆情"上海女子在西藏遭遇车祸得到全力救治"为例，网络舆论场聚焦的议题之一是"是否存在通过关系借助公权力调用公共资源的情况"[①]，涉及的话题有阿里地区公务员献血、上海援藏医生救护、医疗包机转院等。无疑，这些是普通游客万一遭遇不幸时也想获得的救助资源。因此，质疑紧随而至，如有评论说："她为什么可以，而我们不可以？""没有特权，就没有生死救援。"

然而，令人不解的是，在这一舆情事件中，相对于"特殊医疗资源和医疗保障"救治生命，中国传统文化中"人命关天"的价值取向并不具有"优先级"。较少见到借此事件深度反思的议题，例如，如何建构起

---

① 上观新闻、澎湃新闻联合采访报道组：《五问阿里献血事件真相，还原上海女子车祸救治全过程》，澎湃网，https：//www. thepaper. cn/newsDetail_ forward_ 25556890。

跨区协作机制，平等地确保任何个人都能在危难时刻得到及时有效的紧急医疗救治。显然，这类议题与"特权"① 和"阶层差别"等议题相比，更关注"如何实现公共之善"，取向更具建设性。这多少反映出当前舆论场的"质量问题"，还需通过新闻媒体单位及相关责任主体设置议题，注重"把服务群众同教育引导群众结合起来，把满足需求同提高素养结合起来"②，进一步通过提高主流舆论的引导能力来提升网络舆论场的质量和水平。

二是市县两级党政领导干部与各企事业单位公职人员成为舆论热点的概率提升。无论是某地市委书记会见科学家的坐姿被贴标签"官威躺"，还是某地市委书记参加马拉松比赛获"浮夸评论"，抑或某央企分公司经理的"牵手门"照片，都并非当事人有意"出圈"。但是，在"深度媒介化"的环境中，由当地融媒体中心发布的新闻稿、宣传部门制作的视频、街头摄影人抓拍的照片，都可能因当事人身份，引起舆论热议，让"中性或正面"信息向"负面方向"发酵，让负面信息向更具"危害性后果"的方向恶化。

这意味着，市县两级要提高对舆情发生发展变化规律的认知。一是关于地方领导干部的时政报道，并不局限在当地传播，而是全时空扩散，微小的细节都会被放大甚至扭曲。二是公开发布的信息，在复杂舆论环境中传播，其走向具有极大的不确定性。三是非负面信息也会产生负面结果，"最大变量"在网络，"关键推力"在网民。具体而言，在这一关键推力中，发起一轮又一轮话题的是一部分网络达人，他们是头部力量或民间引导力量，跟随他们的是普通网友。四是意外舆情发生概率提升，小事件也会产生大舆情，舆情不完全基于事件"自然生成"，也可能因"人为制造"而产生。而这个"人为"因参与者众多且属性各异，所以事件会触及哪些人并与其情感和认知发生何种"化学反应"，是难以预测的。因此，全民网络社会生态下舆论

---

① 刘晓庆：《潮评 | 敬畏、遗憾、欣慰、期待——阿里献血事件的几点思考》，澎湃网，https://www.thepaper.cn/newsDetail_ forward_ 25576205。

② 《习近平著作选读》第 1 卷，人民出版社，2023，第 148~149 页。

演化的基本方式是"涌现"，充满随机性和不确定性。①

市县两级相关责任主体常常会成为网络负面舆情的热区，这在很大程度上出于以下几个原因。一是大众对这两个层级形成的"个别"刻板印象的"普遍化"类比，如一些地方在推动经济发展、社会治理方面，或僵化保守、不作为，或胆大妄为、乱作为；或作风不实、规纪意识不强等问题被视为普遍情况。二是市县两级在整个党委政府纵向层级体系中的权威性较弱，稍有风吹草动，就可能引起一部分最具敏感神经和敏锐触角的网络达人，为流量变现获利，从不同方面挖掘，生产出一轮又一轮的"爆款"话题。三是这两级的舆论引导工作资源不足、舆情素养与应对能力不高，在面对数量众多、规模庞大甚至一边倒的网络嘲讽、质疑和批评时，常常感到不从心，有时甚至以"掩耳盗铃"的方式进行通报，引发次生舆情，其造成的危害远远大于原始舆情。其中，"鼠头鸭脖"② 事件的舆情引导最具典型性。

三是爱国主义和民族主义成为流量密码之一，舆论场的扰动性和盲动性增强，网络空间的集体理性有待进一步提高。上海车展期间，宝马 Mini 因冰激凌发放引发舆论场关于崇洋媚外、爱国主义民族主义的讨论。与此类似，视频显示，一个叫"战马行动"的博主，将南京中央商场新街口店贴出的红色圆形图案以及礼花绽放图案推定为"大肆张贴、宣扬日系文化"。此后，人民网连续发表三篇"何为爱国"的评论，指出舆论场中出现了一种"碰瓷"爱国主义的怪现象，消费者若以正常的视角和心理观察那家商场里的装饰画，很难将图案与日本国旗画上等号，不会造成误解，此前的指控和举报有断章取义、捕风捉影之嫌。③ 一些社交账号打着"爱国"的旗号，大发不义之财，却受到部分网友追捧。因此，我们"应增强文化自

① 常江、罗雅琴：《"新闻人"：数字新闻生产的主体泛化与文化重构》，《福建师范大学学报》（哲学社会科学版）2023 年第 2 期。

② 岳谭：《人民网评：越真实越权威，"鼠头鸭脖"事件的启示》，人民网，http：//opinion. people. com. cn/n1/2023/0618/c223228-40016377. html。

③ 思睿：《何为爱国之一：理性对待"爱国"与'碍国'之争》，人民网，http：//opinion. people. com. cn/n1/2024/0204/c1003-40172586. html。

信，不能对碰瓷爱国骗流量者妥协"。① 爱国主义、民族主义本是人们心中最纯粹、最深沉的情怀，但若被一些廉价的"低级红"或恶劣的"高级黑"消费利用，通过设置话题骗取网民情感，"收割"流量，把"主义"当"生意"，则不仅扰乱传播秩序，更会撕裂舆论场，滋生出一些极端行为。与此同时，相当多的网民并未意识到或辨识出爱国主义或民族主义流量背后的个别主体的不良动机，在跟随讨论的过程中，理性参与能力不足。

二 值得关注的重点：民间传播力量的运用

2023 年舆论场中最值得关注的一个传播现象是"淄博烧烤出圈"。"淄博烧烤出圈"是"借势而为"的，不过最初这个"势"并非有利的。淄博最初引发网络关注，是因为市委书记公开承诺"邀约北大清华学生到淄博旅游，实行景区、指定酒店住宿全程免费"。网民质疑这一承诺能否得到落实。但是，很快网络上出现了淄博烧烤的大流量传播，议题涉及"淄博烧烤灵魂三件套""大学生感恩故事""开通烧烤专列""评金炉奖""开通烧烤公交专线""倡议让利于客、让路于客、让景于客""号召一家人守护一座城；一座城，温暖一方人"等内容。② 从舆论引导策略来看，这些信息的大量密集投放，覆盖了关于"市委书记承诺能否落实"的议题，将网络焦点成功转移到了"淄博烧烤"上。可以说，"淄博烧烤"很好地将大众的注意力从关注"一个人"拉向关注"一座城"，实现了从"负面评议"到"正面效果"的转变。而从舆论引导方向看，"一座城"的好客、诚信、厚道和温情，并非策略上的机巧，它是可感可知的，也是大众期待的，而这是产生"正面效果"的真实和扎实素材。

意大利传播学者约翰奈斯·艾赫拉德在《丑闻的力量：大众传媒中的

---

① 邱风：《何为爱国之三：依法处理"碰瓷"爱国》，人民网，http://opinion.people.com.cn/n1/2024/0204/c1003-40172652.html。

② 闫心童：《解码网络文明建设的"山东路径"》，《中国网信》2024 年第 10 期。

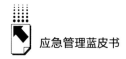

符号学》一书中指出："丑事并不必然发酵成丑闻。"① 这意味着，扭转传播局面、阻断其发酵过程，同时投放大量正面信息，并放大传播，乃至形成正面信息铺天盖地的传播效果，进而压制住信息发酵成负面评价的势头，是可能的。

淄博烧烤现象呈现出的一个重要传播特点是，一个又一个博主讲述着淄博好故事，包括大学生感恩、仁义经济、诚意待客、为民政府等。正是这些好故事的广泛传播，把其他不实之词和噪声挤了出去。事实上，"淄博烧烤出圈"不是主流媒体发起的，火爆后"舆论友好"的总体特征也并非由主流媒体实现的。相反，它是由大多数网民的正能量汇聚而成，而这就是民间的力量、大众的力量。恰恰是这种力量，形成了维护城市形象和声誉的盾牌。其间，越来越多的网民加入进来，点赞地方文旅的诚意服务、工作效率，并期待其他城市"抄作业"，在文旅服务领域提高标准、推动发展。

可以说，在当前"技术迭代—流量经济—亚文化传播"等多动力驱动的舆论场复杂性、敏感性和脆弱性进一步提升的背景下，任一地方或部门因突发热点事件成为舆论热区的概率持续增大，而经验表明，能从负面舆论中全身而退、实现正面传播效果的案例少之又少。"淄博烧烤出圈"之所以能形成正面传播效果，没有形成普遍性或一边倒的负面评价，在很大程度上是基于"传播的巨大威力"。具体而言，在"淄博烧烤出圈"的传播过程中，面对不利舆情不是采取行政手段解决，而是采取传播的方式化解。换言之，"让行政的归行政，让传播的归传播"，要用传播的方式来解决传播的问题。"淄博烧烤出圈"的最大特点就体现在这个方面，它由负面议题转向正面传播的逻辑过程是：先巧妙借势转移舆论焦点，再大量投放信息巩固舆论焦点，同步防范舆情风险，并引导各方传播力量加入促发正面大流量传播，进而实现关于"一座城"的正面传播效果，提高了美誉度也扩大了影响。

① 〔意〕约翰奈斯·艾赫拉德：《丑闻的力量：大众传媒中的符号学》，宋文译，四川大学出版社，2016，第1页。

三　把握舆论引导主动权：研判能力、价值立场与回应方式

要发挥好舆论引导能力，需要良好的传播秩序支撑，在此基础上，要把重点放在舆情风险的防范与舆论引导的效果上。为此，应在提升网络空间治理能力的同时，进一步从突发事件舆情研判分析、价值立场和回应方式等方面入手，把握舆论引导的主动权和主导权。

一是持续提升网络空间治理能力，维护健康良好的传播秩序。网络看似是"虚拟空间"，背后却有"现实主体"存在。这意味着，在看待网络现象时，必须看到现象背后的主体，而主体之间的互动关系、矛盾冲突、谣言传播、舆情操纵、秩序维护、公害问题等，必然成为网络治理的议题。一些案例表明，有些不起眼的小事之所以会演化为大舆情，不完全因为议题本身有舆论价值，而是因为"大V"相互之间帮腔联动。因此，我们要关注一些事件上表现出的苗头，关注催生舆情的主体之间是否形成了松散或密切的联系甚至是联盟，换句话说，就是要关注舆情生成的主体之间的结构性特征是否可见。其中，要关注舆情生成的主体各自扮演的角色、发挥的功能、如何选择舆情切入点、是否属于舆论操纵。在这些方面，还需进一步研究，并完善网络空间的法治建设，维护良好的传播秩序，防范"舆论制造者"搅动舆论场。

二是进一步提升舆情研判能力，在舆情风险发生之前精准消除隐患。精准研判是精准回应的前提，研判要从三个方面入手。第一，从主体入手。一段视频、一张图片、一个议题，呈现的是一个"表达世界"，它与"真实世界"之间存在一定的距离，真假需要核实，信息源头需要找到。要弄明白信息源的动机、目的，区分信息背后是困难求助、牢骚怨气、期待愿望、意见建议，还是流量至上、移花接木、极端片面、挑动情绪，抑或制造谣言、故意误导、颠倒黑白等，搞明白究竟是立场问题、逐利问题，还是诉求问题。只有精准区分，才能精准施策，"让治理的归治理，让舆论的归舆论"，

采取不同的方法来处理。第二，从风险入手，对网上传播的信息内容及潜在的政治风险和社会心态冲击进行研判。如果从议题的维度出发，把舆论场分成若干板块，那么，相对于突发事件板块、经济金融板块、环境保护板块等，在"社会议题"板块舆论场引起的关注更大、引发的讨论更多、持续的时间也更长。换句话说，围观人群、意见主体、议题广度和深度、演变时长等要素，都"超越"于一般性经验认知，或者说被经验认知"低估"。无论是此前的"丰县一女生八孩"事件，还是"胡某宇失踪案"等，都表现出了这一特点。事实上，但凡遇到冲击社会道德底线的社会议题，都需高度关注其"舆论爆裂"风险。第三，从信息发布内容研判。信息发布的底线要求是实事求是，专业要求是讲究叙事修辞、价值取向和观念认知。从这两个方面来看，一些地方政府或部门的信息发布不仅不达标，甚至突破了底线，引发了新舆情。例如，"鼠头鸭脖"舆情造成的恶劣社会影响在发布信息之前就应预见到。① 毕竟，掩耳盗铃、公然说谎是经不起检验的，但发布主体未能顾及这个负面后果，也因此付出了代价。

三是严格把关信息内容，进一步强化人民立场和以人民为中心的工作导向。舆情问题有些是因自然灾害、安全生产事故或社会热点突发引起的，有的是因媒体或自媒体曝光引起的，但是不管是什么因素导致的，回应社会关切，发布信息、解疑释惑，都是党委政府应当完成的一项工作。然而，观察一些案例可以发现，信息发布不及时、不全面、不准确、透明度不高，甚至内容虚假、颠倒黑白，仍时有发生。其中有职能部门的响应效率、工作体系内部协同、避重就轻、内容表达、推责卸责、侥幸应对等多个方面的原因，但呈现在末端、公众可读可视可感的是内容，即如何陈述事实、如何看待事实、如何解决事实所反映的问题。这涉及立场、态度、价值观和解决方案的公平公正与有效性等多个维度。"站稳人民立场"是全社会最大的公约数，但遇到具体事件，能否落实到工作中，就成为检验相关党委政府是否为民的

① 《国务院食安办约谈江西省南昌市人民政府主要负责人》，国家市场监督管理总局网站，https：//www.samr.gov.cn/xw/zj/art/2023/art_428cbe6739cf4a4ab982a59934ff46cb.html。

"试金石"。在把关信息内容时，不仅应当把关具体的数据是否准确、有没有错别字、表述是否会引发误解等技术内容，更需要把关是否站稳了人民立场，有没有人民情感。若把这条主线贯穿其中，发生舆情风险的概率就能大大降低。事实上，如果能站稳人民立场，内容表达的字里行间就会自然流露，网民也能体悟出来。但是，若要形成工作自觉，则需要以舆论引导的专业眼光来审视，这是第一位的政治立场，也应是排在第一位的把关内容。

四是善用媒体进行侧翼回应，进一步把握舆论引导的主动权和主导权。越是舆论热度高、关注度高，就越需要处置和引导主体化被动为主动，抓住战机，采取"进取型"策略，考虑如何利用信息释放的时机、方式，提升议题设置的针对性，最大限度地实现习近平总书记所提出的"举旗帜、聚民心、育新人、兴文化、展形象"[1] 使命任务。近年来，凡遇重大突发事件或热点舆情，各级党委政府及工作部门往往能按照政务公开的规范性要求，快速核查处理，并以 5 小时、24 小时或 48 小时为时间节点，利用官方网站、两微一端账号、新闻发布会等渠道发布信息。这是普遍且常规的做法。但是，在一些重大突发事件或热点舆情中，当处置主体卷入其中、被置于舆论风口浪尖、公信力受到严重质疑时，即使实事求是地说出真相，也可能因自己是"利益—责任"直接相关方的身份而难以被公众采信。在这种情况下，需要把握舆论的主动权和主导权，就应当从"正面回应"转向"侧翼回应"。换句话说，当处置主体在公众面前已丧失信任时，就应让更为客观、更能详尽阐明真相的第三方来回应，而媒体往往能承担这一角色，尤其是调查报道，能起到还原真相和澄清事实的作用。在宁夏灵武所处理的国家能源集团某矿与孙某供水纠纷的"跪地求水"舆情事件中，当地党委政府一方面通过"美丽灵武"官方账号发布信息，聚焦于通报"对苗木已采取有效保护措施"[2]，另一方面邀请《中国新闻周刊》记者做全面调查，详细说明事件的来龙去脉。很快，《"跪地求水"事件调查：孙国友承包万亩沙

---

① 《习近平著作选读》第 2 卷，人民出版社，2023，第 227 页。

② 《宁夏灵武通报"林场主跪地求水"事件：已对所涉苗木采取有效保护措施》，人民网，http://society.people.com.cn/n1/2023/0331/c1008-32655197.html。

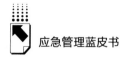

地，20 年仅栽种 600 多亩》一文刊发，引起极大关注。① 直接的舆论效果是，多数网民的看法有所改变，从最初对孙某的朴素同情转向理性认识；对其标签式的评价，也从"治沙英雄"转向"苦情逐利"。与此类似，由上观新闻和澎湃新闻联合采访报道组发布的《五问阿里献血事件真相，还原上海女子车祸救治全过程》一文，也起到了事实澄清的作用。当然，这两个案例借用媒体的目的在于还原真相。事实上，要提高舆论引导力还需做出"增量努力"，这涉及议题策划。一般来说，事件信息是原材料，叙事逻辑是对其的加工和解读。回应公众信息需求，除了供给事实信息之外，还要提供对事实信息的解读，这就是引导的过程。仍以"上海女子在西藏遭遇车祸得到全力救治"这一舆情事件为例，也有评论人士指出，如果政府相关部门在事件之初发布一则声明，事件或许会朝着另外一个方向发展。舆论引导，应该润物细无声地在事实中添加价值立场和观念框架，即向公众传递"以何种价值取向进行思考"以及"何种行为对国家和社会有用"的观念。②，而这个价值和思考要超越一般水平，必须凭借其内在卓越的道义优势和思考强势占据制高点。但是，恰恰在这个方面我们还有所欠缺。我们需要提供"足够的、应然的"坐标参考系，让公众得出与正确方向一致或者至少偏差不会太大的认知结论。因此，要把握舆论引导主动权、提高舆论引导能力，还需要进一步强调引导的方向、角度、高度与深度，为公众提供基于事实信息的价值增量和思想增量，塑造全社会的最大共识。

① 刘向南：《"跪地求水"事件调查：孙国友承包万亩沙地，20 年仅栽种 600 多亩》，中国新闻周刊网，https://www.inewsweek.cn/society/2023-04-06/18085.shtml。
② 刘海龙：《宣传：观念、话语及其正当性》，中国大百科全书出版社，2020，第 153 页。

地方创新篇 ▷

B.15

粤港澳大湾区电力应急
联动机制探索与实践

中国南方电网有限责任公司 *

摘　要： 粤港澳大湾区是我国开放程度最高、经济活力最强的区域之一，也是典型的气候脆弱区，台风、暴雨、雷电、大风、高温等灾害性天气多发，南方电网与香港、澳门电网联系紧密，共同面临发生重大电力突发事件的风险。如何开展粤港澳大湾区电力应急联动机制建设是当前面临的重大时代课题。本文探讨了粤港澳大湾区电力应急联动机制建设的研究背景和意义，分析了电力应急现状、主要问题以及挑战，开展了电力应急联动机制建设模型研究，提出了加强电力应急联动机制建设的对策建议，旨在加快培育和发展新质生产力，通过电力应急小切口支撑国家区域发展战略，持续深化电力应急联动机制建设，共同提升电力防灾减灾救灾和重大突发事件处置保

---

* 中国南方电网有限责任公司是中央管理的国有重要骨干企业，由国务院国资委履行出资人职责。公司负责投资、建设和经营管理南方区域电网，参与投资、建设和经营相关的跨区域输变电和联网工程；从事电力购销业务，负责电力交易与调度；从事国内外投融资业务；自主开展外贸流通经营、国际合作、对外工程承包和对外劳务合作等业务。

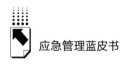
障能力，为粤港澳大湾区高质量发展提供安全可靠的电力保障。

关键词： 粤港澳大湾区　电力　应急联动机制

　　建设粤港澳大湾区①，是习近平总书记亲自谋划、亲自部署、亲自推动的重大国家战略。2023年4月，习近平总书记在广东考察时指出："使粤港澳大湾区成为新发展格局的战略支点、高质量发展的示范地、中国式现代化的引领地"②，这是对粤港澳大湾区提出的新使命、新目标、新任务、新要求，为粤港澳大湾区指明了前进方向。电力作为国民经济发展中最重要的基础能源保障，电力安全攸关国计民生和国家安全，完善和深化粤港澳大湾区电力突发事件应急联动机制，加强粤港澳大湾区电力应急能力建设，提升跨区域应急协同能力，确保电网安全运行和电力可靠供应，是深入落实习近平总书记的重要指示精神、高水平推进粤港澳大湾区高质量发展的重要举措。

一　研究背景和意义

　　党的十八大以来，习近平总书记就应急管理工作作出了一系列重大决策部署、提出了一系列新理念新思想新战略，为推进我国应急管理体系和能力现代化提供了根本遵循和行动指南。党的二十大报告提出"坚持安全第一、预防为主，建立大安全大应急框架"，"提高防灾减灾救灾和重大突发公共事件处置保障能力，加强国家区域应急力量建设"。③《粤港澳大湾区发展规

---

① 粤港澳大湾区包括香港特别行政区、澳门特别行政区和广东省的广州市、深圳市、珠海市、佛山市、惠州市、东莞市、中山市、江门市、肇庆市（也可称珠三角九市），总面积5.6万平方公里。

② 《把握粤港澳大湾区发展新定位》，中国共产党新闻网，http://theory.people.com.cn/GB/n1/2023/0905/c40531-40070708.html。

③ 习近平：《高举中国特色社会主义伟大旗帜　为全面建设社会主义现代化国家而团结奋斗——在中国共产党第二十次全国代表大会上的报告》，人民出版社，2022，第54页。

划纲要》（以下简称《规划纲要》）提出要"完善突发事件应急处置机制，建立粤港澳大湾区应急协调平台，联合制定事故灾难、自然灾害、公共卫生事件和公共安全事件等重大突发事件应急预案，不定期开展应急演练，提高应急合作能力"①。《"十四五"国家应急体系规划》提出："强化区域协同。健全自然灾害高风险地区，以及京津冀、长三角、粤港澳大湾区、成渝城市群及长江、黄河流域等区域协调联动机制，统一应急管理工作流程和业务标准，加强重大风险联防联控，联合开展跨区域、跨流域风险隐患普查，编制联合应急预案，建立健全联合指挥、灾情通报、资源共享、跨域救援等机制。"② 推动粤港澳大湾区电力应急联动机制建设，有利于健全重大突发公共事件处置保障体系，完善大安全大应急框架，强化基层应急基础和力量，提高防灾减灾救灾能力，助力粤港澳大湾区电力应急管理体系和能力现代化建设。

（一）建立电力应急联动机制是贯彻落实二十届三中全会决策部署的关键举措

党的二十届三中全会明确了全面深化改革的总目标。粤港澳大湾区是我国经济发展的重要引擎，强化电力应急联动机制建设，有利于提高防灾减灾救灾和重大突发公共事件的处置保障能力，保障区域供电稳定。要深刻领会和把握全面深化改革的主题、重大原则、重大举措、根本保证，增强思想自觉和行动自觉。粤港澳大湾区电力应急联动机制建设，是以电力应急为切入点支撑服务国家区域发展战略的重要举措，可为推进中国式现代化建设提供坚强安全支撑。

（二）建立电力应急联动机制是粤港澳大湾区高质量发展的坚强支撑

《规划纲要》发布 5 年多来，高质量建设粤港澳大湾区迈出坚实步伐。

---

① 《粤港澳大湾区发展规划纲要》，中共中央、国务院，2019。
② 《国务院关于印发"十四五"国家应急体系规划的通知》（国发〔2021〕36 号）。

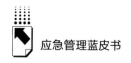

各类重大合作平台深入实施,为粤港澳大湾区高质量发展注入澎湃动能。粤港澳大湾区电力应急联动机制的建设,有利于高效互通信息、调度、分配及共享应急资源,提高重大突发事件的处置能力,保障电力安全稳定供应,对构建粤港澳大湾区新发展格局和推动高质量发展具有重大意义。

(三)建立电力应急联动机制是跨区域应急管理的先行示范

建立粤港澳大湾区电力应急联动机制是落实《"十四五"国家应急体系规划》《电力安全生产"十四五"行动计划》的重大部署,是推动"加强电力应急协同处置机制建设,健全京津冀、环渤海、粤港澳、长江经济带、陆上丝绸之路等跨地区应急救援资源共享及联合处置机制"[①] 的关键任务,有利于促进两岸三地电力应急交流合作,是新时代应急领域的先行示范和鲜活实践。

二 研究现状和主要问题

《规划纲要》发布5年来,粤港澳大湾区发展取得了卓越的成绩:经济综合实力再上台阶,经济总量从2018年的10.8万亿元,到2023年突破14万亿元,以不到全国0.6%的国土面积,创造了全国约1/9的经济总量。安全充裕的电力供应是经济发展和社会稳定的前提和基础,一旦发生大面积停电,将对粤港澳大湾区的经济发展和生产生活造成严重不良影响。当前港澳地区电力供应由广东输送的占比逐渐提高,三地电力联系日益紧密。实践证明,在发生重特大灾害或事故时,往往需要跨区域协调联动、协同配合,粤港澳大湾区在电力应急联动协同方面需与时俱进深入研究。

(一)粤港澳大湾区电力应急管理的现状

1.香港中华电力公司应急管理的现状

香港特别行政区从立法的角度对应急管理进行了制度性设计,设立三级

---

① 《电力安全生产"十四五"行动计划》(国能发安全〔2021〕62号)。

应急系统，常态化组织多部门跨领域的应急演习，要求企业编制自己的应急预案，并确保每个预案每年至少演练一次。将香港中华电力有限公司（以下简称香港中电集团）应急管理融入香港特区应急体系，以期实现资源共享、信息互通、协同应对的目标。香港中电集团建立了权责清晰、层次分明的危机及应急管理系统，该系统由香港中电集团危机管理团队统一负责，设置了由一个公司层面、四个业务部层面和五个应急控制小组共同组成的三级危机处置团队，明确立体联动、协同高效的应急指挥体系及分层分级的应对处置策略。

2. 澳门电力有限公司应急管理的现状

澳门特别行政区安全应急机制由《民防总计划》《专项应变计划》《内部或功能性应急计划》组成，设置安全委员会，负责指示有关部门执行政府保安政策。澳门电力有限公司依据《内部或功能性应急计划》制定台风、水浸、重大停电事故、突发环境事件、公共卫生和其他六类应急计划，推动和落实了多项防灾减灾政策措施，保障了电力的安全稳定运行。分级、分区域开展低洼地区电力设备主动停电避险工作，运用停电危机资讯系统实时呈现抢险救灾和用户停复电信息，建立健全灾前精准停电、灾后快速复电的精细化管理体系，高效开展应急处置。

3. 中国广核集团有限公司应急管理的现状

中国广核集团有限公司（以下简称中广核）应急管理体系在30多年的发展中逐步形成了体系运作、人员培养、应急资源、绩效管理、持续改进5大维度，包括程序制度、组织机构、岗位培训、实操演习、专项提升、技术理论、信息化建设、设施设备、指标体系、评估检查、对标交流11个细分领域的整体工作体系。中广核始终按照国家"一案三制"的建设要求，全面建成和完善集团核应急预案文件体系。有效建立了集团分层分级核应急响应组织架构、集团级专业化支援队伍、高标准岗位培训授权制度和完善的核应急设施设备资源体系，组织开展多样化实战化演习演练，持续深化核应急领域的标准化、信息化建设，积极开展核科普活动，融入国家核安全发展大局。

4. 中国南方电网有限责任公司应急管理的现状

中国南方电网有限责任公司（以下简称南方电网）全面承接国家"一案三制"应急管理要求，建立并持续深化应急管理"三体系一机制"（应急组织体系、预案体系、保障体系和应急运转机制），建立了贯通网、省、地、县各层级的常设应急管理机构和应急指挥体系，按照"重视预防、关口前移，接轨政府、呼应社会"的原则，建立了四层、四级、四类"1+20"应急预案体系和涵盖应急队伍、物资、装备、基地、指挥平台、通信的保障体系，建设国家级电力应急基地和国家级电力应急研究中心，按照应急运转机制总体原则，总结固化了"平时预、灾前防、灾中守、灾后抢、事后评"的防灾应急机制，持续提升公司的应急管理水平和应急能力，为有效应对常态与极端情况下的突发事件奠定基础。

（二）粤港澳大湾区电力应急面临的主要问题与挑战

随着粤港澳大湾区一体化进程的加快、产业结构的不断优化升级以及新能源技术的广泛应用，粤港澳大湾区的电力应急管理面临着一系列问题与挑战。

1. 跨区域应急预案未编制、应急演练未开展

应急预案是进行突发事件处置的指导性文件。当前，粤港澳三地电力企业建立的应急预案大多数是各自独立的，没有编制专门的跨域应急预案，尚未形成一个有机的整体，难以应对复杂多变的跨境突发事件。由于粤港澳大湾区电力应急联动机制建立不久，电力企业之间尚未开展正式联合演练，缺少从实际应急演练过程中发现问题、解决问题及制定应对策略的工作环节，一定程度上影响了协同联动应对能力的提升。

2. 粤港澳大湾区跨境联动支援机制未建立

跨境联动支援是应急联动机制的重要组成部分，粤港澳大湾区目前尚未建立电力跨境联动支援机制，这严重制约了区域电力安全和应对突发事件的能力。在电力需求高峰或紧急情况下，缺少电力资源的跨区域调配，可能影响区域电力供应的稳定性和安全性。在面对突发事件和自然灾害时，如无法

迅速响应以减少灾害对电力供应的影响，可能影响人民生活和重要设施的正常运行。

3. 粤港澳大湾区应急信息和资源共享机制不健全

粤港澳大湾区电力灾害应急科技资源、信息资源、产业资源配置还不够合理，应急管理基础理论研究、关键技术研究、重大装备研发仍需进一步突破，跨境应急联动需要的跨区域、跨领域知识和技能的专业人才队伍规模和素质仍有较大提升空间，应急管理科技信息化水平还不能满足现实需求。与此同时，粤港澳大湾区应急救援队伍的装备和核心能力相对不足，应急物资储备结构布局还需优化。

4. 特大型城市应对极端灾害能力不足

近年来，各种极端自然灾害趋于常态化，粤港澳大湾区又是极端灾害高发频发地区，超强台风、极端暴雨洪涝灾害多次对电力设备设施造成严重影响。一旦粤港澳大湾区城市的某个局部地区在极端灾害中变成"孤岛"，都将严重威胁人民群众的生命财产安全。电力作为"城市生命线系统"的"生命线"，在极端灾害情形下，第一时间恢复电力供应尤为重要。

三　机制构建和应用实践

党的二十大报告从党和国家事业发展战略全局出发，对推进国家安全体系和能力现代化作出了战略部署，为我们做好维护国家安全和社会稳定工作指明了前进方向、提供了根本遵循。粤港澳人湾区电力应急联动机制的探索与实践是一项长期复杂的系统工程，我们按照问题导向、目标导向、结果导向的基本方法，对粤港澳大湾区电力应急联动机制进行了系统深入研究和实践，致力推动电力应急"硬联通"与"软联通"的良性互动，以期加快推进粤港澳大湾区电力应急联动机制现代化建设。

（一）粤港澳大湾区电力应急联动机制的基本理念

以习近平新时代中国特色社会主义思想为指导，牢固树立总体国家安全

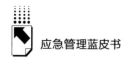

观，坚持"人民至上、生命至上"① 和"两个坚持，三个转变"② 防灾减灾救灾理念。按照"主动防御、平战结合，资源共享、优势互补，先行先试、协同共治"的原则，健全完善电力应急体系，将其融入国家大安全大应急框架，构建"全域联动、立体高效"的应急联动体制机制，提高防范化解重大风险的能力，助力构建电力安全新格局，推动电力系统高质量发展和高水平安全动态平衡，将粤港澳大湾区电力应急力量打造成国家区域应急力量的重要组成部分，为中国式现代化建设提供坚强电力支撑。

（二）粤港澳大湾区电力应急联动机制的总体原则

主动防御、平战结合。不断完善应急管理体系，提升应急处置能力，通过风险评估、预警监测、隐患排查等手段，提前发现并消除潜在的安全隐患，降低灾害事故的发生概率。通过制定应急预案、开展应急演练、建立应急响应机制等方式，确保在紧急情况下能够快速转入应急状态，有效控制并处理突发事件。

资源共享、优势互补。探索共建应急管理专家和应急资源库，提供本区域内应急专家、应急队伍、应急资源和应急装备信息。建立电力应急信息共享平台，实现灾情信息、应急资源、处置进展等信息的实时共享。根据三地电力企业各自优势，实现应急资源的优化配置和互补，提升电力应急联动处置能力。

先行先试、协同共治。推动粤港澳大湾区电力应急管理改革创新，开展跨区域应急联动协同管理相关试点示范，建立电力应急抢险救灾队伍和应急装备物资双向跨境支援的快速通关机制。主动发挥国家级应急基地的区位优势，从应急培训、技术研究、人才培养等多个方面入手，全力服务粤港澳大湾区电力应急工作。

---

① 《习近平总书记在参加十三届全国人大三次会议内蒙古代表团审议时发表的重要讲话》，中国人大网，http://www.npc.gov.cn/npc/c2434/dbdh13j3c/dbdh13j3c013/202005/t20200523_306088.html。

② 《习近平谈治国理政》第 2 卷，外文出版社，2017，第 365 页。

（三）粤港澳大湾区电力应急联动机制模型的思考

稳定的电力供应作为诸多"城市生命线系统"的"生命线"，在极端自然灾害情形下，第一时间恢复尤为重要。在粤港澳大湾区电力应急联动机制模型研究过程中，我们充分考虑粤港澳大湾区超强台风、极端暴雨洪涝灾害等极端灾害高发频发的特征，围绕突发事件的多重灾种、应急管理的多维联动，提出了"全域联动、立体高效"电力应急联动模型的构建思路，如图1所示，构建了包括地域、职能、灾害种类的三维模型，建立了覆盖粤港澳"三地"的不同灾种处置所涉及的职能部门和应对方式，旨在推动电力应急管理向事前预防转型。

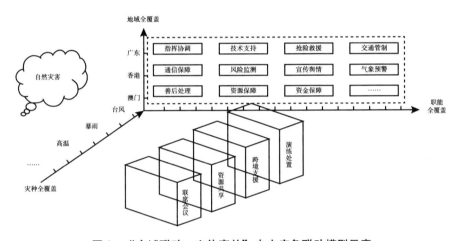

图1 "全域联动、立体高效"电力应急联动模型示意

粤港澳大湾区电力应急联动模型的核心要素如下。

一是涉及诸多联动部门：以电力应急为切入点，推动各部门的全域联动，共同应对各类突发事件，主要涵盖应急、电力、气象、海关、警务（保安）、通信、消防、水利、交通等部门。

二是涵盖诸多灾种：高度关注台风、内涝、雷电等关键灾种，持续深化开展台风、暴雨等主要灾害对粤港澳大湾区电力安全运行的影响研究，致力于提高各种灾害的预防和应对能力。

三是着眼于预防和救援两个关键环节，通过构建联席会议、资源共享、跨境支援机制和演练处置方案，逐步实现从"被动应对"向"主动防御"转变，提升粤港澳大湾区联合响应行动效率，服务粤港澳大湾区合作与发展。

（四）粤港澳大湾区电力应急联动机制的应用实践

随着粤港澳三地紧密合作和经济社会的发展，三方四家电力企业与时俱进、齐心协力，通过电网网架"硬联通"的建设与电力应急联动机制"软联通"的协同融合，共同提升电力应急联动能力。

1. 建立联席会议制度，加强应急指挥协调能力

2023年6月，香港中电集团、澳门电力有限公司、中广核、南方电网共同签署了《粤港澳大湾区三方四家电力突发事件应急联动机制框架协议》，建立联席会议制度，约定每年至少召开一次联席会议，各方共同商讨开展大湾区电力突发事件风险评估、自然灾害防范应对、区域联训联演等工作。遇有重大突发事件时，临时召开联席会议，开展突发事件分析研判、预案完善、抢险技术研究、专业救援等工作。

2. 建立信息通报和资源共享机制，做好突发事件应对准备

粤港澳三方建立突发事件信息（包括监测预报、预警、应急响应和已发生的突发事件信息）通报制度，当接到与对方有关的突发事件信息后，第一时间通报信息至有关方，并开展会商研判，给予信息支援和应对处置建议。各方每半年互相提供本区域内应急专家、应急队伍、应急物资和应急装备信息。共建应急管理专家和应急资源库。如涉及与政府相关的内容时，须先取得属地政府同意后方可与机制中各成员单位共享。

3. 开展联合应急演练，提升三方四家协同应对能力

依托联席会议制度，粤港澳三方定期研讨交流，逐步协商完善突发事件联动处置、联合演练和信息共享等机制，联合编制修订粤港联网、粤澳联网等事故预案20份，编制应急联动处置方案，梳理应急装备共享目录，确保在第一时间协同联动处置电力突发事件，共同提升预防和应对突发事件的能力。依托应急联动机制，三方四家以强台风为背景开展粤港澳大湾区联合应急演练，对各类极端情况下的相互应急支援进行模拟推演。设置涉港涉澳涉核调度联合应急处置，对港澳供电线路及电缆故障联合处置，对核应急支援保障等多个科目，覆盖台风灾害"灾前防、灾中守、灾后抢"应对全过程，全面展示了三方四家在电力应急指挥、应急调度、跨境抢修技术支援、应急联动处置、应急供电保障等方面的能力。

4. 深化电网核电应急联动，强化核电安全应急支撑

为深化电网核电应急联动，南方电网与中广核的各核电厂及相关线路的调管机构、运维单位，分别签署了深化应急联动备忘录，各方联合开展应急预案协同审核、大面积停电演练、冷源联动响应、应急柴油机支援等工作，系统提升了电网与核电应急联合处置能力。

5. 发挥联动机制优势，有序有力应对"苏拉""海葵"

2023年9月，第9号台风"苏拉"和第11号台风"海葵"来势凶猛，带来了超历史纪录的极端特大暴雨，粤港澳多地的供电设备设施不同程度受灾。三方四家第一时间启动应急联动机制，开展应急会商，其间各方共享灾害监测预警信息，高效协同开展电网调度、设备特巡特维、故障处置和应急支援等工作，携手守护大湾区电力供应"生命线"。

6. 深化交流合作，优势互补促提升

三方四家轮流搭建经验交流共享平台，通过分享应急管理最佳实践、开展核安全文化培训、参观国家级电力应急基地等丰富多样的形式，深入开展管理体系对标，实现优势互补、共同进步，携手推进粤港澳大湾区三方四家电力大安全大应急框架的完善。

四　对策建议

当前，粤港澳三地政府正在积极推进应急管理合作，共同制定粤港澳大湾区应急救援行动方案，旨在构建以政府为主导、以专业应急救援队伍为主体、以行动为核心的应急救援合作体系，实现应急救援资源共享，提升粤港

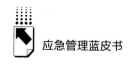

澳大湾区的应急救援效能。为此，我们结合实际对加强粤港澳大湾区电力应急联动能力建设提出如下对策建议。

（一）将电力应急力量打造成国家区域应急力量的重要组成部分

2024 年 6 月，粤港澳三地政府签署《粤港澳应急管理合作暨大湾区应急救援行动合作框架协议》，共同制定粤港澳大湾区应急救援行动方案，旨在构建以政府为主导、以专业应急救援队伍为主体、以行动为核心的应急救援合作体系，对各行业应急工作提出了新的更高要求。电力应急力量是确保国家能源安全和应对突发事件的关键力量，我们将拓展深化三方四家电力应急联动机制，推动电力企业应急工作融入政府应急体系，将粤港澳大湾区电力应急力量打造成国家区域应急力量的重要组成部分，使之成为国家区域应急核心力量之一，以高效应对极端灾害，深入参与一线应急处置，全力保障政府抢险救灾工作。

（二）大力推进电力应急制度规则"软联通"协同融合

在粤港澳大湾区"硬联通"的基础之上，四家电力企业探索各项制度规则"软连通"。完善电力突发事件应急联席会议制度，加强信息通报和资源共享、应急联动处置及应急演练三项电力应急联动机制，动态修订跨区域电力应急演练预案，定期开展大面积停电事件应急演练。实现信息高效互通，应急资源共享，共同提升预防和应对突发电力事件的能力，构建应急安全共同体，探索构建电力应急生态共享圈。

（三）攻坚畅通跨境电力应急支援快速通道

依托三地政府制定的《粤港澳大湾区应急救援行动方案》，探索将三方四家应急抢险救灾队伍纳入三地政府专业应急救援队伍序列，推动建立电力应急抢险救灾队伍和应急装备物资多边双向跨境支援快速通关机制，该机制涵盖应急专家、应急队伍、应急装备、应急物资等，有利于实现应急资源的有效共享。加强粤港澳大湾区的跨境绿色通道建设，推动跨境支援取得实质性突破，进一步提升应对电力突发事件的协同能力。

（四）联合培养高水平的电力应急力量

进一步加强国家级电力应急基地和研究中心建设，发挥国家级电力应急基地资源优势，将其打造为国家电力应急管理体系的重要支撑力量，为应急处置、应急研究和对外交流合作等诸多方面提供不可替代的强力支持。依托"一基地一中心"，培养应对极端自然灾害的电力应急救援管理、技术、技能专家，推动人员和装备资源形成最优配置，平时开展实训拉练，急时投入应急处置，凭借先进装备与严谨训练，示范带动全体应急队伍整体能力的提升，铸就电力应急的坚固防线。

（五）培育和发展新质生产力促进应急创新发展

大力培育发展新质生产力，利用人工智能技术，探索适应新形势下的"海陆空天"全方位覆盖、立体多维的电力应急救援模式和数字仿真应急演练。依托国家级电力应急研究中心的平台和人才优势，推动三方四家电力应急单位在智能化监测预警、高效指挥调度、数智化新型装备等方面常态化开展合作交流，研究以技术创新、产业优化升级共同驱动防灾应急、新型应急装备与新质生产力之间的良性互动，为新时代电力应急高质量发展赋能。

（六）致力打造电力应急的典范和标杆

完善粤港澳大湾区电力应急管理组织体系和电力应急预案体系，完善应急指挥机制和风险监测预警体系。探索粤港澳大湾区应急联动协同发展新模式，搭建电力应急协同数字平台，建立电力应急数据跨境流动的衔接机制，解决三地电力应急管理协同机制碎片化的问题，打造电力应急领域高质量发展的典范和标杆，推动粤港澳大湾区电力应急联动能力建设行稳致远。

B.16
"党建+安全"内在逻辑及潍坊 "风险防控党员岗"实践创新

张 伟　张明亮　董柯欣*

摘　要: 本文诠释了"党建+安全"的融合逻辑,即三个维度、两个支撑:底层逻辑是党管安全,主要抓手和突破口是风险治理,基本线索是以党建推动落实安全生产责任,具体包括领导机制和责任机制两个支撑。潍坊"风险防控党员岗"的经验契合了这一逻辑框架,为"党建+安全"实践提供了一个创新性范例。

关键词: 党的建设　安全生产　党员岗　风险防控

"党建+安全"即以党的建设引领安全生产,实现企业党建与安全生产工作的相互融合、相互促进。近年来,随着对企业党建和安全生产要求的不断提升,各地不断涌现出大量"党建+安全"的生动实践。本文结合对典型实践创新的案例分析,尝试厘清企业党建和安全生产的逻辑关系,以推动构建新时代有中国特色的安全生产理论,不断探索企业党建与安全生产融合发展的新路径。

---

* 张伟,中共中央党校(国家行政学院)应急管理研究院(中欧应急管理学院)副院长,教授,博士生导师,主要研究方向为应急管理、政治学理论;张明亮,中共山东省委党校(山东行政学院)应急管理培训部主任、教授,主要研究方向为应急管理;董柯欣,中共中央党校(国家行政学院)研究生院博士研究生,主要研究方向为政治学理论、应急管理。

一 "党建+安全"的缘起与发展

作为党建和业务融合发展的众多领域之一,"党建+安全"是一种将党建工作与安全生产紧密结合的模式,各地做了大量的探索实践。

我国企业在组织治理上形成了独具特色的模式,其中党建工作与现代企业制度的结合是核心内容,呈现为一种新型公司治理结构。在这一结构中,党组织不仅是公司治理的重要组成部分,而且居于中心地位,其参与和作用会对公司治理水平产生显著影响。通过确保党组织在决策、监督和执行等关键环节的深度融入,企业的治理效率和决策质量得到了有效提升,同时也为企业的稳定发展和社会责任的履行提供了坚强的政治和组织保障。没有离开政治的经济,政治工作是一切经济工作的生命线,因此党的建设不仅是国有企业的"根"和"魂",也是许多民营企业良好发展的重要支撑,是我国企业培育竞争力、推动生产力转型升级的重要方面。

2016年10月,习近平总书记在全国国有企业党的建设工作会议上强调:"保证党和国家方针政策、重大部署在国有企业贯彻执行;坚持服务生产经营不偏离,把提高企业效益、增强企业竞争实力、实现国有资产保值增值作为国有企业党组织工作的出发点和落脚点,以企业改革发展成果检验党组织的工作和战斗力。"① 坚持党对国有企业的领导是重大政治原则,必须一以贯之;建立现代企业制度是国有企业改革的方向,也必须一以贯之。中国特色现代国有企业制度,"特"就特在把党的领导融入公司治理各环节,把企业党组织内嵌到公司治理结构之中,明确和落实党组织在公司法人治理结构中的法定地位,做到组织落实、干部到位、职责明确、监督严格。这一论述奠定了国有企业党建工作与生产经营深度融合的主基调。

改革开放以来,许多非公有制企业规模快速扩张,职工人数越来越多,其中的共产党员人数也越来越多,具备了成立党组织的基本条件,许多民营

---

① 《习近平谈治国理政》第2卷,外文出版社,2017,第176页。

企业也适时成立了党组织。这些党组织的成立对企业的经营与发展具有很大的积极推动作用，例如提升企业绩效、抑制企业并购中的国有资产流失、帮助民营企业参与社会治理、推动民营企业绿色投资行为增长等。[①] 进入新时代，企业经营模式需要在追求高质量发展的同时，平衡发展与安全的双重要求，确保在快速变化的市场环境中既能把握机遇、促进创新，又能防范风险、保障稳定。

由此，党组织的政治引领作用在企业管理各方面的重要性日益突出。党组织通过深入参与企业决策和战略规划，不仅确保了企业发展与国家战略和社会需求的一致性，而且特别强调在追求经济效益的同时，坚持安全生产底线，实现发展与安全的有机统一。这种统一体现在企业运营的各个层面，从生产流程的安全规范到员工安全意识的培养，从风险预防机制的建立到应急响应体系的完善。同时，新兴技术风险的持续涌现对企业安全生产构成了日益严峻的挑战。在此背景下，党组织的政治引领作用在推动企业安全生产治理体系的优化与实施中扮演着至关重要的角色。党组织的政治引领不仅是促进企业安全生产管理体系构建的关键动力，而且对于将安全理念内化于企业文化、确保安全措施得到有效执行具有决定性影响。通过党组织的政治引领，企业能够将安全生产转化为一种常态化的企业运作基础，从而为企业的持续发展和稳定经营提供坚实的保障。

发挥党建引领作用的重要性与必要性主要体现在落实企业主体责任的需求上，也即通过党组织的动员和督促，促使企业担负应然责任，必须构建并完善安全生产责任体系。继而，"党建+安全"模式的探索成为近年来企业党组织发挥作用的重要阵地。党的建设与安全生产的结合，核心在于通过强化党的领导机制，全面提升党员干部在安全生产中的责任意识与服务能力，以确保各项安全措施得以高效、精准的执行与落实。在推进制度化、组织动

---

① 陈仕华、卢昌崇：《国有企业党组织的治理参与能够有效抑制并购中的"国有资产流失"吗？》，《管理世界》2014 年第 5 期；何轩、马骏：《党建也是生产力——民营企业党组织建设的机制与效果研究》，《社会学研究》2018 年第 3 期；王舒扬、吴蕊、高旭东等：《民营企业党组织治理参与对企业绿色行为的影响》，《经济管理》2019 年第 8 期。

员等方面，企业党组织的政治引领作用得到了充分体现。其中，企业党组织发挥核心作用，设立党员安全责任区、创建示范岗、组建巡查队等。这些举措强化了党员的先锋模范作用，提升了员工的安全意识和操作技能，营造了积极的安全氛围，党员的领导力、示范力和监督力得到了体现。

"党建+安全"的内在精髓在于其并非仅为一种管理模式的创新结合，而是基于对企业发展深层次需求的深刻理解与把握，将党的政治优势、组织优势转化为推动企业安全生产、实现高质量发展的强大动力。党建引领与企业安全管理机制的深度融合，需要通过强化党组织的政治导向功能与党员的先锋模范作用，构筑起一套高效运行、上下联动的安全生产责任体系。也就是说，"党建+安全"不仅要求党组织在思想层面对安全生产给予高度重视，更需在实践层面积极行动，将安全生产议题纳入党建工作的核心议程，确保党的安全生产方针政策在企业内部得到全面深入的贯彻与执行。同时，"党建+安全"依托党组织的强大组织动员力，提升全体员工的安全警觉性与责任感，营造出全员关注安全、全员参与安全的积极氛围，为企业的安全生产奠定坚实的群众基础。

"党建+安全"还着重强调制度创新与组织创新的重要性，通过设立党员安全责任区域、创建安全示范岗位、组建安全巡查队伍等具体措施，将安全生产责任细化至每位党员、每个岗位，从而构建起一个全方位、多层次的安全生产监管体系。此类创新举措不仅显著提升了安全生产的管理效能，也为企业的持续稳健发展提供了坚实的保障。可以认为，对"党建+安全"模式的探索及其经验挖掘，是企业在新时代高质量发展的重要途径，对于深化党建与安全生产融合的可行路径的追踪和探索也将成为提升企业生产力水平的可行路径。

总之，当前"党建+安全"模式的核心特征在于二者的深度融合。在现有实践中，这种融合体现在发挥党组织的战斗堡垒作用、党员的先锋模范作用，以及安全生产理念在企业的制度化中。在这种模式下，党的组织引领力量是确保安全生产政策和措施有效执行的基础，党组织通过制度化建设和组织动员，促使责任驱动得到充分落实，将安全生产责任细化到每个党员，确

保了责任的具体落实。进而,在党组织驱动的安全生产工作模式中,就开始具备企业安全文化建设的氛围,有助于进一步推动企业安全生产责任制的广泛落实。

二 "党建+安全"的内在逻辑

"党建+安全"的底层逻辑是党管安全,即党对安全生产工作的领导。党的领导是全面的、系统的、整体的,必须全面、系统、整体加以落实,包括安全生产工作。党的宗旨决定了党对安全生产的重视。坚持人民至上、生命至上,是坚持以人民为中心的发展思想的必然要求。安全发展是高质量发展的题中应有之义,人命关天,发展绝不能以牺牲人的生命为代价,这必须作为一条不可逾越的红线。我们党历来坚持对安全生产的领导,党对安全生产的统领有丰富的执政经验。尤其党的十八大以来,习近平总书记提出一系列重要论述和指示,党中央做出系列重大决策、不断健全安全生产制度体系,坚持把安全生产摆在突出重要的位置,推动安全生产形势不断好转。2021年,"安全生产工作坚持中国共产党的领导"写入新修订的《安全生产法》,是党完整把握依法执政规律在安全生产治理领域的重要体现。

"党建+安全"的有力抓手和突破口是风险治理。安全生产必须坚持预防为主,推动安全生产治理模式向事前预防转型,构建安全风险分级管控和隐患排查治理双重预防机制,健全风险防范化解机制,从源头上防范化解重大风险。要从根本上转变安全生产治理模式,必须将双重预防融入岗位职责,并逐渐沉淀形成企业安全文化。近年来,我们在安全生产风险防控方面做了很多努力,取得了显著成果。同时我们在调研中往往发现,推动安全生产治理模式向事前预防转型并不容易,基层和企业往往在构建双重预防机制中存在"不会抓、管不住、防不了"的现象。一方面,现代安全生产高度复杂化,从日新月异的技术革新中不断涌现的新风险,到因疏忽大意或管理不善而频发的人为事故无不发出警示,安全生产治理的手段必须与时俱进,采取更加系统科学的方法。另一方面,开展风险防控的动力不足,风险防控的自觉意识和文化氛围一时难以形成。其影响是，在落实双重预防机制过程中阻碍重重，内在动力不足，形式主义、敷衍塞责现象仍然存在。只有将风险防控融入岗位职责，并内化为企业文化，风险防控才能成为常态并落到实处。而党的统领作用恰恰可以推动落实安全生产责任，有效破解风险防控难题，从根本上转变安全生产治理模式。

"党建+安全"的基本线索是以党建推动落实安全生产责任。构建责任体系并落到实处，是对安全生产工作的基本要求。安全生产责任体系的具体抓手是"三管三必须"，即管行业必须管安全、管业务必须管安全、管生产经营必须管安全。"三管三必须"责任要落到实处，关键在于强化、落实生产经营单位的主体责任和政府监管责任，由此建立生产经营单位负责、职工参与、政府监管、行业自律和社会监督的有效机制。而党的统领恰恰可以为推动落实安全生产责任提供组织支撑，实现高质量发展和高水平安全的统筹。

第一是领导体制支撑，自上而下抓领导干部这个"关键少数"。主要经验是立足干部问责，突出地方党委对安全生产工作的领导职责，落实政府对安全生产的监管责任。"安全生产工作，不仅政府要抓，党委也要抓。党委要管大事，发展是大事，安全生产也是大事。安全生产事关人民利益，事关改革发展稳定，党政一把手必须亲力亲为、亲自动手抓。"[1] 2016 年 12 月，《中共中央国务院关于推进安全生产领域改革发展的意见》明确了安全生产领域的党政职责。2018 年 4 月，中共中央办公厅、国务院办公厅印发《地方党政领导干部安全生产责任制规定》，进一步细化了安全生产领域党政负责人和领导班子成员的具体职责分工。从而，我国开始系统建立健全"党政同责、一岗双责、齐抓共管、失职追责"的安全生产责任体系，逐步化解了以往安全生产不被重视、与地方经济社会发展脱节等诸多难题。近年来，各地各级党委在强化对安全生产工作领导职责方面，涌现了大量有效改革举措。比如，地方党委带头制定并落实安全生产责任清单和年度重点工作

---

[1] 《习近平关于总体国家安全观论述摘编》，中央文献出版社，2018，第 132 页。

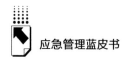

任务清单；定期召开会议研究工作、带队深入基层检查调研，带动了各级党委政府加强对本地区应急管理工作的领导；在政府领导班子分工中，主要由任党委常委的同志负责或分管安全生产工作；打破以往主要由地方政府主要负责人担任安委会主任的惯例，而由地方党委主要负责人与地方政府主要负责人共同担任安委会主任；等等。

第二是责任机制支撑，自下而上地激发企业和员工的积极性主动性，夯实基层基础。其主要经验是，立足企业党建，突出企业主体责任。党的建设是对企业的政治要求，安全生产是对企业的业务要求，两者都在生产经营活动中不可或缺。从党建的角度看，"党建+安全"是以党建引领安全生产，有利于落实党管安全的要求，让党的领导有了业务抓手，融入企业生产经营的过程。从安全生产的角度看，"党建+安全"将党建引入安全生产，有利于落实安全生产的企业主体责任，为安全生产增加了政治性的组织化保障和推动力。企业党组织是基层党组织的重要组成，凡是有正式党员三人以上的企业必须建立党组织、开展企业党建活动，充分发挥党员的先锋模范作用。同时，企业党建应围绕企业生产经营开展工作，促进企业健康发展。而安全生产是生产经营活动中不可或缺的重要组成部分，也是促进企业健康发展的基本保障。企业党建应把党的领导融入企业治理，将企业党组织内嵌到公司治理结构之中。

而企业党建与安全生产的有效结合点，在于安全生产全员责任制。《安全生产法》明确规定，生产经营单位必须建立健全全员安全生产责任制，并就如何落实全员安全生产责任制做了细化，将建立健全并监督落实全员安全生产责任制列为生产经营单位主要负责人的安全生产职责，保证全员安全生产责任制的落实。由此，在强化生产经营单位主要负责人的主体责任之外，全员安全生产责任制是落实企业主体责任的另一个重要抓手。从而，安全生产从过去一个部门或一个人的职责转变为所有人的职责，推动了安全管理工作的内容细化和责任下沉。这样，"党建+安全"一方面强化了党的领导在基层的落实和全覆盖，另一方面在企业端构建了安全生产主体全员责任体系。

三 "风险防控党员岗"创新实践

潍坊是工业大市，在全国 41 个工业行业大类中拥有 37 个，安全生产工作压力大，尤其化工产业地位重要、结构复杂、隐患多，危险系数较高，需要以更高标准、更大力度、更实举措，全面提升行业安全发展能力和水平。

近年来，山东潍坊着力强化基层党组织的战斗堡垒作用和一线党员的先锋模范作用，在党建与安全生产的融合上形成了鲜明特色，取得了显著成效。2023 年 2 月，潍坊市安委会印发《关于培育"万千安全生产示范岗"的意见》。2023 年 6 月，潍坊市委组织部印发《关于在安全生产工作中健全平急结合体系 充分发挥基层党组织战斗堡垒作用和党员先锋模范作用的通知》，为安全生产攻坚提供了组织保证。

在前期试点推进的基础上，2023 年 7 月，潍坊市委组织部、市安委办联合印发《全市"风险防控党员岗"创建活动实施方案》，在全市工矿商贸行业生产经营单位党组织（包括联建党组织）和一线岗位开展"风险防控党员岗"建设。通过把最不放心的事交给最安全的人，把最危险的岗位打造成最安全的岗位，着力推动安全生产治理模式向事前预防转型，引导党员勇于担当，实现"四岗同建"。

1. 筛出风险岗

扎实开展企业风险岗位清查行动，创新实施企业一线自查、专家定点帮查、部门随机抽查"三查"工作法。企业实际控制人、主要负责人、安全总监严格落实安全生产法律法规要求，发动广大职工深入开展危险有害因素辨识，全面梳理企业涉及重大危险源、危险工艺、危险场所等高风险岗位，逐一登记建档，建立风险清单，做到底数清、情况明。对于工艺复杂的设备设施，聘请安全专家"把脉问诊"，筛查风险岗位并制定详细的管控措施和改进方案。

2. 设定党员岗

坚持"关键岗位有党员""困难面前有党员"，以工作岗位为单元，结

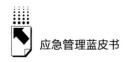

合风险岗位风险特征，按照个人能力和岗位责任匹配的原则和"党员自荐+组织分配"的岗位分配方式，合理调整企业岗位人员结构，让党员同志向"风险岗"倾斜，推动将企业高风险岗位全部设立为党员岗。在日常工作任务中"亮身份、亮形象、亮承诺、亮责任"，在生产岗位上佩戴党员徽章，将党员身份与安全生产形象、安全生产职责相融合。

3. 打造安全岗

党员安全岗发挥党员先锋模范作用，在安全生产工作中处处严于律己、率先垂范，在急难险重任务一线彰显党员的责任担当，逐一落实党员岗职工定点包靠制度，由党员带头开展业务学习、预案制定、隐患排查等安全生产具体工作。党员安全岗以自己的先锋形象和模范行动，影响和带动广大职工学习安全生产知识、钻研安全技术、查隐患、控风险、反"三违"，有效提升风险防范与安全作业水平，促进企业安全生产标准化、规范化。由所在党支部授予其"风险管控党员岗"称号，并在岗位上挂牌。

4. 晋升高薪岗

探索建立安全发展激励制度，引导企业在职务晋升、职称评定、增加薪资等方面向安全岗位倾斜，真正将安全岗打造为高薪岗，以高回报释放强动力。目前全市一线安全岗位职工工资均高于其他同级岗位，有效调动了安全岗位职工的积极性。

通过设立"风险防控党员岗"并严格落实相关措施，可以为全体职工作出表率示范，实现安全生产目标。①党员身边无事故。守住"发展决不能以牺牲人的生命为代价"① 这条红线，坚持底线思维，强化责任担当，带动身边职工增强安全意识，端正安全工作态度，规范安全操作行为，做到不伤害自己、不伤害他人、不被他人伤害、保护他人不受伤害。②党员身边无违纪。带头遵守党纪法规和企业各项规章制度，带头制止身边员工的不安全行为，带动身边职工增强遵纪守规意识，杜绝"三违"行为。③党员身边无隐患。对生产现场存在的安全隐患进行严格检查，并详细记录检查过程，

---

① 《习近平关于社会主义社会建设论述摘编》，中央文献出版社，2017，第143页。

形成检查清单，从机械设备维护、员工操作规范性、高危作业等方面开展隐患排查整治，对现场发现的隐患立查立改，力争做到安全检查全覆盖无死角，把隐患消灭在萌芽之中。

潍坊地方党委及其组织部门、应急管理部门的指导对于各区县及县级市推进党建工作与安全生产的深度融合起到了关键作用。在党委政府层面，通过制度化安排，明确安全发展取向，为基层提供了明确的实施指引。同时，通过高位谋划、推动和基层上下联动的双向发力，潍坊市形成了一级带一级、层层抓落实的工作格局，为党建引领安全生产模式运行提供了不竭动力。潍坊市对党建引领安全生产的探索呈现了一种以基层党组织为核心抓手的"党建+安全"模式，把党的组织优势延伸到生产一线，将党建工作的开展与企业核心业务深度融合。依托基层党组织和一线党员的能动性，强调通过广泛动员塑造共同价值和行为规范，进而激发组织成员的内在动力，从而提升组织的整体效能。通过发挥党员的先锋模范作用，形成了一种自上而下与自下而上相结合的安全管理文化。

潍坊各地方、各企业在"党建+安全"融合实践探索中，推动基层和企业形成了诸多目标细化后的实现机制，这些机制既有共性也有各自的特点。比如，寿光市作为潍坊市下辖的县级市，探索成立了联调联战行动党支部，通过党建纽带打破了部门壁垒。滨海化工产业园在党建引领下实现了安全生产的一体化管理，聚焦危化品企业信息化建设过程中各系统模块与平台数据不共享、生产异常信息处置不及时等问题，引导企业深入开展"工业互联网+安全生产"功能开发；打造独立于生产系统的应急调度中心"安全驾驶舱"，实施智慧预警和分级推送管控，全面提升危化品企业数字化管控水平。山东海化集团有限公司以"海化党旗红""四个一"为党建主阵地，开展了"一支部一品牌、三亮三创、四比四拼"等特色活动，构建了海化集团"1+25+35+N"党建品牌矩阵。截至2024年8月，潍坊已指导3986家各行业领域企业，设定"风险防控党员岗"11266个，创建安全生产标杆党支部（小组）1159个，形成了组织引领、党员带动、全员参与的浓厚安全发展氛围，使"安全生产我是谁，人人都是参与者；安全生产为了谁，人人

都是受益者；安全生产依靠谁，人人都是责任者"的理念深入人心。当地企业呈现党建引领安全生产与企业日常工作的有效融合，不仅展示了党的领导在保障安全方面的实效，更为当地经济发展注入了动力，展现了安全与发展的平衡。

从上述案例中可以看出，潍坊"党建+安全"实践创新之所以成效显著，关键在于通过"风险防控党员岗"将"党建+安全"生产模式由"党建"单向赋能"安全"，转变为"党建"与"安全"双向相互赋能。这也印证了"党建+安全"的基本框架，包括把握住党对安全生产工作的统领这一底层逻辑，找准风险治理这个突破口、切入点，抓住党建引领安全生产责任落实这一基本线索，通过企业党建为安全生产构建了领导体制支撑和责任机制支撑。从而，多个层面同时发力，发挥综合治理、融合治理效能，从根本上推动破解安全生产难题。

B.17
新疆阿勒泰地区推进市域
社会治理现代化的经验与启示

摘 要： 市域空间作为国家治理与基层治理的连接点和关键点，市域社会治理现代化正是国家构建新安全格局和新发展格局的重要抓手，也是中国式现代化进程的重要任务。对于边疆多民族地区而言，在中国共产党领导下多措并举推进市域社会治理现代化，对于优化公共服务、化解矛盾纠纷、加强各民族交往交流交融、强化政治认同等都有重大意义。2020年，新疆阿勒泰地区成为全国首批市域社会治理现代化试点地区。近年来，阿勒泰地区坚持法治引领，构建"五个五"社会治理体系，形成矛盾纠纷化解的多元路径，不断优化公共服务，打造多元共治格局，探索出一批具有时代特征、边疆特色、地域特点的市域社会治理的有益做法和经验。特别是"矛盾不上交，风险不外溢，推动边疆多民族聚居地区矛盾纠纷多元化解"的经验被确定为"全国市域社会治理现代化试点优秀创新经验"之一。本文系统梳理阿勒泰地区市域社会治理的经验做法，以新时代"枫桥经验"的阿勒泰样本为其他边疆民族地区推进市域社会治理现代化提供可资借鉴的有益启示。

关键词： 市域社会治理 新疆阿勒泰 基层治理

---

* 姜禾，中共新疆维吾尔自治区委员会党校（新疆维吾尔自治区行政学院）公共管理教研部副教授、副主任，主要研究方向为公共管理、社会治理、应急管理。

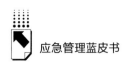
一 边疆多民族地区推进市域社会治理
现代化的重大意义

（一）从国家宏观角度：夯实国家安全和社会稳定的社会基础

党的十八届三中全会提出："坚持把完善和发展中国特色社会主义制度，推进国家治理体系和治理能力现代化作为全面深化改革的总目标。邓小平同志在一九九二年提出，再有三十年的时间，我们才会在各方面形成一整套更加成熟更加定型的制度。这次全会在邓小平同志战略思想的基础上，提出要推进国家治理体系和治理能力现代化。"① 其中明确提出了全面深化改革的目标，要坚持完善和发展中国特色社会主义制度，推进国家安全体系和能力现代化。社会治理是国家治理的重要组成部分，推进国家治理现代化就必须要同步推进社会治理现代化。国家"十四五"规划中指明了社会治理的发展路线图和时间表，到 2035 年基本实现社会治理现代化，到 21 世纪中叶全面实现社会治理现代化，确保政治安全、社会安定、人民安宁。在此基础上，党的二十大强调"国家安全是民族复兴的根基，社会稳定是国家强盛的前提"②，首次从维护国家安全和社会稳定的战略高度做出"完善社会治理体系"的部署。健全共建共治共享的社会治理制度，切实防控化解各类矛盾风险，确保矛盾风险不外溢不扩散、不升级不变异，提升社会治理效能。通过社会治理现代化满足人民群众对高品质生活的需求，夯实国家安全和社会稳定的基础，这也赋予了社会治理更加重大深远的意义。

习近平总书记指出："要加强和创新基层社会治理，使每个社会细胞都健康活跃，将矛盾纠纷化解在基层，将和谐稳定创建在基层。"③ 完善社会

---

① 《十八大以来重要文献选编》（上），中央文献出版社，2014，第 547 页。
② 习近平：《高举中国特色社会主义伟大旗帜　为全面建设社会主义现代化国家而团结奋斗——在中国共产党第二十次全国代表大会上的报告》，人民出版社，2022，第 52 页。
③ 《习近平谈治国理政》第 4 卷，外文出版社，2022，第 338 页。

治理体系，坚持人民至上、问题导向，最重要的任务就是要防控和化解各领域矛盾风险，特别是要重点防控化解政治安全风险、社会治安风险、重大矛盾纠纷、公共安全风险以及网络安全风险。根据党的二十大报告的工作部署，新时代新征程完善社会治理体系的一项很重要很紧迫的任务，就是充分整合市域社会治理资源和力量，推进市域社会治理现代化，把重大矛盾隐患防范化解在市域。

市域空间作为国家治理宏观与微观的连接点和关键点，也是维护国家安全和社会稳定各项措施的集成体和产生影响的重要场域。对于边疆地区而言，市域社会治理现代化对于提高就业、提升公共服务质量、化解矛盾纠纷、促进民族团结、加强交往交流交融、强化政治认同等都有重要作用。新疆与蒙古、俄罗斯、哈萨克斯坦、吉尔吉斯斯坦、塔吉克斯坦、阿富汗、巴基斯坦、印度8个国家接壤；陆地边界线长5700多公里，约占全国陆地边界线的四分之一，是中国陆地面积最大、交界邻国最多、陆地边界线最长的省级行政区。① 新疆作为边疆多民族地区，共同生活着众多民族，还有34个边境县（市），发展过程中所面临的内外机遇和风险挑战尤为突出。如果社会治理的基础——凝聚人心的工作做得不坚实不稳固，那么就难以抵御风浪，进而可能对国家安全和区域稳定造成难以预想的后果。因此，必须加快推进边疆多民族地区市域社会治理现代化，及早识别、防控、化解各领域风险隐患，要在第一批试点城市取得经验成果的基础上，进一步整合各方资源，坚持和完善党委领导、政府负责、民主协商、社会协同、公众参与、法治保障、科技支撑的社会治理体系，充分发挥社会治理的综合效能，不断提升共防风险、共筑平安的能力水平，以整体有机的社会治理有力支撑国家安全和社会稳定。

（二）从区域中观角度：统筹发展和安全的现实需要与衡量标准

在强国建设和民族复兴新征程上，要统筹好发展和安全，必须坚持高质

---

① 《新疆维吾尔自治区概况》，新疆维吾尔自治区人民政府网，https://www.xinjiang.gov.cn/xinjiang/xjgk/202309/f937bdafa51b4f5da89dd1dd25691f1f.shtml。

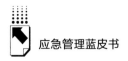

量发展和高水平安全良性互动。市域社会治理现代化正是国家在构建新安全格局的重要抓手和主要着力点。在推进市域社会治理现代化过程中，必须立足实际来统筹发展和安全的黄金分割点。

2023年5月26日至27日，中国共产党新疆维吾尔自治区第十届委员会第八次全体会议在乌鲁木齐召开，会议审议通过了《中共新疆维吾尔自治区委员会 新疆维吾尔自治区人民政府关于深入学习贯彻习近平新时代中国特色社会主义思想 推动新疆经济社会高质量发展行动方案（2023—2025年）》。会议强调，要牢牢聚焦高质量发展这一首要任务，牢固树立统筹发展和稳定工作的导向，围绕事关长治久安的根本性、基础性、长远性工作聚焦发力，努力走出一条具有新疆特色的高质量发展之路。①

2023年8月26日，习近平总书记在听取新疆维吾尔自治区党委和政府、新疆生产建设兵团工作汇报时强调，要完整准确全面贯彻新时代党的治疆方略，牢牢把握新疆在国家全局中的战略定位，扭住工作总目标，把依法治疆、团结稳疆、文化润疆、富民兴疆、长期建疆各项工作做深做细做实，稳中求进、绵绵用力、久久为功，在中国式现代化进程中更好建设团结和谐、繁荣富裕、文明进步、安居乐业、生态良好的美丽新疆。习近平总书记还强调，要始终把维护社会稳定摆在首位，加强抓稳定和促发展两方面工作的统筹结合，以稳定确保发展，以发展促进稳定；要增强忧患意识，居安思危，抓细抓实各项工作，巩固来之不易的社会稳定局面。②

对于边疆多民族地区而言，在中国共产党领导下多措并举推进市域社会治理现代化，将高质量发展理念贯穿于社会治理各环节，实现高水平安全，这也是中国式现代化进程中促进发展与安全深度融合的重要任务和关键环节。新疆现有14个地（州、市），包括5个自治州、5个地区和乌鲁木齐

① 《自治区党委十届八次全会召开 深入学习贯彻习近平新时代中国特色社会主义思想 完整准确贯彻新时代党的治疆方略 奋发有为推动新疆经济社会高质量发展》，新疆政府网，https://www.xinjiang.gov.cn/xinjiang/xjyw/202305/9dbf6bc85be14ae8bbab1accc2b07317.shtml。
② 《习近平在听取新疆维吾尔自治区党委和政府、新疆生产建设兵团工作汇报时强调：牢牢把握新疆在国家全局中的战略定位 在中国式现代化进程中更好建设美丽新疆》，中国政府网，https://www.gov.cn/yaowen/liebiao/202308/content_6900328.htm。

市、克拉玛依市、吐鲁番市和哈密市 4 个地级市。乌鲁木齐市、克拉玛依市、阿勒泰地区、博尔塔拉蒙古自治州、阿克苏地区、和田地区是全国第一期市域社会治理现代化试点城市，并且都验收合格。各地在推进市域社会治理现代化过程中坚持将安全发展理念贯穿在新发展理念之中，不断满足各族群众对美好生活的向往，让安全的基础更坚固，让发展的成果惠及更多群众。

（三）从个体微观角度：实现人的全面发展与现代化的必经之路

马克思主义关于人的发展理论强调，人是社会实践的主体，人既在推动社会进步中实现自身发展，也可以通过不断促进人的全面发展，进而创建更好的社会。而且，人的解放和全面发展是抽象概念与实质内涵的紧密结合，特别是应当体现在经济社会发展各个环节，体现在人民的现实生活中。

中国共产党作为马克思主义执政党，致力于实现人的全面发展，这也是中国特色社会主义制度的崇高追求。在推进国家治理体系和治理能力现代化的进程中，根本出发点就是着眼于人民现实的物质文化生活需要和不断提高人民素质的需要，促进人的全面发展。对于边疆少数民族地区而言，更是要充分发挥制度优势，推动各族群众从不平衡不充分的发展向更加全面、充分的发展过渡。同时，中国共产党带领各族群众不断追求人的全面发展的过程，也是中国特色社会主义制度不断完善、国家治理体系和治理能力现代化不断推进的过程。只有坚持中国共产党的领导，坚持中国特色社会主义制度，不断推进国家治理现代化，才能实现人的全面、实质性的发展。

习近平总书记在庆祝改革开放 40 周年大会上强调："前进道路上，我们必须始终把人民对美好生活的向往作为我们的奋斗目标，践行党的根本宗旨，贯彻党的群众路线，尊重人民主体地位，尊重人民群众在实践活动中所表达的意愿、所创造的经验、所拥有的权利、所发挥的作用，充分激发蕴藏在人民群众中的创造伟力。"[①] 在国家治理中，要不断解决发展持久活力与内在动力的问题，让每个社会细胞都既充满活力又有秩序，建设人人有责、

---

① 习近平：《在庆祝改革开放 40 周年大会上的讲话》，人民出版社，2018，第 24~25 页。

人人尽责、人人享有的社会治理共同体，真正实现人的自由全面发展和社会的全面进步。

二 新疆阿勒泰地区推进市域社会治理
现代化的实践探索与成效

阿勒泰地区地处新疆北部，与蒙古国、俄罗斯、哈萨克斯坦三国接壤，边境线长 1197 公里，面积 11.8 万平方公里，有 4 个国家一类陆路口岸，具有独特区位优势。阿勒泰地区是典型的边疆多民族聚居地区。阿勒泰地区下辖 6 县 1 市，均为边境县市，资源禀赋富集，生态环境优越，有"中国天然氧吧""中国雪都"之称，素有"金山银水"的美誉。

2020 年，阿勒泰地区成为全国首批市域社会治理现代化试点地区。以此为契机，坚持问题导向、聚焦风险隐患，加强和创新末梢治理和源头治理，推进工作重心下移，推进各类治理资源、力量有效整合，城乡治理体系进一步健全完善，共建共治共享的治理格局全面形成。具体来说，重点从以下几个方面作了工作。

（一）坚持党的领导，加强组织保障

阿勒泰地区在推进市域社会治理现代化过程中坚持党委领导、政府负责，构建了完善的组织体系和制度体系。一是形成组织体系。成立了由地委书记任组长、行署专员任第一副组长、政法委书记任办公室主任、7 名厅级领导任项目组长的组织体系。二是建成制度体系。制定出台推进市域社会治理现代化的实施意见、试点工作方案、分类指导方案等系列指导性文件，将任务明确到部门（单位）、县（市、景区），目标细化到年、月、周，实行挂图作战、销号推进。三是建强基层队伍。在择优选派 120 名机关党员干部到村（社区）任党组织书记的基础上，将 2 万名机关党员干部分配至各小区网格，制定在职党员到社区报到积分管理细则，明确其维护稳定、矛盾化解等八项职责，按照"群众点单、部门派单、志愿接单、群众评单"的模

式开展组团式服务。四是抓好责任落实。领导小组组长、副组长定期听取工作推进情况汇报、深入实地调研，现场办公解决存在的问题，办公室主任全程跟踪督办，以制度倒逼各级各部门主动履职尽责、担当作为，确保每一项指标都能够落实、落细、落具体。

（二）坚持实践创新，形成"五个五"体系

阿勒泰地区的六县一市一景区各自形成了一大批具有时代特征、边疆特色、地域特点的市域社会治理经验，并将有益做法及时总结，上升到制度层面，在全阿勒泰地区进行推广复制。布尔津县的"风险五步闭环处置法"，坚持政治引领，建立重大风险防范机制，提升市域防控风险水平；福海县的"乌伦古经验"，弘扬新时代"枫桥经验"，探索建立矛盾纠纷多元调处化解机制；青河县的"心防"体系，发挥德治教化作用，完善新时代文明实践志愿服务体系、社会心理服务体系；阿勒泰市的"红色物业+"，发挥群众自治主体作用，探索以"红色物业、网格党建、党群服务"为重点的新时代城镇基层党建制度体系领航工程；富蕴县智慧警务、喀纳斯景区智慧旅游体现科技赋能，统筹推进各部门"放管服"改革，实施"12345打通最后一公里"政务服务工程，围绕服务旅游发展实施"智慧雪都"工程……

在此基础上，阿勒泰地区梳理研究了268项各县（市）、部门（单位）的基层治理体制机制，形成了边疆多民族聚居地区市域社会治理的"五个五"体系。具体而言：突出城区、农牧区、边境区、景区、矿区"五区共治"；发挥党委领导、政府负责、群团助推、社会协同、群众参与"五大主体"作用；建立组织、责任、工作、制度、考评"五大体系"；推进政治引领、法治保障、德治教化、自治强基、智治支撑"五治共融"；防控政治安全风险、社会治安风险、社会矛盾风险、公共安全风险、网络安全风险"五类风险"。

阿勒泰地区探索形成的"五个五"社会治理体系，使得阿勒泰的民族团结水平、平安建设水平、社会治理效能等稳步提升，并获得了"2017～2020年度平安中国建设示范地区"、第九批"全国民族团结进步示范区"、

"全国市域社会治理现代化试点合格城市"等荣誉称号，打造出具有阿勒泰特色的市域社会治理现代化实践样本。特别是，"矛盾不上交，风险不外溢，推动边疆多民族聚居地区矛盾纠纷多元化解"的经验被确定为"全国市域社会治理现代化试点优秀创新经验"之一。

（三）坚持法治引领，依法推进社会治理

一是加强依法行政。阿勒泰地区实施党政主要负责同志述法制度，搭建"法治讲堂·逢九开讲"法治培训平台，成立地区决策咨询委员会，组建首席法律咨询专家库，健全重大决策社会稳定风险评估机制，提升党委政府依法决策能力。绘制法治阿勒泰、法治政府、法治社会一体建设"施工图"，明确112项任务，健全38项法治领域机制，深入推进法治政府建设；开展"行政执法规范化建设"行动，建立完善执法司法监督体系，全面提升执法司法为民质效。

二是以法治护航营商环境建设。不断优化公共法律服务，在知识产权保护、重大项目评估、执法司法协同保障等方面推出多样化、多层次的法律服务，用法治护航营商环境建设，为经济社会高质量发展赋能增力。2023年，阿勒泰地区深入贯彻落实《新疆维吾尔自治区政法机关优化法治化营商环境50条措施》及地区优化法治化营商环境相关规定，推动政务诚信建设，成立优化营商环境法治联合体，常态化开展"法治体检""警民恳谈会""法官下基层""检察护航民企发展"等活动，在重大项目风险评估、执法司法协同保障等方面推出多样化、多层次的政法服务，用法治引领护航营商环境建设，为经济社会健康可持续发展发挥法治之能、贡献法治之力。

三是提升基层法律服务水平。建成602个公共法律服务中心（站、室），打造"城市半小时、农村1小时"公共法律服务圈，与西南政法大学等高校建立"一县联系一名校、一乡联系一名师"合作机制，实现地县乡350个党政机关、535个村（社区）法律顾问全覆盖。创新"七大普法平台"，2400余名"法律明白人"奔走乡间，带领群众学法用法，促进乡村稳定和谐；"法治教育基层行"大宣讲，用群众喜爱的方式讲群众需要的法律

知识；普法"轻骑兵"走进乡村牧区，把党的政策、法治的声音传到"最后一公里"；开通"法润金山你问我答"普法直播间，"冬不拉"弹唱调解法在央视《今日说法》栏目播出，两次写入最高法工作报告；积极推进综治中心实体化，60个乡镇（街道）全部规范配备政法委员，每个乡镇（街道）配备2~4名综治专干，每个村（社区）招聘2名综治专干，出台综治专干考核管理办法，调动其工作积极性和主动性。

阿勒泰地区坚持聚合力、抓重点、出重拳，一项项举措护航经济发展、守卫百姓平安福祉，防范化解影响安全稳定的突出矛盾风险，努力创造让人民群众安居乐业的良好社会环境。

（四）坚持预防为主，探索矛盾纠纷"最优解"

加强和创新基层社会治理，要坚持预防为主，把矛盾纠纷源头治理作为抓手。无论线上线下还是城镇乡村，始终以群众期盼为导向，把矛盾问题化解在诉前、化解在源头，走出了一条各具特色、民心凝聚的基层治理新路子。

阿勒泰坚持以人民为中心，关注牧民需求，将牧区乡镇行政执法力量纳入矛盾调解中心；布尔津县自主研发智慧公共法律服务平台，实现群众需求"一屏解决"；福海县构建乡（镇）村（社区）网格四级矛盾调解体系，矛盾纠纷的解决已从"最多跑一地"变为"最多就近跑一地"；青河县建成"心防"体系，将调解员培养成心理疏导专家……如今，阿勒泰地区社会矛盾纠纷常态排查、逐级受理、限时办结、结果反馈、回访评价的闭环管理已经成形，成功实现了"纠纷源头解、矛盾不上交、风险不外溢"。

阿勒泰地区积极构建多元化解"联合体"，聚集群众智慧、发动群众力量，妥善解决群众的"小事""大事"，同时，整合信访、卫健委等行业部门，吸纳行业性专业性调委会、仲裁机构等社会力量，引导法官、律师等力量参与，构建起政府与社会力量良性互动的多元共治格局，以基层"小平安"促进社会"大平安"，以"乌伦古经验"助力"阿勒泰之治"，打造新时代"枫桥经验"的阿勒泰样本。

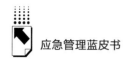
（五）坚持便民利民，优化政务服务

民之所望，政之所向。编制《阿勒泰地区市域社会治理现代化政务服务"码上办、掌上办、网上办、就近办、一次办"事项汇编》和相应工作制度，依托智能化、信息化技术，搭建智慧政务、智慧党务、智慧法院、智慧公安、智慧司法等基本单元，全面提高社会治理标准化、精细化程度。建立集法规政策宣传、社情民意收集、群众诉求回应、风险隐患排查于一体的网上社会治理平台"雪都联户"，各族群众在平台上留言上报困难诉求、申请事项、疑难问题等，都能得到及时有效回应，真正实现"线上线下"同频共振。

阿勒泰地区行政服务中心开设了"泰好办"一站式企业服务专区，为企业开办和个体工商户注册提供"一站式"导办、帮办服务，实现1个工作日内完成企业开办。梳理归纳了"我要开餐馆""我要开超市"等套餐，一个窗口受理通办，各县市的政务服务大厅均实现了套餐受理。

有效畅通了群众诉求通道，提升了政府公共服务水平和公众满意度。搭建地县乡村四级行政服务网络平台，实现3937项行政审批服务事项100%网上预约、网上办理。成立志愿服务队进行政策解读、服务引导等，让群众有更好的办事体验；开设"办不成事"反映窗口，解决群众和企业因线上线下缺乏程序衔接、部门之间缺乏沟通等遇到的困难……越来越多的群众在家门口就能享受到优质的政务服务。

三　对边疆多民族地区推进市域社会治理现代化的启示

党的十九届四中全会强调："构建系统完备、科学规范、运行有效的制度体系，加强系统治理、依法治理、综合治理、源头治理，把我国制度优势更好转化为国家治理效能。"① 基于此，系统梳理新疆阿勒泰地区推进市域

---

① 《十九大以来重要文献选编》（中），中央文献出版社，2021，第272页。

社会治理现代化的经验做法，可以从系统治理、依法治理、综合治理、源头治理四个维度为其他边疆多民族地区进一步推进市域社会治理现代化、更好地统筹发展和安全提供可供参考和复制的有益启示。

（一）坚持系统治理，重点突出

多元治理主体共同有效参与，边疆地区社会风险防范工作要打造"人人有责、人人尽责、人人享有"的社会治理共同体，形成社会治理合力。新疆阿勒泰地区市域社会治理现代化的实践，始终坚持系统观念，统筹谋划。首先，始终坚持在整体规划的基础上做到"一张蓝图绘到底"；其次，重视发挥多元主体的作用，整合各方资源，畅通社会参与渠道，注重打造共同体；最后，有条不紊地分步推进，明确责任，狠抓落实，形成闭环。

（二）坚持依法治理，法治为先

法治兴，则国兴；法治强，则国强。阿勒泰地区始终坚持以习近平法治思想为引领，以制度建设为保障，有力有序推进各项工作。以招才引智为突破助力法治建设，以学法普法为基础筑牢法治基石，以成果转化为落脚点深化法治实践，把法治建设作为引领高质量发展、深化改革、保障和改善民生的压舱石，以法治建设回应人民群众的新要求新期待，以法为纲推进和谐善治，用法治为社会治理保驾护航。

（三）坚持综合治理，因地制宜

市域社会治理是一项复杂的系统工程，领域多、触面广、难度大、任务重，但只要坚持党的领导，在治理理念、体制机制、治理手段等方面狠下功夫，坚持人民至上、坚持问题导向，紧扣重点、精准发力，就能不断提高市域社会治理现代化水平。首先，坚持立足实际。按照"党委领导、政府负责、民主协商、社会协同、公众参与、法治保障、科技支撑的社会治理体系"目标，各县市根据自身实际来制定路线图；其次，一地一特色。市域

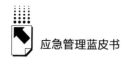

社会治理涉及多个场景和元素，难以运用固定统一的模式实现有效治理。各地必须打磨亮点、突出特色，形成求大同存小异的治理路径。

（四）坚持源头治理，预防为主

推进市域社会治理要在源头治理上下功夫，精准排查防范化解矛盾隐患，着力维护社会稳定，为推动发展提供更好的安全保障。党的二十大报告强调："推动公共安全治理模式向事前预防转型。"[①] 首先，坚持前瞻性思考。既重视"最先一公里"，也重视"最后一公里"，让新时代"枫桥经验"的精髓与各地实际结合并落地生根。其次，重视科技支撑。将信息技术和数字技术嵌入社会治理中，实现政府、市场、社会多元主体无障碍网络协同，充分让科技赋能社会治理，打通行政壁垒，破除信息茧房。

---

① 习近平《高举中国特色社会主义伟大旗帜　为全面建设社会主义现代化国家而团结奋斗——在中国共产党第二十次全国代表大会上的报告》，人民出版社，2022，第54页。

B.18
西藏生态安全屏障建设实践与启示

刘 恒 贾立志 戴尔阜*

摘　要： 作为我国重要生态安全屏障，西藏在国家生态文明建设的战略地位极为重要，并被赋予了创建生态文明高地的历史重任。由于特殊的自然环境，西藏的生态极其脆弱，承载力低，一旦遭到破坏就很难修复。筑牢西藏生态安全屏障，是关乎中华民族永续发展的一项大事，对于维护国家安全和生态安全具有基础性地位。在党的领导下，西藏自治区各级党委、政府和广大群众不懈努力，生态功能区得到有效构建、生物多样性持续提升、人居环境不断优化，为世界生态环境改善做出了积极贡献。西藏生态安全屏障制度体系建设、生态环境治理的实践筑牢了生态安全屏障。西藏坚持生态保护第一、完善政策体系、创新科技支撑、加强区域协作、广泛宣传引导，为其他省份进行生态文明建设提供了宝贵经验和启示。

关键词： 西藏　生态安全屏障　生态环境治理

　　西藏地处中国西南、东邻四川省，东南连接云南省，东北紧靠青海省，北边与新疆维吾尔自治区相连，西与克什米尔地区接壤，南与缅甸、印度、不丹、尼泊尔等国家毗邻，边境线长达4000多公里。西藏作为青藏高原的主体，被誉为"世界屋脊""亚洲水塔""地球第三极"，是重要的国家安

---

* 刘恒，中共西藏自治区委员会党校（西藏自治区行政学院）教授，主要研究方向为应急管理；贾立志，中国科学院地理科学与资源研究所助理研究员，主要研究方向为高寒生态系统；戴尔阜，中国科学院地理科学与资源研究所研究员，主要研究方向为高寒生态系统。

全屏障。① 西藏海拔高、气温低、地形复杂多样，湖泊、湿地和冰川等汇集在一起，是我国及亚洲许多重要河流的发源地，成为河川径流的重要补给源。西藏也是我国、亚洲乃至全球气候变化的"调节器"和"启动器"，高海拔的地形强迫作用使得青藏高原成为南北热量和水汽交换的重要屏障，调节低纬海域的长程水汽输送，对长江流域及周边海域的降水量产生直接影响。西藏地域辽阔，地理条件复杂，受独特的地质地貌和复杂多变气候的综合影响，自然灾害种类多且易频繁发生，自近现代以来除了火山与海洋灾害外，几乎涵盖其他各类自然灾害。由于西藏生态系统对外力作用的不稳定性和敏感性，在相同外力作用下，生态系统发生变异及由此产生的各种生态环境问题、造成的危害和潜在损失较其他地区严重。

一 西藏生态安全屏障建设的意义

党中央历来高度重视西藏生态环境保护与建设，2009 年，国务院通过并实施《西藏生态安全屏障保护与建设规划（2008—2030 年）》，将生态安全屏障建设纳入国家生态文明建设的总体布局中并逐步推动和落实。党的十八大以来，习近平总书记高度重视西藏生态文明建设并从多个角度阐明做好西藏生态保护工作的重大意义，"保护好青藏高原生态就是对中华民族生存和发展的最大贡献"② "把青藏高原打造成为全国乃至国际生态文明高地"③ "为守护好世界上最后一方净土、建设美丽的青藏高原作出新贡献"④。习近平总书记围绕生态文明建设作出的重要指示和部署，为推动西藏生态安全治理、生态文明高地建设提供了根本遵循。⑤

---

① 刘倩茹：《绘就壮美高原新画卷——新西藏 70 年系列述评之生态建设篇》，《西藏日报》2021 年 5 月 25 日。
② 习近平：《论坚持人与自然和谐共生》，中央文献出版社，2022，第 83 页。
③ 习近平：《论坚持人与自然和谐共生》，中央文献出版社，2022，第 83~84 页。
④ 《习近平关于社会主义生态文明建设论述摘编》，中央文献出版社，2017，第 79 页。
⑤ 刘倩茹：《绘就壮美高原新画卷——新西藏 70 年系列述评之生态建设篇》，《西藏日报》2021 年 5 月 25 日。

在新时代党的治藏方略"十个必须"中提出"必须坚持生态保护第一"①，西藏"稳定、发展、生态、强边"四件大事的战略部署中，坚决贯彻习近平生态文明思想，筑牢国家生态安全屏障，创建国家生态文明高地，对西藏尤为重要。在党中央的科学指导和总体部署下，西藏自治区党委带领各族群众全方位深入推动生态文明建设，使生态功能区持续改善、生物多样性稳步提升、人居环境不断优化，为全球生态环境治理和世界生态环境改善做出了积极贡献。

西藏生态安全屏障建设是贯彻总体国家安全观的一项战略任务，是我国生态环境治理体系的有机组成部分。这一重大战略举措，为防范化解生态领域风险、维护国家生态安全，完善生态保护与经济建设相协调的协同发展机制，提升生态保护和生态修复能力，满足人民群众对美好生态的需求提供了有力保障。

二 西藏生态安全屏障建设实践

新时代以来，党中央进一步提高西藏生态文明建设的战略地位，不断完善生态文明制度体系，强化生态资金支持，推动生态科技和生态文化水平持续提升，积极构建人与自然生命共同体。②

（一）西藏生态安全屏障制度体系建设不断完善

在习近平生态文明思想的科学指引下，西藏自治区党委和政府严格落实党中央关于生态文明建设的重要指示，不断提高生态环境治理能力，在将生态保护转化为经济社会效益的过程中进一步完善生态文明制度体系。《西藏自治区环境保护条例》《西藏自治区湿地保护条例》《西藏自治区生态环境

---

① 《"十个必须"传递新时代党的治藏方略要义》，新华网，http://www.xinhuanet.com/politics/leaders/2020-08/30/c_1126429558.htm。

② 中华人民共和国国务院新闻办公室：《西藏和平解放与繁荣发展》，《人民日报》2021年5月22日。

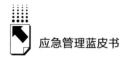

保护监督管理办法》《西藏自治区矿产资源勘查开发监督管理办法》《关于建设美丽西藏的意见》《西藏自治区生态文明建设示范创建管理办法》《西藏自治区国家生态文明高地建设条例》等 30 多部地方性法规和规章的出台，为生态安全屏障建设打下了坚实的制度基础，进一步筑牢了国家生态安全屏障。

据统计，截至 2020 年，西藏地方财政用于维护生态安全、强化生态文明建设的资金达到 814 亿元。统筹山水林田湖草系统治理，大力实施《西藏生态安全屏障保护与建设规划（2008—2030 年）》和"两江四河"流域绿化项目。大力筑牢生态安全屏障、稳步推进生态文明高地建设，西藏七个地市均在生态文明建设中取得积极成效，特别是拉萨市、山南市、林芝市、昌都市、阿里地区 5 个地市荣获国家生态文明建设示范市称号；在西藏自治区县一级，巴宜区、亚东县和当雄县等在生态文明建设方面表现更为突出，荣获国家生态文明建设示范县称号，隆子县不断创新生态环境治理模式、发展生态经济新业态，荣获"绿水青山就是金山银山"实践创新基地称号。强化水土保持综合治理，推动生态环保技术取得新突破，在设立五级河湖长 1.48 万名的基础上健全"河湖长+检察长+警长"协作机制，实现河湖"清四乱"常态化制度化。此外，噶尔县于 2020 年被国务院办公厅列入激励名单。[1] 全区 2023 年新增 4 个国家生态文明建设示范区，相比原有目标预计完成时间，提前实现了生态文明示范创建的目标。[2]

（二）西藏生态环境治理成效显著

截至 2020 年，西藏在生态保护功能区构建方面取得显著成绩，同时拥有 11 个国家级自然保护区、4 个国家级风景名胜区、3 个国家地质公园、9 个国家森林公园、22 个国家湿地公园等，自然保护地范围不断扩大、占比

---

① 中华人民共和国国务院新闻办公室：《西藏和平解放与繁荣发展》，《人民日报》2021 年 5 月 22 日。

② 《2024 年西藏自治区政府工作报告》，西藏自治区人民政府网站，http：//www. xizang. gov. cn/zwgk/xxfb/zfgzbg/202401/t20240122_399830. html。

再创新高，占全区总面积的 38.75%，实现生态治理的科学布局和全面推进。在减少水土流失、提高土地生产力的生态示范区和保护区构建方面，建立 1 个防沙治沙综合示范区、5 个沙化土地封禁保护区，封禁面积达到 4.8 万公顷，为土地沙漠化综合治理创造了有利条件。2004～2014 年，经过 10 年沙漠化防范和治理的积极推进，荒漠化土地面积减少 9.24 万公顷，沙化土地面积减少 10.07 万公顷，有效遏制了水土流失。在森林、植被和湿地保护方面，2020 年森林覆盖率达到 12.31%，天然草原综合植被覆盖度提高到 47%，湿地面积达到 652.9 万公顷，为改善高原自然气候奠定了坚实基础。在生物多样性保护方面，野生动物的数量和种类得到快速增长，黑颈鹤已达 8000 多只、藏羚羊约为 30 万只，国家一级保护野生植物巨柏稳步增加，发现白颊猕猴等新物种 5 个、东歌林莺等中国新纪录物种 5 个以及桫椤、喜马拉雅红豆杉等 21 个物种的新分布点，进一步提高了西藏自然生态的生命力和可持续发展水平。在高原水质改善方面，雅鲁藏布江、纳木错水质达到《地表水环境质量标准》Ⅱ类标准，珠穆朗玛峰下的绒布河达到Ⅰ类标准，为城镇居民饮用水安全提供了坚强保障。在高原土壤生态保护方面，化肥农药使用量得到严格控制，确保土壤保持原有生态底色，夯实食品安全的自然基础。在高原空气质量提升方面，2020 年 PM10 和 PM2.5 年均浓度较 2015 年分别降低 28.1% 和 37.5%，西藏空气优良天数达到 99.4%，优良的空气质量成为雪域高原的一张亮丽名片。[①]

2015～2020 年底，西藏在减少碳排放方面遵循国家整体发展战略，累计外送清洁电力 65 亿千瓦时，不仅减少二氧化碳排放，更为满足电力需求做出积极贡献。在废弃资源转化利用方面，稳步推进国家级循环经济试点，切实提高餐厨废弃物资源化利用效率，促进资源循环转化不断发展。在固体废弃物处理方面，进一步强化监督管理整治，县级以上城镇生活垃圾无害化处理率达到 97.34%，医疗废物得到有效回收和处理，消除阻碍城镇文明建设

---

① 中华人民共和国国务院新闻办公室：《西藏和平解放与繁荣发展》，《人民日报》2021 年 5 月 22 日。

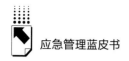

的痛点和堵点。在城市污水处理方面，截至2020年，城市污水处理率提高到96.28%，持续改善水资源生态。在乡村生态文明建设方面，按照西藏自治区党委关于乡村振兴的总体要求，已实施薪柴替代、厕所革命、环境整治、乡村绿化等一系列有利于改善乡村自然生态环境、推进美丽乡村建设的项目，推动农村生活垃圾收运实践取得了显著成效、积累了重要经验。在生态补偿方面，覆盖草原、森林、湿地等领域的生态保护补偿机制已经建立并根据生态实际不断完善发展，2019~2020年，累计安排生态护林员补助资金2.74亿元，支持选聘生态护林员7.82万名，安排森林生态效益补偿补助31.82亿元，这些生态补偿措施不仅使各族群众的生态环境权益得到保障，也激发了全区人民加强生态文明建设的信心和动力。[1]

2021年，在生态国土空间利用方面，西藏生态红线面积达53.9万平方公里，占全区总面积的45%。在生态科技发展方面，那曲、阿里高海拔种树试验初获成功。在乡村生态环境治理方面，1079个"无树村"和10.5万"无树户"全面消除。在生物多样性保护方面，陆生野生动物种类达1072种，黑颈鹤数量增至8000多只，藏羚羊数量突破20万只。[2]

2023年，西藏在营造林面积方面取得可喜成绩，营造林面积达到120万亩，拉萨南北山的绿化面积也扩大至24万亩。在草原修复治理方面，完成退化草原614万亩的修复任务，持续推动草原生态改善。在水资源调查方面，实现对冰川（冰雪）、冰湖资源的本底调查，为之后强化西藏水资源保护、提高水资源利用率做好前期工作。在矿业权整治方面，依法无偿收回矿业权217个，有效提高矿业市场的运行效能。在绿色交易市场上，完成首笔国际绿证交易、林草碳汇交易，为其他地区推动国际自然生态交易提供了有益借鉴。在空气和水质改善方面，空气质量优良天数比例达99%以上，主

---

① 中华人民共和国国务院新闻办公室：《西藏和平解放与繁荣发展》，《人民日报》2021年5月22日。

② 马雨晶：《西藏将建设国家生态文明高地》，《中国绿色时报》2021年1月28日。

要江河湖泊水质达到或优于Ⅲ类标准，在民族地区乃至全国范围内均走在前列。①

2023年，拉萨市在生态文明建设方面取得突出成就。淘汰黄标车2117辆，规范整治241处入河排污口，空气质量在全国重点城市范围内仍然位居前列，5个国控断面、水源地水质完全达标，这显示出拉萨市在水资源保护和治理方面的较高水平。从生态保护及生态修复的角度来看，拉萨河谷堆龙以西试点工程已按照原计划基本完成，国际湿地城市认证提名工作持续推进并取得有效进展。在西藏各县区贯彻落实"两山"理念的实践过程中，当雄县表现较为突出，被命名为"两山"实践创新基地，为其他各县区提供了典型示范。在城市绿地建设方面，全市已累计完成南北山绿化造林38万亩，建成罗布公园、同心公园等一批城市绿地，为各族群众改善身心状态、提高生活质量创造了便利条件。在生态文明宣传方面，首次召开建设生态文明高地发展论坛，全方位、多层次彰显拉萨生态文明建设新成就，有力促进拉萨旅游经济的发展。②

2023年，昌都市在规划编制方面已对全市国土空间进行科学设计和合理布置，正式启用"三区三线"划定成果，耕地保护目标、永久基本农田、生态保护红线、城镇开发边界分别为148.86万亩、98.05万亩、4788.32万亩、8.19万亩，占全区的23.55%、20.12%、5.25%、8.86%。坚决打好蓝天、碧水、净土保卫战，扎实推进城区生活垃圾、污水处置设施建设，11县（区）实现污水处理全覆盖，"两高"企业和项目保持零审批、零引进，全市垃圾处理率达到99.57%、环境空气质量优良率完全达标，主要水质均达到或优于Ⅲ类标准。科学实施大规模国土绿化行动，完成营造林40.71万亩、草原生态修复治理7万亩。澜沧江流域（西藏段）山水林田湖草沙冰

① 《2024年西藏自治区政府工作报告》，西藏自治区人民政府网站，http://www.xizang.gov.cn/zwgk/xxfb/zfgzbg/202401/t20240122_399830.html。

② 《2023年12月27日在拉萨市第十二届人民代表大会第四次会议上的政府工作报告》，拉萨市人民政府网站，http://www.lasa.gov.cn/lasa/zfgzbg/202402/8ce3a36e00744363a3d1d53b4872f4e3.shtml。

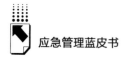

一体化保护和修复项目的申报工作积极推进。昌都市林长制工作取得重大成果，被国家林草局予以积极肯定，在县域生态文明建设方面，丁青县成功创建全国生态文明建设示范区，贡觉县拉妥湿地被确定为国家重要湿地。①

2023 年，山南市在生态环境治理和筑牢生态安全屏障方面多管齐下、稳步推进，生态治理成效明显、自然环境持续改善。在生态文明示范方面，新创建自治区级生态文明建设示范县 1 个、示范乡镇 31 个、示范村（社区）157 个，为带动全市生态文明创建发挥了示范效应。在国土绿化方面，完成植树造林 5.36 万亩、防沙治沙 2.09 万亩，有效治理了水土流失，使自然生态系统更加完善。在城市污染治理方面，推动"无废城市"全面建设，全市环境空气质量优良天数比率达到 99.5% 以上，主要江河湖泊水质达到或优于 Ⅲ 类标准，集中式饮用水水源地水环境质量达标率持续保持为100%，土壤环境安全稳定。②

2023 年，日喀则市在坚持高质量发展与高水平保护上出奇招、求实效，成功创建国家生态文明建设示范市，吉隆县被授予全国人与自然和谐共生现代化城市实践基地称号，亚东县获评全国绿色发展百强县，定结县陈塘镇成功创建国家"绿水青山就是金山银山"实践创新基地，定结县成功创建自治区生态文明建设示范县，桑珠孜区城东街道办事处等 64 个乡镇（街道办）成功创建自治区生态文明建设示范乡镇，比杂村等 497 个村居成功创建自治区生态文明建设示范村居，全年生态文明高地创建考核成绩位居全区第一。③

2023 年，林芝市在生态环境保护和整治、生态文明建设等方面取得明显成就。按照中央和自治区党委关于生态文明高地创建的部署，全市已建成重点项目 12 个、支撑项目 51 个、完成投资 15.26 亿元，特别是有 18 项创建指标位居全区前列，为其他地市强化生态文明建设发挥了示范作用。林芝

① 《2023 年昌都市政府工作报告》，昌都市人民政府网站，http：//www.changdu.gov.cn/cdrmzf/c101597/202403/68942395be154167bd073c39535acd4c.shtml。

② 《2024 年山南市人民政府工作报告》，山南市人民政府网站，http：//www.shannan.gov.cn/zwgk/zfgzbg/202401/t20240115_130351.html。

③ 《2023 年日喀则市政府工作报告》，日喀则市人民政府网站，http：//www.rikaze.gov.cn/content/2024/403039.html。

市大力推进城镇内部和周边植树造林工程，加大国土绿化、水土流失治理工作力度，完成国土绿化 1.2 万亩，水土流失综合治理面积 111.6 平方公里。在治污排污方面，全市污水处理基础设施建设更加完善，完成 84 处入河排污口整治。在水资源管理考核方面，河湖长制考核成绩稳居高原首位。林芝市充分发挥林长制的职能，严格落实森林草原防火相关法律法规，森林防火能力切实增强。在生态补偿上积极推动落实森林草原湿地生态效益补偿机制，促使生态价值加速转换为经济价值，推进生态效益和经济效益协同共进。[1]

2023 年，那曲市划定并严守"三区三线"，落实"三线一单"生态环境分区管控要求，生态红线面积占全市总面积的 53.5%。深入打好污染防治攻坚战，完成 132 个入河排污口整治，累计淘汰整改燃煤锅炉 243 台，市医疗废物处置项目建成投运，环境空气优良天数比例达到 99% 以上。河湖长制、林长制全面推进并得到有效落实，具体而言，生态岗位增加至 8.79 万个，各类生态保护奖补资金达到 17.71 亿元。羌塘、色林错国家级自然保护区生态保护修复扎实推进，完成念青唐古拉山高寒草甸生态修复与综合治理，实施草原生态修复治理 139.02 万亩，累计栽植各类树木 51.09 万株。深入推进"碳达峰"行动，草地碳汇交易试点 400 万亩。[2]

三　西藏生态安全屏障建设的启示

西藏自然资源和地理环境具有独特优势，水、矿产、野生动植物等各类资源十分珍贵和丰富，是世界气候的调节器和生物多样性的天然居所。但是，由于雪域高原高寒缺氧的特征以及全球气候逐渐变暖的趋势，生态系统脆弱、抗干扰能力不强，需要进一步强化生态治理，推动西藏生态建设可持续发展。

① 《林芝市政府工作报告》，林芝市卫生健康委员会网站，http：//www.wjw.linzhi.gov.cn/lzswswyh/c104401/202401/c83c27d0c76848d2b7974e4f5f48caa0.shtml。
② 《那曲市政府工作报告》，那曲市人民政府网站，http：//www.naqu.gov.cn/nqsrmzf/c100020/202403/cfe11eb670994358a5b32aeafb2cd5d6.shtml。

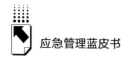

近年来，西藏自治区党委认真贯彻习近平生态文明思想和习近平总书记关于高原生态文明建设的重要指示，从国家生态战略角度出发，始终坚持生态保护与经济发展综合考量、辩证施策，积极推动国家生态文明高地建设，实行最严格的高原生态环境监管和自然资源保护制度，有序推进基础设施建设和重点资源开发利用，用最小的生态代价获得最大程度的经济发展，使西藏生态治理效能不断提升、生态价值不断增加，切实筑牢生态安全屏障，用底线红线捍卫碧水蓝天。① 西藏在生态安全屏障建设方面取得的显著成果，为我国生态文明建设提供了宝贵经验和启示。

（一）坚持生态保护第一

西藏地处我国西南边陲，拥有丰富的自然资源和独特的生态系统。在生态安全屏障建设中，西藏始终坚持生态保护第一，把生态文明建设放在突出地位，推动绿色发展。

首先，着力保护与修复生态。加强自然保护区、湿地公园、森林公园等生态保护地的建设，确保生物多样性。继续科学开展大规模国土绿化行动和城市庭院绿化行动，有效防止水土流失，改善生态环境。其次，优化产业结构，发展绿色产业。加快建设国家清洁能源接续基地，促进文化与旅游产业深度融合，积极推动产业结构调整，减少传统产业对生态环境的破坏。不断优化能源消费结构，加快生态产品价值转换。最后，强化生态环境治理，加大监管力度。对环境违法行为零容忍，严厉打击非法采矿、乱砍滥伐等破坏生态环境的行为。

（二）完善政策体系

生态安全屏障建设是一项系统工程，西藏在生态安全屏障建设中，不断完善政策体系，为生态安全屏障建设提供有力保障。

---

① 刘倩茹：《绘就壮美高原新画卷——新西藏 70 年系列述评之生态建设篇》，《西藏日报》2021 年 5 月 25 日。

首先，完善政策措施。推进《青藏高原生态保护法》全面实施，提升生态文明建设示范效应。因地制宜，不断完善关于生态文明建设、生态环境保护、资源节约和循环利用的制度与政策。其次，建立健全责任制和考核评价机制。明确职责，形成上下联动、部门协同的工作格局，加强对生态环境保护工作的监督检查，确保政策落实落地。

（三）创新科技支撑

科技创新是推动生态安全屏障建设的重要力量。西藏在生态安全屏障建设中，充分发挥科技创新的支撑作用，提高生态效益。

首先，加大生态安全屏障建设领域的研发力度，全面涵盖环境宏观战略、地质灾害综合治理、冰湖灾害监控预警、水质保护和水污染防治等多个领域的研究。其次，大力支持现有创新主体开展生态安全屏障建设相关技术研发，推动产学研的深度融合，培育更多更强的创新主体。最后，积极推广生态保护、资源节约和循环利用等方面的先进适用技术，提高生态安全屏障建设的科技含量，推动了相关行业的绿色转型和可持续发展。

（四）加强区域协作

在全球化的背景下，生态环境问题已经成为全球性的挑战，没有任何一个国家或地区可以"孤岛化"。生态安全屏障建设是一项跨区域、跨部门的系统工程，需要加强区域协作，共同维护生态安全。

首先，加强跨境生态环境保护合作。与周边国家和地区加强跨境合作，共同应对生态环境挑战，保护我们共有的家园。其次，推进流域综合治理。加强与上下游地区的协作，共同保护流域生态环境。最后，加强生态补偿机制建设。推动生态受益地区对生态保护地区进行合理补偿，通过政策引导和扶持，推动生态保护地区发展生态产业，实现绿色可持续发展。

（五）广泛宣传引导

生态安全屏障建设需要广泛的社会参与。西藏在生态安全屏障建设中，

广泛宣传引导，增强全民生态意识，形成全社会共同参与生态安全屏障建设的良好氛围。

首先，加强生态文明宣传教育。将生态文明纳入国民教育体系，加强对青少年生态文明意识的培养。利用各类媒体宣传生态文明理念，增强全民生态意识。加大环保人才培养培训力度，提高环保人才的素质和能力。其次，开展丰富多彩的生态文明创建活动。开展绿色家庭、绿色学校、绿色社区等创建活动，增强广大群众的环保意识，引导广大群众积极参与生态文明建设，为构建美丽的环境奠定基础。

西藏在生态安全屏障建设方面取得了显著成果，积累了丰富的经验。在新的历史起点上，西藏始终坚持习近平生态文明思想的科学指引，坚定不移推进生态文明建设。坚持生态保护第一，坚持系统性协同化，加强制度体系建设，从源头上保护好环境、修复好生态，防范化解生态领域的风险，建设好生态安全屏障；让人民群众广泛参与治理，提高全社会自然灾害防治能力，建立高效科学的自然灾害防治体系；进一步推进科技自主创新，着力提升生态环境治理、生态文明建设的科学性、系统性和实效性，从而保护好人民群众的生命财产安全，维护国家安全。

B.19
科技赋能智慧城市公共安全
治理佛山探索

张 青*

摘 要： 统筹发展和安全，增强忧患意识，做到居安思危，是我们党治国理政的一个重大原则。党的二十大对新时代高质量发展、国家安全体系和能力现代化建设进行了战略部署，党的二十届三中全会提出完善维护国家安全体制机制，实现高质量发展和高水平安全良性互动，切实保障国家长治久安。进入新时代，人民美好生活需要日益广泛，不仅对物质文化生活提出了更高要求，而且在公共安全等方面的要求日益增长。同时，我国公共安全面临许多新情况、新挑战，各类突发事件处于易发多发期，矛盾风险挑战之多前所未有，有效防范、管理、处理公共安全治理风险，有力应对、处置、化解公共安全挑战，最大限度地减少人民群众生命财产损失，是抵御重大风险挑战的重要内容，也是国家治理效能提升的重要体现。数字治理、数据治理、智能治理与智慧治理是国家治理体系下重要的治理范式，本文以"智慧佛山"项目建设推动佛山城市安全监测运行中心为案例，分析粤港澳大湾区公共安全治理面临的重大风险挑战，并提出相应的防范化解对策。

关键词： 科技赋能 公共安全治理 政府智能治理 佛山探索

习近平总书记在党的二十大报告中指出："建立大安全大应急框架，完

---

* 张青，中共广东省委党校（广东行政学院）应急管理教研部副主任，教授，硕士研究生导师，广东省第四届应急管理专家委员会综合管理类专家，主要研究方向为公共安全、应急管理理论与实践。

善公共安全体系，推动公共安全治理模式向事前预防转型。"① 公共安全关乎人民群众的切实利益，是实现人民美好生活和共同富裕的基础。迈上全面建设社会主义现代化国家新征程，我们必须扎实做好各项工作，推动公共安全治理模式的转型。《中华人民共和国国民经济和社会发展第十四个五年规划和 2035 年远景目标纲要》（以下简称"十四五"规划），在强化国家战略科技力量，保持香港、澳门长期繁荣稳定和促进区域协调发展的内容中提到粤港澳大湾区，这意味着在国家发展大局中具有重要战略地位的粤港澳大湾区，在未来中国社会全面深化改革及社会经济结构调整进程中，将在三个方面发挥具有战略性意义的作用。那就是成为科技强国的重要实践载体，成为保持香港、澳门长期繁荣稳定的坚定力量，成为推动区域协调发展的制度探索者与率先实践者。

一 习近平总书记关于风险治理的重要论述

习近平总书记关于风险治理的重要论述高屋建瓴、内涵丰富、思想深刻、指导性强，是习近平新时代中国特色社会主义思想的重要组成部分，具有重大理论价值和实践意义，为全党做好新时代风险治理工作指明了方向路径、提供了根本遵循。党的十八大以来，习近平总书记先后作出一系列重要论述，深刻阐述了风险治理的方向性、原则性、根本性、战略性问题，提出了一系列新思想、新观点、新论断、新举措、新要求，极大深化和丰富了我们党对风险治理的规律性认识。

1. 风险治理面临的形势

习近平总书记密切联系国际国内大势，综合分析各方面矛盾风险，指出今后"可能是我国发展面临的各方面风险不断积累甚至集中显露的时期"②。我们面临的一些风险，量大面广，流动性加快，关联性增强，呈现境外向境

---

① 习近平：《高举中国特色社会主义伟大旗帜　为全面建设社会主义现代化国家而团结奋斗——在中国共产党第二十次全国代表大会上的报告》，人民出版社，2022，第 54 页。
② 《习近平著作选读》第 1 卷，人民出版社，2023，第 381 页。

内传导、网上向网下延伸、单一向综合升级、经济领域向社会领域蔓延等新动向，决不能掉以轻心。

2. 风险治理的目标任务

风险治理的主要目标，是有效防范化解各方面风险，确保国家长治久安，确保党和国家事业顺利推进，当前要着力确保全面建成小康社会的目标如期实现。风险治理的主要任务，是加强对各种风险源的调查研判，提高动态监测、实时预警能力，推进风险防控工作科学化、精细化。

3. 风险治理的方针原则

一是坚持和完善党的领导，这是做好风险治理工作的根本保障；二是坚持科学理论指导；三是坚持防范为先为重，防范管控化解处置有机结合、相互衔接；四是坚持抓重点抓关键，重大风险，既包括国内的经济、政治、意识形态、社会风险以及来自自然界的风险，也包括国际经济、政治、军事风险；五是坚持党政负责、部门担责；六是坚持标本兼治、对症下药。

4. 关于风险治理的措施要求

一是增强风险意识；二是提高风险防范能力，要提高动态监测、实时预警能力，提高预测预警预防各类风险的能力，全面提升防范应对各类风险挑战的水平；三是建立健全化解各类风险的体制机制；四是增强斗争精神。习近平总书记指出："防范化解重大风险，需要有充沛顽强的斗争精神。"[1]

统筹发展和安全，增强忧患意识，做到居安思危，是我们党治国理政的一个重大原则。新中国成立以来特别是改革开放以来，我们党高度重视风险防范化解工作，我国公共安全治理及应急管理体制机制不断健全完善。党的十九届五中全会对防范化解重大风险提出明确要求："防范化解重大风险体制机制不断健全，突发公共事件应急能力显著增强，自然灾害防御水平明显提升，发展安全保障更加有力。"[2] 党的二十大报告提出："我国发展进入战略机遇和风险挑战并存、不确定难预料因素增多的时期，各种'黑天鹅'、

---

[1] 《习近平著作选读》第 2 卷，人民出版社，2023，第 248 页。
[2] 《十九大以来重要文献选编》（中），中央文献出版社，2021，第 793 页。

'灰犀牛'事件随时可能发生。我们必须增强忧患意识，坚持底线思维，做到居安思危、未雨绸缪，准备经受风高浪急甚至惊涛骇浪的重大考验。"[1]党的二十届三中全会指出："国家安全是中国式现代化行稳致远的重要基础。必须全面贯彻总体国家安全观，完善维护国家安全体制机制，实现高质量发展和高水平安全良性互动，切实保障国家长治久安。要健全国家安全体系，完善公共安全治理机制，健全社会治理体系，完善涉外国家安全机制。"[2] 习近平总书记强调："时刻准备应对重大挑战、抵御重大风险、克服重大阻力、解决重大矛盾，以不畏艰险、攻坚克难的勇气，以昂扬向上、奋发有为的锐气，不断把中华民族伟大复兴事业推向前进。"[3] 深入贯彻落实习近平总书记关于风险治理的重要论述，推进公共安全治理模式向事前预防转型，构建高水平安全公共安全治理体系对中国式现代化新征程具有重要的意义。

二 信息技术赋能政府公共安全治理及其应用

伴随着大数据时代的到来，技术治理成为国家治理体系和治理能力现代化的重要驱动力量，也是政府公共安全治理应用的重要技术手段。

（一）"技术赋能论"在政府公共安全治理中的应用

"技术赋能论"关注的是技术对科层组织运行的正向推动作用，主要呈现在组织结构、治理效能和理念价值等方面。首先是技术属性对组织结构的影响。由于信息技术具有标准化与电子化特征，当其被引入政府组织后，科层间的信息沟通方式变得灵活开放，跨部门、跨层级的信息共享、协同办公、服务

---

① 习近平：《高举中国特色社会主义伟大旗帜 为全面建设社会主义现代化国家而团结奋斗——在中国共产党第二十次全国代表大会上的报告》，人民出版社，2022，第26页。

② 《中国共产党第二十届中央委员会第三次全体会议公报》，中国政府网，https://www.gov.cn/yaowen/liebiao/202407/content_6963409.htm? menuid=197。

③ 习近平：《在纪念孙中山先生诞辰150周年大会上的讲话》，人民出版社，2016，第9页。

整合成为可能，传统科层制的碎片化治理逐渐向整体性治理转变。而广泛应用的互联网技术讲求信息传递去中心化的本质，有助于保障公众与政府的在线互动，有利于提升公民参与度和决策质量，基于此，治理与技术的良性互动在新型组织结构中得以实现。其次，在治理效能层面，已有研究从更为具体的应用领域与治理场景入手，侧重于探究数字治理过程中技术所发挥的实际效用。

（二）信息技术赋能政府公共安全治理效能的体现形式

信息技术赋能政府治理效能主要分为两个方面。其一是工具性效能，以大数据为代表的技术创新，赋能政府对海量数据的汲取和研判过程，提高政府对市场、社会的监管能力。比较典型的是在应用于危机事件管理时，其能对民情政况、病情灾况进行实时捕获评估，通过大数据解析、关联关系挖掘和可视化展示来监测评估社会矛盾与风险。其二是权威性效能，权威性效能建立于工具性效能之上，因技术创新而获取的信息为政府治理提供了知识基础，而信息数据所构成的治理权限与能力为科层组织提供了独特的权威基础，赋予了政府对社会相应的规训权威。以电子行政审批为例，省级政府所施行的在线审批技术保障了审批的规范化，减少了地方政府的自由裁量权，一定程度上证明了技术治理实现了对地方权力的约束、强化了纵向治理权威。再者，信息技术无论是对组织结构还是对治理效能的正向促进作用，本质上都体现了技术治理中以科学为基础的效率价值和"还数于民"的公众参与理念。互联网技术并不仅仅是政府的一个管控工具，还可以借助技术理性和多元参与导向实现"数目字管理"的迭代升级，建构制度化的治理规则，重塑新型的国家与社会的关系。

三　健全完善粤港澳大湾区公共安全治理机制的重大意义

针对重大风险和各种突发事件实施有效的应急管理，已经成为各级政府及其领导者必须面对而且必须着力解决的重大现实课题。基于 2019 年 2 月

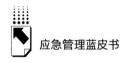

中共中央、国务院实施的《粤港澳大湾区发展规划纲要》的两个阶段发展目标。到 2022 年，粤港澳大湾区综合实力显著增强，粤港澳合作更加深入广泛，区域内生发展动力进一步提升，发展活力充沛、创新能力突出、产业结构优化、要素流动顺畅、生态环境优美的国际一流湾区和世界级城市群框架基本形成。到 2035 年，大湾区形成以创新为主要支撑的经济体系和发展模式，经济实力、科技实力大幅跃升，国际竞争力、影响力进一步增强；大湾区内市场高水平互联互通基本实现，各类资源要素高效便捷流动；区域发展协调性显著增强，对周边地区的引领带动能力进一步提升；人民生活更加富裕；社会文明程度达到新高度，文化软实力显著增强，中华文化影响更加广泛深入，多元文化进一步交流融合；资源节约集约利用水平显著提高，生态环境得到有效保护，宜居宜业宜游的国际一流湾区全面建成。围绕上述发展目标，粤港澳三地政府管理体系、社会制度、法律制度存在差异，针对突发事件实施有效联动应急管理的体制机制面临诸多问题，通过分析粤港澳大湾区公共安全治理面临的形势，探索通过粤港澳大湾区城市群协同治理理论的应用和跨界公共事务治理体系的构建，构建粤港澳大湾区应急管理融合机制，防范化解粤港澳大湾区建设进程中可能存在的重要挑战和主要风险，实现粤港澳大湾区应急管理融合机制与公共安全治理创新的良性互动。

（一）理论意义

在结合《"十四五"国家应急体系规划》框架研究的基础上，提炼出现实的粤港澳大湾区社会发展和应急管理体系架构。从第一代到第四代应急管理体系的演变中，不断完善应急管理体系建设理念的变化，提出能够覆盖风险、事件、应急三个主体的研究理论框架，并且分析了在事前事中、平战结合两种不同状态下，粤港澳大湾区社会发展体系形态的演变，从而提升了粤港澳大湾区社会发展重大风险防范化解的全过程、全周期管理的理论高度。

（二）现实意义

党的十九届六中全会指出："香港、澳门回归以来，走上了同祖国内地优势互补、共同发展的宽广道路，'一国两制'实践取得举世公认的成功。中央政府对香港、澳门实行的各项方针政策，根本宗旨是维护国家主权、安全、发展利益，保持香港、澳门长期繁荣稳定。全面准确贯彻'一国两制'、'港人治港'、'澳人治澳'、高度自治的方针，必须把坚持一国原则和尊重两制差异、维护中央权力和保障特别行政区高度自治权、发挥祖国内地坚强后盾作用和提高港澳自身竞争力有机结合起来，任何时候都不能偏废。"[①] 这有利于指导粤港澳大湾区社会发展重大风险防范化解及突发事件应急管理体系的建设，提升粤港澳大湾区应对重大风险及突发事件的能力。现行粤港澳大湾区公共安全治理及应急管理体系面临城乡融合、社会经济发展、安全风险复杂多元、监管体量大、监管力量不足等方面的挑战，迫切需要进行针对性和全局性的制度完善，为高质量建设粤港澳大湾区提供高水平的安全屏障。

四 科技赋能智慧城市公共安全治理佛山探索

技术变革和科技创新的应用是保障公共安全的重要基础。推动公共安全治理模式向事前预防转型的重要条件是拥有先进的监测预警装备和较强的能力。坚持以科技为支撑，提升公共安全监测预警能力。运用信息技术、虚拟现实、智能识别和预测技术，在复杂环境中通过智能化、无人化装备对复杂对象进行监测和控制，实现超前感知、实时监测、精准预警。

粤港澳大湾区由于广东省、香港特别行政区和澳门特别行政区政府制度、社会规范和法律制度的不同，公共安全治理坏境复杂多变，在实施有效的突发事件联合应急管理制度机制应对工业密集区工业事故、地下气体泄漏、台风、森林火灾等自然灾害，桥梁、高速铁路等大型基础设施以及其他类型的公共突发事件等方面面临着许多挑战。佛山市是粤港澳大湾区重要的制造业城市，城市公共安全治理也同样面临新的挑战。近年来，佛山坚持科技赋能，坚持安全第一、预防为主，聚焦"全灾种、大应急"任务需要，

---

① 《全面建成小康社会重要文献选编》（上），人民出版社，新华出版社，2022，第679页。

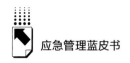

积极运用信息技术为应急管理及公共安全赋能增效，着力破解制约佛山城市公共安全发展的风险要素，持续推进国家城市安全风险综合监测预警平台建设试点工作，推动城市安全治理模式向事前预防转型，开展了具有佛山特色的城市公共安全治理创新探索。

（一）构建大安全大应急格局，健全高效公共安全治理机制

党的二十大报告提出："坚持安全第一、预防为主，建立大安全大应急框架，完善公共安全体系，推动公共安全治理模式向事前预防转型。"① "转变政府职能，优化政府职责体系和组织结构，推进机构、职能、权限、程序、责任法定化，提高行政效率和公信力。"② 《深化党和国家机构改革方案》提出：防范化解重特大安全风险，健全公共安全体系，整合优化应急力量和资源，推动形成统一指挥、专常兼备、反应灵敏、上下联动、平战结合的中国特色应急管理体制。《突发事件应对法》（2024 年修订版）提出：突发事件应对工作坚持中国共产党的领导，坚持以马克思列宁主义、毛泽东思想、邓小平理论、"三个代表"重要思想、科学发展观、习近平新时代中国特色社会主义思想为指导，建立健全集中统一、高效权威的中国特色突发事件应对工作领导体制，完善党委领导、政府负责、部门联动、军地联合、社会协同、公众参与、科技支撑、法治保障的治理体系。优化协同高效是构建大安全大应急的着力点，也是健全高效公共安全治理机制的关键，对于跨部门、跨层级、跨地域、跨领域建立公共安全治理机制、协调重大突发事件应对处置具有十分重要的指导意义，为新时代公共安全治理体系机制建设明确了方向和原则。

《广东省机构改革方案》（2018 年及 2023 年版）③ 把优化协同高效的原则贯穿机构改革始终，着力推进机构设置的优化、职能配置的协同、运行机

① 习近平：《高举中国特色社会主义伟大旗帜 为全面建设社会主义现代化国家而团结奋斗——在中国共产党第二十次全国代表大会上的报告》，人民出版社，2022，第 54 页。
② 习近平：《高举中国特色社会主义伟大旗帜 为全面建设社会主义现代化国家而团结奋斗——在中国共产党第二十次全国代表大会上的报告》，人民出版社，2022，第 41 页。
③ 《广东省机构改革方案》（2018 年及 2023 年版）。

制的高效。确保权责一致，坚持一类事项原则上由一个部门统筹、一件事情原则上由一个部门负责，合理界定部门职责关系。重大突发事件"四个一"应急处置机制和全国全省"一盘棋"应急响应机制就是这一原则的在广东公共安全治理及应急管理体制机制改革中的创新探索。2023年9月25日，平安广东建设工作会议要求聚焦防范化解重大风险，落实重大突发事件"四个一"应急处置机制和全国全省"一盘棋"应急响应机制，完善矛盾纠纷多元预防调处化解综合机制，深入开展新兴领域风险深度治理，牢牢守住不发生系统性风险底线。

根据上述改革推进的要求，2019年11月，佛山市政府投入2.26亿元高起点规划、高标准建设"智慧安全佛山"一期项目。初步建成"监测中心、指挥中心、研究中心"三位一体的城市安全风险监测预警平台，实现对城市安全运行的"一网感知态势、一网纵观全局、一网风险研判、一网指挥调度、一网协同共治"，把城市安全风险化解在萌芽之时，实现了对突发事件、重大活动的精细化预警、可视化指挥、智能化决策。该项目联动全市应急、消防、公安、水利等35个部门，通过布设各种类型的前端传感器对全市桥梁、燃气、排水、森林防火等9大专项进行实时监测预警。"智慧安全佛山"项目建筑面积约2200平方米，建设有监测大厅、会商室、7×24小时值班中心、佛山市应急管理联合创新中心、接待室五大功能区，具备综合展示、资源协调、指挥调度、舆情监测、视频会商、运行值守、教学培训等功能。采用"一中心、一网、一系统"的顶层设计模式，包括："一中心"建设佛山市城市安全运行监测中心；"一网"建设佛山市城市安全运行监测物联网；"一系统"建设城市安全运行综合管理系统，涵盖自然灾害防治、城市基础设施管理、企业安全生产、交通运输安全等多个专项应用。作为"智慧安全佛山"项目的"智慧大脑"，佛山市城市安全运行监测中心平时是佛山城市运行安全的全方位监测中心——对桥梁、燃气、林火、高危企业等九大领域进行专项监测，初步构建了自然灾害、安全生产、事故灾难等领域全域覆盖的立体化感知网络；"战时"是防抗救相结合的全灾种指挥中心。

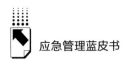

2022 年 6 月，佛山市安全生产委员办公室会同佛山智慧城市建设工作领导小组制定出台《佛山市城市安全运行风险监测预警联动工作机制》，进行了城市公共安全治理组织体系和各政府职能部门职责厘定、城市公共安全治理组织架构及总体处置流程的建构，以及桥梁安全、燃气安全、排水安全、消防安全、高风险企业安全、电梯安全、轨道交通安全、森林防火安全等 9 大专项联动流程，明确了联动处置、报告推送机制的具体分工及规范流程，对构建佛山大安全大应急格局下的公共安全治理机制进行了有益探索。

（二）推进公共安全治理平台建设，增强"能监测"能力

"智慧安全佛山"一期项目自 2021 年 1 月正式投入试运行。项目以佛山市中心城区城市基础设施和高危行业领域企业安全为试点，建设了桥梁、燃气、消防、排水、电梯、轨道、交通、林火、高危企业 9 大监测专项。燃气运行监测网选择禅桂新中心城区 204.7 公里燃气管网作为相邻地下空间监测试点建设；选择 600 户餐饮场所和住户作为室内燃气监测试点建设。排水运行监测网选择禅城区 78 平方公里范围内的排水管渠及河涌作为监测试点建设。消防设施运行监测网选择 12 家消防安全重点单位作为监测试点建设。高危企业运行监测网选择石油化工、气体生产、涂料树脂、液氯液氨、工业煤气、金属冶炼、粉尘涉爆 7 类重点行业的 38 家高危企业作为监测试点建设。电梯运行监测网选择 100 部重点监管电梯作为监测试点建设。轨道交通运行监测网选择广佛线佛山段约 21.5 公里沿线地铁保护区作为监测试点建设。道路运输车辆监测网已接入全市客运班车、出租车等 8 类重点车辆共计约 5.6 万辆车实时在线数据，并通过省厅两客一危一重货的监控平台，从车辆驾驶员、交通运输企业、道路三个维度进行风险分析，对车辆运行轨迹、驾驶员的实时状态进行跟进，如发现驾驶员有抽烟、打瞌睡、玩手机等不安全行为，平台会及时向相关部门通报，并及时对当事人告警，防患于未然。森林防火监测网依托清华大学佛山城市安全研究中心科研课题，选择全市 21 个重点林区作为监测试点建设。项目共布设 13120 套物联网传感器，初

步构建了覆盖城市生命线、公共安全、生产安全和自然灾害等领域的城市安全风险监测感知网络。

（三）完善公共安全治理运营机制，增强"会预警"能力

2022 年 1 月，佛山市人民政府办公室印发《佛山市城市安全风险综合监测预警平台建设试点工作方案》（佛府办函〔2022〕11 号）。市应急管理局充分发挥智慧安全佛山项目对城市安全发展的科技支撑作用，大力培养专业监测预警分析研判人才队伍，持续建设运营佛山市城市安全运行监测中心，先后编制了监测中心运营管理制度、报告编制规范、培训大纲等一系列制度规范，指导专业运营团队对城市安全运行态势进行 7×24 小时值班值守、监测预警和综合研判。监测中心 2023 年累计处置森林火情、燃气泄漏、地面塌陷等各类警情 5505 起，发布台风、林火、强降雨等预警分析报告 155 份。市安委办积极探索开展城市巨灾应对能力评估和情景构建，调动科研机构和专家学者等社会力量的资源优势，对全市 25 个单位开展专题调研，针对台风灾害、洪水灾害、内涝灾害、地震灾害、森林火灾、龙卷风灾害、生产安全事故 7 类主要灾害。2023 年 6 月 21 日，宁夏银川烧烤店发生燃气爆炸事故，监测中心利用系统数据短时间内快速出具总结分析报告，同时也对如何进一步提升佛山市燃气安全监管水平提出了相关建议，得到市政府主要领导的高度肯定。

（四）创新公共安全治理工作模式，增强"快处置"能力

佛山市积极推动市域范围城市安全风险治理"一网统管"，编制印发《佛山市城市安全运行风险监测预警联动工作机制》，明确各级行业主管部门监管职责及城市基础设施权属单位主体责任，规范监测报警信息推送、分级响应、联动处置和闭环管理流程。持续强化重点行业领域主管部门风险监测物联感知终端建设，整合汇聚各行业领域城市安全相关监测系统和数据资源，统一接入城市安全运行监测中心。目前监测中心已整合汇聚省、市 36 个单位 226 类 2.2 亿条基础数据、59372 路监控视频、7616 公里管网数据，

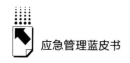

动态数据日均新增量达 9.8 亿条,形成数据总量超过 25TB 的城市安全大数据资源池,初步实现跨部门、跨层级、跨区域、跨业务、跨系统的数据融合与应用创新,为佛山市搭建"可视化信息汇聚、数字化研判分析、智能化辅助决策、精细化指挥调度"的应急管理综合应用平台提供了有力的数据支撑。

(五)佛山公共安全治理成效

智慧安全佛山项目始终坚持一切为了实战、一切围绕实战、一切服务实战,持续完善突发事件应急保障机制,不断提高防灾减灾救灾和突发事件处置保障能力。

1. 立足监测强预警,提升公共安全治理研判力

监测中心 2023 年全年累计处置警情 5505 起,其中一级报警 152 起(燃气专项设备一级报警 145 套、排水专项一级报警 6 起、高风险企业专项一级报警 1 起);二级报警 282 起(燃气专项设备二级报警 267 套、排水专项二级报警 14 起、高风险企业专项二级报警 1 起);三级报警 1854 起(燃气专项设备三级报警 1834 套、高风险企业专项三级报警 13 起、排水三级报警 7 起);四级报警 3217 起(林火四级报警 3067 起)。在市应急管理局的统筹领导下,监测中心协同市有关部门和权属单位对以上所有警情进行了及时处置,出具了各类专项报告 155 份,有效发挥了平台监测预警和辅助决策的科技信息化支撑作用。

2. 着眼实战强指挥,提升公共安全治理执行力

自 2023 年以来,监测中心先后在 4 号台风"泰利"防御、9 号台风"苏拉"防御、9·8 强降雨处置时作为市应急指挥中心,密集经受数次实战检验,有效发挥了"千里眼""顺风耳"的作用,大大提高了发现强风险背后的弱信号能力,为佛山市科学高效处置突发事件提供了有力支撑。

3. 多措并举强宣传,提升公共安全治理影响力

2021 年 9 月,佛山市应急管理局被省委党校确定为现场教学示范点,迄今已有省委党校中青班等 8 个班次 315 人次、市委党校市管干部班等 10

个班次 351 人次，先后走进佛山市城市安全运行监测中心进行现场教学活动。佛山市城市安全运行监测中心成为佛山科学技术学院大学生校外实践教学基地，在智力共享和人才培养等方面展开深入合作，为全市应急管理科学指挥、高效作战提供有力支撑。项目受到人民日报社、新华网、中国新闻网、中国应急管理报等多家国内权威媒体的深入报道，项目启动至今累计报道 542 次。

4. 总结经验谋合作，提升公共安全治理凝聚力

推动珠江西岸城市群公共安全应急联动合作机制建设，先后与肇庆、江门、清远、云浮、珠海、中山等地市签署合作协议，通过优化应急资源配置，提高应急救援效率，降低应急管理成本，形成防范应对突发事件的强大合力。2023 年 3 月，广州市应急管理局局长杨伟强带队来到佛山市城市安全运行监测中心调研，双方签订了《广州市应急管理局 佛山市应急管理局应急管理合作框架协议》，加强突发事件信息通报、应急资源共享、突发事件协同处置、联合应急演练等跨区域应急联动协作，探索建立互访机制、常态联络机制和紧急会商机制。

2021 年 9 月，佛山市被国务院安委会办公室选定为"国家城市安全风险综合监测预警工作体系建设试点城市"。2022 年 2 月，应急管理部副部长宋元明到佛山调研，认为佛山市高质量实现了国务院安委会办公室提出的"能监测、会预警、快处置"建设目标。2023 年 4 月，香港特别行政区特首李家超与香港访问团听取了有关智能化城市管理应用的简介，并表示佛山利用数据在同一平台进行城市管理，这 模式与香港有不少相似之处，由于香港的系统开发较早，应用和操作上可作更新及优化。

"智慧安全佛山"项目初步成果于 2019 年 11 月 20 日在中国安全产业大会上正式亮相，迄今为止接待国家部委、省、市、军队领导 800 余次参观考察，获得各地参观领导的高度认可和宝贵建议。"智慧安全佛山"项目的推进引起了国内权威媒体的广泛关注，至今已获得人民日报社、中国新闻社、人民论坛网等多家媒体的广泛报道，得到国家防总秘书长、应急管理部兼水利部副部长周学文等领导的高度评价，以及北京、天津、成都、西安、青

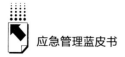

岛、大连、广州、深圳等 43 个兄弟城市的广泛认同。该项目先后被人民日报社选入"2020 国家治理创新经验典型案例",被求是《小康》杂志社评选为"2020 年度中国十大社会治理创新典范",受邀在第七届国家治理高峰论坛年会暨 2020 应急管理峰会上做经验分享,并在 2020 年度佛山口碑榜发榜盛典做项目路演,受到社会各界的多方赞誉。2022 年,被中共佛山市委平安佛山建设领导小组办公室评为"十大市域社会治理创新案例"。

综上所述,我国公共安全综合保障平台建设、公共安全视频监控系统建设等相关技术已达到了国际领先水平,最大限度地保障了公共安全、维护了社会稳定和人民生命财产安全。要进一步提升公共安全治理水平,必须拓展科技应用的广度和深度,构建基于 5G、大数据、区块链等技术的公共安全体系,针对信息、预警、灾情、救援力量、保障物资等进行反馈、分类、迭代和智能匹配,实现事前监测和预防,预警响应和前置处置。同时要做好各类技术和顶层设计的构建,将技术应用与公共安全场景深度融合,着力解决与技术应用相匹配的体制性问题,构建有效的事前预警决策机制、权责分配机制和预警响应机制,提升公共安全监测预警能力,实现高水平安全,切实保障高质量发展,进一步推动党对社会主义现代化建设的领导在公共安全治理领域实现在机构设置上更加科学、在职能配置上更加优化、在管理机制上更加完善、在运行监管上更加高效。

B.20
县域社会安全治理及昌江实践

曹海峰 沈越*

摘 要： 县域社会安全治理是推进国家安全体系和能力现代化的重要部分。当前，中国基层政府仍面临诸多社会安全治理的难点与痛点，同时也涌现出一批在矛盾纠纷化解和社会风险源头把控方面的市县成功经验。本文以海南省昌江黎族自治县为例，具体归纳了其五大社会安全治理经验："精细化"导向下的网格治理、"情法结合"推进矛盾纠纷调处化解、"资源统合"导向下的县域综治中心、"协同治理"导向下的维稳督导小组，以及"护苗行动"背景下的未成年专门教育。以小见大，总结得出在县域社会安全治理工作中，坚持良序善治的治理理念、细描有章可循的治理流程、秉持因地制宜的治理模式、吸纳协调多元的治理主体，是探索与把握基层安全抓手的应然向度。

关键词： 县域治理 社会安全 昌江

郡县治，天下安。县域是社会安全治理的基础单位，及时、有效化解县域社会安全问题，关乎基层秩序稳定和国家长治久安，[①] 也关乎人民群众获得感、幸福感、安全感的提升。党的二十大报告在第十一部分奠定了"推进国家安全体系和能力现代化，坚决维护国家安全和社会稳定"[②] 的战略基

---

* 曹海峰，中共中央党校（国家行政学院）应急管理研究院（中欧应急管理学院）教授、博士生导师，主要研究方向为风险治理和应急管理；沈越，中共中央党校（国家行政学院）研究生院博士研究生，主要研究方向为应急管理。

① 谢斌、杨晓军：《国内县域治理研究 30 年：议题、转向与展望》，《陕西行政学院学报》2024 年第 1 期。
② 习近平：《高举中国特色社会主义伟大旗帜 为全面建设社会主义现代化国家而团结奋斗——在中国共产党第二十次全国代表大会上的报告》，人民出版社，2022，第 52 页。

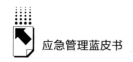

调，并细致阐述了"国家安全是民族复兴的根基，社会稳定是国家强盛的前提"①的重点方面。此后，"处理新形势下人民内部矛盾和强化社会治安整体防控的主要情况和重点问题"被《关于在全党大兴调查研究的工作方案》列为十二个主要方面之一。②随着我国城乡一体化进程加快，各类社会风险耦合与矛盾冲突不断向县域涌现。而较小的容纳空间、有限的治理边界以及较低的治理层级，导致县域成为矛盾纠纷发生和社会安全最为脆弱的"接点"部位。③因此，理解、防范和消解县域社会安全风险，探索、归纳和创新县域社会安全治理模式，是推进总体国家安全建设的题中应有之义。④

一 县域社会安全治理的基本现状

（一）县域社会风险的类型与表现形式

在新时代我国社会主要矛盾发生根本性转变的背景下，县域基础配备与社会安全治理的步调不相适应，致使社会安全问题频繁暴露。《国家突发公共事件总体应急预案》规定，"社会安全事件"主要包括恐怖袭击事件、经济安全事件和涉外突发事件等。而学界一般认为社会安全是群众"安全感"最主要的来源，包括社会治安、群体性事件、公共卫生事件、民族宗教问题等直接影响社会和人民群众生命财产安全的事件都应纳入其范畴。

县域内伴随利益冲突和情感分歧而产生的矛盾纠纷是扰动社会安全的关键因子。当前，绝大多数发生在县域范围内的社会安全事件都源于人民内部的基层矛盾纠纷，且具有内容繁杂疑难、涉众多元广泛、演化激化迅速等突

① 《习近平著作选读》第 1 卷，人民出版社，2023，第 43 页。
② 《中共中央办公厅印发〈关于在全党大兴调查研究的工作方案〉》，中国政府网，https://www.gov.cn/zhengce/2023-03/19/content_5747463.htm。
③ 王敬尧、黄祥祥：《县域治理：中国之治的"接点"存在》，《行政论坛》2022 年第 4 期。
④ 蔡毅臣、周志忍：《"风险—冲突"框架下县域社会矛盾纠纷生成机理及防范策略》，《学习与探索》2023 年第 11 期。

出特点。^① 典型事件的分类包括：土地纠纷、非法宗教、未成年人犯罪、劳资纠纷、流动人口等问题。实践中，县域社会矛盾纠纷遵循着"风险滋生—矛盾形成—冲突激化"的逻辑过程，其具体表现为：一是暴力行为，包括打架斗殴、蓄意伤人等；二是集体行动，通过聚集手段反映不满情绪；三是信访行动，通过信访制度渠道表达利益诉求。

（二）县域社会安全治理现状

县域社会安全治理是社会治理在县域层面的具体实践，是在市域社会治理的基础上持续细分治理层级的探索，是解决社会治理不平衡、不充分问题的时代方案。当前，县域社会安全治理工作的开展受到诸多限制。例如，人才队伍的专业化程度不足，多元主体的协同参与能力弱，^② 基础设施的布局均等化欠缺，治理方式的智慧化水平不高等问题，^③ 是县域社会安全治理所面临的主要难点。同时，不断扩散和叠加的矛盾纠纷与风险情境成为影响社会安全稳定的潜在因素，倒逼基层治理模式转型。在此背景下，各市县区积极探索并创新了多种社会安全治理的做法。例如，浙江衢州市的"县乡一体、条抓块统"改革、^④ 安徽省宿州市的"四说一听"多元化解矛盾纷争办法、北京市平谷区党建引领基层自治下的接诉即办"下交"工作法、^⑤ 辽宁省朝阳市在积分激励和成果换算下推行的"道德银行"，都取得了较好的治理效果，以一市一县一区的安全稳定夯实国家的长治久安基础，为维护持续健康的社会安全治理格局助力。

---

① 赵聚军、庞尚尚：《社会安全治理现代化视域下基层矛盾化解机制的类型学考察与路径探赜》，《广西师范大学学报》（哲学社会科学版）2024 第 1 期。

② 侯丹丹、黄嫣：《县级政府社会矛盾化解效能流失的成因及治理——基于系统集成的视角》，《湖南财政经济学院学报》2023 年第 6 期。

③ 何志武、游祯武：《共同富裕背景下城乡信息分化治理的行动路径——基于县域治理的分析框架》，《中州学刊》2024 年第 1 期。

④ 周立、程梦瑶、郑霖豪：《数字赋能如何促进整全治理——基于浙江衢州"县乡一体、条抓块统"机构改革的案例分析》，《中国行政管理》2023 年第 8 期。

⑤ 李锋：《治理民主与民主治理：全过程人民民主视域下的基层治理创新——以北京市接诉即办改革为例》，《公共治理研究》2023 年第 6 期。

二 昌江县的具体实践与经验

本文选取海南省昌江县作为案例。昌江黎族自治县是多乡镇组成、多民族杂居、多文化交融、多产业共生的地区，其特殊性为县域社会安全治理带来了诸多挑战。例如，昌江县域内镇与镇、镇与乡之间存在诸如水界、林权、土地等历史遗留纠纷；因家庭矛盾、情感纠纷引发的治安事件或刑事案件也时有发生。与此同时，随着近年来农村城镇化、区域一体化加快以及海南自由贸易港封关在即，各类市场主体、资金、信息的流动更加频繁，不稳定和不确定因素加剧。值得注意的是，昌江黎族自治县不仅具有区位特点下社会发展的主要矛盾，还存在关乎民族地区稳定的特殊矛盾。昌江县域内除了有汉族、黎族和苗族这三大聚居民族，还有其他数量众多的少数民族分散在各个偏远村庄中。不同民族无论是在生活习俗还是文化底蕴等方面都存在较大差别，故在同步推进县域社会安全治理方面存在难度。

然而，在传统与现代的各类社会安全问题叠加出现、显性安全和隐性安全交织共生的情况下，昌江县域也在不断探索形成具有本土特色的社会安全治理经验模式。

（一）"精细化"导向下的网格治理

基层社会安全事件的复杂性和涉众性，深刻考验着"网格治理"的成效。当前，昌江印发实施《昌江黎族自治县基层网格工作整合实施方案》，将全县划分为县级、镇级、村级三级网格，布局形成"小事一格解决，大事全网联动"的县域社会安全网。此外，昌江县在网格员的类属上进行了精细化分类，分为专职网格员、兼职网格员和网格协理员，旨在形成"专职带动兼职，以协理完善网格化管理体系"的格局。其中，专职网格员采取劳务派遣方式；兼职网格员由各村的行政职能部门人员担任；网格协理员由自愿在网格内参与公益性、服务性活动的社会力量组成。针对社会安全治理中的顽症和群众的突出需要，相应的网格员可对具体场景进行梳理，建立精细化管理模块以回应群众诉求的碎片式呈现，避免形成治理盲区。例如，昌江县从教育、医疗、法律、工商等领域吸纳政法干警、律师、专家教师等工作人员，组成兼职网格员和网格协管员队伍，可以有效补充专业网格员队伍，配合专职网格员及时排查化解问题，在无缝隙运行机制中提升网格治理的专业性和执行力，以期改变普通农民的矛盾纠纷被边缘化的窘境。同时，隶属清晰的网格员在实际工作中无须等靠村民自发反映诉求及愿望，能更及时地顾及网格中群众的情绪变化，主动组织协调群众的烦心事、忧心事、揪心事，有效应对化解萌芽阶段的社会安全风险。

（二）"情法结合"推进矛盾纠纷调处化解

县域社会安全治理不能只依靠于传统"人情"下的摆平式调解，也不能停留在法律中心主义的幻象上，而要根据实际情况有机结合乡村礼治和法治机制。昌江县很早就意识到了这一点，并积极在关乎社会安全的事件处理上寻求"礼"与"法"之间的平衡，积极探索人民调解、司法调解、诉讼服务、法律援助等多元综合的矛盾纠纷调处机制。在"和合文化"的指导下，昌江县先后在多个乡镇成立以"红棉调解工作室""哥隆调解工作室""奥亚调解工作室"为代表的特色品牌人民调解室，其主要是利用地方"能人"和方言环境构筑适应当地民情民俗和生活习惯的调解环境，采用案例参照法、现场听证法等"一招鲜"方法进行调解工作，有效防止了"民转刑"案件、信访案件数量飙升等社会不稳定因素的出现。

此外，增强县域人民的法治意识也是保障社会安全治理工作顺利推进的重要一环。在实践中，昌江在全县范围内选派了一批专业法律从业人员担任社会法律顾问，并通过开展普法教育和"法律明白人"活动，推动法治在县域社会安全治理中发挥积极作用。同时，对涉及暴力、数额重大的经济纠纷、刑事案件以及其他严重损害社会安全的行为，昌江县则不断在司法诉讼途径方面下功夫。目前，在考虑中国乡土社会传统"厌讼"的习惯和权衡成本最小化的纠纷解决方案后，昌江准备通过公安、司法、民政等部门汇总基层公共安全问题的真实法院判例，建立正式的矛盾纠纷与社会安全事件判

例库，化解法律权威缺失导致的安全风险调处效力低下难题。当涉及社会安全的事件发生时，便可基于事实情况进行信息抽取检索和结构化解析，快速、准确地查找到相同问题的判例，并以此作为处理基础，从而大幅提升在问题评定和结果反馈等工作上的效率与群众信服度。

（三）"资源统合"导向下的县域综治中心

县域内的社会安全问题纷繁复杂，所涉及的业务分散于各个职能部门。在实践中，各部门的工作步骤、业务内容、责任划分细碎，导致执行程序多、职能碎片化、人员压力大。为使原本纵横交错的办事结构在整体上趋向整合，昌江在"资源统合"原则下积极推动县、镇、村三级综治中心建设，为村民提供了一站式"愁难急盼"事务的综合解决平台。县域综治中心的建成，不仅可以使各基层部门从"一件事情，多次回复；同一案件，重复流转"的尴尬局面中脱身，还可以避免渠道不畅引致的群众来回奔波以及基层问题层层上交的现实难题。同时，县域综合治理中心在流程化过程中，横向明确划分各部门职责，避免了内部互相掣肘，有利于推动部门履职，提升工作效率；纵向又贯穿综治基础数据互联互通，不断延展平安昌江建设的深度。此做法相当于为基层工作增加了过滤机制，实现了县域事项的归口制接待和回声式受理，有序推进接收、移送、分流等工作程序，形成了一个首尾相接的封闭式操作过程，避免了重复交办和多头受理的现象。

（四）"协同治理"导向下的维稳督导小组

县域治理中"条块分割"的问题极易造成工作推诿、各自为政等问题，形成政府对群众社会安全需求"弱回应"或"难回应"的困局。因此，昌江县的维稳督导小组以常态化形式存在，充分利用"人"的力量启动联动工作模式，主要起到事件发生后联结沟通各部门的牵头作用，能有效破解"执行难"问题。其中，主要依靠一批有影响力的"中坚干部"采取推进策略，利用其威信地位、个人品质、信任基础召集协调各部门达成基本共识，有效引导治理情景转向，共同实现危机情景的有效化解。例如，昌江县的维稳督导小组在保梅村拆违、红林车队棚改等高社会安全风险项目中发挥了重要作用，保证了社会稳定秩序与持续发展的动态平衡。此外，维稳督导小组还可以联合公安、市场监管局、银行等多部门对被执行人实施联合惩戒，采取查封、罚款、拘留等强制措施。在县域社会安全治理工作中，昌江县抽调数名政法单位领导干部组成三个片区的维稳督导组，每月定期召开维稳督导工作例会、专题工作协调会、联席会议等，针对重点项目、重点地区督促指导各乡镇、各单位调处社会安全难题，不断健全政府回应的协商机制。

（五）"护苗行动"背景下的未成年专门教育

以"护苗行动"为大背景，昌江县非常重视未成年人问题，印发了《昌江黎族自治县未成年人保护和预防犯罪工作三年（2022—2025年）"护苗矫偏"专项行动工作方案》。同时，县委政法委牵头会同公安机关建立了全县严重不良行为未成年人底数台账，并积极落实对劣迹未成年人"四访""五帮"工作制度，切实走访本人、监护人、老师以及基层党组织负责人，经常性开展普法教育和心理疏导，帮助其完成学业、掌握技能、增强法治观念、提升安全意识、纠正不良习惯，织牢预防未成年人违法犯罪的"防护网"。长期以来，昌江县将专门学校建设纳入经济和社会发展的整体规划中，形成合理布局、有效辐射的专门教育条件和环境。主要做法是在县职业教育中心开设职业初中班，借鉴专门教育的管理模式，加大对有不良行为未成年的矫治力度，以让其重新回归社会为目的推动义务教育与职业教育衔接。此外，昌江县配套了完备的专门学校入学程序，对一般不良行为未成年人，经监护人、学校、学生"三自愿"可以纳入专门教育；对违法犯罪性质恶劣、屡教不改的严重不良行为未成年人，可强制进行专门教育；对影响教学秩序、荒废学业和有违法犯罪苗头等一般不良行为的学生进行全面排查建卡。依靠上述组合拳式的预防和纠正未成年人犯罪的举措，昌江县未成年人涉案率大幅降低，为县域社会安全筑牢了坚实防线。

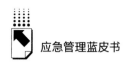

三 对全国县域社会安全治理的启示

社会安全与人民群众切身利益关系最为密切，共建共治共享的社会治理制度是贯彻总体国家安全观的重要内容。县域是中国式现代化空间布局的关键，昌江县是中国县域的一个缩影。从以昌江为代表的民族地区县域，展开对社会安全治理内生逻辑的探索，是求解总体国家安全建设的可行路径,① 总结可借鉴、可复制、可推广的昌江模式对于探索基层社会治理现代化之路大有裨益。

（一）价值导向：坚持良序善治的治理理念

在"总体国家安全观"的指引下，社会安全治理工作应当被置于更合理的价值坐标中。而善治就是站在人类福祉的立场上，推进公共利益最大化的治理过程。②"良序善治"的治理理念强调道德规范与法律规范相辅相成，并践行"以人民为中心"的发展观,③ 是正当其时的理想目标和理性手段。昌江县在县域社会治理的探索过程中，始终高度重视应有的协调力、整合力和亲和力，深入群众做好政策解释、民意调研、普法及困难救助工作，而非简单套用传统的刚性社会维稳模式。④ 现代的国家治理体系是一个动态协调的运行系统，坚持"良序善治"的治理理念是县域社会安全治理体系和治理能力现代化的必然结果。在良序善治的理念指导下，进一步优化政府、市场和社会之间的关系,⑤ 以史为鉴，以民为本，以和为贵,⑥ 可以不断增强人民群众的获得感、幸福感、安全感。

① 王军、黄筱阡:《多维项目制与民族地区县域现代化——以贵州省榕江县为例》,《西北民族研究》2023 年第 6 期。
② 俞可平:《国家治理的中国特色和普遍趋势》,《公共管理评论》2019 年第 3 期。
③ 吴莹:《总体国家安全观视域中的社会治理》,《求索》2023 年第 2 期。
④ 陈义媛:《内卷化的基层政权悬浮：县域多中心工作模式下的基层治理困境》,《湖北行政学院学报》2023 年第 6 期。
⑤ 黄进、罗华兰:《善治型安全：高质量发展的有力保障》,《成都行政学院学报》2023 年第 1 期。
⑥ 冯仕政:《发展、秩序、现代化：转型悖论与当代中国社会治理的主题》,《中国人民大学学报》2021 年第 1 期。

（二）推进原则：细描有章可循的治理流程

细描社会风险治理的县域流程图，明确问题解决的起点与终点，实现风险化解工作的环环相扣非常必要。当前，绝大多数县域没有制定社会安全风险化解的优先级与处理流程，也没有明确区域矛盾纠纷的第一接诉人和接诉场所，这将在风险爆发前期无端增加基层政府部门的工作量，且大幅提高矛盾风险激化的可能性，是县域社会安全治理工作的衔接漏洞、处理碎片化问题的关键所在。昌江县依靠闭环的社会安全治理流程，实现了对矛盾纠纷死灰复燃、再次激化升级，以及"表面和气，背后斗气"现象的有效规避。因此，各县应依据实际情况分别将县域风险化解的流程图规范化和文本化，有利于培养基层群众办事的常规逻辑，使原本纵横交错的办事结构在整体上趋向整合，保障社会安全治理工作的推动、执行、反馈和完善能够有序通畅地循环，从而提升治理效能。

（三）防治核心：秉持因地制宜的治理模式

我国的县域社会治理应当充分考虑当地的地理位置、人口因素和风俗习惯，不断选择和调整应对策略以处理好共同性与差异性的关系。以昌江县为例，其常住人口多为农户，受传统封建观念影响大、知识文化结构低、受"人情"影响重。故昌江县创设了一批特色调解工作室，通过灵活运用情、理、法等多重规则，防止群众选择暴力、冲突、示威等方式解决县域社会矛盾争端，有效从前端对风险进行把控与消解。当前，我国的县域层面，尤其是农村地区还处于熟人或半熟人社会，故各县可以效仿昌江县将方言作为特色的人民调解手段之一，在良性社会关系下开展社会安全治理工作，实现社会风险的源头治理与协同化解。同时，面对"百里则异习、千里而殊俗"的基层社会，县域社会安全治理需要具体问题具体分析，盘活用好县域资源，[1] 精准有效解决问题。

---

[1] 张嫘：《基层治理有效的结构、能力与方式辨析》，《求索》2022 年第 6 期。

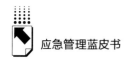

（四）资源保障：吸纳协调多元的治理主体

行政逻辑强、多元参与弱的主体格局会加重县域社会安全治理的负担，难以弥合基层治理场域中的缝隙。[①] 昌江县的经验模式证明，社会安全风险的排查与化解需要政府、社会组织和基层群众在充分的交流中，共同发现问题、处理症结。同时，要谨防基层治理在"行政主体角色"下，由"多元主体"向"一长多能"转变的现实过程中，重回出于多元治理主体参与不足导致的干预范围有限、盲点和真空点位出现等困境。因此，各县可以通过吸纳离退休干部、教师和医生等组建社会志愿协会，鼓励民间社会组织和人员参与公共事务等方式调动各层级主体的内在积极性，以少数带动多数形成县域责任共同体，[②] 提升多元主体在社会安全治理中的自主性和参与度，保障其知情权，旨在让多元基层治理主体深深扎根于县域社会的大地，充分发挥"第一响应人""集中力量办大事"等优势。

① 崔晶：《调适与弥合：基层"缝隙治理"中的政策执行研究》，《理论与改革》2024 年第 1 期。
② 欧阳静：《简约治理：超越科层化的乡村治理现代化》，《中国社会科学》2022 年第 3 期。

典型事件篇 ⟨⟨

B.21

宁夏银川富洋烧烤店"6·21"
特别重大燃气爆炸事故

柴 华*

摘 要： 宁夏银川富洋烧烤店"6·21"燃气爆炸事故是一起典型的生产安全责任事故，共造成31人死亡、7人受伤，直接经济损失5114.5万元。液化气配送企业违规配送"双嘴瓶"加之烧烤店人员一系列失误操作，导致液化气泄漏后遇厨房内明火发生爆炸是事故主要原因。未组织疏散、唯一楼梯通道严重堵塞、二楼临街窗户被封堵，是人员逃生困难、伤亡进一步扩大的重要原因。必须培养安全意识，坚持统筹发展和安全。把握安全生产规律，强化关键要素把控。加强燃气发展规划，提高更新替代速度。

关键词： 燃气爆炸 生产安全 发展规划 银川

---

* 柴华，博士，中共中央党校（国家行政学院）应急管理研究院（中欧应急管理学院）讲师，主要研究方向为应急管理。

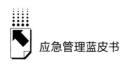

一 事件经过与后果概述①

2023 年 6 月 21 日 20 时 37 分 54 秒，宁夏回族自治区银川市兴庆区富洋烧烤店发生一起特别重大燃气爆炸事故，共造成 31 人死亡、7 人受伤，直接经济损失 5114.5 万元。事故调查组认定，该起事故是一起生产安全责任事故。

2023 年 6 月 14 日，液化气配送企业违规配送"双嘴瓶"至富洋烧烤店。6 天后，烧烤店店员误操作导致调压器接错瓶阀。6 月 21 日，烧烤店店员多次擅自拆装并尝试点火失败，20 时 36 分 42 秒，液化石油气发生第一次喷射状泄漏，36 分 51 秒，拧错阀门方向导致液化石油气发生第二次喷射状泄漏，37 分 19 秒，误拉动连接软管导致液化石油气泄漏量增大，37 分 54 秒，泄漏的液化石油气在爆炸极限范围内遇厨房灶具明火发生爆炸。

事故发生的富洋烧烤店属于典型的"多合一"场所，其中，一层设有厨房、收银台和卡座，二层是卡拉 OK 包间。二层窗户被封堵长达 7 年之久，并被锚固焊接的广告牌完全阻挡，存在重大消防安全隐患，因缺乏有效的防火分隔措施，生活、仓储、经营混杂，且未按国家标准设置安全出口，致使火灾事故发生后一层唯一的逃生通道被炸毁的隔墙严重堵塞，人员逃生严重受阻，伤亡情况扩大。事故共造成 31 人死亡，其中一层 2 人、二层 29 人，7 名人员受伤，均位于一楼大厅。

二 事件应对处置过程

2023 年 6 月 21 日 20 时 38 分 24 秒，银川市消防救援支队接警并于 8 分钟后到达现场。事故现场救援情况复杂：一方面，爆炸冲击使得建筑本身结

---

① 资料源于《宁夏银川富洋烧烤店"6·21"特别重大燃气爆炸事故调查报告》，https://www.mem.gov.cn/gk/zfxxgkpt/fdzdgknr/202401/P020240127590412114157.pdf。

构受损,面临坍塌风险;同时,现场一个液化石油气瓶泄漏燃烧,另一个在高温炙烤下呈现灼红色,加之户外燃气管道被炸断,随时面临二次爆炸风险;另一方面,一层唯一通道被炸毁、二层窗户被封堵,大量烟气和毒害气体聚集于二楼,严重威胁相关人员的生命安全。消防救援人员在防范化解二次爆炸和坍塌等次生风险的同时,进行高强度破拆清障工作,打通救援通道。23时40分,共搜救出31名被困人员,经15轮排查确认,没有被困人员遗漏且未发生次生事故。

宁夏回族自治区、银川市党委和政府迅速响应,主要领导赶赴现场,成立指挥部组织开展抢险救援工作。应急管理部门积极协调相关部门开展应急处置工作;消防部门紧急调集5个消防救援站、20辆消防车、102名指战员赶赴现场救援;卫健部门调派18辆急救车、71名急救人员转运救治伤员;公安机关疏导道路交通、维护现场秩序;通信、电力、燃气等部门组织做好各项保障工作。

事故发生后,习近平总书记等中央领导同志作出重要指示批示,国务院成立宁夏银川富洋烧烤店"6·21"特别重大燃气爆炸事故调查组,邀请多方面专家参与事故调查,中央纪委国家监委成立事故追责问责审查调查组,对有关党委和政府、相关部门及人员开展调查。应急管理部、住建部、商务部、市场监管总局等有关部门迅速组成联合工作组赶赴现场指导事故救援处置工作。

三 事件原因分析

事故调查组认为,事故发生的直接原因是液化气配送企业违规配送"双嘴瓶"加之烧烤店人员接错瓶阀、违规拆装等一系列失误操作,最终导致液化气泄漏后遇厨房明火发生爆炸,事故伤亡扩大的重要原因是逃生通道被严重堵塞。围绕逐利思维、关键要素、规划设计等内在机理进行分析,事故原因主要集中在以下三个方面。

一是逐利思维导致事故隐患。燃气充装公司为追求商业利润,违规改造

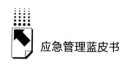

"双嘴瓶"、长期违规使用"口袋码"对非自有气瓶进行充装,并将这些违规气瓶兜售给无燃气经营许可的公司和多个"黑气"贩子。同时,液化气配送企业出于逐利思维和省能心理,违规配送"双嘴瓶",这种典型"问题瓶"的气相阀与液相阀口径相同,极易因错接而形成严重安全隐患。此外,富洋烧烤店受省能心理和逐利思维影响,擅自拆装液化气调压器,事发前不听劝阻自行购置劣质调压器且未按规定要求安装液化石油气泄漏报警装置。

二是关键要素把控严重不足。首先,从人的不安全行为来看,富洋烧烤店店员进行了一系列错误操作。先是接错瓶阀,后三次拆卸调压器并进行违规拆解,导致调压器损坏,不听配送公司劝阻又购置劣质调压器进行安装,第四次拆卸过程中致使液化石油气泄漏,在反向开大阀门和误拉连接软管双重失误操作下,液化石油气泄漏加剧并最终达到爆炸极限,遇灶具明火引发爆炸。其次,从物的不安全状态来看,对液化石油气的特点规律把控严重不足,且防控举措缺失。液化石油气的主要成分为丙烷、丁烷的混合物,其比重大于空气,具有易燃易爆特性,在助燃空气存在的条件下,液化石油气的爆炸极限为 1.5%~9.5%,遇火源、电火花、静电等会导致爆炸发生,但富洋烧烤店并未按照规定安装液化石油气泄漏报警装置。再次,从环境的不利因素来看,后厨相对密闭的空间是泄漏的液化石油气达到爆炸极限的必要条件,唯一楼梯通道被炸毁的隔墙堵塞,加之二楼窗户被封堵,形成了相对密闭环境,极易导致爆炸后的有毒有害气体积聚,最终造成逃生困难、伤亡扩大。最后,从管理上的漏洞来看,多个环节层层疏漏:烧烤店的安全培训流于形式、未制定燃气应急处置预案、未定期组织应急演练,店员在发现液化石油气泄漏后并未组织疏散,错过了逃生的"窗口时间"。气瓶充装单位龙江公司未按规定配备专职安全管理员和充装人员、未建立全员安全生产责任制、未开展安全教育培训、安全投入严重不足、安全管理混乱,违规向无经营许可的配送单位铂澜公司提供燃气。铂澜公司违规从事燃气经营活动,相关从业人员未经燃气管理部门培训考核,且配送管理混乱,将气液双相气瓶配送至不具备安全使用条件的富洋烧烤店,入户安检流于形式,未履行安全宣传义务。地方党委政府和有关部门监管不力、执法不严。燃气和消防安全隐患排查治理工作不严不细、燃气泄漏报警器未安装、相关资质证书审批不严、安全出口设置不当等典型问题突出。相关部门未形成监管合力，在生产、经营和使用环节上掉链断档，安全保障网不密不牢。针对无证经营、违法违规充装检验、黑气瓶泛滥、黑气贩子倒卖等违法违规行为整治不力，监管执法手段虚设、打非治违措施不力，安全生产环境难以保障。

三是规划设计进度明显滞后。一方面，银川市之所以出现"黑气瓶"和"黑气"贩子现象还屡禁不止，归根结底还是燃气规划布局速度缓慢，燃气充装站点设置和农村用气无法满足群众需求，由此催生了地下"市场"，极易造成各类消防安全隐患。另一方面，信息化智能化监测监控系统建设滞后严重削弱了安全保障，燃气泄漏报警器安装率低、智能化监测监控成本高、信息化系统建设面临信息壁垒等现实困境使得系统建设推进受阻。

四　主要经验与启示

（一）培养安全意识，坚持统筹发展和安全

此次燃气爆炸事故暴露出在逐利思维和省能心理影响下，地方在快速发展过程中面临诸多安全风险，直接反映出部分党政领导对风险认识不足、敏感性有待提升。统筹发展和安全作为新发展阶段的重大战略思想，要求以高质量发展推动高水平安全、以高水平安全保障高质量发展，对地方党委政府的政治判断力、政治领悟力、政治执行力也提出了更高要求。意识决定行动，各级党委政府必须树立安全意识，切实担负起"促一方发展，保一方平安"的政治责任，推动安全生产责任制有效落实。同时，各级各部门要加强工作衔接，建立相关部门之间的协同联动机制，加强对安全评价机构的监督管理，强化全过程全方位监管，推动形成安全监管合力。此外，各地应着重培养燃气经营企业和用户的安全意识，压实其安全生产主体责任，加大社会面燃气使用安全科普宣传力度，提升事故防范和应急处置能力。

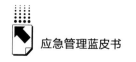
（二）把握安全生产规律，强化关键要素把控

首先，要抓住"关键人"。瓶装液化石油气事故大都由于人员操作、管理不当引发燃气泄漏，进而导致爆炸，直接出于气瓶质量原因引发的事故较少。就液化石油气的生产、经营和使用而言，必须抓住关键环节的"关键人"，如气瓶生产和充装单位、燃气器具生产及销售单位、燃气经营单位、气瓶检验单位、燃气监管单位和社会面用户等，在明确其具体职责和工作要求的前提下，不断加强安全教育培训和应急演练，提升"关键人"的风险防范和应急处突能力。

其次，要盯紧"关键事"。液化石油气具有易燃易爆特性，在相对密闭的环境下极易与空气混合达到爆炸极限，遇明火便会引发爆炸。为此，必须尽可能地避免密闭空间形成、在有燃气泄漏的情况下隔离火源，避免爆炸发生。同时，当前燃气供过于求导致恶性竞争加剧，"问题瓶""问题阀""问题软管"和二甲醚违规掺混现象普遍，必须在加大抽检力度的同时加强对二甲醚流通环节的监管，提高本质安全水平。

最后，要管到"关键点"。一方面，要不断完善燃气行业相关的法规标准体系，夯实燃气安全管理基础。同时，要加强制度体系建设，确定相关人员、掌握重点资源并明确岗位职责，建立燃气安全管理长效机制。另一方面，要汲取事故教训，提升风险防控能力，在将人防、物防、技防做到位的基础上，加强宣传教育和技能训练，科学设定安全生产考核指标，持续织牢安全风险责任网、制度网和防控网，推动燃气安全管理向事前预防转型。

（三）加强燃气发展规划，提高更新替代速度

城镇燃气发展规划原则是以管道燃气为主体、微管网供气为延伸、瓶装燃气为补充，瓶装液化气一定会长期存在。鉴于瓶装液化气具有能源属性、商品属性、民生属性和危化属性，且经营企业存在典型的小、散、弱特点，一方面必须加强政府引导，科学规划燃气发展布局，促使区域内经营企业规模化整合，推进充装站点建设和农村用气等基础工作，不断提高更新替代速

度。另一方面，尽管燃气发展规划存在资金投入大和部分技术不够成熟等问题，但从长期看，通过"机器换人"和先进技术的推广普及，综合成本必然会不断下降。随着 SCADA 系统、PPB 级燃气巡检车、无人机巡线等监测技术的发展，燃气企业安全生产数字化和智能化势在必行，这将有助于实现安全风险早防范、早发现、早预警和早消除。

B.22

内蒙古阿拉善新井煤业有限公司
露天煤矿"2·22"特别重大坍塌事故[*]

张勇杰^{**}

摘　要： 内蒙古阿拉善新井煤业有限公司露天煤矿"2·22"特别重大坍塌事故是一起重大生产安全事故。从主要原因来看，这起事故发生源自企业突破安全底线，违法违规组织生产；日常企业安全管理流于形式，关键时应急处置能力不足；地方党政部门风险意识不强，监管不严不实、存在失管失察。这次事故教训深刻，各级党委政府要牢固树立安全发展理念，提高统筹发展和安全的能力。进一步落实地方党委政府安全生产领导责任，强化企业安全生产主体责任意识，深入推进重大事故隐患专项排查整治行动，从而切实推进矿山高质量发展。

关键词： 阿拉善盟　露天煤矿　坍塌事故　安全生产

2023年2月22日13时12分许，内蒙古自治区阿拉善盟新井煤业有限公司露天煤矿发生特别重大坍塌事故，造成53人死亡、6人受伤，直接经济损失20430.25万元。国务院事故调查组认定："'2·22'特别重大坍塌事故是一起企业在井工转露天技改期间边建设边生产，违法包给不具备矿山建设资质的施工单位长期冒险蛮干，相关部门监管执法'宽松软虚'，地方党委政府失管失察，致使重大风险隐患长期存在而导致的生产安全责任事故。"

---

* 该案例在《内蒙古阿拉善新井煤业有限公司露天煤矿"2·22"特别重大坍塌事故调查报告》基础上整理而成。

** 张勇杰，博士，中共中央党校（国家行政学院）应急管理研究院（中欧应急管理学院）讲师，主要研究方向为应急管理、公共安全。

一 事件经过与后果概述

新井煤矿位于内蒙古自治区阿拉善盟，距离阿拉善盟行政公署所在地巴彦浩特镇 150 公里，由阿拉善盟孪井滩生态移民示范区管理委员会管辖。其前身为青铜峡市新井煤业有限公司（井工煤矿），2010 年开始实施露天剥离灭火工程，2012 年开始井工转露天技改建设，2017 年因瞒报 3 起生产安全事故停工。2020 年取得露天煤矿采矿许可证。2021 年 4 月复工建设，事故发生时正处于技改建设期间。该矿设计生产规模为 90 万吨/年，矿区内仅有一层煤可采，煤层平均厚度 8.09 米，倾角 25 度，采用单斗卡车开采工艺。

2023 年 2 月 22 日 6 时 30 分，挖掘机司机、自卸卡车司机、钻机司机等 222 人陆续进入作业现场。

11 时 56 分至事故发生前，事故区域西侧、顶部等地点小面积坍塌加剧，边坡坡面及底部出现裂缝、冒尘等坍塌征兆。

12 时 27 分，爆破作业人员在事故区域东侧标高 1395 米台阶坡角进行爆破作业。

12 时 40 分，176 名作业人员午饭后返回采场作业。

13 时许，施工单位负责人在南帮观测台发现北方边坡异常，用对讲机于 13 时 6 分许、10 分许、12 分许通知作业人员撤离现场，作业人员开始撤离。

13 时 12 分许，采场北帮边帮岩体发牛大面积滑落坍塌，现场 59 名作业人员和 58 台作业设备被埋，最终造成 53 人死亡、6 人受伤。

此次滑落坍塌形成南北长 630 米、东西宽 520 米，最大厚度约 105 米的堆积体，体积约 756 万立方米。

二 事件应对处置过程

事故发生后，阿拉善盟、孪井滩示范区党委政府及有关部门立即组织抢险

救援。接到事故报告后，阿拉善盟、内蒙古自治区分别启动应急响应，主要负责同志先后到达现场，立即成立现场救援指挥部。矿山救护、工程抢险、消防救援、医疗队伍1000余人，携带各类救援器械装备紧急赶赴现场，全力开展抢险救援。现场救援分为企业自救、初期救援和政府响应、全面救援两个阶段。

截至3月11日，共搜救出6名受伤人员、发现9具矿工遗体、找到19台车辆。由于事故现场环境复杂危险，塌方土石量大、稳定性差，搜救现场存在再次滑落、坍塌的风险，经生命信息探测和专家组评估，被埋人员已无生存可能。4月14日，现场救援指挥部决定终止救援。此次救援累计出动作业机械3137台次，转运土石方108.2万立方米。

三　事件原因分析

（一）企业突破安全底线，违法违规组织生产

事发时新井煤矿正处于建设阶段不允许生产，但是开采企业无视法律法规要求，大肆违法违规组织开采。原本新井煤矿设计产能为90万吨/年，但在2022年12月至2023年1月实际生产原煤245万吨，远超出规划产能要求。与此同时，为了多出煤、降成本，施工单位违反设计规划组织施工，越界剥离，且形成了超高超陡边坡。按照规划设计，该矿开采需形成21个剥离台阶和1个采煤台阶，但实际上事发区域上部仅形成3个台阶，台阶高度均超过规定的10米要求，局部台阶最大边坡角度达到61度。加之，高强度剥离采煤导致边坡稳定性持续下降，人为制造了重大事故隐患。特别是在事发前数日内，采矿区域已经频繁发生浮石滚落或小面积滑坡，但企业仍未采取有效措施进行治理，最终酿成重大后果。

（二）企业安全管理流于形式，应急处置能力不足

涉事相关企业主体责任意识严重不足，受经济利益驱使，不惜违法冒险蛮干，导致企业安全管理流于形式。施工单位均无矿山工程总承包资质，违

法承揽工程施工，在作业过程中，违规指挥、冒险作业，对于频繁发生的浮石滚落等边坡隐患未采取有效措施。日常安全管理规章制度不完善，长期不开展隐患排查工作，从未组织过安全生产教育培训和应急演练，也未编制专门的剥采工作计划和制定技术管理措施。施工企业未将安全生产工作纳入统一管理，未按规定执行矿领导带班制度，未安排应急值守人员，相关安全生产费用被挪用于工资发放、工程挂账等。事发当天，在发现事故征兆后仍然没有及时有效组织现场作业人员逃生，应急处置极为不力。

（三）地方党政部门风险意识不强，监管不严不实、失管失察

地方相关党政部门在发展规划、产业布局等方面对风险的考虑不足，重发展轻安全的问题还普遍存在，没有从源头上守住安全关。地方政府把不具有安全条件的煤矿作为经济发展的重要增长点，将处于在建期间的新井煤矿列为保供煤矿，降低安全标准，行政审批层层失守，为事故发生埋下祸根。相关党政部门对煤矿长期未按设计施工、越界剥离、边建设边生产、采场北部台阶超高边坡超陡，破坏资源、污染环境，不顾安全的生产行为视而不见，同时对施工单位无矿山工程施工资质承揽工程，监理人员不具备相应资质等严重违法违规行为，未依法依规履行煤矿安全监管职责，未采取有效措施制止，最终酿成惨痛事故。

四　主要经验与启示

（一）牢固树立安全发展理念，更好统筹发展和安全

习近平总书记强调："各级党委和政府、各级领导干部要牢固树立安全发展理念，始终把人民群众生命安全放在第一位，牢牢树立发展不能以牺牲人的生命为代价这个观念。"① 各级党政领导干部要提高统筹发展和安全的

---

① 《习近平关于社会主义社会建设论述摘编》，中央文献出版社，2017，第143页。

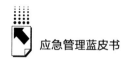

能力，切实增强风险意识、形成底线思维，对于招商引资、上项目要严把安全生产关，自觉把维护公共安全放在维护最广大人民根本利益中来认识，积极有效防范化解重大安全风险。努力实现发展和安全的动态平衡，把安全问题与发展一同谋划，推动高质量发展和高水平安全良性互动。

（二）落实地方党委政府安全生产领导责任

地方各级党委要认真贯彻执行党的安全生产方针，在统揽本地区经济社会发展全局中同步推进安全生产工作，强化地方党政领导干部安全生产责任制，坚持党政同责、一岗双责、齐抓共管、失职追责，牢固树立发展决不能以牺牲安全为代价的红线意识，真正履行"促一方发展、保一方平安"的政治责任。国务院安全生产委员会要定期或不定期派出安全生产巡查组，加强对各省级人民政府安全生产工作巡查、考核；各级地方党委政府要配齐配强领导班子和监管人员，完善安全生产监管体制，加强安全生产培训，强化安全执法力量，提升监管监察能力和应急管理水平；对于安全生产工作组织领导不到位，工作责任不落实，监管措施不力，目标任务不明确，酿成重特大事故的有关部门，要完善事故责任追究机制。

（三）强化企业安全生产主体责任意识

各生产单位要积极承担和落实安全生产主体责任，强化安全生产第一意识。转变利益至上、无视安全生产法律法规的观念，加强安全生产基础能力建设。要以落实企业主体责任为基础，日常做好风险点排查、强化企业安全风险辨识评估，建立完善的安全风险预警机制，加强重大危险源管控，排查并消除事故隐患，加强企业安全生产应急管理和职业危害防控工作。企业要在风险评估的基础上编制应急预案，经常性地开展从业人员应急知识教育培训和应急演练，构建系统规范、管控有效的安全预防长效工作机制。

（四）加强重大事故隐患专项排查整治行动

完善重点行业领域安全风险管控办法和重大隐患判定标准制定，构建风险分级管控和隐患排查治理预防机制。对于安全生产领域的突出问题，制定安全生产政策措施，部署安全生产执法检查、重大隐患排查、专项整治和打非治违等工作。对于矿山开采，要切实严格安全准入和产能核增，全面加强监察工作，精准形成"一矿一策"的灾害防治方案和措施，不符合发证条件的坚决不能发证，不具备安全设施设计条件的建设项目坚决不能批复，不具备安全生产条件的煤矿坚决不能生产，发现重大隐患必须停产整顿问责，实行挂牌督办、跟踪整改，发现严重违法违规行为必须严厉处罚，坚决整治执法检查"宽松软虚"等问题。

（五）加快推进矿山高质量发展

煤矿企业要在高质量发展上下功夫，推动矿山行业走上大型化、集约化、智能化的发展之路。结合矿区转型发展实际，重视资产管理、发掘资产价值、优化资产配置，优化煤炭资源开发布局，形成保护和节约资源的矿山开发秩序；加快构建现代化产业体系，推动煤矿产业升级，加快煤矿产业装备更新换代；加快智能化建设，推动5G、工业物联网在煤矿开采中的应用，加快装备升级和信息化改造，建设智能煤矿；狠抓人员素质提升，增强职工安全意识，促进全员素质的整体提升。

B.23
北京"4·18"长峰医院火灾事故

吴 佳 冯孝科*

摘 要: 现代社会风险的复杂性日益提升,存在客观上的研判难,但主观方面的"人祸"更值得关注、更有待深入挖掘和解决。长峰医院的火灾事故可以反映出,因违规开展特许作业、工程项目安全监管乏力、医院安全管理混乱、政府部门在安全监督和行政许可等方面失察等,重大生产安全责任事故最终发生。该案例折射出了"有组织不负责"的风险社会行政现象。矫正其中的治理失误,应当发挥中国特色的制度优势,形成多部门合力,协同治理潜在的安全风险。

关键词: 风险社会 安全事故 府检协同

一 问题的提出:风险生产中的"有组织不负责"

"在我们这个时代,每一种事物好像都包含有自己的反面……随着人类愈益控制自然,个人却似乎愈益成为别人的奴隶或自身的卑劣行为的奴隶。甚至科学的纯洁光辉仿佛也只能在愚昧无知的黑暗背景上闪耀。"[①] 马克思曾深刻地指出了现代文明演进中突出的悖论现象。一方面,生产力的加速发展极大丰富了人们的日常生活,物质条件的改善满足了人类的诸多欲望,但

---

* 吴佳,博士,中共中央党校(国家行政学院)应急管理研究院(中欧应急管理学院)讲师,主要研究方向为公共行政理论与应急管理;冯孝科,最高人民检察院第七检察厅专职副书记、三级检察官。
① 《马克思恩格斯选集》第1卷,人民出版社,1995,第775页。

这些欲望的满足同时不断滋生出系统性的风险后果。一些看似美好的公共事务，在无止境私利的裹挟下正不断异化，为更多的生命健康悲剧埋下祸根。另一方面，同社会生产高速发展相背离的是，并未同步生成高水平的公共安全治理体系。一些长期潜伏的风险未能被政府部门和行业体系有效识别并及时控制，最终酿成人间惨剧。这样的教训常常容易被总结，但难以嵌入到有关安全生产的治理要素和环节之中，难以成为人类公共治理活动的常识和一般能力。正如"风险社会"这一著名的社会发展趋势和社会理论，尽管贝克的著作已经出版三十余年，但似乎我们尚未真正完成这一观念上的启蒙。①

对决策系统而言，"风险治理的决策者承担着一定的决策风险（比如误判形势），而如果缺乏必要的激励机制使其始终保持警惕，这些决策者就可能会本着'多一事不如少一事'的原则，尽可能少地或不启动风险治理程序"②。这种深层次的机理常常使得政府监管部门、企业以及其他公立机构、行业等并不热衷参与风险安全监管，使得诸多安全监管环节变成真空。看似有不少人负责，最终却生成了贝克所提出的"有组织的不负责"这一经典命题和现象。现代社会风险的复杂性日益提升，虽然不少风险在识别上具有客观的难度，但大量危机事件仍然源于主观上的失误，可以说"人祸"强于"天灾"。具体而言，企业和个人在利益的驱使下，常常容易对安全生产的科学规范并不在意，甚至为了降低成本有意违反安全生产的行业标准。在资本利益至上的企业那里，安全风险的防范或者市民的生命健康保障往往被抛到脑后。这种逻辑也容易渗透进入监管方，成本考虑、权力寻租、科层体系本身的惰性都容易导致监管乏力。这种乏力最终会酿成频繁出现的安全事故，给生产生活、生命健康等带来严重威胁和破坏。因此，从多主体客观上的"共谋"现象解释安全风险的生成与演化，对安全事故风险的防范化解具有重要意义。本文尝试从长峰医院火灾的案例出发，剖析其中的风险生成机理，并就其中的治理路径开展探讨。

---

① 薛澜：《这是一堂风险社会启蒙课》，财新杂志，https://xw.qq.com/cmsid/20200311A06RN600。
② 李友梅：《城市发展周期与特大型城市风险的系统治理》，《探索与争鸣》2015年第2期。

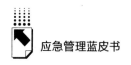

二 案例分析：长峰医院火灾的发生逻辑

2023 年 4 月 18 日 12 时 50 分，北京市丰台区靛厂新村 291 号北京长峰医院发生重大火灾事故，造成 29 人死亡、42 人受伤，直接经济损失 3831.82 万元。经过调查组调查，国务院常务会议审议通过了北京丰台长峰医院"4·18"重大火灾事故调查报告。经国务院事故调查组调查认定，"这是一起因事发医院违法违规实施改造工程、施工安全管理不力、日常管理混乱、火灾隐患长期存在，施工单位违规作业、现场安全管理缺失，加之应急处置不力，地方党委政府和有关部门职责不落实而导致的重大生产安全责任事故。"①

现已查明，事故的直接原因是北京长峰医院改造工程施工现场，施工单位违规进行自流平地面施工和门框安装切割的交叉作业，环氧树脂底涂材料中的易燃易爆成分挥发、形成爆炸性气体混合物。该混合物遇角磨机切割金属净化板产生的火花后发生爆燃；引燃现场附近可燃物，产生的明火及高温烟气引燃楼内木质装修材料，部分防火分隔未发挥作用，固定消防设施失效，致使火势扩大、大量烟气蔓延；加之初期处置不力，未能有效组织高楼层患者疏散转移，造成重大人员伤亡。②

调查组查清事故暴露的主要问题包括：医院主体责任严重不落实，施工单位违规动火交叉作业，地方党委政府防范化解重大风险意识薄弱，医疗卫生机构行政审批和安全管理短板明显，建设工程安全监督管理存在漏洞，消防安全风险防控网不严密，等等。事故调查组按规定将调查中发现的地方党委政府及有关部门公职人员履职方面存在的问题等线索及相关材料，移交中央纪委国家监委追责问责审查调查组。针对事故中暴露的问题，事故调查组

---

① 新华社：《国务院事故调查组相关负责人就北京长峰医院重大火灾事故调查工作答记者问》，《人民日报》2023 年 10 月 26 日。
② 应急管理部：《北京长峰医院重大火灾事故调查报告》，中青在线，http://news.cyol.com/gb/articles/2023-10/25/content_0zOMQ3cvQB.html。

总结了五个方面的主要教训：地方党委政府防范化解重大风险意识薄弱，医疗卫生机构行政审批和安全管理短板明显，建设工程规划、施工安全监管存在短板漏洞，消防监督检查和专项整治不深入，初期应急处置能力不足。同时，提出五项整改和防范措施建议：切实扛起防范化解重大风险政治责任，着力补齐医疗卫生机构安全管理短板，坚决堵塞建设工程安全监督管理漏洞，全面织牢织密消防安全风险防控网，加快提升基层一线应急处置能力和水平。

（一）多主体违规导致火灾风险"被忽视"

长峰医院的火灾悲剧，并非某个单一主体的失误所致。复盘事故发生过程，主要相关责任主体均负有不可推卸的责任。首先，对医院而言，不少行为都不符合医院安全的有关标准。长峰医院私自进行了医院床位数的变更，使得医院空间的安全承载能力明显下降。然而，这种床位数的变更却并未到有关部门进行登记，导致医院床位数量处在高负荷的脆弱状态。违规增加医院的床位数，提升了医院的脆弱性。一旦遭遇突发情况，极易出现严重后果。其次，在住院部走道的宽度、建筑施工的安全监管、装修改造项目的申请和报备、特许作业的现场监督管理、应急状态下的紧急疏散等众多安全职能职责方面，长峰医院均有疏漏。这些疏漏在长时间的累积下，为后期的大面积火灾事故埋下了严重的隐患。

最后，施工方面的主要企业，在装修改造中严重违反安全作业标准，不少民工的操作存在较大安全风险，但这些行为并未得到及时矫正。尤其在设备维护、消防监督等方面，企业和工人的违规给火灾事故添加了大量"燃料"。同时，如果医院、施工企业、操作人员等方面的工作失误已经无可避免，政府部门的监督管理就显得至关重要。然而，事故调查报告显示，不论是丰台区还是北京市，在企业资质的行政审批、消防安全监管等方面，都存在重大疏漏，[①] 这导致许多潜在的不安全因素相互叠加，最终引发了一场损

---

① 应急管理部：《北京长峰医院重大火灾事故调查报告》，中青在线，http：//news. cyol. com/gb/articles/2023－10/25/content_0zOMQ3cvQB. html。

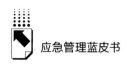

失惨重的大面积火灾。反思这种多部门"有组织"的集体违规，可以明确的是，这种主观上的过失，成为比客观致灾因子更加可怕也更为关键的风险因素。

（二）多部门安全意识欠缺与制度漏洞

反思上述多主体的违规行为，本质上这种过失源于安全意识的欠缺与制度漏洞。

首先，各部门防范化解重大风险意识薄弱。资料显示，丰台区在2022年的安全生产与消防工作考核中排名靠后，但这一结果并未体现在随后安全监管的实质改进之中。调查显示，从医院开始，各级部门并未及时报送事故信息。由于真实信息的缺漏，应急救援队伍难以在第一时间开展有效的应急处置。同时，各部门也未按照要求对医院以及其他行业部门开展安全教育和严格检查，长时间的意识薄弱为祸端的发生提供了重要的意识土壤。如果说制度不健全是火灾事故发生的重要原因，那么对一些已有制度规则不及时落实则是火灾发生的基础性原因。如果安全意识不强，不论建立多少制度都无法对安全形势起到真正长效的作用。各级领导干部在安全问题上的漠视，永远是安全事故发生的第一致灾因子。

其次，医疗卫生机构在行政审批和安全管理方面短板明显。此次事故中，医院存在大量违反安全标准的行为。但这些行为都未在相应的行政审批以及备案之中体现。同时，就装修改造工程而言，缺少足够的监督制度将这些施工环节纳入监管范畴。事实上，不论医院私自增加床位数还是违规开展特许作业，医院、企业以及操作人员的大量违规行为都未被监管体系所关注到。即便是有一些线索，也缺少常规的约束机制和及时纠偏的关键程序。这些监管制度上的短板，对重大事故的发生具有助推作用。在增强安全生产和监督意识的同时，如果缺少充分的制度保障和机制建设，安全生产的理想状态仍然难以达成。

最后，工程监管和行政审批上存在重大疏漏。此次事故的一个重要原因是特许作业项目中的违规施工。这和工程监管以及行政审批有很大关系。当前的工程监管以及行政审批方面仍然需要完善相关制度，防止安全资质不够的施工队伍进入市场。同时，也应降低相关成本，最大限度地保障安全生产的专业性和可及性。

三 治理对策：构筑府检协同的安全风险治理体系

（一）重视检察机关在安全治理中的作用

作为法律监督机关的检察院，在安全事故的刑事监督和行政检察方面发挥了重要作用。以往研究容易忽视其对安全生产的积极作用。本研究依据事故调查报告，重点讨论其在事故追责的刑事作用和风险预警的行政检察两个方面的积极意义。

当前，明确安全生产事故原因的主要手段，是事故调查。事故调查是在生产安全事故发生后，为查明事故发生原因、落实事故责任追究，由行政机关所组织的调查活动，往往早于刑事立案。事故调查报告是在综合全部调查材料后得出的分析报告，是对调查活动的总结，在生产安全事故类案件办理中具有重要作用。《宪法》赋予人民检察院国家法律监督机关这一特殊定位，检察机关具有监督行政机关在事故调查中正确实施法律的职能。因此，打破依赖行政机关开展安全监督的惯有思维，重视检察机关的安全治理作用，是提升安全治理效能的新思路。

（二）挖掘和放大检察机关的行政检察作用

调查显示，长峰医院火灾的重要原因，是特种作业操作不规范。笔者调查发现，为进一步拓展监督成效，检察院曾围绕安全生产问题短板，立足监督主责主业，创建"涉安全生产特种作业操作证"类案法律监督模型。调研发现，北京检察机关曾以施工人员身份证号、岗位工种等为关键词，提取北京市住建委施工人员信息平台中的现场施工人员数据，与应急管理部特种作业操作证查询平台数据进行比对，批量发现持假证或无证从事特种作业的

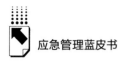

违法线索。为实现假证筛查精准落地，经北京市检察院统筹，上述线索及时移送各区检察院。检察机关督促公安、应急、住建等部门现场核查，消除工地安全隐患。事故调查是一种事后监督机制，虽然具有强制的法定效力，但如何发挥事前风险化解作用应当是安全监管的重要课题。因此，进一步挖掘和放大检察机关的行政检察作用，弥补政府监管以及行业、企业监管的结构性缺陷，具有重要意义。

（三）促进和优化府检协同的治理机制

总体上，检察机关在安全生产风险防控的环节，弥补了行政部门的部分工作缺陷。其有效识别并控制安全生产中的乱象，显示出了积极的风险治理效能。为确保风险防控效能的逐步提升，还应当切实构建好府检协同机制，实现优势互补。例如，政府监管部门要及时将平台数据共享给检察机关，检察机关在案件侦办时也要及时将新的安全风险线索同步给有关政府部门，形成畅通的信息联动机制。近年来，"三级联动"甚至"四级联动"参与事故调查已经成为重特大事故调查中检察机关介入方式的一个新特点，"多部门参与""跨区域协调"也逐渐在一些交通、煤气管道爆炸等事故调查中得到运用。以浙江为例的"全域法治"探索，已经表现出突出的制度优势。促使多部门在党的领导下实现整体性安全风险监督和治理模式，互通有无、整合专业力量、提高监督效能是新形势下做好安全风险治理的重要路径。

B.24
江西工职院"6·1"食品安全事件
关联网络舆情事件

郑姗姗*

摘　要：　江西工职院"6·1"食品安全事件本是一起食品餐食异物事件，但因前期处置不当导致舆情升级，并产生了重大社会影响。这一事件表明，当前我国食品安全工作在实践中仍然面临现实的困难和挑战；部分生产经营者唯利是图、主体责任意识不强的问题仍然存在，一些地方对食品安全重视不够、责任落实不到位，安全与发展的矛盾仍然突出。为切实保障人民群众"舌尖上的安全"，满足人民群众的美好生活需要，应严格坚持食品安全"四个最严"的根本遵循，着力完善食品安全监管体系，不断提高各级地方政府食品安全监管能力，进一步提高全社会食品安全意识和食品安全水平，扎实做好新时代食品安全工作。

关键词：　江西工职院"6·1"食品安全事件　网络舆情　"四个最严"食品安全监管

一　事件经过

2023年6月1日，一段名为"食堂吃出疑似老鼠头"的视频在社交平台出现，短时间内迅速广泛传播。通过视频画面内容可见，在饭菜内出现了体积较大且带有类似动物"牙齿"的黑色异物。6月3日，江西工业职业技

＊　郑姗姗，博士，中共中央党校（国家行政学院）应急管理研究院（中欧应急管理学院）讲师，主要研究方向为应急管理、舆情引导。

术学院官方微博发布情况通报，"视频拍摄地点确在我校食堂，但反映内容却与事实不符。当事学生本人在事发当时即邀请同学共同对'异物'进行了比对，确认'异物'为鸭脖，为正常食物"。6月5日央视网的报道中写道，"6月4日，记者通过走访了解到，事发现场，南昌市高新区市场监管局相关人员通过查看当事人拍摄的图片进行比对，初步判定系鸭脖。同时，对该校菜品的留样进行检测，将于3~5天专业比对后并公布结果。"6月7日，澎湃新闻的报道显示，"7日上午，江西省教育厅回应极目新闻记者称，相关处室已经介入该事件。"①

6月10日，江西省成立由省教育厅、省公安厅、省国资委、省市场监督管理局等部门组成的"江西工职院'6·1'食品安全事件"联合调查组（以下简称"调查组"），开展调查，并表示将及时向社会公布调查处理情况。6月17日，调查组公布调查结果，"联合调查组经勘查现场，调取监控视频发现，6月1日，学生在食堂吃出疑似为'鼠头'的异物，被涉事食堂工作人员事发当日丢弃。通过查看食堂后厨视频，查阅采购清单，询问涉事食堂负责人、后厨相关当事人、当事学生和现场围观学生等，判定异物不是鸭脖。根据国内权威动物专家对提取的当事学生所拍现场照片和视频进行专业辨识，判定异物为老鼠类啮齿动物的头部。南昌高新区市场监督管理局昌东分局、江西工业职业技术学院未认真调查取证，发布'异物为鸭脖'结论是错误的"。②

与事件本身同样值得注意的是，涉事视频曝光后即引起网友关注，舆情热度居高不下，相关话题多次登上各大平台热搜榜，累计热搜时长达820小时。调查进展和舆情演变是把脉本次事件的两大重要视角。究其原因，一则"民以食为天"，食品安全问题是关系国计民生的重大问题，也是舆论关注

---

① 《指鼠为鸭？江西省教育厅介入"食堂老鼠头"事件》，百家号·澎湃新闻，https：//www. baidu. com/link？url = iOnk1Oqwl7eIoI4YgYIHYGEWMskM6uZTixRd7RGXCPmULHlct SievqvJPelbF1V4gHfeOqyJxl4zy3oXeVRlDa&wd = &eqid = 8ea39aef0002687200000004673aa060。

② 《江西工职院"6·1"食品安全事件调查处理情况通报》，新华网，http：//www. xinhuanet. com/2023－06/17/c_ 1129701758. htm。

的重点问题；二则事件疑点和调查过程的曲折增加和提升了网民讨论的对象议题和话题热度。就此来讲，江西工职院"6·1"食品安全事件同时是一个舆情应对不当的典型案例。

二　事件处置

事件发生后，除调查事实真相并向公众公开外，涉事事件的处置工作还包括对涉事责任主体的处理和事件社会影响的应对。为有效控制此次事件的负面影响，防止同类事件再次发生，6月10日，江西省人社厅召开食品安全工作部署会，传达省委、省政府关于食品安全工作的部署要求。会议强调，要强化责任落实，严格执行食品安全领域的各项法律制度，切实履行好技工院校食品安全监督责任，严防技工院校食品安全事故发生。要认真排查风险，深入开展自查自纠，着力抓好整改落实，提升应急处突能力，建立食品安全可靠屏障。[1]

6月17日，调查组公布的调查结果指出，江西工业职业技术学院对此次事件负主体责任，涉事企业负直接责任，市场监督管理部门负监管责任。目前，依据《中华人民共和国食品安全法》及其实施条例，南昌市市场监督管理局已吊销涉事食堂的食品经营许可证，对涉事企业和法定代表人顶格处罚。下一步，将依法依规严肃处理江西工业职业技术学院、南昌高新区市场监督管理局昌东分局等相关责任单位、涉事企业和责任人，并在全省开展食品安全专项整治，抓好源头治理，切实保障人民群众的食品安全。

前文提到，本次事件具有事实调查和舆论风波交织的特点。从高新区市场监管局判定"异物"为鸭脖到调查组确认异物为鼠头的"反转"，舆论和舆情关注的焦点也从最初的"食品餐品异物"的单一议题转向"食品餐品

---

① 《江西省人社厅：在全省技工院校开展校园食品安全专项整治》，百家号·澎湃新闻，https：//www.baidu.com/link？url＝l1AN6wPH8qW264oOtUVxEv6ICN9iOJk5n1UV_7w22E9cgAWX5pvAvDH_xw3mWYyQ2Q7b55s400Hhxz9wYHllMd3ocSCfel0d4AQHI8m-P7e&wd=&eqid=b9f2b1440083cd1000000004673aa147。

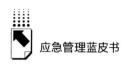

异物""高新区市场监管局昌东分局和江西工业职业技术学院发布错误结论""疑似学校控评微信截图曝光""地方政府公信力危机"等多个议题同时涌现的局面。伴随着网络舆情内容的分层演进，网民情绪也从最初的担忧、不满升级为不满、担忧、质疑和指责等多重情绪交织的复杂情况。

而深究网民群众复杂情绪和讨论焦点背后所埋藏的具体问题可见，其关注的重点在于以下四方面。第一是对食品安全问题的担忧。民生无小事，食品安全重于天，"鸭鼠谜团"事件从根本上来讲是公众对外出就餐中食物卫生问题的关注和焦虑，既与社会经济快速发展进程中人民群众外出就餐常态化有关，也与人民群众对食品安全卫生的要求不断提高有关。第二是对江西工业职业技术学院和南昌高新区市场监督管理局昌东分局指"鼠"为"鸭"行为的不满和质疑，有媒体评论称之为现代版的"指鹿为马"。三是由此事件扩散延展开来，对政府舆情处置工作的建议，在视频时代，回应不仅要及时，更要有说服力，经得起推敲，让人信服，否则就会陷入"澄而未清"的尴尬和被动境况。四是对地方政府公信力的怀疑。鼠头还是鸭脖？要证实并不难，但因有关单位和稀泥、"堵捂瞒"，硬是把小事拖大、矛盾上交，搞得全网舆情沸腾，最终要靠省级调查组介入才能查清。这期间，不仅浪费了大量行政资源，更损害了基层政府和有关单位的公信力，真是得不偿失。

三　事件评析

江西工职院"6·1"食品安全事件是一起由食品餐品异物引起，涉事地方政府处置和回应不当引起社会舆情升级，进而导致社会影响扩大化的社会性安全事件。随着经济社会发展水平的持续提升，人们对食品安全提出更高要求，对食品的需求由传统的重视数量增长转向兼顾数量提升和质量改善，食品安全问题的重要性和群众对这一问题的重视程度也不断提高，食品安全类事件紧紧牵动着广大民众的心弦。准确认识这一事件对今后的工作有如下启示。

第一，食品安全问题是关系国计民生的基础性重大问题。饮食这一生理性需要在维系人的生存和生命健康中具有基础性地位，饮食的清洁卫生又是最为基本的要求。确保饮食干净无异物是食品行业发展必须坚持的底线，确保食物安全是食品企业的首要责任。形势的发展要求食品行业强化行业自律，食品企业的负责人要有"君子不立于危墙之下"的道德自觉，食品行业从业人员要更加充分地认识所在行业发展面临的新情况和新要求，不断提高自身的认识水平和业务能力，夯实食品安全卫生工作的基础。

第二，履行食品安全监管职责之于行政部门、维护学生权益之于教育单位，都是不可推脱、不能懈怠的职责。让人民群众充分了解事实的真相和全貌是尊重人民群众知情权的集中体现和必然要求。尊重人民群众的知情权、表达权、参与权和监督权，是社会主义民主政治的根本要求。客观公正地调查事情真相，及时准确地告知社会公众是解决问题、规避或平息舆情的应然路径和最佳方式。但是，在此次事件最初的处理中，地方政府个别部门的部分工作人员没有把坚持实事求是落到实处，其公布的调查结果没有如实反映事实真相。同时，其面向社会的公开回应没有有效回应网民的质疑和公众的困惑，从而进一步激化了舆情。

第三，省级联合调查组的成立对于还原事实真相是必需的，但从行政成本和社会影响的视角来看，则还存在成本和耗时过高过长、社会影响短期难以恢复的问题。展开来讲，仅就还原事实真正需要的技术等支持要素来看，高规格调查组并非必需，但面对事件特别是关联舆情发展的复杂态势，组建高规格调查组却势在必行。同时，经过省级联合调查组调查确认餐食中的异物确为鼠头并公开后，公众的疑惑和质疑得以平息，但是，江西工业职业技术学院、南昌高新区市场监督管理局昌东分局的错误结论暴露了个别地区仍然存在的权力的无知与傲慢。在这一事件中，公权力使用不规范导致的公众不信任已无法彻底消除，其对地方政府形象造成的破坏性影响确实难以在短期内恢复。

四　事件总结

全面回溯江西工职院"6·1"食品安全事件的演进历程和处置过程，系统总结这一事件，对更好防治同类事件的主要借鉴和启示在于下述三

方面。

首先，民以食为天，食以安为先。食品安全是现代生活的重要物质条件支撑，是满足人民群众美好生活需要的先决条件和物质基础。相比于其他行业，食品行业与人民群众生命安全和身体健康的关系更为密切、更加直接。全面加强食品安全工作的基础和关键在于确保食品行业规范有序运转，推动食品行业高质量发展必须坚持营养、健康、安全的基本方向，坚决杜绝"唯经济效益"和"以牺牲产品质量换取经济效应"两种错误发展理念。要重视发挥行业自律、社会监督的约束功能，确保食品企业及其负责人的经营理念能够有助于食品生产的健康、可持续发展。要重视提升食品行业从业人员的道德素养和业务能力，确保食品安全卫生生产流通。对于学校、单位、营利性餐厅等就餐人群密集和规模较大的食品经营场所，要建立标准化、可回溯的食品购买、加工和回收处置工作流程。

其次，推动食品安全形势不断好转是各级党委、政府义不容辞的责任。各级各地党委政府务必高度重视食品安全工作，健全食品安全工作机制。在地区或区域发展中，应当统筹整体建设和重点优化，定期开展食品安全宣讲培训，面向企业开展食品安全知识和相关法律法规专项培训和定期督查，增强和提升全社会维护食品安全的意识和能力。地方食品监管部门及其公职人员应当更加充分地认识人民群众对食品安全的需求，尊重人民群众的知情权和监督权，革新工作理念、优化工作机制和工作流程以更好地满足人民群众的食品安全需求。

最后，避免此类指"鼠"为"鸭"的荒唐事重演，提高政府公信力、维护并改善政府与公众的关系是建设人民满意的服务型政府的必然要求。为此，各级地方政府及其工作人员务必树立正确的权力观、政绩观、事业观，并将其转化为指导工作、促进落实、推动发展的基本指引和根本遵循。收起权力的傲慢，杜绝胡乱作为。基层一线政府及其工作人员要高度重视在与公众接触中的履职态度，不断提高为群众服务的能力，切实做到管理服务相结合。在各项工作中真正做到坚持人民至上，尊重人民群众的知情权、监督权和参与权，维护好政府公共关系。

B.25
"7·23"黑龙江齐齐哈尔中学
体育馆坍塌事故*

寇璐瑶**

摘　要：　黑龙江省齐齐哈尔市第三十四中学发生的"7·23"体育馆屋顶坍塌事故是一起重大生产安全责任事故，造成11人死亡、7人受伤。涉事单位违法违规建设肆意妄为、质量和安全生产责任落实不到位是造成事故的首要原因；地方党委和政府及有关行业部门监管不力，存在失职、失管、失察之责；既有建筑使用安全风险日益凸显，使用安全管理存在短板。为降低建筑安全事故发生概率、避免同类事故再次发生，必须树牢安全发展理念，强化企业法治意识，深入开展校园安全隐患排查整治，扎实做好既有房屋使用安全和在建项目质量安全监管工作，强力推进建设领域"打非治违"工作，进一步完善建筑安全治理体系。

关键词：　大跨度屋顶坍塌　建筑使用安全风险　校园安全　安全监管

一　事件经过与后果概述

2023年7月23日14时52分许，位于黑龙江省齐齐哈尔市龙沙区的齐齐哈尔市第三十四中学校体育馆屋顶发生坍塌事故（以下简称"7·23"事

---

 *　本文数据源于黑龙江政府事故调查组：《齐齐哈尔第三十四中学校"7·23"重大坍塌事故调查报告》。

**　寇璐瑶，博士，中共中央党校（国家行政学院）应急管理研究院（中欧应急管理学院）讲师，主要研究方向为应急管理、公共安全。

故），造成 11 人死亡、7 人受伤，直接经济损失 1254.1 万元。"7·23"事故是齐齐哈尔市近年来最为严重的安全事故，引起了社会的高度关注。

事故发生后，黑龙江省、齐齐哈尔市迅速调集救援力量，全力投入抢险救援。体育馆位于齐齐哈尔市第三十四中学校（以下简称三十四中学），建于 1997 年，当年竣工并投入使用。体育馆建筑总高度为 13.75 米，结构主体平面为矩形，局部设有可容纳 250 人的二层看台，总建筑面积为 1213.6 平方米。体育馆网架结构屋顶整体坍塌至地面和看台上，现场救援环境复杂，为了不造成次生伤害，主要采取人工作业的方式搜救。

"7·23"事故调查组成立，分设技术组、管理组、应急评估组和综合组。国务院安委会对该事故查处实行挂牌督办。经调查认定，"7·23"事故是一起因违法违规修缮建设、违规堆放珍珠岩、珍珠岩堆放致使雨水滞留，导致体育馆屋顶荷载大幅增加，超过承载极限，造成瞬间坍塌的重大生产安全责任事故。51 名有关责任人被追责。

二　事件应对处置过程

（一）建筑安全隐患累积

体育馆所在的三十四中学是一所公立学校，成立于 1971 年，业务范围为实施初中义务教育。三十四中学是 2023 年该校新建附属综合楼项目（以下可简称 2023 年综合楼项目[①]）和 2017 年该校教学楼改造工程（以下可简称 2017 年教学楼项目[②]）的建设单位。

---

① 2023 年综合楼项目在学校原有场地新建附属综合楼 1 栋，建筑面积 6800 平方米，地上 5 层；配套建设设备房 1 座、塑胶跑道、道路及路面硬化、绿化等场区配套工程。计划开竣工时间：2023 年 5 月 11 日至 2023 年 11 月 30 日。项目造价：3295.96 万元。

② 2017 年教学楼项目包括实验楼装修工程和体育馆装修工程等，工程总价款：4985611.94 元。其中：体育馆装修费用为 272292.93 元，屋面卷材防水面积 1086.37 平方米，施工内容为清除防水层、清除保温、屋面卷材防水、内墙面喷刷涂料、木地板油漆等，工期为 2017 年 7 月 5 日至 8 月 25 日。

体育馆在投入使用后曾进行过三次屋面维修。2001 年第一次维修时，在原屋面基础上增加了找平层和防水层。2004 年第二次维修时，局部补做了卷材防水层。在 2017 年第三次维修时，未按设计要求拆除隔汽层以上保温层和防水层，而是直接在原屋面基础上做了保温层、找平层、保护层及防水层。三十四中学未实际组织开展 2017 年教学楼改造工程的竣工验收，2019 年 5 月，建设、施工、设计、监理单位直接在综合验收结论为合格的《单位工程质量竣工验收记录》上盖章（验收记录落款时间为 2017 年 8 月 28 日）。

2022 年 7 月至 8 月，三十四中学组织开展了对 2023 年综合楼项目的施工准备工作。2022 年 11 月 11 日至 15 日，施工单位嘉美建设公司使用 6000 袋珍珠岩铺在 2023 年综合楼项目基坑上，对基坑进行了保温覆盖。2023 年 4 月 27 日至 30 日，施工现场准备开工，将 6000 袋珍珠岩存放至毗邻体育馆屋面，获得校方同意，并持续堆放至事故发生前。考虑到珍珠岩回收价格低，且需另付人工费，如后期再使用还要原价购买，加之校内无存放场地，故将珍珠岩堆放至体育馆屋面。

（二）事故处置救援过程

2023 年 7 月 23 日 13 时，三十四中学的两名教练带领 17 名女子排球队队员，开始在体育馆进行排球训练。14 时 52 分许，体育馆屋顶发生整体坍塌。14 时 54 分，附近居民向市公安局 110 报警，110 指挥中心接到警情报告后，14 时 55 分先后将警情信息联动推送至 119 市消防救援指挥中心、120 市医疗急救中心，以及市应急指挥中心。事故发生后，4 人自行脱险（3 人受伤，1 人未受伤），15 人被困。

齐齐哈尔市政府立即启动应急响应，调动消防救援、医疗急救、公安、应急、住建、教育、城管、宣传以及龙沙区等相关救援力量投入现场。市、区两级领导及时赶到现场，立即成立现场救援指挥部，设立现场救援、医疗救治、事故调查等 6 个应急救援小组迅速开展现场搜救、转运救治、现场管控等工作。事故发生前及救援期间事故区域持续处于降水过程中。至 24 日

10 时 46 分,搜救工作结束,15 名被困者全部被搜救出,事故共造成 11 人
遇难,7 人受伤。

三 事件原因分析

"7·23"事故是一起责任事故,其直接原因是,屋面多次维修大量增
加荷载、屋面堆放珍珠岩及因珍珠岩堆放造成雨水滞留不断增加荷载,综合
作用下网架结构严重超载、变形,导致屋顶瞬间坍塌。体育馆竣工时屋面永
久荷载实测值为 2.31kN/m²,建成投用以来,共进行三次屋面防水保温修
缮,荷载增加值分别为 0.43kN/m²、0.03kN/m² 和 2.02kN/m²,累计荷载增
加值为竣工时的 1.06 倍;特别是第三次维修,施工单位未按照设计要求将
原有屋面隔汽层以上各构造层拆除重做,是维修荷载累积的主要原因。屋面
近 70%面积有珍珠岩堆放,且覆盖有防雨布、木跳板和混凝土砖压顶防风,
荷载增加值约为竣工时的 0.26 倍;雨水在防雨布上积存和珍珠岩吸水产生
雨水滞留,当雨水滞留荷载增至 1.0kN/m² 时,为竣工时的 0.43 倍,此时网
架结构处于临界受力状态;此时堆放珍珠岩导致屋面累积荷载增加值为
1.61kN/m²[1],为竣工时的 0.69 倍。在该阶段荷载作用下,最不利上弦受压
杆发生失稳,支座受力状态的突然改变造成支座十字肋板前肢受压屈曲失稳
破坏,瞬时引起网架更多支座的连续破坏和整体坍塌,网架结构受力变形最
终引发坍塌。

(一)涉事单位违法违规建设肆意妄为,落实质量和安全生产责任
不到位

三十四中学作为建设单位,在未申请领取施工许可证的情况下,组织
2017 年教学楼项目和 2023 年综合楼项目的相关单位进场施工;在体育馆屋
面维修工程无隐蔽工程的质量检查和记录,以及技术档案和施工管理资料不

---

[1] 《工程结构通用规范》(GB 55001-2021)4.2.8:不上人屋面均布活荷载标准值为 0.5kN/m²。

完整的情况下，未实际组织施工、设计、监理单位进行 2017 年教学楼项目竣工验收，存在虚假竣工验收行为；违规同意施工单位在体育馆不上人屋面存放退场材料珍珠岩；既有房屋使用安全管理主体责任落实不到位，对体育馆安全状况的检查、风险研判不到位，漏查了体育馆屋面堆放珍珠岩的隐患。

教育建筑公司作为 2017 年教学楼项目的施工单位，违规将体育馆屋面维修工程分包给不具备资质的自然人，其专业管理人员未按设计要求监督拆除体育馆屋面原有隔汽层以上各构造层，施工现场管理混乱。嘉美建设公司作为 2023 年综合楼项目的施工单位，施工现场对可能造成损害的毗邻体育馆未采取安全防护措施，组织人员将退场材料珍珠岩存放在体育馆不上人屋面上。两家施工单位备案的项目经理和管理人员均未到施工现场履行管理职责，且都存在现场实际项目经理不具备执业资格的问题。

龙至信工程公司作为 2017 年教学楼项目的监理单位，未对体育馆屋面维修的隐蔽工程进行旁站、审查和验收，未向建设单位报告，未参加 2017 年教学楼改造工程的竣工验收。炳盛工程咨询公司作为 2023 年综合楼项目的监理单位，未对施工组织设计中的安全技术措施进行审查，未发现施工单位违规将退场材料珍珠岩堆放在毗邻体育馆，伪造监理记录；此外，两家监理公司均仅有 1 名总监理工程师到场执业，专业配套、人员数量不满足监理需要。

（二）地方党委政府及有关行业部门监管不力，存在失职、失管、失察之责

这起事故暴露出层层监管失灵的问题，多个监管部门和属地政府并未及时发现倒塌体育馆屋顶存在重大安全隐患，更未能提前进行风险评估与防范。教育部门对校园房屋安全排查整治工作宣传培训不够，指导校园房屋安全排查不到位；区级部门未对学校屋面隐患排查结果进行有效跟踪，导致涉事体育馆屋面违规存放珍珠岩的行为漏管失控。住建部门对建设项目施工许可事后监管不严格，对建设工程安全监督、执法检查不认真；区级部门对监管权限内项目政府采购验收工作把关不严，未发现项目施工单位违规施工造

成涉事体育馆屋面荷载增大、破坏结构稳定的行为，存在监管失职。城市管理部门，未开展非居民住宅类城镇既有房屋日常隐患排查整治工作，履职不力。区党委贯彻落实习近平总书记关于安全生产重要指示批示精神不到位，督促党委政府班子成员落实安全生产"一岗双责"不力，对区政府及相关部门落实安全监管职责、房屋安全隐患排查职责不力问题失察。区政府和市政府未认真履行政府属地管理责任，其中区政府未有效组织履行权限内的监督管理职责，市政府跟踪问效不到位。

（三）既有建筑使用安全风险日益凸显，使用安全管理存在短板

既有建筑保有量不断增加，一些建筑因使用时间较长、建筑构件和材料逐年老化以及日常维护保养不当等因素，建筑结构稳定性降低，使用安全风险日益凸显。"7·23"事故就是典型的使用不当所造成的事故。现有的安全管理存在明显短板，与工作要求不相匹配。产权人不履行既有建筑使用安全责任人的义务，在改建、维修时，不全面掌握建筑结构、建设年代等基本情况，不主动了解基本建设程序，不依法办理相应审批手续。行业主管部门既有建筑安全治理体系不完善、工作机制不健全、安全管理制度不完备，缺乏必要的指导和检查。

四　主要经验与启示

"7·23"事故教训惨痛，暴露了我国建筑安全领域存在的典型问题与安全监管面临的现实困境，为降低建筑安全事故发生概率、避免同类事故再次发生，应着重加强以下五方面的工作。

（一）树牢安全发展理念，认真履行安全生产监督职责

各级党委政府要牢固树立底线思维和红线意识、统筹处理好安全与发展两件大事。要认真履行属地政府的安全生产监督管理职责。认真吸取事故教训，督促相关单位以案为鉴，提升对既有房屋建筑重大安全风险的认识，充

分认识建设领域特别是行政事业单位建设项目安全管理方面存在的典型问题，综合施策，从严整治。要深入宣讲，促进基层机关、企业一线深入理解全国重大事故隐患专项排查整治 2023 行动和生产经营单位安全生产主体责任落实年"两个行动"的重要意义、核心内容、政策措施和有关要求。要加大对企业、基层监管执法人员的集中培训力度，使重点人员切实提升发现问题和解决问题的能力。

（二）强化企业法治意识，真正落实安全生产主体责任

各生产经营单位要强化安全生产红线意识，严格按照法律法规、部门规章的规定，合法、守法经营。要健全安全生产责任制和安全生产规章制度，加大对安全生产资金、物资、技术、人员的投入保障力度，全面构建安全风险分级管控和隐患排查治理双重预防机制，健全风险防范化解机制，改善安全生产条件，提高安全生产水平。要强化事故案例警示教育，采取强有力的措施，彻底整改建筑相关企业存在的专业安全管理人员配备不到位、安全管理制度执行不到位、安全监理人员形同虚设、无资质人员进场作业、从业人员未经安全教育培训即上岗等诸多安全隐患，保障企业安全生产和人民群众的生命安全。

（三）深入开展校园安全隐患排查整治

事后整治固然重要，但事前预防更是关键。地方政府及相关部门应当努力将潜在风险提前消除或控制。要紧盯重点环节，全面分析研判校园周边存在的薄弱环节和突出问题，谋划部署专项治理措施。要加强校园安全隐患排查，加大对校园内体育馆、艺术馆、报告厅、图书馆、会议室等大跨度钢结构屋面隐患的排查力度，建立危房"一房一策"整治台账，推进问题隐患销号管理。要高标准强化整治，重点关注校园建筑施工、消防、燃气和实验室危险化学品等领域的安全管理，推进问题隐患整改落实。要定期开展教育培训，加强对校园安全管理干部的业务知识培训，增强其安全风险防范意识，提升其安全管理能力，切实提高校园安全治理能力。

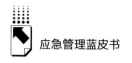

（四）扎实做好既有房屋使用安全和在建项目质量安全监管工作

地方党委政府要督促相关行业部门加强工程建设全过程质量安全监管。压实房屋产权人（或使用人）主体责任，明确行业主管部门定期组织排查、督促整改的监督责任。不断健全房屋使用安全隐患发现机制。加大违规改扩建和野蛮装修行为的执法力度。行业主管部门要紧盯建设单位、施工单位、设计单位、监理单位等各方的安全责任落实情况，督促参建单位遵守法律法规，认真履行项目开工、质量安全监督、竣工验收等相关手续；聚焦房屋市政工程安全生产的突出问题和关键要素，制定有针对性的监督检查计划，常态化加强监管，及时发现查处质量安全违法违规问题。要重点关注政府投资项目的容缺式审批带来的安全风险，逐一进行精细检查。

（五）强力推进建设领域"打非治违"工作

地方政府及相关行业主管部门要进一步加大对建筑施工领域违法行为的打击力度，推动项目责任单位依法落实质量安全主体责任。要严厉打击政府采购类工程施工"未批先建"、违法施工发包和承包、关键岗位人员不到岗履职、不落实隐患排查治理规定等行为。要加大非法违法建房监督举报奖励力度，调动群众监督积极性，保持"打非治违"高压态势。

B.26

京津冀地区应对海河"23·7"
流域性特大洪水

梁玉柱*

摘　要：　2023 年 7 月底 8 月初，海河流域发生特大洪水，造成京津冀地区遭遇暴雨洪涝灾害，出现了较为严重的人员伤亡和财产损失。以习近平同志为核心的党中央高度重视本次特大洪水应对工作，多次作出重要指示批示，各部门各地方也全力做好应急处置工作，将百年一遇的洪涝灾害损失降到了最低。本次防汛抗洪救灾过程也给出了下一步工作的重点，包括进一步完善应急指挥体系，提升统筹指挥能力；进一步完善防洪工程体系，提升工程防御能力；进一步完善法律法规体系，提升防汛法治水平；进一步完善流域协同治理机制，提升流域治理水平。

关键词：　"23·7"特大洪水　流域治理　应急指挥　防洪工程体系

一　灾害经过与后果概述

2023 年 7 月底 8 月初，海河流域发生特大洪水，造成京津冀地区遭遇暴雨洪涝灾害。本次灾害是海河流域自 1963 年以来遭遇的最强降水过程，被国家防灾减灾救灾委员会办公室、应急管理部认定为 2023 年全国十大自然灾害之一。本次极端强降雨，引发了严重暴雨洪涝、滑坡、泥石流等灾害，造成北京、河北、天津 551.2 万人不同程度受灾，因灾死亡失踪 107

* 梁玉柱，博士，中共中央党校（国家行政学院）应急管理研究院（中欧应急管理学院）副教授，主要研究方向为国家安全、应急管理。

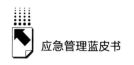

人，紧急转移安置 143.4 万人；倒塌房屋 10.4 万间；农作物受灾面积 416.1
千公顷；直接经济损失 1657.9 亿元。①

在应对本次特大洪水的过程中，以习近平同志为核心的党中央高度重
视，多次作出重要指示批示，各部门各地方也全力做好应急处置工作。2023
年 11 月 10 日，习近平总书记在北京和河北考察灾害恢复重建工作时认为，
"这次抗洪救灾，各方面力量与广大人民群众风雨同舟，共同构筑起防汛救
灾、守护家园的坚固防线，充分展现了我们党和国家的强大政治优势"，
"在党中央的正确决策部署下，各级各方面采取有力有效措施，把百年一遇
的洪涝灾害损失降到了最低。"②

二 灾害应对处置基本过程

海河流域的地形是自北、西和西南三面向渤海湾倾斜，山区与平原区近
乎直接相交，丘陵过渡区很短，太行山、燕山迎风坡是华北的暴雨中心，河
流呈扇形分布，洪水陡涨陡落，洪峰高、洪量集中，传播时间短。基于这样
的地形地貌和暴雨洪水特点，1963 年大水以后，海河流域逐步确立了"上
蓄、中疏、下排、适当地滞"的防洪方针，构筑了由水库、河道及堤防和
蓄滞洪区组成的流域防洪工程体系。自 2023 年汛期以来，京津冀地区在党
中央、国务院的领导下，从预防和应急准备、监测和预警、应急处置与救
援、灾后恢复与重建等方面做了大量应对工作。

（一）预防和应急准备

"两个坚持、三个转变"的防灾减灾救灾科学理念是做好自然灾害应

① 《国家防灾减灾救灾委员会办公室 应急管理部发布 2023 年全国十大自然灾害》，中华人民共
和国应急管理部网站，https：//www.mem.gov.cn/xw/yjglbgzdt/202401/t20240120_475696.
shtml。
② 《习近平在北京河北考察灾后恢复重建工作》，中国政府网，https：//www.gov.cn/yaowen/
liebiao/202311/content_ 6914766.htm。

对处置工作的基础。在应对海河"23·7"流域性特大洪水（以下简称"23·7"洪水）的过程中，从中央到地方始终做到了预防为主、防抗救相结合，在预防和应急准备方面有很多举措。例如，7月28日，北京市气象部门会商研判，台风"杜苏芮"北上会对本市带来强降雨天气。7月28日22时30分，房山区防汛指挥部召开调度会议，根据预报情况有针对性地进行部署动员，明确要求提前关闭涉山涉水景区，封控进入山区沟道入口，停止在施工程，转移山区受山洪泥石流威胁的人员，备足抢险力量，及早向社会发布安全提示。正是这项预防工作，避免了旅游景区人员滞留和伤亡。除了提前部署外，还做到了提前排查，提前转移，提前关停，提前布控，真正做到公共安全治理模式向事前预防转型。

（二）监测与预警

特大洪水监测预警工作主要由气象部门和水文部门负责。在"23·7"洪水的防御过程中，强化了气象水文耦合，实施了滚动实时预报，提前研判了永定河泛区、东淀、宁晋泊、大陆泽等多个蓄滞洪区启用，为应急决策提供了科学支撑。

随着科技进步，气象预报水平显著提升。在防御"23·7"洪水的过程中，气象部门将基于多模式集成的海河流域定量降水预报产品、基于中尺度模式的极端小时降水预报技术、基于信息熵的海河流域山洪气象风险预警技术应用以及增加了小流域专项服务产品加工功能的"海澜"平台等多项科技成果应用于实际降水预报，在防洪过程中发挥重要作用。[1]

水文部门发挥防洪"四预"措施，即洪水预报、洪水预警、洪水预演、洪水预案的作用。7月28日降水开始后，水利部、海委及京津冀等省（直辖市）水文部门及时组织联合会商，滚动研判洪水态势，提供重要节点洪水预报分析成果5000余站次。在"23·7"洪水期间，水利部信息中心等共发布洪水预警98次，其中包括蓝色预警40次、黄色预警30次、橙

---

[1] 闫泓：《防洪迎"大考"同心显担当》，《中国气象报》2023年8月22日。

色预警 19 次、红色预警 9 次，其中河北省水文勘测研究中心发布次数最多，达 70 次。洪水预报构成了防洪工程体系运作的信息基础。在"23·7"洪水的应对过程中，根据预报成果和实际下垫面条件，构建了二维水力学模型开展东淀、永定河泛区的洪水预演，其中东淀的预演分析成果有力支撑了"不启用东淀蓄滞洪区清南区域"的工作部署，为地方防汛抗洪抢险提供了决策支撑。[①]

（三）应急处置与救援

在本次防洪应急处置中，各级政府根据权限和责任调度以水库、河道和堤防、水闸枢纽以及蓄滞洪区为主要组成的海河流域防洪工程体系，有力应对了特大洪水威胁。在河北保定调研时，保定防汛抗旱指挥部专家组组长就提出，保定市的大中型水库大致拦蓄了八亿立方米水流量，保定市境内启用的小清河分洪区和兰沟洼蓄滞洪区拦蓄了八亿立方米水流量。正是这"2 个 8 个亿"的作用，保证了下游地区的防洪安全。[②] 放到更大范围的海河流域看，在"23·7"洪水期间，北京、天津、河北 84 座大中型水库拦蓄洪量 28.5 亿立方米，启用小清河分洪区等 8 处蓄滞洪区，合计最大蓄洪量 25.3 亿立方米，有效削减洪峰、分泄洪水。[③]

（四）灾后恢复与重建

2023 年 8 月 17 日，中共中央政治局常务委员会召开会议研究部署防汛抗洪救灾和灾后恢复重建工作，将"23·7"洪水的灾后恢复重建工作提上重要议程。这次会议提出了诸多要求，包括用好救灾资金、加快恢复重建工

---

① 水利部海河水利委员会：《海河"23·7"流域性特大洪水调查分析》，中国水利水电出版社，2024，第 116~124 页。

② 根据访谈记录：20240118.保定市.ZHB。另据调研资料《保定市"23·7"特大暴雨洪水情况》介绍，"23·7"特大洪水期间，市水利局下达水库调度指令 67 个，10 座大中型水库拦蓄洪量 7.84 亿立方米。

③ 水利部海河水利委员会：《海河"23·7"流域性特大洪水调查分析》，中国水利水电出版社，2024，第 91 页。

作、保证受灾学生都能按时开学返校、确保受灾群众安全温暖过冬、加快完善流域防洪工程体系等内容。10月24日，十四届全国人大常委会第六次会议表决通过了全国人民代表大会常务委员会关于批准国务院增发国债和2023年中央预算调整方案的决议，中央财政将在2023年四季度增发国债10000亿元，增发的国债全部通过转移支付的方式安排给地方，集中力量支持灾后恢复重建和弥补防灾减灾救灾短板，整体提升了我国抵御自然灾害的能力。① 11月10日，习近平总书记先后来到门头沟、保定等地，实地了解灾后恢复重建情况，对灾后恢复重建工作作出一系列重要部署。②

三 主要经验与启示

"23·7"洪水对人民群众生命财产安全造成严重损失，在应对过程中也出现了一些不足和问题，可以从以下方面进一步完善。

（一）进一步完善应急指挥体系，提升统筹指挥能力

在应对"23·7"洪水的过程中，在国家防汛抗旱总指挥部的指导协调下，各地方防汛抗旱指挥部发挥应急指挥的统筹作用。各地还根据灾害情形，不断优化应急指挥体系。例如，保定市在应对本次洪水的过程中，市委书记、市长、常务副市长、副市长坐镇市水利局防汛指挥调度中心，既实现了统一指挥，也发挥出靠前指挥、专业指挥的优势，实现了中国特色应急管理体制要求的统一指挥、专常兼备、反应灵敏、上下联动。

随着极端天气日益频繁，极端自然灾害的发生也愈加频繁。在国家应急指挥部体系建设中，充分考虑将军队武警、社会救援组织等各类应急力量纳入到指挥部体系之中。在京津冀地区调研时发现，在断水断电断路断网的情

---

① 《我国将增发1万亿元国债支持灾后恢复重建和提升防灾减灾救灾能力》，全国人大网，http://www.npc.gov.cn/npc/c2/c30834/202310/t20231025_ 432560.html。

② 《习近平在北京河北考察灾后恢复重建工作》，中国政府网，https://www.gov.cn/yaowen/liebiao/202311/content_ 6914766.htm。

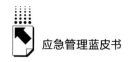

况下，有些市、区的防汛抗旱指挥部找不到或者说联系不上军队，加强军地联合行动，高效协同的军地一盘棋还需要优化各级军地联合指挥体制。在社会组织参与应急救援的过程中也存在"社会组织进入灾区后联系不上防汛指挥部，不知道从哪里下手救援，不了解应急救援的整体情况"的问题。

（二）进一步完善防洪工程体系，提升工程防御能力

从应对"23·7"洪水的过程看，防洪工程体系发挥着基础性保障作用。海河流域"上蓄、中疏、下排、适当地滞"的防洪方针需要进一步落实，以增强防洪工程体系建设，包括水库、河道和堤防、蓄滞洪区等，尤其是拒马河上游缺乏控制性水利工程的历史问题必须纳入相关规划，提升流域防洪能力。同时，本次特大洪水应对中蓄滞洪区人员伤亡、经济损失较大，应加强蓄滞洪区建设，以减少蓄滞洪区启用过程中的人员伤亡和财产损失。

（三）进一步完善法律法规体系，提升防汛法治水平

预案体系和法治体系是应急管理的保障。在"23·7"洪水的应对过程中也存在预案和法律法规上的问题。例如，在应对特大洪水的过程中，危险区域人员的及时转移极为重要，但在一些地区关于防汛避险缺少有针对性的法律规定，导致人员转移工作存在不畅。2024年1月14日，河北省第十四届人民代表大会常务委员会第七次会议通过《河北省防汛避险人员转移条例》，有效解决了这一问题。

除此之外，蓄滞洪区运用补偿上也存在立法滞后的问题。目前采用的仍是2000年施行的国务院第286号令《蓄滞洪区运用补偿暂行办法》，该办法由于时间久远，在补偿规定的内容方面存在很多不足，这些不足极易引发社会矛盾，甚至成为导致社会不稳定的因素。因此，对蓄滞洪区运用补偿的办法亟待完善。

（四）进一步完善流域协同治理机制，提升流域治理水平

统筹流域上下游、左右岸、干支流，坚持系统思维，是应对流域性特大

洪水的关键。在"23·7"洪水的应对过程中，对流域范围内地方之间、部门之间的协同治理提出了更高要求。在本次应对中，国家防总、水利部、海河委员会等单位统筹会商，逐河系针对性安排部署洪水防御工作，实现了流域高水平治理。水利部提前预报永定河、大清河、子牙河将发生编号洪水，并将预报意见及时通报给京津冀水利（水务）厅（局）和有关部门，滚动发布洪水预警90余次，每日"一省一单"靶向发送防御重点和防御工作要求。

自上而下的信息、指令、指导意见有力地推动了地方防汛工作的开展。但短板是横向间的信息传递，尤其是上下游、左右岸的平级单位之间，信息共享不及时，出现信息孤岛的现象，极易影响防汛整体工作。未来仍需以信息共享为抓手，在应急救援、灾后恢复重建等方面增强稳定的合作机制建设，提升流域协同治理水平。

附　录
2023年应急管理大事记

邹积亮*

一　中央有关重要会议和政策文件

3月22日　国务院办公厅印发了新修订的《食品安全工作评议考核办法》（以下简称《办法》）。《办法》是对各省（区、市）人民政府和新疆生产建设兵团食品安全工作开展评议考核的重要制度性文件，对贯彻党中央、国务院关于加强食品安全工作的决策部署，强化地方政府食品安全属地管理责任，提升全链条食品安全工作水平，保障人民群众身体健康和生命安全具有重要作用。①

4月18日　北京市丰台区靛厂新村291号北京长峰医院发生重大火灾事故，习近平总书记立即作出重要指示，要求全力救治受伤人员，妥善做好遇难者善后和家属安抚工作，并尽快查明火灾事故原因，依法严肃追究责任。强调各地区和有关部门要时刻绷紧安全生产这根弦，切实把安全生产责任落到实处，加强安全管理，彻底排查各种风险隐患，坚决防范遏制重大安全事故发生。李强总理等领导同志作出重要批示，对善后处置、事故调查、专项整治等工作提出明确要求。北京市立即组织抢险救援、伤员救治和善后

*　邹积亮，博士，中共中央党校（国家行政学院）应急管理研究院副教授，主要研究方向为公共安全与应急管理。

①　《国务院办公厅关于印发食品安全工作评议考核办法的通知》，中国政府网，https：//www.gov.cn/zhengce/content/2023-03/22/content_5747864.htm。

处置等工作。

4月20日　中共中央办公厅　国务院办公厅印发《关于全面加强新形势下森林草原防灭火工作的意见》。①

8月1日　中共中央总书记、国家主席、中央军委主席习近平对防汛救灾工作作出重要指示。习近平指出，近日，受台风"杜苏芮"影响，华北、黄淮等地出现极端降雨过程，引发洪涝和地质灾害，造成北京、河北等地重大人员伤亡。习近平要求，各地要全力搜救失联、被困人员，做好受伤人员救治和遇难者家属安抚工作，尽最大限度减少人员伤亡。要妥善安置受灾群众，抓紧修复交通、通讯、电力等受损基础设施，尽快恢复正常生产生活秩序。习近平强调，当前正值"七下八上"防汛关键期，各地区和有关部门务必高度重视、压实责任，强化监测预报预警，加强巡查值守，紧盯防汛重点部位，落实落细各项防汛措施，全力保障人民群众生命财产安全和社会大局稳定。②

8月17日　中共中央政治局常务委员会召开会议，研究部署防汛抗洪救灾和灾后恢复重建工作。中共中央总书记习近平主持会议并发表重要讲话。

9月6日　《中共中央办公厅　国务院办公厅关于进一步加强矿山安全生产工作的意见》发布。③

10月13日　工业和信息化部　国家发展改革委　科技部　财政部　应急管理部印发《安全应急装备重点领域发展行动计划（2023—2025年）》（工信部联安全〔2023〕166号）。

10月31日　根据《中国共产党机构编制工作条例》和党中央关于国家综合性消防救援队伍整合改革部署，《中共中央办公厅　国务院办公厅

---

① 《关于全面加强新形势下森林草原防灭火工作的意见》，中国政府网，https：//www.gov.cn/zhengce/202305/content_6857312.htm。

② 《习近平对防汛救灾工作作出重要指示》，中国政府网，https：//www.gov.cn/yaowen/liebiao/202308/content_6895939.htm。

③ 《中共中央办公厅　国务院办公厅关于进一步加强矿山安全生产工作的意见》，中国政府网，https：//www.gov.cn/zhengce/202309/content_6902467.htm。

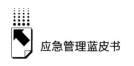

关于调整应急管理部职责机构编制的通知（2023 年 10 月 12 日）》发布。①

11 月 16 日 2023"一带一路"自然灾害防治和应急管理国际合作部长论坛在京举行。中共中央政治局委员、国务院副总理刘国中出席开幕式并致辞。本次部长论坛有近 70 个国家（地区）和国际、区域组织的近 80 家机构线上出席，30 多个国家和国际组织驻华机构派代表现场参会。宣布正式建立"一带一路"自然灾害防治和应急管理国际合作机制。

12 月 15 日 中共中央总书记、国家主席、中央军委主席习近平对低温雨雪冰冻灾害防范应对工作作出重要指示。习近平指出，近期，全国多地出现强雨雪天气，对电力供应、交通运输和群众生产生活带来较大影响。中东部地区还将经历强寒潮天气，低温雨雪冰冻灾害风险高，防灾救灾形势严峻，务必引起高度重视。习近平强调，要密切关注天气变化，加强监测研判，及时发布预警预报信息。要加强交通路况及电力巡查，及时除冰除雪，确保交通路网、电网安全通畅。要提高煤电油气供应能力，强化抢险救援准备，做好能源保障和保暖保供。要加大统筹调度力度，加强重要民生商品的产销保供，维护价格稳定。习近平要求，有关地方和部门要压实责任，细化防范措施，完善应急预案，深入排查风险隐患，全力做好突发险情应对处置，确保人民群众安全温暖过冬。②

12 月 29 日 中国援外医疗队派遣 60 周年纪念暨表彰大会 29 日在京举行。中共中央总书记、国家主席、中央军委主席习近平亲切会见会议代表，向他们表示热烈祝贺，并向正在和曾经执行援外医疗任务的同志们致以诚挚慰问。

---

① 《中共中央办公厅 国务院办公厅关于调整应急管理部职责机构编制的通知》，中国政府网，https：//www.gov.cn/zhengce/202310/content_6912958.htm。
② 《习近平对低温雨雪冰冻灾害防范应对工作作出重要指示》，中国政府网，https：//www.gov.cn/yaowen/liebiao/202312/content_6920495.htm。

二 2023年全国自然灾害主要事件①

1月17日 19时50分左右，西藏林芝市米林县派镇至墨脱县公路多雄拉隧道出口处（墨脱方向）发生雪崩，部分车辆和人员被埋，造成28人死亡。

6月底至7月初 重庆部分地区遭受强降雨袭击，引发洪涝和地质灾害，造成万州、巫山、巫溪、石柱、綦江等27个县（区）35.8万人不同程度受灾，因灾死亡失踪25人，紧急转移安置1.8万人；倒塌房屋600余间，严重损坏房屋700余间，一般损坏房屋1800余间；农作物受灾面积22.8千公顷；直接经济损失13.1亿元。

7月28日 2023年第5号台风"杜苏芮"于7月28日9点55分前后以强台风级强度登陆福建晋江沿海，是2023年登陆中国大陆最强的台风，也是1949年以来登陆福建第二强的台风。福建东部、浙江东部等地部分地区出现8~10级阵风，局地11~16级；福建泉州、莆田、福州共计5个国家气象观测站日降水量突破历史极值。台风造成福建、浙江、安徽、江西、广东5省295万人不同程度受灾，紧急转移安置26.3万人；倒塌房屋3500余间，严重损坏房屋4500余间，一般损坏房屋1.7万间；农作物受灾面积42千公顷；直接经济损失149.5亿元。

7月底8月初 受台风"杜苏芮"残余环流影响，京津冀等地遭受极端强降雨，引发严重暴雨洪涝、滑坡、泥石流等灾害，造成北京、河北、天津551.2万人不同程度受灾，因灾死亡失踪107人，紧急转移安置143.4万人；倒塌房屋10.4万间，严重损坏房屋45.9万间，一般损坏房屋77.5万间；农作物受灾面积416.1千公顷；直接经济损失1657.9亿元。

8月初 受台风残留云系北上和西风槽叠加影响，东北地区多地出现强降雨，引发洪涝灾害。造成黑龙江、吉林119.4万人不同程度受灾，因灾死

---

① 本部分数据资料源于《国家防灾减灾救灾委员会办公室 应急管理部发布2023年全国十大自然灾害》，中国应急管理部网站，https://www.mem.gov.cn/xw/yjglbgzdt/202401/t20240120_475696.shtml。

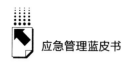

亡失踪 47 人，紧急转移安置 40.4 万人；倒塌房屋 1.8 万间，严重损坏房屋 2.6 万间，一般损坏房屋 7.4 万间；农作物受灾面积 544.1 千公顷；直接经济损失 215.2 亿元。

8 月 11 日 陕西省西安市长安区滦镇街道喂子坪村鸡窝子组突发山洪泥石流灾害，造成 27 人死亡失踪。

8 月 21 日 四川省凉山州金阳县受短时强降雨影响突发山洪泥石流灾害，冲毁沿江高速 JN1 标段项目部钢筋加工场施工人员驻地，造成 52 人死亡失踪。

9 月 5 日 2023 年第 11 号台风"海葵"于 9 月 5 日 5 时 20 分和 6 时 45 分先后登陆福建东山县和广东饶平县沿海。"海葵"环流及残涡影响时间长，福建、广东、广西、江西等地有 17 站降水量突破 9 月历史极值，有 6 站突破历史极值。福建、广东多地发生城乡内涝、地质灾害，70 余条中小河流发生超警洪水，福建木兰溪和兰溪发生超保洪水。台风灾害造成福建、江西、广东三省 312 万人不同程度受灾，因灾死亡 6 人，紧急转移安置 17.7 万人；倒塌房屋 2600 余间，严重损坏房屋近 2300 间，一般损坏房屋 5000 余间；农作物受灾面积 66.5 千公顷；直接经济损失 166.6 亿元。

9 月 19 日至 20 日 江苏盐城、宿迁等地出现强对流天气，局地遭遇龙卷风，引发风雹灾害，灾害造成 2 万人不同程度受灾，因灾死亡 10 人；倒塌房屋 500 余间，严重损坏房屋 1600 余间，一般损坏房屋 1.2 万间；农作物受灾面积 1.2 千公顷；直接经济损失 4.8 亿元。

12 月 18 日 23 时 59 分，在甘肃临夏积石山县发生 6.2 级地震，震源深度 10 公里，共造成甘肃、青海两省 77.2 万人不同程度受灾，151 人死亡，983 人受伤；倒塌房屋 7 万间，严重损坏房屋 9.9 万间，一般损坏房屋 25.2 万间；直接经济损失 146.12 亿元。

三 2023 年全国生产安全主要事件

1 月 8 日 江西省南昌市发生一起大货车冲撞人群的重大道路交通事

故，造成19人死亡、20人受伤。

1月15日　辽宁省盘锦浩业化工有限公司发生一起重大爆炸着火事故，造成12人死亡、1人失联。

2月22日　内蒙古自治区阿拉善盟李井滩生态移民示范区内蒙古新井煤业有限公司露天煤矿发生特别重大坍塌事故，造成53人死亡、6人受伤，直接经济损失20430.25万元。8月29日，《内蒙古阿拉善新井煤业有限公司露天煤矿"2·22"特别重大坍塌事故调查报告》发布。

4月17日　浙江省金华市武义县凤凰山工业区内一厂房发生重大火灾事故，造成11人死亡。

4月18日　北京市丰台区靛厂新村291号北京长峰医院发生重大火灾事故，造成29人死亡、42人受伤，直接经济损失3831.82万元。10月25日，《北京丰台长峰医院"4·18"重大火灾事故调查报告》发布。

5月1日　山东省鲁西双氧水新材料科技有限公司发生一起重大爆炸着火事故，造成10人死亡。

6月21日　宁夏回族自治区银川市兴庆区富洋烧烤民族街店发生一起特别重大燃气爆炸事故，造成31人死亡、7人受伤，直接经济损失5114.5万元。

6月22日　辽宁省营口市营口钢铁有限公司炼铁厂一号高炉在生产过程中炉缸烧穿，液态渣铁遇冷却水发生喷爆，造成5人死亡、4人受伤。该事故发生在重大事故隐患专项排查整治2023行动自查自改阶段、全国安全生产月期间、端午节假期第一天，舆论关注度高，社会影响恶劣。

7月23日　黑龙江省齐齐哈尔市第三十四中学体育馆发生一起重大事故，造成11人死亡。

8月21日　陕西省延安市延川县新泰煤矿发生一起重大瓦斯爆炸事故，造成11人遇难、11人受伤。

9月7日　内蒙古自治区鄂尔多斯市亿鼎生态农业开发有限公司发生一起重大高压气体泄漏事故，造成10人死亡、3人受伤。

9月24日　贵州省六盘水市盘江精煤股份有限公司山脚树煤矿发生一

起重大火灾事故，造成 16 人遇难。

11 月 16 日 山西省吕梁市离石区永聚煤业有限公司地面联合建筑楼发生重大火灾事故，造成 26 人死亡、38 人受伤。

11 月 28 日 黑龙江龙煤双鸭山矿业有限责任公司所属双阳煤矿发生事故，共造成 11 人遇难。

12 月 20 日 黑龙江省鸡西市恒山区坤源煤业有限公司坤源煤矿发生一起重大运输事故，造成 12 人遇难、13 人受伤。

四　2023 年全国公共卫生主要事件

1 月 10 日 《国家卫生健康委关于印发突发事件紧急医学救援"十四五"规划的通知》（国卫医急发〔2022〕35 号）发布。为加强突发事件紧急医学救援工作，有效减轻各类突发事件对人民群众身心健康和生命安全的危害，保障社会和谐稳定与经济平稳发展，根据《"健康中国 2030"规划纲要》和《"十四五"国民健康规划》等要求，编制《突发事件紧急医学救援"十四五"规划》。

2 月 23 日 中共中央办公厅、国务院办公厅印发《关于进一步深化改革促进乡村医疗卫生体系健康发展的意见》，并发出通知，要求各地区各部门结合实际认真贯彻落实。①

3 月 23 日 中共中央办公厅　国务院办公厅印发《关于进一步完善医疗卫生服务体系的意见》。②

4 月 28 日 《国家卫生健康委办公厅关于进一步做好突发事件医疗应急工作的通知》（国卫办医急函〔2023〕143 号）发布。

6 月 30 日 国家卫生健康委成立医疗应急工作专家组，涉及急诊医学

---

① 《关于进一步深化改革促进乡村医疗卫生体系健康发展的意见》，中国政府网，https：//www.gov.cn/zhengce/2023-02-23/content_5742938.htm。

② 《关于进一步完善医疗卫生服务体系的意见》，中国政府网，https：//www.gov.cn/zhengce/2023-03-23/content_5748063.htm。

科、重症医学科、骨科、流行病学等 22 个学科。进一步发挥国家级专家在医疗应急工作中的技术支持和业务指导作用，切实提高医疗应急处置能力和水平，保障和维护人民群众生命安全和身体健康

12 月 8 日 《突发事件医疗应急工作管理办法（试行）》（国卫医急发〔2023〕37 号）印发。

12 月 26 日 国务院办公厅印发《关于推动疾病预防控制事业高质量发展的指导意见》。《指导意见》以习近平新时代中国特色社会主义思想为指导，贯彻落实党中央、国务院关于完善疾控体系的决策部署，整体谋划疾控事业发展、系统重塑疾控体系、全面提升疾控能力，推动疾控事业高质量发展和健康中国战略目标实现。①

五 2023年全国社会安全主要事件②

"平安长江" 2023 年 3 月，公安部组织沿江 15 省市和长江航运公安机关开展了长江水域突出违法犯罪打击整治"平安长江"行动，突出打击涉渔、涉砂、涉水运物流犯罪以及依法整治长江水运秩序的"三打击一整治"四项重点工作，共破获相关刑事案件 6500 余起、抓获犯罪嫌疑人 1.1 万余人、打掉犯罪团伙 815 个，开展联合专项整治 1800 余次、整治重点水域、场所等5100 余处，有力维护了长江水域生态安全、经济安全、公共安全。③

"昆仑 2023" 2023 年，公安机关共立案侦办食药环和知识产权领域犯罪案件 11.3 万起，公安部挂牌督办重大案件 20 批次 860 余起，有力打击遏制了相

---

① 《国务院办公厅关于推动疾病预防控制事业高质量发展的指导意见 国办发〔2023〕46号》，中国政府网，https：//www.gov.cn/zhengce/content/202312/content_6922483.htm。
② 本部分数据资料源于《通报 2023 年公安工作和队伍建设成效，介绍第四个中国人民警察节相关庆祝活动安排》，中国公安部网站，https：//www.mps.gov.cn/n2254536/n2254544/n2254552/n9372690/index.html。
③ 《通报 2023 年公安机关开展长江水域突出违法犯罪打击整治"平安长江"专项行动，服务保障长江经济带高质量发展取得的》，中国公安部网站，https：//www.mps.gov.cn/n2254536/n2254544/n2254552/n9357821/index.html。

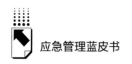

关犯罪活动。公安机关聚焦百姓"舌尖上的安全",持续开展"昆仑 2023"专项行动,破获食品药品安全犯罪案件 1.9 万起,抓获犯罪嫌疑人 2.8 万名。

打击电信网络诈骗 2023 年,全国公安机关认真贯彻落实习近平总书记关于打击治理电信网络诈骗犯罪工作的重要指示精神,落实中共中央办公厅、国务院办公厅《关于加强打击治理电信网络诈骗违法犯罪工作的意见》部署要求,按照"四专两合力"的总体工作思路,深入开展"斩链""清源""利剑"三大战役,联合部署开展"拔钉"专项行动,持续向电信网络诈骗犯罪发起凌厉攻势,共破获电信网络诈骗案件 43.7 万起。针对缅北涉我电信网络诈骗犯罪,部署推进边境警务执法合作,连续开展多轮打击,缅北相关地方执法部门共向我方移交犯罪嫌疑人 4.1 万余名,打击工作取得显著战果。

社会治安防控 2023 年 11 月,公安部印发《关于命名首批全国社会治安防控体系建设示范城市的决定》,命名北京市海淀区等 59 个城市(含直辖市辖区)为首批全国社会治安防控体系建设示范城市。2023 年,公安机关日均投入 74 万社会面巡防力量开展巡逻防控,最大限度提高街面见警率、管事率。坚持和发展新时代"枫桥经验",评选命名第三批"枫桥式公安派出所",年均化解矛盾纠纷 600 万起左右。持续开展"百万警进千万家"活动,访民情、解民忧、化矛盾、防风险,年均走访各类家庭 5200 万户,接受群众求助 1200 万起。①

"净网 2023"行动 2023 年,针对网络暴力违法犯罪,全国公安机关依托"夏季行动"和"净网 2023"专项行动,重拳打击整治造谣诽谤、谩骂侮辱、侵犯隐私等突出网络暴力违法犯罪行为。共查处网络暴力违法犯罪案件 110 起,刑事打击 112 人,行政处罚 96 人,批评教育 472 人,指导重点网站平台阻断删除涉网络暴力信息 2.7 万条,禁言违规账号 500 余个。②

---

① 《社会治安防控体系建设提档升级》,中国公安部网站,https：//www.mps.gov.cn/n2254098/n4904352/c9437108/content.html。

② 《通报公安机关依法严厉打击整治网络谣言违法犯罪活动举措成效情况我国禁毒工作取得显著成效》,中国公安部网站,https：//www.mps.gov.cn/n2254536/n2254544/n2254552/n9347640/index.html。

"清源断流" 2023年,统筹推进禁毒"清源断流"行动和夏季治安打击整治行动,严厉打击整治毒品违法犯罪活动,全国共破获毒品犯罪案件4.2万余起,抓获犯罪嫌疑人6.5万余名,缴获各类毒品25.9吨,特别是公开通缉10名缅北地区重大涉毒逃犯,形成强大震慑。[①]

治安整治 部署开展夏季治安打击整治行动,破获刑事案件56.6万起,查处治安案件204.2万起,抓获违法犯罪嫌疑人97.5万名。严打遏制严重暴力犯罪,现行命案破案率保持在99.9%。

打击网络赌博 继续以最严措施打击跨境赌博犯罪,组织开展缉捕遣返境外跨境赌博犯罪嫌疑人"金雕行动",全力打击突出跨国犯罪,依法从严惩处网络赌博犯罪,起诉网络赌博犯罪1.9万人。

打击经济犯罪 组织部署打击地下钱庄犯罪"十大战役"、打击信用卡套现违法犯罪"十省会战"等专项行动,依法严厉打击、密切防范各类经济犯罪活动,共破获经济犯罪案件8.4万起,挽回经济损失248亿元。

"国门利剑" 2023年,海关总署缉私局坚决贯彻落实习近平总书记关于打击走私工作重要指示批示精神,组织全国海关缉私部门对海南离岛免税"套代购",农产品、枪毒、洋垃圾走私,走私关联虚开骗税等突出违法犯罪实施专项打击,全国海关缉私部门共立案侦办走私等违法犯罪案件4959起,案值886.1亿元。[②]

"扫黄打非" 2023年全国公安机关共侦破传播淫秽物品类刑事案件4500余起,捣毁淫秽色情网站、App4900余个。为进一步加强重点案件督办指导力度,公安部会同全国"扫黄打非"办公室联合挂牌督办重大案件326起,组织对19起重点案件发起集群战役,取得显著成效。[③]

---

① 《我国禁毒工作取得显著成效》,中国公安部网站,https://www.mps.gov.cn/n2254098/n4904352/c9422207/content.html。

② 《公安机关打击走私犯罪战果显著》,中国公安部网站,https://www.mps.gov.cn/n2254098/n4904352/c9402518/content.html。

③ 《公安机关深入推进"扫黄打非"工作》,中国公安部网站,https://www.mps.gov.cn/n2254098/n4904352/c9477852/content.html。

后　记

为更好地推动应急管理研究工作，中共中央党校（国家行政学院）应急管理研究院（中欧应急管理学院）在中共中央党校（国家行政学院）国家高端智库项目支持下，联合社会科学文献出版社，研创应急管理蓝皮书，并首次推出《中国应急管理发展报告（2021）》，本书为该蓝皮书系列的第四部。该书旨在紧密结合我国防范风险挑战、应对突发事件面临的形势，及时反映我国应急管理体系和能力现代化进程中的创新做法、主要经验、存在问题、改革对策等。

《中国应急管理发展报告（2024）》是集体合作的成果，作者以中共中央党校（国家行政学院）应急管理研究院（中欧应急管理学院）专家为主，同时邀请了校（院）内其他部门的专家和校（院）外相关领域专家参与了本书创作。主编马宝成、张伟牵头设计了全书框架提纲、体例，副主编王华、张勇杰协调沟通各方面，并统修全部书稿。本书除总报告外的各篇组稿工作中，游志斌、王永明负责"分报告"部分，董泽宇、钟雯彬负责"应急管理体制机制法治篇"，王华负责"应急管理能力篇"，曹海峰负责"地方创新篇"，吴佳负责"典型事件篇"，邹积亮负责"2023年应急管理大事记"。王华、张勇杰协助主编承担了大量沟通协调和统稿工作。各位组稿人都高度负责，邀约撰稿人，与作者保持沟通联系，负责文稿的初审和前期编校工作。

中共中央党校（国家行政学院）科研部主任陈曙光，应急管理研究院（中欧应急管理学院）副院长钟开斌，对本书的创研规划和出版给予了指导、支持。社会科学文献出版社马克思主义分社曹义恒社长对本书的初创策划和编辑出版给予了大力支持。在此一并表示衷心感谢！

应急管理是一门崭新的学科。中共中央党校（国家行政学院）应急管理研究院（中欧应急管理学院）成立于 2010 年。在党中央、国务院关心支持下，在中共中央党校（国家行政学院）校（院）委的直接领导下，已经建设成为我国应急管理教学科研、决策咨询、合作交流的重要基地，在领导干部应急管理教育培训方面发挥了重要作用。进入新发展阶段，我们将以习近平总书记关于应急管理体系和能力建设的重要论述精神为指导，求真务实，开拓创新，为我国应急管理学科建设、我国应急管理干部教育培训事业和我国应急管理事业的全面发展提供高质量、高水平的研究报告，做出应有的贡献。

限于研究水平，本书可能存在偏颇甚至错误之处，恳请广大读者批评指正。

编委会

2024 年 8 月

Abstract

2023 is the first year for the full implementation of the spirit of the 20th CPC National Congress, and the year for China's emergency management system and capabilities to withstand various challenges and strive to serve high-quality development with high-level security. The 20th CPC National Congress made strategic arrangements for the modernization of the national security system and capabilities in the new era and new journey, and put forward clear task requirements for emergency management, such as "establishing a big security and big emergency framework", "promoting the transformation of the public security governance model to pre-prevention", and "improving the ability to prevent, reduce, and relieve disasters and deal with major public emergencies". Striving to "guarantee the new development pattern with a new security pattern" has become the main tone in the modernization process of China's emergency management system and capabilities.

Emergency management is an important part of the national governance system and governance capacity. It bears the important responsibility of preventing and defusing major risks, responding to and handling various emergencies in a timely manner, and shouldering the important mission of protecting the lives and property of the people and maintaining social stability. Promoting the modernization of China's emergency management system and capabilities is an inherent requirement for serving and safeguarding the great cause of building a strong country and national rejuvenation. It is an objective requirement for the increase in extreme natural disasters, the increase in new business forms and new risks, and the enhanced coupling of various risk factors in recent years. It is a practical demand for the low level of inherent safety, the imperfect disaster prevention, mitigation and relief system, the need to improve the joint efforts of emergency prevention and response, and the urgent need to improve the basic foundation shortcomings. To this end, we will improve the responsibility system, optimize the command mechanism, improve the legal system, consolidate grassroots emergency management, strengthen source prevention and control, normal prevention and control, monitoring and early warning, and engineering governance, build a Chinese-style emergency rescue force system with the national comprehensive fire rescue team as the main force, professional rescue teams as the coordination, military emergency forces as the assault, and social forces as the auxiliary, improve the combat effectiveness of the rescue team through actual combat exercises, etc. , which will constitute the 2023 chapter in the development of China's emergency management.

This blue book invites relevant experts and scholars to rely on empirical data and professional experience and analysis to sort out the new progress, new practices and new experiences of China's emergency management from multiple sections such as emergency management system reform and development, security situation and characteristics in important fields, improvement of emergency management system and mechanism, emergency rule of law construction, emergency capacity improvement, typical cases, etc. At the same time, it also analyzes problems, finds out the causes and puts forward suggestions. On this basis, it also makes forward-looking thinking on the challenges and development directions faced in the future. Its mission and value lies in unswervingly implementing the overall national security concept, deeply understanding General Secretary Xi Jinping's general exposition on emergency management, and comprehensively presenting the work picture of China's emergency management in 2023 in the deep combination of theory and practice, making systematic analysis and accurate summary, proposing thinking directions and development suggestions, and providing consulting and support for the emergency management chapter to promote the modernization of national security system and capabilities.

Keywords: Emergency Management, Risk Challenges, Emergency System, Emergency Ability

Contents

I General Report

Abstract: 2023 is the starting year for fully implementing the spirit of the 20th National Congress of the Communist Party of China. Faced with the severe challenge of significantly increasing risks of various disasters and accidents, emergency management departments at all levels have focused on thoroughly implementing General Secretary Xi Jinping's important instructions on emergency management, always adhering to the principle of putting people and lives first, and with a sense of responsibility and urgency that cannot be relieved at all times, solidly doing a good job in emergency management work, and continuously improving the quality and efficiency of emergency management work. In 2023, emergency management departments will always adhere to problem oriented, practice oriented, and goal oriented approaches, focus on the shortcomings and weaknesses of China's emergency management system, continuously deepen the reform of the emergency management system, and continuously improve China's emergency management system, mechanism, legal system, and rescue force system; By focusing on key areas and critical links, we will break through the bottleneck of improving emergency management capabilities and promote the modernization of China's emergency management system and capabilities to a new level. In 2023, China effectively prevented and contained the occurrence and spread of various infectious diseases, effectively responded to the serious impact of various natural disasters, and the national safety production situation continued to improve. The construction of a safe China has advanced to a higher level, and the emergency management industry has made historic progress.

Keywords: Emergency Management, Emergency System, Emergency Ability, Modernization

Ⅱ Sub-reports

B . 2   International Science and Technology Security Situation and

Policy Observation *Tang Xinhua, Shi Biao* / 022

Abstract: Science and technology security is an important part of national security. The fierce competition around the commanding heights of science and technology will accelerate the adjustment of the power structure of major countries. Disruptive technology competition, research security offense and defense, competition for scientific and technological talents, reconstruction of the technology ecosystem, and supply chain security in science and technology security will greatly increase the probability of "scientific and technological accidents". In the science and technology competition among major countries, the difference in technological potential plays a decisive role. Science and technology security cooperation has become a new pillar for major countries to build strategic relations. International science and technology security cooperation based on technological trust and structural technological power has become the core of the technology alliance. The strategic interaction of major countries with science and technology security as the main line will reshape international relations. In the face of the new situation of international science and technology security competition, maintaining science and technology security requires taking into account the balance between technological sovereignty and technological diplomacy, grasping the inherent logic

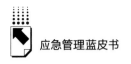

of technological political strategic competition and the evolution trend of international science and technology security, reshaping international technological political relations with science and technology security as the main line, and shaping a new pattern of international science and technology security competition with a systematic science and technology security strategy, so as to achieve high-level scientific and technological self-reliance in opening up.

Keywords: Technology Safety, Technology Accidents, Technology Ecology, Technology Governance

B.3 Research on Financial Risk Governance in the Digital Era

Xu Zhengzhong, Wang Xiaoxiao / 036

Abstract: Preventing and resolving systemic financial risks is the fundamental guarantee for promoting the construction of a strong financial country. The financial development in the digital age has new characteristics such as openness, decentralization, and globalization. Financial risks are also highlighted as technological security risks, credit risks, and regulatory risks, which give new connotations and models to financial technological security risks, credit risks, and regulatory risks. Presenting new features of concealment, normalization, and globalization. In response to the current situation of financial risk governance in China, financial risks are concentrated in small and medium-sized financial institutions, local debt risks are high, the downward pressure on real estate increases financial risks, and financial innovation brings regulatory risks to the financial industry. Based on practical judgment, this article proposes to strengthen risk source control, build a self controlled, safe and efficient financial infrastructure system, prevent external financial risk shocks in the process of opening up, and strengthen financial diversification and innovative development to effectively prevent the occurrence of financial risks.

Keywords: Financial Powerhouse, Financial Risk, Digital Finance, Financial Risk Governance

B . 4 Development Status, Problems and Suggestions of Emergency Material Reserve Management in China

Gao Shoufeng, Zhang Jing and Yuan Lili / 052

Abstract: National reserves are an important material foundation for national governance, playing the roles of "stabilizer" and "ballast" in the process of responding to risks and challenges. In recent years, China has continuously accelerated the construction of emergency stockpile system, made significant progress in the construction of emergency stockpile system, and continuously consolidated the foundation of stockpile, and the central stockpile has realized the national coverage, which has made an important contribution to guaranteeing the national security, the disposal of major emergencies and the economic and social stability. However, as the complexity of the internal and external risks facing China's development has increased, the task of preventing and resolving major security risks has become even more onerous for the emergency reserve system, and the process has also exposed many problems such as the fragmentation of the main body of emergency material management, the lagging speed of updating varieties and standards, the inadequacy of the integrated planning of warehousing facilities, and the overall level of informatization. It is necessary to continuously improve the construction of China's emergency supplies reserve system, in the construction of institutional mechanisms, warehousing network layout, the construction of emergency conversion mechanism, the application of digital technology and other aspects of the focus, the establishment of a scientific and reliable emergency supplies reserve system, to accelerate the enhancement of the emergency supplies reserve risk response capacity, play a good role in the "stabilizer".

Keywords: Emergency Management, Reserve System, Emergency Supplies, Informationization

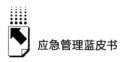
B.5 Development Report on China Ecological

Security Management

Lin Zhen, *Huang Ruirui* / 067

Abstract: Ecological security is an essential component of national security and a significant guarantee for the sustained and healthy development of the economy and society. Ecological security management constitutes a crucial measure for preventing and addressing ecological and environmental risks. It is an inevitable requirement for adhering to the harmonious coexistence of humans and nature and is an inherent element of building a beautiful China. This report analyzes the primary issues that China's ecological security is currently confronted with, with a focus on the current status of water resource security, land resource security, as well as the security of the atmosphere and soil environment. It systematically sorts out the existing policy measures for China's ecological security management from aspects such as the strategic deployment of ecological security management, the policy guarantee for ecological security, the legal system of ecological security, and the risk response management of ecological security. Finally, the report puts forward suggestions such as establishing a coordinated and consistent ecological security management system and mechanism to facilitate the modernization of ecological security governance, further enhancing the legal system of ecological security to achieve the legalization of ecological security management, attaching importance to the combination of ecological security and scientific and technological innovation to realize the digitalization of ecological security management, and fostering the concept of "a united whole" to strengthen all-round ecological security risk management in the sea, land and air.

Keywords: Ecological Security, Management of Ecological Security, Ecological and Environmental Risk, Emergency Management, Governance Modernization

B . 6　Report on the Development of China's Public Health

Emergency Management in 2023

Zhang Shengjie, *Wang Yongming* / 085

Abstract: The Party Central Committee with Comrade Xi Jinping at its core upholds the principles of putting the people and their lives first. It has put forward a series of new ideas, theories, and assertions to reform and improve the public health system, and the blueprint for high-quality development in the field of disease prevention and control has been unfolded. All localities are accelerating the institutional reform of disease control centers, promoting the issuance of programmatic documents for high-quality development in the field of disease prevention and control, actively exploring innovative mechanisms for the coordination and integration of medical and prevention efforts, and making significant progress in system reform. Public health institutions at all levels are focusing on building a coordinated and efficient prevention and control system, as well as a sensitive and accurate monitoring system. They are also formulating optimized prevention and control strategies for infectious diseases based on the situation, and enhancing rapid response emergency capabilities. Meanwhile, they are also working together to strengthen the foundation of law, technology, and talent to improve the long-term mechanism for infectious disease prevention and control and medical emergency response. The national public health emergency response system has withstood an unprecedented test during the COVID-19 pandemic, marking a solid new step forward for public health, and continuously improving the ability to prevent and respond to major epidemics and public health emergencies.

Keywords: Health Emergency Response, Coordination between Medical Treatment and Prevention, Disease Prevention

B . 7 Development of National Production Safety Emergency

Rescue Team Rescue and Construction in 2023

National Safety Production Emergency Rescue Center / 098

Abstract: In 2023, the national emergency rescue teams for work safety participated in 1, 568 safety incidents and natural disaster relief missions, rescuing 1, 859 individuals in distress, played a important role in natural disaster relief and served as an indispensable backbone in accident rescue. Concurrently, they actively provided safety technology services to aid enterprises in preventing and resolving safety risks. We have established 15 national emergency rescue teams for work safety in the fields of mining, hazardous chemicals, oil and gas, bringing the total to 113 teams which has resulted in a more comprehensive team structure and optimized team layout. Focusing on real-world scenarios and combat effectiveness, we enhanced practical training, promptly conducted rescue assessments and post-mission reviews, and continuously enhanced the overall professional competence and capability of all teams. Guided by rescue requirements and a systematic approach, we strengthened the constructions of regulations and standards, bolstered support for technological equipment, and increased financial investment to provide robust support for rescue operations. Upholding the Party's leadership and strengthening Party building, we conducted an in-depth thematic education on implementing Xi Jinping Thought on Socialism with Chinese Characteristics for a New Era, thereby providing firm political backing for our rescue efforts. Next, the national emergency rescue teams for work safety will adhere to the guidance of Xi Jinping Thought on Socialism with Chinese Characteristics for a New Era, thoroughly implement the decisions and deployments of the Party Central Committee and the State Council, and the work requirements of the Party Committee of the Ministry of Emergency Management, under the leadership of the National Emergency Rescue Center for Work Safety, strive to make new contributions to safeguarding the safety of people's lives and property and social stability.

Keywords: Emergency Rescue Center; National Professional Team; Emergency Rescue; Team Building

Ⅲ Emergency Management System, Mechanism and Legal System

Abstract: China is prone to natural disasters, and the Party and government attach great importance to disaster prevention, mitigation and relief work. The work of emergency shelter is an important part of emergency management, and plays an important role in the process of prevention and preparation, emergency response and rescue, and transitional resettlement for major disasters. This paper briefly introduces the development process and current situation of emergency shelter construction and management in China; relevant laws and regulations, policies and standards of emergency shelter construction and management; and the achievements made by relevant departments and localities in 2023 on improving the management system and mechanism, organizing the development of standards and norms, and carrying out the construction and use of emergency shelters. Finally, it briefly analyzes some problems existing in the construction and development of emergency shelters, and puts forward some countermeasures and suggestions accordingly.

Keywords: Emergency Shelter, Resettlement of Disaster Victims, Emergency Management

Abstract: In 2023, China strengthened emergency management's legal basis, refined mechanisms, bolstered the legal system, and enhanced compliance.

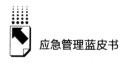
Comprehensive services & safeguards persisted, with law enforcement reforms and legal awareness gains. However, gaps exist versus modernization demands. We must address critical, stubborn legal challenges, guided by innovation, advocacy, institutional support, and momentum, to underpin emergency management's modernization.

Keywords: Emergency Management, Rule of Law, Administrative Level

B.10 Development and Analysis of National Emergency Drills
　　　　 Practices in 2023

Tang Yandong, Li Xuefeng, Liu Bingzheng,

Fan Zhihua and Zhang Dongxu / 151

Abstract: Emergency exercises are one of the best methods for improving emergency response capabilities and evaluating the effectiveness of emergency plans. By analyzing the overall situation of national emergency exercises from a macro perspective, including scale, frequency, and types, and focusing on four national-level and five local-level emergency exercise cases, it is observed that in 2023, China has made significant progress in emergency exercise practices. This includes advancements in exercise frequency, methods, subjects, and evaluation mechanisms. National-level emergency exercises have been notably effective in areas such as technological empowerment, equipment support, and international cooperation. Local-level exercises have highlighted regional characteristics in scenario setting, organizational methods, and effectiveness assessments, significantly enhanced the efficiency and quality of emergency responses. However, issues such as the difficulty in matching real disaster scenarios and insufficient cross-departmental coordination have also been exposed. To address these issues, policy recommendations are proposed, including enhancing the realism and complexity of exercise content and improving exercise evaluation and feedback mechanisms.

Keywords: Emergency Exercises, Exercise Evaluation, Emergency Management

Abstract: Supercities and megacities are highly concentrated areas of population, information, and resources, with prominent characteristics such as high complexity, risk vulnerability, and uncertainty. As of the end of 2022, China has a total of 10 mega cities and 9 mega cities. The report of the 20th National Congress of the Communist Party of China emphasized the need to accelerate the transformation of the development mode of megacities and supercities, implement urban renewal actions, and create "livable, resilient, and smart cities". In recent years, the central government and local governments of supercities and megacities in China have strengthened planning and deployment, accelerated the resilience construction of supercities and megacities, and achieved significant results in modern governance models, urban operation platforms, risk monitoring and early warning, emergency plan systems, hidden danger investigation and governance, and grassroots emergency capacity construction, improving the resilience level of cities. At present, there are still some problems in the institutional mechanisms and other aspects of resilience construction in supercities and megacities, making it difficult to effectively prevent and respond to risks and challenges brought by extreme weather events and major safety accidents. It is necessary to further improve the top-level design of urban resilience and establish a sound emergency management system and mechanism for supercities and megacities.

Keywords: Supercities, Megacities, Urban Resilience, Smart City

Ⅳ   Emergency Management Capability

Abstract: Social emergency force, as a powerful supplement to the national

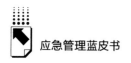
应急管理蓝皮书

comprehensive fire rescue team and professional emergency rescue force, with its unique flexibility and initiative, plays an important auxiliary role in the field of emergency rescue. In 2023, the social emergency force fully demonstrated its performance in terms of rescue capacity, participation, coordination and international cooperation through participation in training, exercises and actual rescue operations. Based on the general situation and development of China's social emergency force construction in 2023, this paper summarizes the experience and inspiration of social emergency force construction, and analyzes the existing problems and shortcomings of social emergency force. On this basis, the future development of social emergency force is forecasted, in order to provide useful reference for the improvement of disaster relief capability in China.

Keywords: Social Emergency Force, Construction of Emergency Rescue Teams, Modernize Emergency Management

B.13 The Report of Information Sharing Ability Between Energency
Organizations in 2023 *Wang Shuangyan / 204*

Abstract: The information sharing ability between emergency organizations directly determines the collaborative efficiency and level of emergency response. After the sudden events such as the Beijing "4·18" Changfeng Hospital fire and the "23.7" heavy rainfall in North China, improving the information sharing ability among emergency organizations has received more attentions and importance. This article focuses on the information sharing capabilities among emergency organizations, and provides a specific analysis of the current situation, bottlenecks, and problems of information sharing among emergency organizations in China. Discovery: The information sharing mechanism of emergency organizations before and after the activation of emergency mechanisms are not completely the same, and the information sharing ability between emergency organizations is closely related to the organizational form under emergencies. Moreover, the information sharing ability among emergency organizations in China is greatly affected by the hierarchical system, and further strengthening is needed in improving the level of collaboration among edge-organizations and improving the unity of perception between organizations. Therefore, this article proposes optimization suggestions for information sharing capabilities from three dimensions: before the initiation of emergency mechanisms, after the initiation of emergency mechanisms, and emergency training and drills, and targeted solutions are proposed to address the impact of organizational hierarchy on information reporting efficiency before the activation of emergency mechanisms, insufficient collaboration among edge-organizations after the activation of emergency mechanisms, and insufficient cognitive sharing between organizations.

Keywords: Emergency Organization, Information Sharing, Sudden Events, Emergency Capability

B.14 Grasping the Leading Power of Public Opinion in a Complex
Public Opinion Environment
—*Analysis on the Ability to Guide Public Opinion on*
Sudden Hot Events in 2023   *Wang Hua* / 215

Abstract: From the three dimensions of subject, object, and issue, the public opinion environment in 2023 exhibits a certain degree of complexity, sensitivity, and fragility. Correspondingly, the ability of local party committees and governments to "transform passivity into initiative" in guiding public opinion during major emergencies has been simultaneously enhanced. To further improve the quality and effectiveness of public opinion guidance, and to grasp the initiative and leadership, sustained efforts need to be made in four aspects: first, to construct a good communication order; Secondly, enhance the ability to analyze and judge public opinion; The third is to strictly control the value stance; The fourth is to make good use of the media to respond effectively on the flank.

Keywords: Public Opinion Environment; Public Opinion Dominance; Public Opinion Guidance Ability

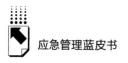

V Local Innovation

B.15 Exploration and Practice of Power Emergency Linkage
Mechanism in the Guangdong–Hong Kong–Macao Greater
Bay Area　　*China Southern Power Grid Company Limited* / 225

Abstract: The Guangdong–Hong Kong–Macao Greater Bay Area is one of
the regions with the highest degree of openness and the strongest economic vitality
in my country. It is also a typical climate-fragile area, with frequent typhoons,
rainstorms, lightning, strong winds, high temperatures and other disastrous
weather. The Southern Power Grid is closely connected with the Hong Kong and
Macao power grids, and they face the risk of major power emergencies. How to
carry out the construction of the power emergency linkage mechanism in the
Guangdong-Hong Kong-Macao Greater Bay Area is a major issue of the times.
This paper discusses the research background and significance of the construction of
the power emergency linkage mechanism in the Guangdong-Hong Kong-Macao
Greater Bay Area, analyzes the current status of power emergency and the main
problems and challenges, conducts a study on the construction model of the power
emergency linkage mechanism, and puts forward countermeasures and suggestions
for strengthening the construction of the power emergency linkage mechanism,
aiming to accelerate the cultivation and development of new quality productivity,
support the national regional development strategy through small incisions of power
emergency, continue to deepen the construction of the power emergency linkage
mechanism, and jointly improve the power disaster prevention, mitigation, relief
and major emergency response capabilities, and provide safe and reliable power
guarantees for the high-quality development of the Guangdong-Hong Kong-Macao
Greater Bay Area.

Keywords: Guangdong-Hong Kong-Macao Greater Bay Area, Power,
Emergency Linkage Mechanism

B.16   The Logic of "Party Building + Security" and the

Practice Innovation

Zhang Wei, Zhang Mingliang and Dong Kexin / 238

Abstract: This paper explains the integration logic of "party building + safety", that is, three dimensions and two supports: the underlying logic is the party to manage safety, the main starting point and breakthrough point is risk management, and the basic clue is to promote the implementation of safety production responsibility with party building, including two supports: leadership system and responsibility mechanism. Weifang's experience of "party member posts of risk prevention and control" fits this logical framework and provides an innovative example for the practice of "party building + security".

Keywords: Party Building, Safe Production, Party Member Posts, Risk Prevention and Control

B.17   Experience and Inspiration of Advancing the Modernization of

Urban Social Governance in Altay Prefecture, Xinjiang

Jiang He / 249

Abstract: As the connecting point and key point between national governance and primary-level governance, the modernization of urban social governance is an important starting point for the country to build a new security pattern and a new development pattern, as well as an important task in the process of Chinese path to modernization. For border and multi-ethnic areas, under the leadership of the CPC, taking multiple measures to promote the modernization of urban social governance is of great significance for optimizing public services, resolving social problems and disputes, promoting interactions, exchanges and integration among all ethnic groups, and strengthening political identity. In 2020, Altay Prefecture in Xinjiang became one of the first pilot areas for modernizing

urban social governance in China. In recent years, Altay Prefecture has adhered to the guidance of the rule of law, built the "Five Five" social governance system, formed multiple paths for resolving social problems and disputes, continuously optimized public services, created a multi-governance pattern, and explored a number of beneficial practices and experiences in urban social governance with characteristics of the times, border areas, and regions. In particular, the experience of "preventing conflicts from escalating, preventing risks from spilling over, and promoting diversified resolution of conflicts and disputes in multi-ethnic border areas" has been identified as one of the "excellent innovative experiences of the national pilot program for modernizing urban social governance". This article systematically reviews the experience and practices of urban social governance in Altay Prefecture, and provides useful insights for other border ethnic areas to promote the modernization of urban social governance based on the Altay sample of the "Fengqiao Experience" in the new era.

Keywords: Urban Social Governance, Altay Prefecture, Grassroots Governace

B.18 The Practice and Enlightenment of the Construction of Ecological Security Barrier in Tibet

Liu Heng, Jia Lizhi and Dai Erfu / 261

Abstract: Tibet is an important ecological security barrier and a national ecological civilization highland in China, with a very important ecological strategic position. Due to the special natural environment, the ecology in Tibet is extremely fragile and has a low carrying capacity. Once damaged, it is difficult to restore. Protecting the ecological environment in Tibet and building a solid ecological security barrier in Tibet is related to China's ecological security and national security. Under the leadership of the Communist Party of China, the Party committees and governments at all levels in the Tibet Autonomous Region and the broad masses of the people have made unremitting efforts. The ecosystem is generally stable, the environmental quality continues to improve, and the green development pattern has initially taken shape, making it one of the regions with the best ecological environment in the world. The construction of the institutional system for the ecological security barrier in Tibet and the practice of ecological environment governance have consolidated the ecological security barrier in Tibet. Adhering to ecological protection as the top priority, improving the policy system, innovating scientific and technological support, strengthening regional cooperation, and conducting extensive publicity and guidance have provided valuable experience and enlightenment for China's ecological civilization construction.

Keywords: Tibet, Ecological Security Barrier, Ecological Environment Governance

B.19 Technology Empowers Smart City Public Safety Governance in Foshan

Zhang Qing / 273

Abstract: Coordinating development and security, enhancing awareness of potential dangers, and being prepared for danger in times of peace are important principles of our party's governance. The 20th National Congress of the Communist Party of China made strategic arrangements for high-quality development in the new era, the modernization of the national security system and capabilities. The Third Plenary Session of the 20th Central Committee of the Communist Party of China proposed to improve the governance mechanism for maintaining public security, achieve a benign interaction between high-quality development and high-level security, and effectively ensure the long-term stability of the country. Entering the new era, the people's needs for a better life are becoming increasingly extensive, not only putting forward higher requirements for material and cultural life, but also increasing requirements in public security and

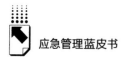
other aspects. At the same time, my country's public security is facing many new situations and challenges. Various emergencies are in a period of high incidence and high frequency, and there are unprecedented contradictions, risks and challenges. Effectively preventing, managing and handling public security governance risks, effectively responding to, handling and resolving public security challenges, and minimizing the loss of life and property of the people are important contents of resisting major risks and challenges, and are also an important manifestation of improving the effectiveness of national governance. Digital governance, data governance, intelligent governance and smart governance are important governance paradigms under the national governance system. This article takes the construction of the "Smart Foshan" project to promote the Foshan Urban Safety Monitoring and Operation Center as a case study, analyzes the major risks and challenges faced by public safety governance in the Guangdong-Hong Kong-Macao Greater Bay Area, and proposes corresponding prevention and mitigation measures.

Keywords: Technology Empowers, Public Safety Governance, Government Smart Governance, Foshan Explores

B. 20　County Social Security Management and Changjiang Practice

Cao Haifeng, Shen Yue / 287

Abstract: County social security governance is an important part of promoting the modernization of national security system and capacity. At present, China's grassroots government still faces many difficulties in social security governance. At the same time, a number of successful experiences of cities and counties in resolving conflicts and controlling the source of social risks have emerged. Taking Changjiang Li Autonomous County of Hainan Province as an example, this paper specifically summarizes its five major social security governance experiences: grid governance under the "refined" orientation, the settlement of disputes with "combination of love and law", comprehensive management center under the "resource integration" orientation, stability maintenance supervision group under the "collaborative governance" orientation, and special education for minors under the background of "juveniles protection action". It is concluded that in the county social security governance work, adhering to the concept of good order and good governance, describing the governance process with rules to follow, adhering to the governance mode according to local conditions, and absorbing and coordinating multiple governance subjects are the appropriate directions to explore and grasp the grassroots security.

Keywords: County Governance, Social Security, Changjiang

VI   Typical Events

B.21   Ningxia Yinchuan Fuyang Barbecue Restaurant "6 · 21" Particularly Major Gas Explosion Accident

Chai Hua / 297

Abstract: The "6 · 21" gas explosion at Fuyang Barbecue Restaurant in Yinchuan, Ningxia is a typical production safety accident, resulting in 31 deaths, 7 injuries, and a direct economic loss of 51. 145 million yuan. Liquefied gas distribution enterprises illegal distribution of "double mouth bottle" coupled with a series of wrong operations of barbecue restaurant personnel, resulting in a leak of liquefied gas into the kitchen and meets the open flame is the main cause of the explosion. The failure to organize evacuation, the serious blockage of the only staircase passage, and the blocking of the second-floor street-facing windows are the important reasons for the difficulty of personnel escape and the further expansion of casualties. It is necessary to cultivate safety awareness, adhere to overall development and safety, grasp the law of safe production, strengthen the control of key elements, strengthen gas development planning, and improve the speed of renewal and replacement.

Keywords: Gas Explosion, Production Safety, Development Planning, Yinchuan

B. 22　The "2. 22" Extremely Serious Collapse Accident at the
Open-pit coal Mine of Alxa Xinjing Coal Industry Co. ,
Ltd. in Inner Mongolia　　　　　　　*Zhang Yongjie* / 304

Abstract: The "2. 22" extremely serious collapse accident at the open-pit coal mine of Alxa Xinjing Coal Industry Co. , Ltd. in Inner Mongolia was a major production safety accident. From the main reasons, the accident occurred because the enterprise broke the safety bottom line and organized production in violation of laws and regulations; the daily enterprise safety management became a formality, and the emergency response capabilities were insufficient at critical times; the local party and government departments had weak risk awareness, lax supervision, and failed to supervise. The lessons of this accident are profound. Party committees and governments at all levels must firmly establish the concept of safe development and improve the ability to coordinate development and safety. Further implement the leadership responsibility of local party committees and governments for production safety, strengthen the awareness of the main responsibility of enterprises for production safety, and strengthen special investigation and rectification actions for major accident hazards, so as to effectively promote the high-quality development of mines.

Keywords: Alxa League, Open-pit Coal Mines, Collapse Accidents, Production Safety

B. 23　Beijing "4. 18" Changfeng Hospital Fire Accident

Wu Jia, *Feng Xiaoke* / 310

Abstract: The complexity of risks in modern society is increasing day by day, and there are objective difficulties in research and judgment, but the subjective "man-made disasters" deserve more attention and need to be further explored and resolved. In the fire accident at Changfeng Hospital, due to illegal and irregular implementation of the renovation project, poor construction safety management, chaotic daily management, long-term fire hazards, illegal operations by the construction unit, lack of on-site safety management, and poor emergency response, the local party committee, government and relevant departments did not fulfill their responsibilities, which eventually led to a major production safety responsibility accident. This case reflects the risk society administrative phenomenon of "organized irresponsibility". To correct the governance errors, we should give play to the institutional advantages with Chinese characteristics, form a multi-departmental force, and coordinate the governance of potential safety risks.

Keywords: Risk Society, Safety Accidents, Government-procuratorial Cooperation

B.24 Analysis of Related Network Public Opinion on the
"6 · 1 Jiangxi Vocational College Food Safety Incident"

Zheng Shanshan / 317

Abstract: The "6 · 1 Jiangxi Vocational College Food Safety Incident" was originally a food and meal foreign object incident, but due to improper handling in the early stage, it caused an escalation of public opinion and significant social impact. This incident indicates that China's food safety work still faces practical difficulties and challenges in practice; The problem of some producers and operators being profit oriented and lacking in awareness of their main responsibility still exists. In some places, food safety is not given enough attention and responsibility is not fully implemented. The contradiction between safety and development is still prominent. In order to effectively ensure the safety of the people's tongues and meet their needs for a better life, we should strictly adhere to the fundamental principles of the "four strictest" food safety, focus on improving the food safety supervision system, continuously enhance the food safety

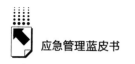

supervision capabilities of local governments at all levels, further improve the food safety awareness and level of the whole society, and solidly do a good job in food safety work in the new era.

Keywords: 6 · 1 Jiangxi Vocational College of Technology Food Safety Incident, Network Public Opinion, "Four Strictest", Food Safety Supervision

B. 25 "7 · 23" Heilongjiang Qiqihar Middle School Sports Hall Collapse Accident *Kou Luyao* / 323

Abstract: The "7 · 23" sports hall roof collapse accident at the 34th Middle School in Qiqihar City, Heilongjiang Province, was a major production safety responsibility accident, resulting in 11 deaths and 7 injuries. The primary cause of the accident was the law-breaking and arbitrary construction by the involved units, along with the inadequate implementation of quality and production safety responsibilities; the local party committee and government, as well as relevant industry departments, were lax in supervision, and there were responsibilities for dereliction of duty, mismanagement, and oversight; the safety risks of existing buildings are increasingly prominent, and there are shortcomings in the safety management of their use. To reduce the probability of building safety accidents and prevent similar accidents from happening again, it is necessary to firmly establish the concept of safety development, strengthen the legal awareness of enterprises, carry out in-depth investigations and rectifications of campus safety hazards, solidly do a good job in the safety supervision of existing housing use and the quality and safety of construction projects, vigorously promote the "anti-illegal and rectification" work in the construction field, and further improve the construction safety governance system.

Keywords: Large-span Roof Collapse, Building Use Safety Risks, Campus Safety, Safety Supervision

Abstract: At the end of July and the beginning of August 2023, a severe flood occurred in the Haihe River Basin, causing heavy rain and flood disasters in the Beijing-Tianjin-Hebei region, resulting in relatively serious casualties and property losses. The Party Central Committee with General Secretary Xi Jinping as the core attached great importance to responding to this severe flood and made important instructions on many occasions. All departments and localities also made every effort to deal with the emergency, minimizing the losses caused by the once-in-a-century flood disaster. The flood prevention, flood control and disaster relief process also revealed the focus of further work, including further improving the emergency command system and improving the overall command capability; further strengthening the flood control engineering system and improving the engineering defense capability; further strengthening the legal and regulatory system and improving the legal level of flood control; further improving the coordinated governance of the river basin and improving the level of river basin governance.

Keywords: "23 · 7" Severe Flood, River Basin Management, Emergency Command, Flood Control Engineering System

Appendix:

社会科学文献出版社

皮 书

智库成果出版与传播平台

❖ 皮书定义 ❖

皮书是对中国与世界发展状况和热点问题进行年度监测，以专业的角度、专家的视野和实证研究方法，针对某一领域或区域现状与发展态势展开分析和预测，具备前沿性、原创性、实证性、连续性、时效性等特点的公开出版物，由一系列权威研究报告组成。

❖ 皮书作者 ❖

皮书系列报告作者以国内外一流研究机构、知名高校等重点智库的研究人员为主，多为相关领域一流专家学者，他们的观点代表了当下学界对中国与世界的现实和未来最高水平的解读与分析。

❖ 皮书荣誉 ❖

皮书作为中国社会科学院基础理论研究与应用对策研究融合发展的代表性成果，不仅是哲学社会科学工作者服务中国特色社会主义现代化建设的重要成果，更是助力中国特色新型智库建设、构建中国特色哲学社会科学"三大体系"的重要平台。皮书系列先后被列入"十二五""十三五""十四五"时期国家重点出版物出版专项规划项目；自2013年起，重点皮书被列入中国社会科学院国家哲学社会科学创新工程项目。

权威报告·连续出版·独家资源

皮书数据库
ANNUAL REPORT(YEARBOOK)
DATABASE

分析解读当下中国发展变迁的高端智库平台

所获荣誉

- 2022年，入选技术赋能"新闻+"推荐案例
- 2020年，入选全国新闻出版深度融合发展创新案例
- 2019年，入选国家新闻出版署数字出版精品遴选推荐计划
- 2016年，入选"十三五"国家重点电子出版物出版规划骨干工程
- 2013年，荣获"中国出版政府奖·网络出版物奖"提名奖

皮书数据库

"社科数托邦"
微信公众号

成为用户

登录网址www.pishu.com.cn访问皮书数据库网站或下载皮书数据库APP，通过手机号码验证或邮箱验证即可成为皮书数据库用户。

用户福利

- 已注册用户购书后可免费获赠100元皮书数据库充值卡。刮开充值卡涂层获取充值密码，登录并进入"会员中心"—"在线充值"—"充值卡充值"，充值成功即可购买和查看数据库内容。
- 用户福利最终解释权归社会科学文献出版社所有。

数据库服务热线：010-59367265
数据库服务QQ：2475522410
数据库服务邮箱：database@ssap.cn
图书销售热线：010-59367070/7028
图书服务QQ：1265056568
图书服务邮箱：duzhe@ssap.cn

社会科学文献出版社 皮书系列
SOCIAL SCIENCES ACADEMIC PRESS (CHINA)
卡号：588234392822
密码：

基本子库 SUB DATABASE

中国社会发展数据库（下设 12 个专题子库）

紧扣人口、政治、外交、法律、教育、医疗卫生、资源环境等 12 个社会发展领域的前沿和热点，全面整合专业著作、智库报告、学术资讯、调研数据等类型资源，帮助用户追踪中国社会发展动态、研究社会发展战略与政策、了解社会热点问题、分析社会发展趋势。

中国经济发展数据库（下设 12 专题子库）

内容涵盖宏观经济、产业经济、工业经济、农业经济、财政金融、房地产经济、城市经济、商业贸易等 12 个重点经济领域，为把握经济运行态势、洞察经济发展规律、研判经济发展趋势、进行经济调控决策提供参考和依据。

中国行业发展数据库（下设 17 个专题子库）

以中国国民经济行业分类为依据，覆盖金融业、旅游业、交通运输业、能源矿产业、制造业等 100 多个行业，跟踪分析国民经济相关行业市场运行状况和政策导向，汇集行业发展前沿资讯，为投资、从业及各种经济决策提供理论支撑和实践指导。

中国区域发展数据库（下设 4 个专题子库）

对中国特定区域内的经济、社会、文化等领域现状与发展情况进行深度分析和预测，涉及省级行政区、城市群、城市、农村等不同维度，研究层级至县及县以下行政区，为学者研究地方经济社会宏观态势、经验模式、发展案例提供支撑，为地方政府决策提供参考。

中国文化传媒数据库（下设 18 个专题子库）

内容覆盖文化产业、新闻传播、电影娱乐、文学艺术、群众文化、图书情报等 18 个重点研究领域，聚焦文化传媒领域发展前沿、热点话题、行业实践，服务用户的教学科研、文化投资、企业规划等需要。

世界经济与国际关系数据库（下设 6 个专题子库）

整合世界经济、国际政治、世界文化与科技、全球性问题、国际组织与国际法、区域研究 6 大领域研究成果，对世界经济形势、国际形势进行连续性深度分析，对年度热点问题进行专题解读，为研判全球发展趋势提供事实和数据支持。

法律声明

"皮书系列"（含蓝皮书、绿皮书、黄皮书）之品牌由社会科学文献出版社最早使用并持续至今，现已被中国图书行业所熟知。"皮书系列"的相关商标已在国家商标管理部门商标局注册，包括但不限于LOGO（▨）、皮书、Pishu、经济蓝皮书、社会蓝皮书等。"皮书系列"图书的注册商标专用权及封面设计、版式设计的著作权均为社会科学文献出版社所有。未经社会科学文献出版社书面授权许可，任何使用与"皮书系列"图书注册商标、封面设计、版式设计相同或者近似的文字、图形或其组合的行为均系侵权行为。

经作者授权，本书的专有出版权及信息网络传播权等为社会科学文献出版社享有。未经社会科学文献出版社书面授权许可，任何就本书内容的复制、发行或以数字形式进行网络传播的行为均系侵权行为。

社会科学文献出版社将通过法律途径追究上述侵权行为的法律责任，维护自身合法权益。

欢迎社会各界人士对侵犯社会科学文献出版社上述权利的侵权行为进行举报。电话：010-59367121，电子邮箱：fawubu@ssap.cn。

社会科学文献出版社